| 불교명저 | 2 | 선이란 무엇인가 |

서음미디어

선(禪)이란 무엇인가?

일붕 서경보 저

서음미디어

머리말

　우리가 사는 현대는 끊임없이 변하고 있다. 아무리 멋진 유행이라도 시대가 지나면 퇴색해 버리고 만다. 그러나 현대의 첨단을 가는 것은 우리들의 마음을 강하게 끌어당긴다.
　불교는 장장 2,500년이나 면면히 계승되어 온 사상(思想)이다. 오래 계승되어 온 것은 유행처럼 곧 사라져 버리지 않지만 화려한 빛깔은 없어진다. 바로 그런 점에 불교가 시대의 조류(潮流)에 편승하지 못하는 이유가 있다고 생각한다.
　이 책에서 나는 불교의 입장에서 본 인간의 본성을 밝히려고 노력했다. 그것이 현대인의 인간성을 해명하는 길로 통한다고 생각하기 때문이다.
　불교에서 '인생은 고해(苦海)다. 인간은 무아(無我)인 것이다'라고 말하는데, 이런 사고(思考)방식만으로는 현대인의 사고와 어우러질 수 없다. 그래서 현대인의 사고와 불교적 사고와의 접점을 찾아내는 일은 쉬운 일이 아니다.
　이런 뜻에서 불교는 어렵다고 할 것이다. 그러나 우리들은 외계(外界)에 생활의 기반을 찾아내는 것도 중요하지만 동시에 밖으로 향하고 있는 마음 그 자체를 탐구하여 그 본성을 인식하는 것이 자기의 생활을 충실하게 하는데 보다 중요한 일이다.

현대와 같이 문명의 모순이 노정(露呈)되어 있는 시대에서는 불교는 도리어 이해되기 쉬운 것이라고 생각한다.

끝으로 이 책이 불교를 이해하고자 하는 이들에게 다소라도 도움이 된다면 더없이 만족하겠다.

일붕 서경보 식

차 례

제1부 선(禪)이란 무엇인가?

제1장 불법(佛法)의 이해

선(禪)이란 무엇인가? / 13
선(禪)의 변천과정 / 16
선(禪) 공부를 잘할 수 있는 비결 / 20
도(道)를 통한 경지 / 25
신통변화(神通變化) / 26
불교(佛敎)란 무엇인가? / 27
삼보(三寶) / 28
오정심관(五停心觀) / 29
참선(參禪)의 요지 / 29
불법(佛法)의 요지 / 31
사상(四想) / 33
12인연(十二因緣) / 34
육도(六度) / 36
남간영초(探竿影草) / 39
선종(禪宗)의 5종 양파(五宗兩派) / 40
삼처전심(三處傳心) / 41
삼현(三玄)·삼요(三要)·삼구(三句) / 43

차 례

의리(義理), 여래(如來)와 조사선(祖師禪) / 45
선가(禪家)의 18문(門) / 47
선종(禪宗)의 종문이류(宗門異類) / 52
진심(眞心)의 이명(異名) / 56
선(禪)과 교(敎)의 동별(同別) / 57
활구(活句)와 사구(死句) / 58
선종(禪宗)의 구산선문(九山禪門) / 59
정혜쌍수(定慧雙修) / 60

제2장 청정본연(淸淨本然)

선(禪)의 생활화 / 63
선(禪)과 문자(文字)와의 관계 / 69
좌선법칙(坐禪法則) / 77
본래면목(本來面目) / 81
각고수행(刻苦修行) / 89
조계종지(曹溪宗旨) / 95
인격(人格)과 불격(佛格) / 103
불가사의한 세 가지 물건 / 107
방하착(放下着) / 114
청정본연(淸淨本然) / 118

차 례

월락파심(月落波心) / 123
창을 뚫고 나가려는 어리석음 / 129
기우멱우(騎牛覓牛) / 136
졸탁동시(啐啄同時) / 142
자가보장(自家寶藏) / 148
통봉겸추(痛棒鉗槌) / 154
염화미소 / 162
달마선(達磨禪)의 특색 / 166
추문낙구(推門落臼) / 171
조고각하(照顧脚下) / 175
일면불 월면불(日面佛 月面佛) / 183
투망금린(透網金鱗) / 191
병각인후(倂却咽喉) / 197
참선 제일(參禪第一) / 205
정법안장(正法眼藏) / 212
결제설법(結制說法) / 216
해제설법(解制說法) / 218
천도설법(薦度說法) / 221

제3장 세계 종교로서 선(禪)의 길

선(禪)의 정신 / 227

차 례

상대적 인식과 절대적 인식 / 230
기적(奇蹟) / 235
초능력을 일으키는 선(禪) / 237
기독교·불교·바라문교 / 240

제4장 현대인과 선(禪)

자신이 만든 불안과 공포 / 244
불안과 선(禪) / 250
좌선(坐禪)의 현대적 의의 / 252
현대인의 선과 정신적 위기 / 253
선(禪)과 과학(科學) / 260
선(禪)과 정신분석학 / 262
고뇌(苦惱)와 자아(自我) / 265
번뇌를 없애는 선(禪) / 267

제2부 불교와 생활철학

제1장 서 론

인간계의 미혹상(迷惑相) / 271
불타(佛陀)의 자비 / 274

차 례

제2장 어려운 문제의 해결

인간의 고락(苦樂)에 대하여 / 278
비유설화(譬喩說話) / 284
고락(苦樂)의 원인 / 289
미혹(迷惑)의 행위 / 295
행위(行爲)의 중요점 / 300

제3장 인연에 대하여

세 가지 욕심에 관하여 / 308
우주는 오직 마음 하나로 / 311
12가지의 인연 / 314
4가지의 진리 / 320
깨달음의 표현 / 326
더러운 인연과 깨끗한 인연 / 333

제4장 열반과 활동

분별과 집착 / 338
해탈(解脫)의 이모저모 / 345
대승사상(大勝思想)과 보살도(菩薩道) / 353

차 례

제5장 각자(覺者)가 되는 길

부처와 선(禪) / 360
인자(因子)의 도리 / 365
영원한 부처 / 371
세 사람의 천사(天使) / 378
본래 하나도 없는 것 / 388

제6장 해탈의 경지

8정도(八正道) / 394
보살의 도(道) / 399

제7장 불교의 평등사상

불교와 이데올로기 / 407
종교(宗敎)와 윤리(倫理) / 416
종교의 분열과 연합운동 / 423
불교와 기독교 / 425
불교와 국가 / 432

제8장 결 론

제1부
선(禪)이란 무엇인가?

제1장 불법(佛法)의 이해

□ 선(禪)이란 무엇인가?

 선(禪)이란 불교 종지의 으뜸가는 선종(禪宗)의 수행을 가르친 것이다.
 불교에는 종파가 많으나 두 가지로 요약하여 말할 수 있으니, 하나는 선종인 불심종(佛心宗)이요, 또 하나는 교종인 불어종(佛語宗)이다. 따라서 선종 외에 다른 여러 종파는 모두 불어종이라 하겠다. 그러므로 석가여래도 선(禪)은 가섭에게 전하고, 교(敎)는 아난에게 전하고, 율(律)은 우바리(優婆提)에게 전했는데, 그 뒤에 선종은 중국에 와서 종파로 나누어졌고, 종교는 더욱 여러 종파로 갈라지게 되었다.
 선(禪)이란 것은 진정한 이치를 사유(思惟)하고 생각을 고요히 하여 마음을 한곳에 모아 고요한 경지에 들게 하는 것이요, 선행을 닦는 것을 흔히 참선(參禪)이라고 하는네, 참선이란 자기 마음의 본성이 무엇인가를 탐구하여 깨닫는 노력이 경주되는 것으로서 타율적인 수행이 아니고 자율적인 수행인 것이다.
 다시 말하면, 자기 자신을 올바른 진리의 세계에 참여시켜서 흔들림이 없고, 티 없는 마음의 세계에서 자기의 본성을 비치어 보는 것이다. 그러므로 불교에서는 이것을 가리켜 견성(見性)하는 것이라 이르는 것이니, 견성은 자기의 성품을 확연하게 파헤쳐 보았다는 것이다.

 마음을 객관적으로 연구하는 것이 심리학이라면 마음을 주관적으로 파악하는 것을 선학(禪學)이라 하겠다. 그러므로 선학은 심학(心學)이라고도 할 수 있는 것이다.

 옛날 부처님께서는 중생들을 교화·설법하실 때 선(禪)으로서 중생의 흩어진 마음을 거두어 주게 하였으니, 한 가지 예로 부처님께서 죽림정사에서 멀지 않은 숲속에 앉아 참선을 하고 계실 때이다.

 어느 날 많은 청년들이 남녀 합하여 60명이나 동원되어 짝을 지어 놀이를 가게 되었다. 그런데 그 가운데 한 남자는 아내가 없어 창녀를 임시로 돈으로 사서 부부인 것처럼 꾸며 데리고 가게 되어 남녀 60명이 그룹이 되어 마시고 먹고 뛰고 노래하며 즐겁게 놀다가 오후에는 더위를 견딜 수 없어 모두 피곤해 옷을 벗고 쓰러져 잠을 자게 되었다. 그러나 창녀는 임시로 팔려 온 사람이라 아무 취미도 느끼지 못하고 허수아비처럼 시키는 대로 놀다가 물건에 욕심이 생기자 59명이 벗어 놓은 값진 옷을 모두 보자기에 싸 머리에 이고 달아났다.

 59명의 청년 남녀들이 한참 자고 깨어나 옷을 입으려 한즉 의복이 없어지고 말았다.

 그런데 사람들을 조사하여 본즉 창녀 한 사람이 없어졌으므로 그녀의 소행이라 생각하고 벗은 몸체로 창녀를 찾아 나서게 되었다. 그러다가 숲속에 고요히 앉아 계신 부처님을 보고,

"혹시 이러이러한 여자를 보지 않았나이까?"
하고 물었다. 그때 부처님께서 말씀하시기를,
"그런 여자를 무엇때문에 찾느냐?"
했더니,
"그년이 저희들의 의복을 훔쳐 갔으므로 그년을 찾으면 옷을 뺏고 때려죽이려 하나이다."
라고 했다. 다시 부처님께서는,
"그러니까 너희들이 실물(失物)을 많이 한 모양이구나."
라고 하셨다. 이에,
"실물을 해도 이만 저만이 아닙니다. 우리 모두 의복이 없어졌으니 더 말할 나위가 있겠습니까?"
"너희들은 그까짓 것을 잃어버렸다 하여 그 여자를 찾느라 소동을 피우느냐? 그 보다 더 중요한 보배를 잃어버리고 있음을 알아야 하느니라."
"사람은 의식이 제일인데 이것보다 더 중요한 것이란 무엇입니까?"
"의복은 너희의 몸을 감싸 주기 위해 만들어진 물건이지만 너희들의 가장 중요한 마음마저도 도둑맞았느니라."
"그년이 우리의 옷만 훔쳐 갔을 뿐 마음은 훔쳐간 일이 없거늘 어찌하여 마음을 도적맞았다 하나이까?"
"너희들이 그 실물을 찾으려고 이 산중을 헤매며 그 여자를 만나면 타살하겠다는 것이 너희들이 본정신이 아닌, 즉 너희의 본정신인 마음을 도둑맞은 것이 아니냐? 이것은 그 여자가 갖고 간 것이 아니라 너희 자신이 들떠 있었던 까닭이니라."

"그럼 어쩌면 잃어버린 마음을 찾으오리까?"
"거기에 벌거벗은 체 눌러 앉아 흥분을 가라앉히고 나의 법문을 들어라."
"말씀하여 주소서. 조용히 앉아 듣겠나이다."
"마음이란 것이 있느냐? 없느냐? 너희들이 마음이라고 생각하는 것은 망심(妄心)이요, 진심(眞心)이 아닌 것이다. 그러면 그 진심이 어디에 있는 것인지 찾아보아야 할 것이 아니냐? 이 진심을 찾기 전에는 올바른 사람이라고 할 수 없느니라. 그런즉 나와 같이 앉아서 언제까지라도 '선'에 들면 하늘에 뜬 달이 맑은 물 위에 비치듯 진심이 너희를 망심의 구름을 헤치고 나타날 때가 있을지니라."
 부처님 말씀을 들은 무리들은 모두 감격에서 깨어난 듯이 정신이 맑아지며 부처님께 귀의하고 출가하여 열심히 참선을 하게 되었다고 한다.
 이것을 보면 마음을 가라앉히던 것이 '선'이요, 자기를 찾아보는 것이 '선'이라 하겠다.

□ 선(禪)의 변천과정

 선(禪)이란 것은 그 기원이 옛날 인도 '요가'학파에서 나온 것인데, 그것이 불교에 들어와 많은 변천이 있어 온 것이다.
 선이 발달된 뒤에는 정(定)과 혜(慧)를 겸하게 되었으나 초기에는 들뜬 마음을 눌러 삼매(三昧), 즉 정(定)에 들게 한 것으로 본다. 그러기에 경전에 보면 부처님께서도 선정에 드시면 아무 감각도 없으신 것처럼 보인다.

〈이원경(泥洹經)〉에 보면 이러한 이야기가 있다. 대신(大臣) 복계(福罽)라는 사람이 멀리서 부처님의 신상이 적묵한 것을 보고 기쁜 마음으로 달려가서 절을 하고 한쪽에 서 있었다. 부처님께서 그를 보시고,

"복계야, 너는 얼굴에 환희가 충만하니 무슨 법희(法喜)를 얻었느냐?"

"저는 어떤 이야기를 듣고 환희를 얻었나이다."

"무슨 이야기를 들었단 말이냐?"

"비구 역람(力藍)이 나무숲 밑에 앉아서 선정에 들어 있을 때 5백여 채의 수레가 지나가되 모르고 앉아 있더랍니다."

그래서 그것을 본 사람이 일부러 차에서 내려 그 비구를 흔들어 선정에서 나게 하고 묻되,

"지금 5백 수레가 네 앞을 지나갔는데 보았느냐?"

"못 보았노라."

"그러면 수레 구르는 소리를 들었느냐?"

"못 들었노라."

"그러면 잠을 잤느냐?"

"잠도 자지 아니하고 다만 길옆에 앉아 있을 뿐이있노라."

하므로 그 사람이 찬탄하여 말하되,

"수레소리가 요란하여 산악을 흔들었거늘 깨어 있으면서도 듣고 보지 못하였다니 어찌 용심(用心)을 그와 같이 하였을고?"

하였다는 말을 듣고,

"저는 환희하여 지금까지 심신이 편안합니다."

"너는 하늘에서 뇌성벽력을 친다면 천지를 울릴 것인데 5백 수레와 벽력을 비교하면 어느 소리가 더 크다고 하겠느냐?"

"벽력소리가 크다고 생각합니다."

"나는 아침(阿沈)이라는 땅에 있을 때 선정에 들어 있었는데 하늘에서 천둥과 벼락을 쳐서 소가 네 마리나 죽고 밭을 갈던 사람이 두 명이나 동시에 죽었느니라. 그러나 나는 계속 모르고 있다가 서서히 선정에서 일어나 걸어가는 데 웬 사람이 나의 뒤에서 빨리 따라 오거늘, '무엇때문에 종종 걸음을 치느냐?'고 물었더니, 그 사람이 말하되, '아까 하늘에서 벽력 소리가 나 연거푸 벼락을 쳐 소가 네 마리나 죽고 사람이 둘 죽었는데, 세존은 듣지 못하였나이까' 하거늘 '내가 듣지 못하였노라' 하였더니, '그러면 잠들었느냐?'고 묻기에, '자지도 않고 삼매에 들어 있었을 뿐이었노라' 하였더니, 그 사람이 듣고 매우 기뻐하기에 '그까짓 일이 무엇 신통한 것이냐?'고 하였더니, '선정에 드는 비구가 많지마는 세존 같으신 분은 없다고 생각이 들기에 기뻐합니다' 하더라."

고로 복계는 이 말을 듣고 더 기뻐했다.

또 〈지도론(智度論)〉에 보면, '석가세존이 옛날에 라게(螺髻) 선인이 되었는데, 이름이 상사리(尙闍梨)였다. 그가 항상 수풀 밑에서 선정에 들되 출입식(出入息)의 숨을 끊고 오똑하게 앉아 있었더니 산새들이 나무 등거리로 알고 그의 머리 위에 보금자리를 쳐서 알을 낳고 있었다. 상사리가 선정에서 깨어보니 머리 위에 새 알이 있으므로 다시 선정에 들어 새가 알을 까서 길러 나간 뒤에 그가 일어나 걸어 갔나니라.'
하였으니, 이런 것을 보면 석가 이전의 인도에서는 선(禪)이 삼매정(三昧定)에 드는 한 방법이었던 것을 알 수 있다. 그러나 그 뒤에는 이것이 백골관(白骨觀)이니, 촉루관(觸髏觀)이니 하는 관법으로 변했다. 그래서 몸은 부정(不淨)으로 관하고, 마음은 부상으로 관하고, 법은 무아(無我)로 관하는 사념처관(四念處觀)이 되고, 오정심관(五停心觀)이 되고〈관무량수경〉에 나오는 16관으로 변하였는데, 이것이 달마에 이르러서는 자기의 마음을 바로 관하여 견성법(見性法)이 생긴 것으로 본다. 그러므로 달마가 선에 대하여 큰 혁명을 했다고 보겠다.

그런데 뒤에 달마가 남해(南海)를 건너 인도로부터 중국에 들어온 것이 양(梁)나라 월년(520)이므로 그때부터 선학이 중국 4백여 주를 풍미하였고, 남송(南宋)으로부터 청초(淸初)에 이르기까지 약 1천 4백년간을 중국 불교의 대표적 종파로서 선지(禪旨)를 선양하게 되었다.

이것을 시대별로 구분한다면 5시대로 나눌 수 있다.

1. 선의 요람시대 — 달마가 온 후 육조 혜능에 이르기까지 약 150년 간이나 '선'의 온양시대로서 선의 사상이 이 시대에 발전되었다.

2. 선의 발휘시대 — 이것을 성당(盛唐)으로부터 만당(晚唐)에 이르기까지 약 280년간인데 선기(禪機)가 발달한 시대이다. 그래서 선승(禪僧)과 신자로부터 선에 대하여 불을 튀기는 것 같은 훌륭한 법문이 나와 선기가 횡익했다.

3. 선의 풍영(諷詠)시대 ― 이것은 남송(南宋)으로부터 말계(末季)까지 약 330년간인데, 선의 경애(境涯)를 시문(時文)에 착하여 읊은 시대가〈벽암록〉·〈종용록〉·〈무문관〉같은 선서(禪薯)는 이때의 소산이다.
 4. 선의 영향시대 ― 이는 원(元)으로부터 명초(明初)에 이르기까지 약 330년간인데, 이때에는 제자백가의 학설과 교섭된 시대라 이 시대에 왕양명(王陽明) 같은 지행합일(知行合一)의 사상가가 나왔다.
 5. 선의 쇠미시대 ― 선에 다른 사상이 끼어 번잡하게 되고 차츰 선의 면목을 잊어버리게 되었다. 더구나 정토종(淨土宗)과 합하여 참선과 염불을 겸수하게 된 시대라 하겠다. 그런데 인도의 선이 중국에 들어와서는 선에 중국의 사상이 첨가되어 변혁을 일으켰고, 따라서 묵조선(黙照禪)과 간화선(看話禪)이 또한 갈리게 된 것이라 하겠다.

□ 선(禪) 공부를 잘할 수 있는 비결

 이 문제에 대해서는 내가 대답하는 것 보다는 고조사(古祖師)의 법문과 행적을 들어 말하는 것이 좋을 것 같다.
 옛날 중국 송나라때 고봉 원묘(高峯原妙)선사라는 스님이 계셨는데 그는 다음과 같은 설법과 자기 행적을 말씀하셨다.(이하는 고봉 원묘스님의 말씀과 행적을 인용한 것임)

'선의 일은 당인(當人)의 간절한 생각만으로 요긴한 것이다. 잠시 동안이라도 간절한 한 생각만 가지면 곧 참된 의심이 날 것이니 아침에서 밤에 이르도록 빈틈없이 공부를 하여 나간다면 스스로 공부가 한 덩어리 되어 흔들어도 동하지 아니하며 쫓아도 또한 달아나지 아니하여 항상 소소영영(昭昭靈靈)하여 분명히 현전하게 되리니 이때가 곧 독력하는 시절이라 이러한 때에 정념(正念)을 확고하게 잡고 부디 다른 생각을 일으키지 않도록 하라.

선을 공부하는 중에 공안화두(公案話頭)를 들어 의심하되 가도 가는 줄 모르고, 앉아도 앉아 있는 줄 모르며, 춥고 더운 것이나 배고프고 목마른 것도 모두 알지 못하게 될 것이니 이러한 경계가 나타나면 이때가 곧 집에 돌아온 소식이니 이런 때에는 다만 시절 인연만 기다릴 뿐이니 화두만 놓치지 아니하도록 잘 지켜라. 공부를 잊지 아니하고 잘 지켜 나가면 오직 시간만을 기다릴 뿐이니라.

이런 말을 듣고 도리어 한 생각이라도 정진심(精進心)을 내어 구하는 것이 있거나 마음에 깨닫기를 기다리는 생각을 하거나 또는 되는대로 놓아 지내면 아니되리니, 다만 스스로 굳게 정념(正念)을 지켜 필경에 깨치는 것으로 구경을 삼아야 할지니라. 이때를 당하면 8만 4천 마군들이 너의 육근문(六根門) 앞에서 엿보다가 너의 생각을 따라 온갖 기이한 선악 경계를 나타낼 것이니, 네가 만약에 털끝만큼이라도 저 경계를 인정하여 주거나 착심을 내면 곧 저의 올가미에 얽힘이 되어서 저가 너의 주인이 되어 너는 저의 지휘를 받고 입으로 마군의 말을 하고, 몸으로는 마군의 일을 행하여 반야(般若)의 정인(正因)은 이로 말미암아 길이 끊어져서 보리 종자가 다시는 싹트지 못하게 될 것이다.

 이 경지에서는 다만 마음을 일으키지 말고, 사람의 죽은 시체를 지키는 귀신과 같이 하여 정념(正念)을 지켜 가면 홀연히 의심 덩어리가 탁 터져서 결정코 천지가 경동함을 보게 될 것이다.

 내가 15세에 출가하여 20세에 선방 수좌가 입는 검은 장삼을 갈아입고 정자사(淨慈寺)에 가서 3년을 기약하고 참선 공부를 배웠다. 처음 단교(斷橋)화상에게 참례하니, '날 때에는 어데서 왔으며 죽으면 어디로 가는가?(生從何來 死向何去)'를 공안화두로 간택하여 받아 참구(參究)를 하였는데, 생각이 두 갈래로 갈려 도무지 순일치 못하였다. 그러다가 뒤에 설암(雪岩)화상을 뵈오니 무(無)자 화두를 들어라 하셨다. 무자 화두란 옛날 어떤 남자가 조주(趙州)스님께 묻되, '개는 불성(佛性)이 있습니까? 없습니까?' 하였더니, 조주스님은 대답하시되, '없느니라' 하시었다.

 납자는 이때에 의심이 생겼다. 부처님은 말씀하시되, '꾸물꾸물하는 벌레까지도 불성이 있다고 하셨는데 조주스님은 어찌하여 커다란 개에게는 불성이 없다고 하였는가?' 이것이 의심이 되어 가기를 마지 않았으니 이것을 '무자' 화두라 하는 것이다.

 설암스님은 이 '무자' 화두를 들고 참구하라고 가르치신 것이다. 또 이르시기를, '사람이 길을 갈 때에 하루 동안 갈 길인 노정을 반드시 알아야 하는 것처럼 네가 매일 나에게 와서 한 마디씩 일러라' 하시더니 공부가 자리 잡힘을 보시고 그 후로는 공부가 어떻게 되었느냐는 말씀은 다시 묻지 아니하시고 다만 내가 스님이 계신 방으로 들어가면 대뜸 '무슨 물건이 죽은 송장을 끌고 왔느냐?' 하고는 말씀도 채 마치지 않고 쫓아냈다.

그 뒤 나는 경산(徑山)으로 돌아와 지내던 중 하룻밤 꿈속에서 문득 전날 단교(斷橋)화상 방에서 스님이 누구에게 일러 주시던 '만법이 하나로 돌아가는데 하나는 어디로 돌아가는가? (萬法歸一 一歸何處)'하는 화두 생각이 나서 이 공안으로 참선 공부를 하였더니 의심이 잘 되어 동서남북도 가리지 못하고 밥 먹고 뒤 보며 가고 오는 것이나, 앉고 눕는 것도 모르고 오직 한 생각으로 계속하여 의심을 하였더니, 제 6일 되던 날에 대중을 따라 법당에 올라가 송경독송을 하다가 문득 머리를 들어 오조연(五組演)화상의 영찬(影讚)을 보니 '백년 3만 6천일에 온갖 조화를 부린 것이 원래가 바로 이놈이니라(百年三萬六千朝 返覆元來是這漢)'는 것을 보고 일전에 설암화상이 말씀하시던 '무슨 물건이 죽은 송장을 끌고 오느냐?'는 말씀을 홀연히 깨달았으니 송장을 이끌고 다니는 놈이 누군가를 확실하게 터득한 것이다.

이때에 혼담(魂膽)이 날아가 버린 듯 기절을 하였나가 다시 깨어나니 이 경지를 어찌 120근의 무거운 짐을 벗어버린 것에 비할 것이랴. 그때는 정히 내 나이 24세요, 3년 기한이 다 찼던 해였다.

그 후 화상께서 물으시되,

"일용호호시(日用浩浩時), 즉 번잡하고 바쁠 때에도 너의 주인을 잃지 않고 붙잡고 있느냐?"
"네, 잃지 않고 작득주(作得主)하여 있습니다."
"꿈속에서도 주인을 잃지 않고 잡고 있느냐?"
"네, 잃지 않고 작득주하여 있습니다."
"잠이 깊이 들어 꿈도 생각도 듣는 것도 없을 때에는 너의 주인공이 어느 곳에 있느냐?"
하시는 데는 말이 막혀 감히 대답할 수가 없었다.
 이에 화상께서 말하시기를,
"너는 이제부터는 부처도 법도 배울 것이 없으며, 옛것이나 지금도 궁구할 것이 없으니 다만 배가 고프면 밥을 먹고 곤하거든 잠이나 자되 잠이 깨거든 정신을 가다듬고, 나의 이유를 만들어 낸다는 것이 아니라 모든 것이 사람의 마음속에서 이루어진 것임을 깨닫는다는 것이다. 그러므로 삼계가 오직 한 마음에서 이 일각(一覺) 주인공은 필경 어느 곳에 안신입명(安身立命)하는가를 찾아보라."
고 하셨다. 그때 나는 스스로 맹세하기를,
 "내가 차라리 평생을 버려 바보가 될지언정 명백히 이 도리를 알고야 말리라."
하고 공부를 계속하여 5년을 지났더니 하루는 잠에서 깨어 정이 이 일을 의심하고 있는데 동숙하던 도반이 잠결에 목침을 밀어 땅에 떨어뜨리는 소리에 홀연히 의심을 타파하고 나니 마치 그물에 걸렸다가 풀려 나온듯이 시원했다. 또한 모든 불조의 심오한 공안과 고금의 차별 인연에 대해서도 밝지 못한 바

가 없게 되었느니라.'
 이상에서 말한 고봉스님의 말씀과 행적을 보면 공부를 하는 경로와 용심과 힘이 얼마나 많이 드는가를 알 수 있으리라 믿는다.

□ 도(道)를 통한 경지

 도를 통했다고 하는 말은 불교의 무상도(無上道)를 깨달았다는 말이다. 즉 모든 진리를 올바로 깨달았다는 뜻이다.
 모든 진리란 우주만유의 창조 문제라든지 인생의 출생 문제라든지 살아가는데 인연으로 얽힌 문제 같은 것을 통틀어 가리킨 것인데 불교의 참선 공부를 하면 이런 것들을 깨닫게 된다는 것이다.
 불교에서 이런 것을 깨닫는 것은 다른 종교에서처럼 객관적인 조물주인 신이 있어서 만유를 만들어 낸다는 것이 아니라 모든 것이 사람의 마음속에서 이루어진 것임을 깨닫는다는 것이다. 그러므로 삼계가 오직 한 마음에서 이루어진 것이라 마음 밖에 별법이 없느니라(三界惟一心 心外無別法)한 말이 있고, 〈화엄경〉에 보면 '만약에 사람이 삼세일체불을 알려거든 마땅히 법계성이 모두가 오직 마음으로 이루어진 것임을 알지니라(若人欲了知三世一切佛 應觀法界性 一切惟心造)'로 하였으니 이 깨달음을 가리켜 도통이라고 하는 것이다.
 우주의 본성인 근본 진리로 보면, 청정본연(清淨本然)하여 아무 것도 없건마는 그것을 여러 갈래로 분별하는 망상심이 생겨서 우주 만유의 자연현상을 나누어 생각하고, 그 사고방식을 통하여 언어로 이름을 지어내기 때문에 우주만유와 인생이 창조된 것이다. 그러므로 불교에서는 신조만유(神造萬有)를 부인하고 심조만유(心造萬有)를 주장하는 것이니 이것을 깨달으면 도통이라고 하는 것이다.

□ 신통변화(神通變化)

신통변화란 호풍환우(呼風喚雨)하여 바람과 비를 마음대로 부르고 내리게 하며, 이산역수(移山易水)를 하여 산도 옮기고 물도 바뀌게 함을 자유자재로 하고, 승천입지(昇天立地)를 하여 하늘에도 올라가고 땅속에도 자유자재로 들어간다는 뜻인데, 불교에서는 도통을 하여 이러한 조화를 마음대로 부린다 하더라도 그것은 지말변사(枝末邊事)로 알아서 대단하게 여기지 않는다.

왜냐하면 우리 인간이 배고프면 밥 먹고 목마르면 물마시고, 가고 싶으면 가고, 오고 싶으면 오는 것이 신통인 것이니 따로 신통 변화를 구할 것이 없는 것이다.

불교는 진리를 깨쳐서 생사에 해탈함을 목적하는 것이요, 신통변화의 요술이나 마술을 배우는 것이 아니다. 이러한 신통변화는 인도 바라문교의 고행자들이 사람을 속이기 위해 특이한 마술같은 것을 연출한 것이요, 중국의 도교인 신선도에서 부적과 주문, 약 같은 것을 사용하여 장생불사한다는 것을 내세워 혹세무민하느라고 만들어 낸 것이라서 불교와는 관계가 없는 것이다.

불교에도 〈대승경전〉에는 신통방광이 있으나 체면술과 같은 것으로서 중생을 교화하기 위한 방편으로 나타낸 것이므로 교리와는 하등 관계가 없는 것이다.

고대(古代)에는 신통변화의 무궁한 조화가 있다손치더라도 과학문명이 발달되어 젯트기로 수륙만리를 몇 시간에 왕래하고 텔레비전과 인터넷으로 수만리 밖에 있는 일들을 보고 듣고 달나라에 까지 가는데 비하면 아무것도 아닌 것이다.

□ **불교(佛敎)란 무엇인가?**

불교라는 것은 부처님이 교주가 되어 가르친 교리를 불교(佛敎)라고 한다.

'불(佛)'이라는 것은 범어(梵語)이며, '붓다'라는 것은 천리를 깨달은 각자(覺者)란 뜻이니 깨달은 이의 가르침이 불교인 것이다.

부처님이 '도(道)'를 깨달았다는 것은 검은 구름이 걷히고 명월(明月)이 드러나듯이 우리 인간이 번뇌 구름이 섣히고 지혜의 달이 나타나는 것을 의미한 것이다.

깨달음의 경계는 꿈속에서 바위에 눌려서 허우적거리고 고통을 받다가 깨어난 것과 같은 것이므로 '여수몽각(如睡夢覺)'이라고 하는 것이다.

□ 삼보(三寶)

　삼보란 불(佛)과 법(法)과 승(僧)을 가리킨 것이니, 불은 석가세존을 가리킨 것인바, 석가세존이 깨달은 각자(覺者)로서 복(福)과 혜(慧)가 구족하여 복혜양족(福慧兩足)이기 때문에 성인 가운데서 가장 보배라는 뜻이요, 법은 부처님이 깨달은 진리인바 부처님의 가르침은 모든 애욕과 물욕에서 뛰어나는 것이므로 진리 가운데 보배라는 뜻이요, 승은 불도를 수행하는 단체인 화합중(和合衆)을 가리킨 것이니 불교를 신봉하는 단체가 모든 단체 가운데서도 보배라 하여 승보라 하는 것이다.
　삼보(三寶)에 대하여는 삼종삼보가 있으니 첫째는 동체삼보(同體三寶)요, 둘째는 별상삼보(別相三寶)요, 셋째는 주지삼보(住持三寶)라는 것이다.
　동체삼보(同體三寶)라는 것은 진리를 가리킨 것이니, 첫째는 성품이 스스로 영각(靈覺)한 것이 불이요, 둘째는 성품이 본래 적멸한 것이 법이요, 셋째는 성품이 스스로 어기거나 다툼이 없는 것이 승이다.
　둘째, 별상삼보(別相三寶)라는 것은 법(法)·보(報)·화(化) 3신이 불이요, 둘째는 교(敎)·리(理)·행(行)·과(果)가 법이요, 셋째는 10주 10행 10향 10지의 지위에 있는 이가 승인 것이다.
　세번째는 주지삼보(住持三寶)이니 금·은·동·철과 토·석·목으로 등상을 하여 놓은 것이 불이요, 황권적축(黃卷赤軸)의 불교서적이 법이요, 삭발염의 하여 출가 수도하는 남녀를 승(僧)이라고 한다.

□ 오정심관(五停心觀)

　오정심관은 인도 불교 초기의 선관(禪觀)이니, 첫째는 다탐중생 부정관(多貪眾生不淨觀)이니 남녀가 색신에 대하여 음탐의 애욕이 많은 사람은 이 육신이 더러운 부정물의 결합체임을 관하는 것이요, 둘째는 다진중생 자비관(多嗔眾生慈悲觀)이니 신경질이 많아서 화를 잘 내는 사람은 자비심을 관하여 신경질을 쉬게 하는 것이요, 셋째는 다치중생 인연관(多痴眾生因緣觀)이니 어리석은 사람에게는 사물의 인과관계와 인간 상호의 인연을 관하여 사물을 알게 하는 것이요, 넷째는 착아중생 분별관(着我眾生分別觀)이니 '나'라는 것을 집착하는 사람에게는 '나'라는 것이 색·수·상·행·식의 5온으로 모여진 것이라 본래 '나'라는 것이 없음을 분별하여 관하는 것이요, 다섯째는 산란중생 수식관(散亂眾生數息觀)이니 생각과 마음이 어지러워서 정신 통일이 안되는 사람은 수식관을 하게 한 것이니 수식관이란 사람 각자가 숨쉬는 것을 하나 둘 셋...으로 세어 열까지 마치고 다시 되풀이 하여 계속 반복하면 들뜬 마음이 가라앉게 되는 것이다.

□ 참선(參禪)의 요지

학인(學人)은 즉 수행자(衲子)에게 큰 의심이 나타날 때는 앉아서는 서기를 잊어버린다.

빵을 먹되 맛을 모르고 걸어 다녀도 걷는 것을 모른다.
바보같이 오뚝 앉아서 일체를 잊어버려서
가슴 가운데 도무지 한 생각도 없게 되면
사면(四面)이 텅 비어서 탕탕하여 걸음이 없다.
이때에 종래(從來)로 의심하던 공안만 들고 앉았으면
마치 만리나 높은 히말라야 산정의 얼음 속에 있는 것 같고
또는 허공 위에 서거나 높은 유리 다락에 앉은 것 같다.
그리하여 몸과 마음이 탈락(脫落)하여 편안함을 얻으면
가슴 속이 청량하여 비할 데가 없도다.
좌선이 만약 이런 경지에 이르면 이는 참선이 반이나 이룬 것이니
이때에 두려워하지도 말고, 기운을 버쩍내어 퇴전하지 않으면
홀연히 맑은, 얼음산이 무너지는 것 같고
백옥으로 세운 누각이 무너짐과 같으리라.
그러나 이에 만족하여 만약에 부처와 조사(祖師)를 업신여기면
이것은 크게 그르쳐 마귀 경계에 빠질지니
학인이 주의하여 근신할 곳이니라.
이때에는 모름지기 눈 밝은 선사를 찾아가서
여러 가지의 병통을 결택하고 다시 보임(保任)하면
임의롭게 헝그리워 마음이 자재하여
이제로부터 무위 경계에 들어가리라.
만약에 이러한 경계에 이르고 보면
이것은 참선의 완전한 공을 이룬 것이리라.
참선은 본디 기특한 일이 없어서

마음을 환하게 밝혀서 본분에 주(住)할 뿐이로다.

참선 요지에 대하여 구체적으로 말하자면 여러 가지로 들 수가 있지만 그 골자만 추려서 말할 것 같으면 이상에 말한 것으로서 그 편린을 볼 수가 있다.

□ 불법(佛法)의 요지

중생이 본래 부처라
물과 얼음과 같아서
물을 여이고 어름이 없으니
중생밖에 부처가 없네.
중생이 가까운 것을 모르고
멀리 부질없게 구하는 어리석음이여
비유하건데 물 가운데서
목마름을 부르짖음 같고
부자집 아들이 빈촌에서 헤매는 것 같네.
육도윤회의 인연은
나의 우치한 밤길이라
어두운 땅에서 어둠길을 밟아가니
언제나 생사를 여읠 것인가
마하연(摩訶衍)의 선정은
칭찬하고도 남음이 있는지라

보시와 지계와 모든 바라밀과
염불 참선 수행 등에
저 풍류가 많은 모든 선행이
다 이 가운데로 돌아가네.
한두 차례에서 공덕을 지은 사람도
쌓였던 무량한 죄를 소멸하거니
악취가 어떤 곳에 있을 것인가!

정토극락이 곧 멀지 않네
고맙게도 이 법을
한번 귀에 스칠 때에
찬탄하고 기뻐한 이는
복을 얻음이 한이 없으리니
하물며 자기 자신이 공부해 맞추어서
바로 자성을 증득하면
자성이 곧 무성(無性)으로서
이미 모든 희론을 여일걸세
인과일여(因果一如)의 문을 열어서
유일무이(唯一無二)의 도를 곧게 하여
무상의 상을 상으로 하면
가고 오는 곳이 다른 곳이 아니라
무염(無念)의 염을 염으로 하여
노래하고 춤추는 곳도 법문의 장소라
삼매무애의 공(空)이 열리고

사지원묘(四智圓妙)의 달이 서늘하리니
이때에 무엇을 구할 것인가?

적멸(寂滅)이 현전하기 때문에
당처가 곧 연화세계요
마음이 곧 부처로다

□ 사상(四想)

4상(四想)은 아상(我相)·인상(人相)·중생상(衆生相)·수자상(壽子像)이라는 것인데, 이에 대하여서는 여러 가지의 해석이 있다.

첫째 해석은 색(色)·수(受)·상(想)·행(行)·식(識)의 5온(五蘊)으로 거짓 뭉쳐진 신심(身心)상에 '나'라는 것을 계교하여 실제 있는 것으로 집착하는 것이 아상(我相)이요,

'나'는 사람이라 하등동물인 축생과 다르다고 우월감을 갖는 것이 인상(人相)이요,

'나'는 5온법의 여러 인연을 가자해서 출생하여 살고 있다고 집착하는 것이 중생(衆生)이요,

나에게는 일정한 기한의 수명을 갖고 있다고 헤아리는 것이 수자상(壽者相)인 것이다.

둘째 해석은 '나'라는 자체에 집착하는 것이 아상(我相)이요, 내가 인간에만 있는 것이 아니라 천천히 육도로 돌아다니는 것

이라고 헤아리는 것이 인상(人相)이요,
 나는 부정물의 철광이나 목석과는 다른 유정의 동물이라고 집착하는 것이 중생상(衆生相)이요,
 나의 수명에 집착하는 것이 수자상(壽者相)인 것이다.

□ 12인연(十二因緣)

 12인연이라는 것은 첫째는 무명(無明)이니, 이것은 과거세의 번뇌나 미혹(迷惑)이 본성을 덮어서 밝음이 없게 하는 까닭으로 밝음이 없는 무명이라고 한다. 혹은 이것을 맹목적 의지인 갈애(渴愛)라고도 한다. 이것이 사람을 어둡게 하는 근본 번뇌인 까닭으로 첫번째에 들게 되는 것이다.
 둘째는 행(行)이니, 이것은 과거세의 몸과 입으로 일체 선악을 조작하여 행동하는 것을 이루는 것이다.
 셋째는 식(識)이니, 이것은 과거세의 부모의 혹업(惑業)이 서로 이끌어서 나의 정식(情識)으로 하여금 어머니 태중에 들어 한 찰나간에 염애(染愛)로 종자가 되고, 납상(納想)으로 태(胎)를 이루나니 이것을 식(識)이라고 이르는 것이다.
 넷째는 명색(名色)이니, 명이란 것은 마음이며, 마음이란 것은 다만 이름만 있고 형질(形質)이 없기 때문에 명이라고 하는 것이다.
 색(色)은 색질이니 곧 육신이다. 이것이 태가 이루어진 뒤로 57일이 지나면 형위(形位)라고 이름하는 것이니 이때는 안(眼)·

이(耳)・비(鼻)・설(舌)・신(身) 등의 형상을 이루어서 사지(四肢)의 차별을 알게 되는 것이니, 이것을 이름하여 색이라고 한다. 그래서 명과 색을 합하여 마음과 6신을 말하는 것이다.

다섯째는 육입(六入)이니, 이것은 명색위(名色位)로부터 67일을 지나면 털과 손톱과 이빨이 생기는 위(位)라 하고, 77일을 지나면 구근위(具根位)라고 이르나니 이때는 6근이 갖추어 색(色)・성(聲)・향(香)・미(味)・촉(觸)・법(法)의 6진을 흡수할 수 있는 용(用)이 있기 때문에 6입이라고 이르는 것이다.

일곱째는 수(受)니, 이것은 어린이가 5, 6세로부터 12, 3세에 이르기까지의 '위'나 6근으로 인하여 6진을 촉해서 상대 경계의 좋고 나쁜 것을 생각하는 위이니 비록 좋다 나쁘다 하는 감각은 있으나 음탐심이 없기 때문에 '수'라고 이르는 것이다.

여덟째는 애(愛)이니, 이것은 14, 5세로부터 18, 9세 때에 이르는 '위'이니 재물의 좋고 나쁜 거와 남녀에 대하여 음욕이 있으나 자기의 소유로 만들 의사가 굳지 못한 까닭으로 '애'라고 이르는 것이다.

아홉째는 취(取)이니, 20세로부터 음욕심과 애욕이 점점 심하여 사방으로 상대를 구하여 자기의 물건으로 삼으려는 '위'이기 때문에 '취'라고 이른다.

열번째는 유(有)이니, 이것은 모두 경계에 치구하여 선업과 악업을 일으켜서 적집(積集)하고 이끌어서 다시 내생에 출생할 인과를 만들게 되는 까닭으로 '유'라고 한다.

열한번째는 생이니 현세에 지은 선악법에 의하여 후세상에 육도사생(六道四生)중에 출생하기 때문에 '생'이라고 이르는 것이다. 열두번째는 노사(老死)이니 미래세에 출생 이후로 오음색신이 병들고 늙어 죽게 되는 까닭으로 '노사'라고 하는 것이다.

그렇기 때문에 우리 인간은 이 12인연의 범주에 의해 세세생생에 6도로 돌아다닌다는 것이니, 6도는 천도·인도·지옥·아귀·축생·수라를 가리킨 것이다.

□ 육도(六度)

6도(六度)란 6바라밀(六波羅蜜)이라고도 하는 것인데, 생사의 고해를 건너 이상경(理想境)인 열반의 저 언덕에 이르는 여섯가지 방편을 말한다.

옛날에는 불교의 수행자를 성문(聲聞)·연각(緣覺)·보살(菩薩)의 3계단으로 나눠서 그 수행방법이 다른 것을 말하였는데, 도피안이란 목표 아래서 성문은 4제법(苦·集·滅·道)을 깨달아야만 피안에 이르게 되고, 보살은 6바라밀을 닦아야만 피안에 이르게 된다는 것이다. 6바라밀의 명목을 들어보면,

첫째는 보시(布施) 바라밀이니, 보시라는 것은 남에게 시덕(施德)을 입히는 것이다. 여기에는 재시(財施)·법시(法施)·무외시(無畏施)의 3가지가 있으니, 재시라는 것은 경제적인 재물로써 남에게 베풀어서 도와주는 것이요, 법시라는 것은 내가 배운 경전의 교리를 남에게 포교하여 일러 주는 것이요, 무외시라는 것은 약한 자가 강자에 눌려서 욕을 당하거든 강자를 누르고 약자를 부축하여 주는 억강부약(抑強扶弱)을 말하는

것이다.

둘째는 지계(持戒) 바라밀이니, 이것은 불교의 계율을 갖는 것이다. 계율에는 삼취정계(三聚淨戒)가 있고, 5계·대승10계·비구 250·비구니의 500계 등이 있다.

삼취정계(三聚淨戒)란, 첫째는 섭율의계(攝律儀戒)이니, 그른 것을 막고 악한 일을 그치는 것이요, 둘째는 섭중생계(攝衆生戒)니 모든 중생을 버리지 말고 포섭하여 동사섭(同事攝)으로써 교화하고 제도하는 것이요, 셋째는 섭선법계(攝善法戒)니, 10선(不殺生·不偸盜·不邪淫·不忘語·不綺語·不兩舌·不惡口·不貪心·不嗔心·不癡心)의 선법을 잘 지키는 것을 가리킨다.

1. 5계(五戒)라는 것은 불살생(不殺生)이니, 산 목숨을 죽이지 말라는 것이다. 즉, 사람의 생명은 물론이지만 우마·육축의 동물도 죽이지 말라는 것이니, 이것을 어기어 살생을 좋아하면 자비심의 종자가 끊어진다는 것이다.

2. 불투도(不偸盜)는 남이 주지 않는 물건을 도둑질하지 말라는 것이다. 왜냐하면 이런 짓을 하면 사회 질서가 문란하여 사람이 마음놓고 살 수가 없는 것이요, 도둑질을 하면 복덕의 종자가 끊어진다는 것이다.

3. 불사음(不邪淫)은 본부·본처 이외에는 간음을 하지 말라는 것이다. 만약 이것을 어기고 법계를 하면 가정에 비극이 일어나고 사회가 문란하여진다. 그러므로 사음·간음을 금하는 것이다.

4. 불망어(不妄語)는 거짓말을 못하게 하는 계율이다. 거짓말

을 하면 신용을 잃게 되는 것이니, 거짓말을 좋아하는 사람은 공신력이 없는 것이다. 그러므로 망어를 금한다.

5. 불주음(不酒飮)은 술을 많이 마시게 되면 정신이 흐려지고 성질이 포악하여 남과 다퉈 싸우기를 잘하게 되는 까닭으로 술을 금하는 것이요, 술에 미치게 되면 패가망신을 하기 쉬운 까닭으로 이것을 금하는 것이다.

또 대승10계라 하는 것은 〈법망경(法網經)〉에 있는 것인데, 5계는 앞에 말한 거와 같거니와 다만 다섯번째 불음주계를 불고주라 하였으니, 술을 마시지도 말고 사거나 팔지도 말라는 것이다.

6. 부담과실(不談過失)계이니, 남의 허물을 들어 말하지 말라는 것이요.

7. 부자찬훼타(不自讚毁他)계이니, 나를 자랑하여 찬탄하고 남을 낮춰서 헐뜯지 말라는 것이요.

8. 불간탐(不慳貪)계이니, 재물을 탐욕스러워 아끼지 말라는 것이요.

9. 부진심(不嗔心)계이니 신경질을 일으켜 화를 내지 말라는 것이요.

10. 불방삼보(不謗三寶)계이니 불·법·승 3보를 비방하지 말라는 것이다.

이밖에 비구의 250계가 있고, 비구니의 500계가 있는데 이것들은 수가 복잡한고로 여기서는 생략한다. 그런데 많은 계율에서 근본이 되는 것은 살(殺)·도(盜)·음(淫)·망(妄)의 4가지가 근본이 되고 있다.

셋째는 인욕(忍辱) 바라밀이니, 나의 마음에 거슬리는 어떤 역경이라도 저항하지 말고 참는 것이다. 또 역경뿐만 아니라 나의 마음에 순종하고 참는 것이다.

넷째는 정진(精進) 바라밀이니, 무한히 노력하여 염불과 참선에 전력하고 팔정도를 닦는다는 것이다.

다섯째는 선정(禪定) 바라밀이니, 참선을 잘하여 마음의 번뇌를 끊어 가라앉히는 것이다.

여섯째는 지혜(智慧) 바라밀이니, 듣고 생각하고 실천하는 문(聞)·사(思)·수(修)의 3혜를 닦아서 불교의 오묘한 진리를 잘 알도록 힘쓰라는 것이다.

□ 탐간영초(探竿影草)

탐간영초라는 것은 감추어 있는 물건을 쑤시어 더듬는 간지대와 그림자로 비추는 풀이란 말인데, 본분작가(本分作家)의 종사가 수행납자의 공부한 내용의 심천을 시험하기 위해 물어보는 것을 비유로 한 말이다. 그러므로 탐간(探竿)이란 것은 깊은 늪이나 못 안에 있는 큰 고기를 잡으려고 하면 큰 고기는 깊은 바위 밑에 숨어 있고, 작은 피라미만 물기에서 놀고 있는 까닭으로 그 큰 고기를 잡으려면 길다란 바지랑대로써 깊은 물속의 바위 밑을 쑤셔야만 큰 고기가 나오게 되는 것이다. 그리하여 그물로써 잡게 된다.

또 영초(影草)라는 것은 도적이 남의 집 담을 넘어 방안으로 들어가서 물건을 훔쳐내야 되겠는데 방안에 자는 사람이 잠이 들어 있는지 알 수가 없는 것이다. 그러므로 달 밝은 밤에 창문 밖에서 풀잎을 들어서 흔들어 보이면 알 수가 있는 것이다.
 잠이 들지 않았으면 주인이 이상하게 여기고 쫓아 나올 것이고, 잠이 들었으면 모르고 있을 것이다. 그때에 도적이 잠근 문을 벗기고 들어가게 되는 것이다.
 이것과 마찬가지로 종사가 납자를 다룰 때 그의 공부의 심천을 알아보기 위해 엉뚱한 문제를 끌어내어 물어본다. 그런데 그 문제에 대하여 속지 않고 되받아서 잘 비키는 사람은 선지가 깊이 들어간 사람이요, 그것을 눈치채지 못하고 속아 넘어가는 사람은 아직 부족한 사람인 것을 짐작케 되는 것이다.

□ 선종(禪宗)의 5종 양파(五宗兩派)

 중국의 선종(禪宗)은 육조대사 이후에 5종 양파로 벌어졌으니 임제의현(臨濟義玄)선사를 중심으로 일어난 종파를 임제종(臨濟宗)이라 하고, 동산양개(洞山良介)선사와 조산탐장(曹山耽章)선사의 두 스님을 중심으로 일어난 종파를 조동종(曹洞宗)이라 하고, 운문문언(雲門文偃)선사를 중심으로 하여 일어난 종파를 운문종(雲門宗)이라 하고, 위산 영우(潙山靈佑)선사와 앙산 혜적(仰山慧寂)선사를 중심으로 일어난 종파를 위앙종(潙仰宗)이라 하며, 법안 문익(法眼文益)선사를 중심으로 하여 일어난 종파를 법안종(法眼宗)이라 한다. 그리고 임제종의 석상 초원(石霜楚圓)선사 밑에서 갈라진 황룡 혜남(黃龍慧南) 선사와 양기·방희의 두 선사를 중심하여 일어난 종파를 황룡파(黃龍派)와 양기파(楊岐派)라고 이르는 것이다.

□ 삼처전심(三處傳心)

 삼처전심이란, 석가세존께서 가섭존자에게 세 곳에서 마음을 전했다는 것이다.
 첫번째는 영산회상(靈山會上)에서 꽃을 들어 보여 마음을 전하셨다는 것이니 어느 때 석가세존께서 법자리에 올라 앉으시어서 아무 말씀도 아니 하시고 꽃 한송이를 손으로 들어서 대중에게 보이셨다. 이때 만장 청중들은 귀가 먹은 듯 눈이 먼 듯 무슨 영문인 줄을 모르고 앉아 있었는데 오직 가섭존자만이 쳐다보고 입을 실룩거리며 미소를 지어 방긋이 웃었다.
 이때 세존께서는 가섭존자에게 말씀하시되,
 "나에게 정법안장과 열반묘심(涅槃妙心)이 있는데 이제 이것을 너에게 전해 준다."
하셨다. 이것을 첫번째 전심(傳心)이라고 한다.
 두번째는 다자탑(多子塔)이니, 부처님께서 사위국 급고독원 정사에 세실 때 어느 날 다자탑 앞에 앉아서 설법을 하셨다. 다자탑이란 것은, 옛날에 어떤 현인이 자식을 많이 두고 수도하다가 죽었는데, 그 많은 자식들이 아버지를 위하여 탑을 조성하여 쌓아 드렸으므로 다자탑이라는 것이다.

이때에 마하가섭(摩訶迦葉)이 외방에 나아가서 두타(頭陀)고 행을 하다가 돌아왔으므로 머리가 봉두난발이오, 의복이 헤어지고 때가 묻어 거지같이 보였다. 그러므로 다른 비구들은 한 사람도 알아 볼 수가 없었다. 그런데 이렇게 남루한 행색으로 세존을 찾아왔는데 부처님께서는 먼저 알아보시고, 당신이 깔고 앉았던 자리의 반쪽을 비껴 주며,
"어서 여기 와 앉으라."
고 명했다.
 대중은 이 광경을 보고 모두가 의아하여 의심 속에 파묻혀 있었는데, 세존께서는 말씀하시되,
"여기 나의 빈자리에 앉은 비구는 마하가섭이니 그가 그간에 두타고행을 하여서 도가 확충되었으므로 이같이 특별대우를 하노라."
하셨다.
 그래서 대중이 의심을 파하게 되었는데, 이것을 두번째 전심(傳心)이라고 이르는 것이다.
 세번째는 가섭이 외방에 있다가 세존 입멸(入滅) 부고를 듣고 달려오되 7일만에 당도하여 세존의 시체를 염습하여 모셔놓은 곽(槨) 앞에 나아가 위요 3잡을 하고 절을 하였더니 부처님이 곽 속에서 두 다리의 쌍부(雙趺)를 내어 멀어보이셨다는 사라쌍수곽시쌍부(娑羅雙樹槨示雙趺)라는 것이니 이것을 가리켜 세번째 전심이라 하여 삼처전심이라고 하는 것이다.

□ 삼현(三玄)·삼요(三要)·삼구(三句)

 삼현이니 삼요니 삼구니 하는 것은 선문(禪門)의 행상(行相)이라 하겠으니 납자로서는 알아 두어야 할 문제라 생각한다. 삼현(三玄)이란,

 1. 체중현(體中玄)이니, 삼세(三世)가 곧 일념(一念)이란 것이다. 삼세는 과거·현재·미래이니 장원한 시간을 가리킨 것이요, 일념이란 것은 한 뿔각의 짧은 시간을 가리킨 것인데, 체중현은 삼세가 일념간이요, 일념이 곧 삼세이니 장단과 원근이 없는 평등한 심오한 진리를 말한 것이다.

 2. 구중현(句中玄)은 경절 언구이니 선가(禪家)에서 명료하게 물음을 답한 것으로, 예를 들면 혜가(慧可)가 달마에게 '나의 마음이 편안치 아니합니다' 하고 여쭘에 달마대사가 답하되, '마음을 가져 오너라'고 이르니 혜가가, '마음을 가히 찾을 수가 없습니다'고 하자 달마대사가 이르되, '너에게 안심을 주어 마쳤느니라' 한 것과 같은 것이다.

 또 어떤 중이 스님께 '해탈을 구합니다' 한데 '누가 얽어 왔느냐?'고 답하였다. 양무제가, '어떤 것이 성제제일의(聖諦第一義)입니까?' 라는 물음에 '확연무성(廓然無聖)입니다' 하고 답했다. 어떤 중이 육조(六祖)에게 묻되, '불법은 누가 압니까?' 함에 육조 답하되, '불법을 아는 자가 아니니라' 고 답했다. 다시 '스님은 불법을 아십니까?' 하니, '나는 모르노라' 했다.

 3. 현중현(玄中玄)이니 양구(良久)·봉(棒)·함(喝) 등이라, 말도 없이 가만히 앉아 있거나 방망이로 때리거나 외마디 소리

로 기압을 넣는 것 같은 고함을 지르는 것을 말한다.

삼요(三要)란 것은,

제1요(第一要)는 도장으로 허공에 인 치는 것과 같은 것이요(如印印空).

제2요(第二要)는 도장으로 물에다 인 치는 것과 같은 것이요(如印印水).

제3요(第三要)는 도장으로 진흙에 인 치는 것과 같은 것이다(如印印泥).

3구(三句)라는 것은,

제1구(第一句)는 조사의 심인을 전해 가지는 것이라 하였으니 조사선(祖師禪)에 당하는 것이요.

제2구(第二句)는 여래의 견성오도(見性悟道)라 하였으니 여래선(如來禪)에 당한 것이요.

제3구(弟三句)는 하택이 말한 본원불성(本源佛性)과 같으니 의리선(義理禪)에 당한 것이라 했다.

그래서 제1구를 천득(薦得 : 깨쳐 얻는 것)하면 부처와 조사의 스승이되, 제2구를 천득하면 인천(人天)의 스승이 되고, 제3구를 천득하면 자기 자신도 구하지 못하느니라(自救不了)했다.

또 3구에 대하여 깊이를 말하되, 제1구를 알려면 상신실명(喪身失命)이요, 제2구를 알려면 입을 열기 전에 그리침(未開口錯)이요, 제3구를 아는 것은 똥을 까부는 키와 땅을 쓸어 대는 비와 같으니라(糞箕掃帚)했다.

□ 의리(義理), 여래(如來)와 조사선(祖師禪)

1. 의리선(義理禪)이란 것은 경전이나 선록(禪錄)의 이론을 보고 눈치를 채서 터득하는 것이요.
2. 여래선(如來禪)이란 것은 참선을 하다가 공(空)의 도리를 보아서 천지일공(天地一空)의 절대 평등의 경계를 보는 것을 이른 것이다.
3. 조사선(祖師禪)이란 것은 공(空) 도리에 한걸음을 넘어서 평등 가운데 차별 도리가 완연한 것을 긍정하는 도리라 하겠다. 예를 들면 중국의 방온거사가 처음에 석두(石頭)화상을 찾아가서 묻되,

"만법으로 더불어 벗하지 않는 자가 이 무슨 사람입니까?(不與萬法爲侶者 是甚麽人)"

하니 석두가 손으로 거사의 입을 가리켰다. 이때에 방거사가 깨달았다. 석두가 어느 날 거사를 향해 묻되,

"일용사(日用事)를 어떻게 지내느냐?"

하였더니 거사가 글을 지어 올리기를,

日用事無別 惟吾自偶諧
頭頭非取捨 處處勿張乖
朱紫誰爲號 丘山絶點埃
神通竝妙用 運水及搬柴

일용사가 별다름이 없어서 오직 나와 한가지로다.

낱낱이 취하고 버릴 것이 없고 처처에 어길 것이 없네
주와 자를 누가 이름 지었는가. 언덕이나 산에 모든 티끌이 끊어졌네
신통과 아울러 묘용이 물 길어오고 나무 옮겨오는 것일세.

이상을 가리켜 방거사가 여래선을 깨쳤다고 하는 것이다. 그 뒤 방온거사는 마조(馬祖)스님을 찾아가서 묻기를,
"만법으로 더불어 벗하지 아니한 자가 이 무슨 사람입니까?" 하고 똑같이 물었더니 마조가 답하되,
"네가 한 입으로 서강수(西江水)를 다 마셔 없앰을 기다려서 일러주리라."
하였더니 방온거사가 깨달았다고 송을 지어 올리기를,

十方同聚會 個個學無爲
此是選佛場 心空及第歸

시방에 있는 사람들이 함께 모여서 개개인이 무위도를 배우니 이것이 부처를 가려내는 도량이라 마음을 공하여 급제해 돌아가네.

라 하였는데 이것을 가리켜 조사선을 깨달은 것이라고 한다. 방온거사는 호를 도현(道玄)이라 하는데 양양 사람이었다. 거사가 장차 돌아가고자 할 때 양주목사인 우공(于公)이 병 문안을 갔더니 거사 설법하여 이르되,

但願空諸所有언정
切勿實諸所無하라

다만 있는 바를 비우기를 원할지언정
간절히 바라노니 없는 바를 답실게도 말아라.

이것은 유(有)에도 착하지 말고 무(無)에도 착하지 말라는 법문이다.
또 다시 설하되,
'좋게 세간에 주하라. 모든 것이 그림자와 메아리 같으니라(好住世間皆如影響)'.
하고 말을 마치자 우공의 무릎을 베고 열반에 들었다는 거사의 초탈한 모습이었다.

□ 선가(禪家)의 18문(門)

선가의 18문이란 것은 선가에서 선객(禪客)이나 납자(衲子)들이 조실스님에게 질문하고 답한 것을 엮어 놓은 것이다.
1. 청익문(請益問) ― 이것은 선사에게 진심으로 법문에 대하여 가르쳐 주기를 정하여 물은 것이니, 예를 들면 어떤 중이 조주(趙州)스님께 묻되, '어떤 것이 조사가 서쪽으로 오신 뜻입니까?'하였더니 조주스님은 이에 대하여, '뜰앞에 잣나무니라'(庭前柏樹子)하셨다.

2. 정해문(呈解問) — 이것은 자기가 깨달아 안 것은 어느 정도인가를 선사에게 판단하고 인정하여 달라고 묻는 것이니, 예를 들면 엄양(嚴陽)존자가 조주화상에게 묻되, '한 물건도 가지고 오지 않은 때가 어떠합니까?' 하였더니 조주스님이 답하되, '놓아 버리라'했다.

'한 물건도 이미 가져 오지 않았는데 무엇을 놓아버리라 하십니까?' 하였더니, '놓기 싫거든 짊어지고 가거라' 한 것과 같은 것이다.

3. 찰변문(察辨問) — 묻는 자가 선사의 깨달은 경지를 알고 싶어하는 질문이니, 예를 들면 동봉암주(桐峰庵主)가 깊은 산에 있었거늘 중이 와서 묻되, '스님이 이 산중에서 홀연히 호랑이를 만난다면 어떻게 하시겠습니까?' 하였더니, 화상이 호랑이의 울음소리를 하거늘 중이 두려운 표정을 지으니 화상이 크게 웃고 말았다.

4. 투기문(投機問) — 묻는 자가 자기가 증득함에 대하여 의심을 보이고 확증을 얻으려는 희망을 표한 질문이니, 예를 들면 어떤 중이 천황도오(天皇道悟)에게 묻되, '의정(疑情)을 쉬지 아니한 때가 어떠합니까?'하니 화상이 이르되, '하나를 지키면 참된 것이 아니리라(守一非眞)'한 것이다.

5. 편벽문(偏僻問) — 묻는 자가 스승의 태도를 발견하려는 질문이다.

예를 들면 중이 조주에게 묻되, '만법이 하나로 돌아가나 하나는 어디로 돌아갑니까?' 하였더니, '내가 청주(靑州)에 있을 때에 적삼 하나를 만들었더니 무게가 7근이더라' 했다.

6. 심행문(心行問) ─ 선지(禪旨) 참구에 대하여 전진할 길을 몰라서 묻는 것이다.

예를 들면 어떤 중이 흥화(興化)에게 묻되, '학인이 흑백을 가리지 못하고 있아오니 화상의 방편 교시를 비나이다' 하였더니, 화상이 중의 말이 떨어지기가 무섭게 때려 내쫓고 말았다.

7. 탐발문(探拔問) ─ 이것은 묻는 자가 선사의 깨달은 경계를 점검하기 위하여 묻는 것이다.

예를 들면 어떤 중이 풍혈(風穴)선사에게 묻되, '알지 못한 사람이 무엇때문에 의심치 않습니까?' 하였더니 풍혈화상이 이르되, '신령스러운 거북이 육지를 행하니 어찌 진흙 발자취를 끌어감을 면하겠느냐?'한 것 등이다.

8. 불회문(不會問) ─ 무식한 자가 참선을 해도 알 수가 없어서 묻는 것이다.

예를 들면 어떤 중이 현사(玄沙)화상에게 묻되, '학인이 잠깐 총림(叢林)에 들어왔아오니 스님의 지시를 비나이다' 하였더니, '네가 드러누워 시냇물 소리를 듣느냐?'고 하자, 중이 답하되, '듣습니다' 하였더니, '이 소식으로 쫓아 들어가라.' 현사가 이렇게 대답했다.

9. 격담문(擊擔問) ─ 선사에 대하여 자기의 견해를 갖고 선사가 이것을 어떻게 재단하여 주는가를 알고 싶어서 제출한 실문이다.

예를 들면 중이 어떤 노숙(老宿)에게 묻되, '세지변청(世智辨聽)은 총이 쓰지 못한다고 하오니 나에게 화두(話頭)를 하나 들려주십시오' 하였더니 노숙이 문득 방망이로 때려 내쫓았다.

10. 치문(置問) — 고덕(古德)이 말씀한 바에 관계가 있는 질문이다.

예를 들면 중이 운문(雲門)에게 묻되, '부릅뜬 눈으로도 변제(邊際)를 보지 못한 때가 어떠합니까?'하니 운문이 이르되, '보느니라(鑑)' 했다.

11. 고문(故問) — 이것은 경전의 문구를 들어서 선사에게 질문하는 것이다.

예를 들면 어떤 중이 수산(首山)화상에게 묻되, '일체중생이 다 불성이 있다고 하였거늘 학인은 무엇때문에 알지 못하나이까?' 수산이 답하되, '아느니라(識)'라고 했다.

12. 차문(借問) — 이것은 이미 아는 사심을 말하여 질문하는 것이니, 예를 들면 어떤 중이 풍혈선사에게 묻되, '큰 바다에 구슬이 있으니 어떻게 취하리까?' 풍혈이 답하되, '망상이 이를 때에 빛이 찬란하고 이루(離婁)가 행하는 곳에 물결이 하늘에 차니라.'(화상과 이루는 별의 이름이다)

13. 실문(實問) — 이것은 직접 관찰한 사실로부터 출발한 질문이다.

예를 들면 중이 삼성(三聖)화상에게 묻되, '학인은 스님을 다만 중으로 보는데 어떤 것이 부처며, 법입니까?' 삼성이 이르되, '이 부처와 법을 네가 알겠느냐?' 했다.

14. 가문(假問) — 가정을 합한 질문이다.

예를 들면 중이 경산(經山)화상에게 묻되, '이것이 집속인데 어느 것이 부처입니까?' 경산이 답하되, '이것이 집속이니라' 했다.

15. 심문(審問) — 진실한 의정(疑情)을 갖추어 나타내는 질문이다. 예를 들면 중이 조사에게 묻되, '일체 모든 법의 본법은 유(有)하거늘 어떤 것이 무(無)입니까?'

조사 답하되, '너의 물음이 심히 분명하거늘 어찌 괴롭게 다시 나에게 묻느냐?' 했다.

16. 징문(徵問) — 공격적 의도를 갖고 질문하는 것이니, 예를 들면 중이 목주(睦州)스님께 묻되, '조사가 서쪽으로 와서 무슨 일을 하였습니까?'

목주가 답하되, '네가 일러 보아라. 무슨 일을 하였는가?' 중이 막히니 목주가 문득 내쫓았다.

17. 명문(明問) — 간명 직절한 질문이니, 예를 들면 외도가 부처님께 와서 묻되, '유언(有言)도 묻지 않고 무언(無言)도 묻지 않은 때가 어떠합니까?'

세존이 말없이 입정(入定)하여 가만히 앉아 계시거늘 외도가 이르되, '세존께서 대자비로 나의 미한 구름을 헤쳐 나로 하여금 도를 깨닫게 하였나이다' 하고 물러 갔다.

18. 묵문(默問) — 언설을 내지 않고 질문하는 것이니, 예를 들면 외도가 부처님 처소에 와 말없이 우뚝 서 있거늘, 부처님이 이르시되, '심히 많고나 외도여!' 하였더니, 외도가 이르되, '세존이시여! 대자대비로 나로 하여금 도를 얻어 듣게 하였나이다' 하고 물러 갔다.

이상을 들어서 18문이라고 한다.

□ 선종(禪宗)의 종문이류(宗門異類)

 종문이류라는 것은 말로는 능히 이를 수가 있으되, 지혜로는 미치지 못함을 가리켜 말한 것이니, 예를 들면 고봉(高峯)화상 선요(禪要) 가운데,

海底泥午含月走어늘
岩前石虎抱兒眼이로다
鐵蛇鑽入金剛眼하고
崑崙騎象鷺鷥牽이로다

바다 밑의 진흙 소가 달을 물고 달아나거늘
바위 앞의 호랑이가 새끼를 안고 졸도다
쇠뱀이 금강의 눈을 뚫고 들어가고
곤륜산이 코끼리를 타니 해오라기 물새가 끌도다.

라고 한 것이라든가, 다비문(茶毘文) 가운데,

有眼石人齊下淚하니
無言童子暗嗟咄로다
木馬倒騎飜一轉하니
大紅焰裡放寒風이로다

눈 있는 돌 사람이 같이 눈물을 흘리니

말없는 동자가 가만히 탄식하도다
나무로 된 말을 거꾸로 타고 한번 뒤집으니
크게 붉은 불꽃 속에서 찬바람이 나도다.

이런 것을 일러 종문이류(宗門異類)라고 한다.
이와 같이 고봉화상의 선요 가운데 있는 송이라든지 다비문 속에 있는 송은 언설의 말로는 지꺼릴 수가 있으되, 지혜로는 이해할 수가 없는 것이다. 그래서 고인도 이것은 '말로써는 능히 미치되, 지혜로는 이르지 못한다(言能及而智不能及)'고 했다.

그 외에도 '돌사람이 밤에 나무닭 소리를 듣는다(石人夜聽木鷄聲)'란 말이 있다. 이런 것을 언설로는 미칠 수가 있으니 이것을 류(類)라고 한다. 그러나 돌사람이 어떻게 들으며 나무닭인데 어떻게 울 것인가! 이런 까닭으로 지혜가 이르지 못함이니 이것을 일러서 이(異)라고 한다. 그러므로 이해할 수 없는 문구를 종문이류라고 하는 것이다.

이밖에 또 보살이류가 있고, 사문이류가 있으니 보살이류란 것은 종문이류와 달라서 응신으로 화생하는 것은 '류(類)'요, 변치 않는 소증(所證)의 이치를 '이(異)'라고 한다.

또 사문이류란 것도 종문이류와는 다르다. 예를 들면 위산 영우선사가 법을 보이되(示法) '영우가 죽어서 산밑 촌가의 물소로 태어나 두 뿔 위에 위산이라는 두 글자를 써서 나타낼 것이니 이것을 위산이라고 불러야 옳으냐, 물소라고 불러야 옳으냐?' 했다.

이것은 위산이 한 마리 물소가 되는 것은 '류'요, 영우가 곧

'수고우'인지라 자체가 변하지 않는 것은 '이(異)'라고 한다. 이 것을 사문이류라고 한다.

 그런데 이 같은 종문이류가 나오게 된 데는 출처가 있으니, 옛날 남전(南泉)화상이 어떤 강사에게, '무슨 경을 강하느냐?' 하고 물었더니, '열반경을 강한다'고 했다. 남전화상이 다시, '열반경 가운데는 무엇을 극칙으로 삼는가?' 하였더니 강사 이르되, '여여(茹茹)로써 극칙을 삼는다'고 했다.

 이에 남전화상이 이르되, '무형한 여여의 이치를 불러서 여여라고 하면 벌써 변해진 것, 모름지기 이류중을 향하여 이류중사(異類中事)를 불러 지어야 비로소 옳은 것이다'라고 했다.

 이에 대하여 법진일(法眞一)선사가 송하되,

涅槃寂滅本無名하니
喚作如如早變生이라
若問經中何極則하면
石人夜聽木鷄聲이라고 하리라

열반적멸이란 본래 이름이 없으니
여여라고 불러지어도 벌써 변한 것이라
만약 경 가운데 어떤 것이 극칙이냐 하고 묻거든
돌사람이 밤에 나무닭 소리를 듣는 것이다 하리라

 이에 대하여 함허 득통(涵虛得通)선사는 이르되, '열반 적명이 본래 명자(名字)가 없거늘 만약에 명자를 세운다면 변이(變

異)하여감을 면치 못할지니 모름지기 이류중행을 향하여 이중사(異中事)를 일러 취해 원전(圓轉)하여 다치지 아니하여야 비로소 옳으리라'고 했다.

그런즉 무형한 마음을 부처라고 하던지 법(法)이다, 각(覺)이다, 보리다, 열반이다 라고 하여도 맞지 않는 말이기 때문에 차라리 상식으로 능히 추측할 수 없는 돌계집(石女)이니, 돌호랑이(石虎)니, 나무닭목(木鷄)이니, 또는 구멍없는 피리(無孔笛)니, 진흙소(泥牛)라고 하는 등 이중사(異中事)로 표현하게 되고, 시간도 상상할 수 없는 겁밖의 봄(劫外春)이라든지 당나귀해라는 것 등으로 표현하게 되고, 또 거북의 털이나 토끼의 뿔이라는 것과 같은 말로 사용한다.

이밖에도 무봉탑(無縫塔)이니, 무저선(無底船)·무영수(無影樹)·무형탑(無形塔)·무음양지(無陰陽地)·무음향산곡(無音響山曲)이니 하는 것도 이류(異類)의 말로써 표현한 것이다. 그러나 함허 득통선사는 구태어 이렇게 변명을 지을 것도 없다 하여 이르되,

"또한 일러라(且道), 변하여 무슨 곳으로 향하여 갈 것인가, 어지럽게 달리지 말라. 만약에 변하고 비치지 않음 등으로 상량(商量)할 것 같으면 도리어 옳지 못한 것이니 필경에 어떻게 할 것인고. 열반적멸이 본래 이름이 없으나 또한 이름을 인하여 체를 나티내는 것도 무방한 것이니 왜냐하면 이름만 설할 때에는 바람이 불어도 들어가지 못하고 물을 뿌려도 젖지 않을 것이라. 다만 한 조각의 통신한광(通信寒光)이 있을 뿐이니 여여(如如)라고 불러지은들 무슨 변이가 있으리오."

했다. 그러나 선가에서는 표전(表詮)을 쓰는 것보다 차전(遮詮)의 은어를 쓰기 좋아하기 때문에 보통 사람이 이해할 수 없는 별난소리 쓰기를 좋아하는 것이라 하겠다. 그러므로 상식적으로 이해할 수 없는 도리를 말할 때나 말로써 표현할 수 없는 때에 상상 밖의 말인 목계, 석녀 등으로 표현한다.

□ 진심(眞心)의 이명(異名)

마음이라는 것은 본래 형상이 없어서 이름이 또한 없다.
마음이라고 부르는 그 자체도 맞지 않는 말이지만 허공같이 청청한 마음을 교가(敎家)에서는 진심(眞心)이라고 부른다. 그러나 교가에서는 알기 쉬운 표전(表詮)으로 이름하고 선가(禪家)에서는 알기 어렵게 뒤집어 차전(遮詮)으로 이름하기 때문에 여러 가지의 다른 명사가 붙어 있다.
먼저 교가의 각 경전에 나타나는 이름을 대강 들어보면, 〈보살계경〉에서는 심지(心地)라 하였고, 〈반야경〉에서는 보리(菩提), 〈법화경〉에서는 실상(實相), 〈화엄경〉에서는 법계, 〈금강경〉에서는 반야(般若), 〈금광명경〉에서는 여여(如如), 〈정명경〉에서는 법신(法身), 〈기신론〉에서는 여래장(如來藏), 아리야식 또는 진여라 하고, 〈열반경〉에서는 불성(佛性), 〈원각경〉에서는 총지(總持)), 〈승만경〉에서는 여래장(如來藏), 〈요의경〉에서는 원각(圓覺)이라고 했다.
그러나 선가에서는 근기를 따라 여러 가지 이름을 붙이게 됨으로 혹은 자기(自己)라 하고, 일물(一物)·일착자(一着子)·정안(正眼)·주인공(主人公)·묘심(妙心)·무저발(無底鉢)·몰현금·무진등(無盡燈)·무근수(無根樹)·취모검(吹毛劍)·무위국(無爲國)·모니주(牟尼珠)·무유쇄·무공적(無孔笛)·석녀(石女)·목계(木鷄)·니우(泥牛)·무영수(無影樹)·원상(圓相)·무봉탑(無縫塔)·무영탑(無影塔)·정법안장(正法眼藏)·이놈(這漢)·무위진인(無位眞人)·무저선(無底船) 등등 많다.

불교신자로서는 이러한 명칭들이 모두 진심의 다른 이름인줄 모르면 당황할 때가 많은 것이므로 불교에 대한 상식으로서 진심의 이명들을 대강 알아두는 것이 필요할 줄 안다.

□ 선(禪)과 교(敎)의 동별(同別)

선(禪)과 교의(敎義)가 같고 다른 것을 말할 것 같으면 선과 교가 다 같이 부처를 이루어서 중생을 제도하는 목적은 같으되, 그 표현 방법은 현저하게 다른 것이니 모든 부처님이 경을 설한 것은 먼저 제법을 분별하고 뒤에 필경엔 공을 설하신 것(先分別諸法 後說畢竟空)이요, 조사가 글귀를 보인 것은 자취를 의지(意地)에서 끊고, 이치를 마음 근원에 나타낸 것(迹絶新意地 理懸於心源)이 서로가 다른 점이다.

다시 말하면 모든 부처님들은 만대의 의빙이 되는 까닭으로 이치를 자세히 보이는 것이요, 조사는 즉시 도달에 있기 때문에 뜻으로 하여금 현통(玄通)케 하는 것이다. 그러므로 어떤 선사는 선(禪)·교(敎)·이별(異別)에 대하여 닭은 차거우면 나무에 오르고 오리는 추우면 물속으로 들어가는 것이다(鷄寒上樹 鴨寒入水)라 했다.

 나무에 오르는 것은 몸을 드러낸 것이니 교(敎)에 해당하고, 물속에 들어가는 것은 몸을 감추는 것이니 선(禪)에 해당되는 것이다.

□ 활구(活句)와 사구(死句)

 선지(禪旨)는 생각만 움직여도 어기고 입을 열면 벌써 어긋난다는 것이니 일념 미생전을 활구(活句)라 하는 것이요, 아무리 심오한 법문이라도 입 밖에만 떨어지면 사구(死句)라 하는 것이다. 고덕이 이르되,

薦得一念未生前하면
奇言妙句化爲塵이라

한 생각이라도 일어나기 전에 깨달아 얻으면
기이한 말과 묘한 글귀가 티끌로 화하나니라.

하였다. 그러므로 선종에서는 활구를 중하게 여기고 사구는 대단케 여기지 않는다.

선가(禪家)에 제1구와 말후구(末後句)란 말이 있는데 이것은 활구를 가리킨 것이다. 또 향상일구(向上一句)란 말이 있는데 이것도 활구를 가리킨 것이다. 이런 것으로 보면 양구단좌(良久端座)는 활구요, 부처님께서 연설하신 〈팔만대장경〉은 사구라고 하겠다.

□ 선종(禪宗)의 구산선문(九山禪門)

신라가 삼국을 통일한 후 수많은 구법승(求法僧)이 당시 중국에서 유행하던 달마선종법을 받아 가지고 한국에 돌아와서 9산 선문을 세우고 종풍(宗風)을 크게 드날렸으니 9산문을 들어 보면 이러하다.

제1은 실상산문(實相山門)이니, 홍척(洪陟)국사가 전라북도 남원 실상사(實相寺)에서 개산했다. 그의 제자로서는 편운(片雲)대사와 수철(秀徹)대사 등이 있다.

제2는 가지산문(迦智山門)이니, 체증(體澄)국사가 전라남도 장흥군 보림사에서 도의(道義)국사를 종조(宗祖)로 삼고 개산한 것이다.

제3은 동리산문(棟裡山門)이니, 혜철(慧徹)국사가 전라남도 곡성군 태안사에서 개산하고, 그의 제자로서는 도선(道詵)국사와 여(如)대사 등이 유명하다.

제4는 사굴산문이니, 범일(梵日)국사를 종주로 하여 강원도 명주군에 굴산사를 창건하고 개산하였는데 9산문 가운데 가장 번창했다. 그의 제자들로서는 낭원(朗圓)대사와 낭공(朗空)대사가 유명했다.

 제5는 성주산문(聖住山門)이니, 무염(無染)국사가 충청도 보령군 성주사에서 개산했는데 그의 제자로서는 수차대사와 원장(圓藏)대사가 유명하다.

 제6은 사자산문(獅子山門)이니, 도윤(道允)국사가 강원도 영월군 쌍봉사에서 개산하고 조풍을 떨쳤다. 그의 제자로서는 종홍(宗弘)대사와 단지(端智)대사 등이 있다.

 제7은 희양산문이니, 도헌(道憲)국사가 경상북도 문경문 봉암사에세 개산했는데 그의 제자로서는 성문(性聞)대사와 민휴(敏休)대사가 가장 유명하다.

 제8은 봉림(鳳林)산문이니, 현욱(玄昱)국사가 경상남도 창원군 봉림사에서 개산했다. 그의 제자로서는 융제(融諦)대사와 경제(景諦)대사가 있다.

 제9는 수미(須彌)산문이니, 이엄(利嚴)존자가 정순왕 5년에 고려 태종의 초청으로 황해도 해주 광조사에서 개산했다. 그의 제자로서는 정능(貞能)대사와 도인(道忍)대사 두 사람이 유명하다.

□ 정혜쌍수(定慧雙修)

 부처님이 말한 법문을 설하실 때 정(定)과 혜(慧)와 오(悟)와 수(修)를 항상 말씀하셨다. 이에 대하여 규봉종밀(圭峰宗密)선

사는 말씀하기를,

無定無慧하면 是狂是愚요
偏修一門하면 無明邪見이라
此一雙運하여 成兩足尊하리라

정도 없고 혜도 없으면 미치고 어리석은 것이요
치우쳐 일문만 닦으면 무명과 사견이 된다
이 두 가지를 쌍으로 닦아서 부처를 이루리라.

  도를 닦는 데는 정도(正道)가 있고 조도(助道)가 있다. 정(定)과 혜(慧)는 정도요, 나머지 만행(萬行)은 조도이다.
  조도(助道)란 말은 정도를 보조하는 도란 말이다. 그러므로 정이 없는 혜는 미친혜라고 규봉선사가 말씀한 것이다.
  정이 없는 혜는 바람 가운데 등불과 같아서 꺼지기가 쉽고, 또 정이 없는 혜는 고요한 물에서 일어난 물결과 같아서 안전성이 결여된다. 그리고 혜가 없는 정은 어리석은 정이라 정신이 없는 사람과도 같고, 불탄 나무에 생기가 없는 것과도 같다. 그러므로 치우쳐 정만 닦으면 무명(無明)을 증장할 뿐이요, 또 치우쳐 혜만 닦으면 사견을 증장할 뿐이다. 그러므로 정과 혜를 쌍수해야만 대원경지(大圓鏡智)의 큰 지혜를 얻어 성불할 수 있는 것이다. 우리나라 조계종의 선조인 보조국사(普照國師)께서도 항상 정혜쌍수(定慧雙修)를 주장하였다. 만약에 정이나 혜, 어느 하나만을 닦는 것은 날개쭉지 하나가 부러진 새와 같아서 허공을 향하여 날수가 없는 것이다. 그러므로 정과 혜 두 가지를 다 쌍수(雙修)하는 것이 마치 두 바퀴를 갖춘 수레와도 같이 완전한 운전을 할 수 있는 것이다.

제2장 청정본연(淸淨本然)

□ 선(禪)의 생활화

불교에는 여러 가지의 종파가 있지만 간단히 줄여서 말하면 불심종(佛心宗)과 불어종(佛語宗)의 두 가지로 나눌 수 있다. 불심종이란 부처님의 마음을 종으로 삼는 것이며, 참선을 닦아 나아가는 선종을 가리킨 것이다. 불어종이란 부처님의 설교를 종으로 삼는다는 것이니 선종 외에 수많은 교종(敎宗)을 가리킨 것이다.

일반 사람들이 알기에는 교종은 문자, 즉 경문(經文)을 토대로 삼은 것이니까 배우고 듣고 하여 알 수 있는 것이나, 선종(禪宗)은 허공과 같은 형상이 없는 마음을 찾는 공부니까 퍽 어려운 것으로 생각하는 이가 많다고 본다. 그러나 단도직입적으로 깨달아 들어가는 데는 선종이 오히려 쉬운 것이라고 하겠다. 왜냐하면 고래로 참선을 하여 깨쳤다는 이는 많아도 경을 읽어 견성(見性)하였다는 이는 적은 까닭이다. 다만 중요한 문제는 선(禪)을 현실 생활에서 분리하지 않고 체험하여 실천하느냐, 아니하느냐에 있는 것이다.

참선(參禪)은 주관적인 마음을 바탕으로 하여 공부하는 것이기 때문에 파도와 같이 물결치는 탐욕심과 사심과 진심과 치심과 산란심·분별심과 추한 마음과 괴로운 마음과 슬픈 마음 등 어지러운 마음 가운데서 50길이나 100길이나 되는 깊은 바다 속으로 동함이 없이 조용하고 맑게 흘러가는 저류의 물과 같은 맑은 양심과 천심(天心)과 진심(眞心)을 찾게 되는 것이며, 누구든지 참선만 하면 자기의 본심을 찾을 수 있는 것이다.

 참선이란 다른 게 아니라 흩어진 마음을 모아 다심(多心)이 일심(一心)으로 돌아가게 하는 것이니 쓸데없이 산란한 마음이 일어나면 이 마음이 어디서부터 일어났는가 하고 그 뿌리를 찾아보면 기실은 아무것도 없는 것이다.

 환경에 의해 신경질이 일어나더라도 그 신경질이 일어난 뿌리를 찾아보면 실로 아무것도 없는 것이다. 분한 마음이나 억울한 마음이나 흐뭇하고 좋은 마음이나 애인에 대하여 애틋한 마음이나 미인을 보고 일어나는 야릇한 마음이나 천 가지 만 가지 마음에 대하여 그 일어난 뿌리를 찾아보면 아무것도 없는 것이다. 그러므로 아무것도 없는 공허하고 맑은 마음이 나의 본신인 것이다. 〈한산시(寒山詩)〉라는 책에,

吾心似秋月
碧潭淸皎潔
無物堪比論
都我如何說

나의 마음이 가을 밤 달과 같으며

푸른 못과 같이 맑고 희며 깨끗함 뿐일세
어떠한 물건과도 비할 수 없으니
나로 하여금 어떻게 말할 수 있겠는가?

 이러한 시구가 있거니와 이것이야말로 우리 인간의 고요하고 깨끗하고, 밝고, 맑은 마음을 잘 묘사한 것이라 하겠다. 그러나 우리 인간이 이 본심을 찾아서 평상심으로 쓰게 되면 이것이 그대로 선(禪)의 생활화가 되는 것이다.
 옛날 조주스님이 남전스님에게 묻되, '어떤 것이 도입니까?' 하니 남전스님이 대답하되, '평상심이 도니라(平常心是道)' 하였다. 이것을 풀이하면 아무런 잡기가 없는 순수한 마음이 선이요, 도라는 뜻이니 높고 낮음이 없는 평등심이요, 밉고 곱다는 굴곡이 없는 마음이 평상심이요, 하다가 말다가 하는 간단(間斷)이 없는 마음이 평상심인 것이다.
 옛날에 충신이 임금에 대하여 일편단심의 충성심을 가진 것이 평상심이요, 아들과 딸이 부모에 대하여 철저한 효행을 하는 효심이 평상심이요, 나라에 대하여 생사를 돌아보지 않고 국민된 의무를 지키는 것이 평상심이요, 불교신자가 부처님에 대하여 믿음을 변치 않는 것이 평상심인 것이요, 사심에 걸리지 아니하고 언제든지 자기의 본심을 지키는 것이 평상심이요, 공부하는 납자가 도를 닦기 위해 잠시도 방심하지 않는 것이 평상심인 것이다. 그러므로 조주스님은 남전스님에게 이 평상심이 도라는 말씀 한 마디를 듣고 도를 깨친 것이다.
 무문(無門)스님은 이 평상심을 평하여 말씀하되, '올바른 진리와 똑바른 도를 단번에 알고 깨닫기만 해도 시원치 않은 것이니 다시 실행에 옮겨서 적어도 30년을 일관하는 사람이라야 평상심을 가진 사람이니라' 했다.

그 뒤에 어떤 납자가 조주스님에게 묻되, '어떤 것이 도입니까?' 하였더니 조주스님은 답하되, '담 밖이니라(墻外底)' 했다. 이것을 풀이하면 길은 담 밖에 있지 않느냐는 뜻이다. 그러나 그 납자는 납득이 가지 않아, '아닙니다. 저는 담 밖에 있는 소로를 물은 것이 아닙니다. 천지·우주·인생의 대로를 물은 것입니다' 하였더니, 조주스님은 즉석에서 답하되, '대로는 장안에 통하였느니라(大路長安通)' 했다.

다시 말하자면 한국의 여러 국도가 다 서울로 통하니라고 한 말과 같다.

大道無門 千差有路
透得此門 獨步乾坤

큰 길은 문이 없는지라
천차만별로 길이 있으니
이 관문을 뚫어 통하면
홀로 하늘과 땅에 걸어다니리라.

했다. 그런즉 이것은 관문이 없는 것이 대도라는 뜻이다.
〈무문관〉·〈서문관〉의 서문에 보면, '부처님은 마음으로 종을 삼고 문이 없는 무문으로 법문을 삼는다. 이미 문이 없거늘 어떻게 통해 들어갈 것이냐, 어찌 이런 것을 보지 못하였느냐? 문으로부터 들어간 자는 진기한 것이 아니요, 인연으로 좇아 얻은 것은 시(始)와 종(終)에 무너짐을 이루리라'고 했다.

이런 말도 또한 바람 없는 바다에 물결을 일으킨 것이요, 좋은 살갗에 상처를 낸 것이니 어찌 하물며 말씨에 걸려서 알 수가 있겠는가? 방망이를 휘둘러 달을 치고 가죽 장화를 신고 가려운 발바닥을 긁는 것이니 무슨 교섭이 있겠는가 했다.

이것을 다시 말하면 대도는 문이 없는 것이요, 문이 없는 것이 대도인 것이니, 이 깊은 도리는 벌써 말로 표현하는 것이 어긋난 것이다. 그야말로 방망이로 달을 치고 가죽 신을 신고 가려운 발바닥을 긁는 셈이니 무풍기랑(無風起浪)이요, 좋은 피부에 상처를 낸 것이라 언어로써는 도저히 표현할 수가 없다는 것이다. 그런즉 평상심이란 것은 알기 쉽고도 실행하기가 매우 어려운 것이란 이야기다.

또 앙산(仰山)스님이 위산(潙山)스님에게 묻되, '어떤 것이 도입니까?' 하였더니, '무심이 도이니라(無心是道)'고 답하였으니 이 무심이란 아주 마음이 없는 목석을 가리킨 것이 아니라 잡념과 사심이 없는 것을 말한 것이다. 그러므로 앙산스님은 이 무심이 도라는 위산스님의 법문을 듣고 곧 즉석에서 깨친 것이다.

그러기에 옛날 고봉스님은 이 '평상심'과 '무심'에 대하여 평하기를 '평상심'이니 '무심'이니 하는 말은 알기는 쉬운 것 같으나 평범하면서도 알맹이가 들어 있어 진흙 속에 가시가 묻혀 있는 법문이라고 말했다.

또 옛사람이 이르되,

眼裡有塵天地窄
心頭無事一床寬

눈 가운데 티끌이 들면 천지가 좁고
마음 머리에 일이 없으면 한 침상이 넓으니라.

하였으니 눈 가운데 티가 아니 들게 하기가 어렵고, 마음 가운데 일이 없게 하기가 어려운 것이다. 그러므로 선의 생활화라는 것은 화두공안에만 몰두할 뿐만 하니라 밥을 먹을 때는 밥과 한 덩어리가 되고, 차를 마실 때는 차와 한 덩어리가 되고, 그림을 그릴 때는 그림과, 농사를 지을 때는 농사와, 전쟁을 치를 때는 전쟁과, 글씨를 쓸 때는 글씨와, 장사를 할 때는 주판과 각각 한 덩어리가 되어야 하는 것이다.

　옛날 어떤 거사는 참선을 하여 힘을 얻은 다음에 마을에 나가 술장사를 하고 있었다. 어느 때 그를 지도하던 선사가 그의 집을 찾아 갔더니 그는 주판알을 굴리며 장부 정리를 하느라고 골몰하고 있었다. 스님이 이를 바라보고,
"제네 무엇을 하느라고 그렇게 분주한가?"
"네, 반야경을 읽고 있습니다."
"그 반야경의 공덕이 어떠한가?"
"네, 반야경의 공덕이 커서 나라에는 세금을 잘 바치고 가정에서는 위로 부모를 편안케 모시고 아래로는 처자를 잘 부양합

니다."
 이에 스님이 말하기를,
"자네야말로 산 반야경을 읽고 있네. 그것이 곧 선의 생활화 일세."
하고 칭찬하며 인가하였다고 한다.

□ 선(禪)과 문자(文字)와의 관계

 흔히 납자와 신도로부터 선(禪)은 '교외별전 불입문자 직지인심 견성성불(敎外別傳 不立文字 直指人心 見性成佛)'이라고 하면서도 선종의 서적에서나 교종의 서적으로 말하면 교종의 서적 못지 않게 많으니 이것은 어찌한 까닭이냐고 질문을 받는 일이 많다. 그래서 선과 문자에 대하여 설법하여 보고자 한다.
 선의 본래 입장으로 보면 문자를 세우지 않는 것이 당연한 일이다. 그러므로 불입문자라고 표방하여 문자에 의지하여 종지(宗旨)를 찬양한다거나 전수한다고 이르지 않는 것이다.
 가령 석가세존의 일대(一代)에 있어 45년간에 걸친 설법이라도 선종의 종지로써 말한다면 종지 자체가 아닌 것이요, 다만 종지를 설명하는데 지나지 않는 것이다. 그렇기 때문에 종지 자체와는 거리가 멀고 인연이 얕은 것이다. 오직 언어 문자만 늘어놓은데 지나지 않는 것이라 하겠다.
 왜냐하면 진정한 묘처(妙處)는 바로 들을 줄 아는 사람에 한해서만 비로소 설해야 가치가 있는 것이지 들을 줄 모르는 사람에게는 우이독경(牛耳讀經)이 되기 때문에 진정한 이치는 설할 수가 없는 까닭으로 인연과 비유의 방편으로 설법을 하는 수밖에 별다른 도리가 없다고 말하겠다.

만약 이심전심(以心傳心)의 묘리(妙理)를 들을 줄 아는 사람이 있다고 할 것 같으면 벌써 입을 벌려 설명을 하지 아니해도 눈과 눈으로 서로 통할 수가 있는 것이요, 얼굴만 대할지라도 마음이 계합하여 곧 통할 수가 있는 것이다. 이것을 일러 설함이 없이 설하고, 듣는 게 없이 듣는 것이라(無說說 不聞聞)고 일컫는 것이다.

공자(孔子)가 현인(賢人) '온백설'이란 사람이 장하다는 말을 듣고 그를 한번 보기를 원하기에 온백설의 얼굴을 잘 아는 제자들이 명념하였다가 마침 공자가 가는 행차에 온백설이 저쪽에서 옴으로 자로가 공자에게 말하기를, '저분이 온백설이올시다'하고 알려드렸다. 그런데도 공자는 수레에서 내려 온백설의 손을 잡고 인사할 생각은 않고 일산만 기울이고 그저 지나쳐 버리고 만다.

제자들은 너무 이상하여 공부자(孔夫子)에게 묻되, '공자께서는 그렇게 보기를 원하시던 온백설을 만나고도 아무 말씀 한 마디도 않고 지나치셨습니까' 하였더니 공자는 답하되, '군자는 눈만 마주 부딪쳐도 도가 그 속에 있나니라(君子擊而道存) 하시었으니 이것이 곧 심계즉통(心契卽通)이라는 것이다. 이것은 선지(禪旨)뿐만 아니라 세간사의 예를 들어 보더라도 똑같은 것이다.

옛사람이 이르되, '한 입에 마시는 물맛을 묻는 사람이 있다면 어떻게 대답할 것인가?' 하였으니 갈증이 났을 적에 감로수 같은 물을 맛있게 마셨다 할지라도 그 물맛은 남에게 표현해 말할 수 없는 것이다. 다만 이것은 목마른 사람이 직접 마셔 봐야 알 수 있는 일이다.

이 밖에도 부자(父子)의 애정이라든지 친구의 신의라든지 부부의 연정 같은 것도 직접 사실을 체험해야 알 일이요, 자식이 없는 사람이나 친구가 없는 사람이나 홀로 사는 사람들은 알 수가 없는 일들이다. 이것은 아무리 추상적으로 설명한다 할지라도 수박겉핥기요, 진실성이 없는 것이다.

이것과 마찬가지로 선(禪)의 종지도 고심정진(苦心精進)으로 깨달은 사람이라면 설법을 할 필요도 없이 명안종사(明眼宗師)가 보면 일견에 서로 통하여 마음을 허락하게 되는 것이니 선 종지는 깨달음에 있는 것이다. 깨닫는 것은 자기의 자심을 파악하여 그 본바탕을 꿰뚫어 본다는 것이다. 이렇게 깨달은 사람은 자유자재하여 세출세간(世出世間)에 걸림이 없는 것이다.

부처님께서 〈능가경〉에 말씀하시되, '나는 나의 마음을 깨달음으로부터 금일의 열반에 이르기까지 그동안에 실로 한마디도 설한 것이 없노라' 하셨다.

45년 동안을 설법하였지만 이러한 일자불설(一字不說)이라는 유명한 말씀을 남기셨으니 이는 자기의 설법을 부정한 셈이다. 사실상 진실한 법을 설해서 그 깨달음을 남에게 보인다는 것은 불가능한 일이라 결코 진정한 묘리는 말할 수가 없는 것이다. 다만 물을 마심에 차고 더운 것을 자기 자신이 알 때까지 기다리는 수밖에 별도리가 없는 것이다. 그렇기 때문에 선종에서는 부처님의 일생 설법을 달을 표하여 가리킨 손가락(標月指)에 비유하는 것이다. 달을 가리킨 손가락에 대하여 설명을 하여 보면, 달이란 진리를 비유한 것이니 선종에서 깨달음을 말하는 것이다.

 깨달음의 심경을 체험하여 그것을 일상생활에 옮겨 자유자재하게 그 본심·본성의 덕을 발휘하는 것이 선종의 종지이다. 그러므로 이 깨달음의 심경을 설명하여 일반 대중에게 이해시키려는 것이 중요한 것인데 직접 공부하여 깨달음이 무엇인지 아는 사람에게는 부처님 설법이 꿀맛 같지만 장화 신은 사람에게 그 위로 가려운 발등을 긁어 주는 것과 마찬가지인 것이다. 그렇기 때문에 세존의 법문을 듣는 자는 백만이었으되 진미(珍味)를 안 자는 가섭(迦葉)존자 한 사람밖에 없었다. 그러므로 세존께서는 이 자각성지(自覺聖智)의 경계로부터 일자불설(一字佛說)이라는 말씀을 남겨 놓게 된 것이다.

 실로 진실한 깨달음의 내용은 설명할 수가 없는 것이다. 설사 설한다고 하더라도 이해할 자가 없으므로 어떻게 해볼 수가 없는 것이다. 이것은 오직 인인각자(人人各自)가 뼈가 휘어지도록 자기의 심지를 향하여 실참실구(實參實究)하는 수밖에 다른 길이 없는 것이다. 그러기에 제일의제(第一義諦) 가운데는 언설이 있을 수가 없는 것이다. 다만 속제(俗諦)에 의해 언설이 있을 뿐이라고 〈대반야경(大般若經)〉에서 설하셨다.

 이 의미로 보아서 진리 당체는 용이하게 알 수는 없으므로 그것을 알려 주기 위해서는 설명을 해야 되니 손가락으로써 표하여 가리키게 되는 것이다. 진리의 달이란 것이 둥글다든가 밝은 것이라고 일러 여러 가지로 설명하여 표시하려고 노력은 하지만 그러나 달을 참으로 보지도 못하고 알지도 못하는 자에게는 도리어 설명 자체에 걸려서 미(迷)하게 되고 만다.

　마치 눈먼 장님은 코끼리라는 짐승을 보지 못했기 때문에 그들에게 코끼리의 일부분만 손으로 만져보게 하고, 이것이 코끼리라고 설명하여 일러주어도 도저히 코끼리 전체를 이해하지 못하는 것과 같은 것이다.

　문자도 그와 같아서 진리의 달을 설명한 경전의 손가락도 그 경문의 문구(文句)에만 걸려서 진리 전체를 알 수가 없는 것이다. 그 일부분에 걸려서 참다운 진리를 터득치 못하는 자가 많다는 뜻이다.

　어떤 경책에는 이렇게 설하고 다른 경책에는 달리 설했다고 하여 그 경문의 문구에만 집착하여 떨어질 줄을 모른다면 모처럼의 좋은 경전을 볼지라도 도리어 미(迷)를 조성하는 자료밖에 되지 않는다. 그래서 좋은 경전이라도 아무 소용도 없는 장애물이 되고 만다. 그러므로 선종에서는 그 장애물인 경전을 집어던지고 실제로 자기의 심성을 규명하라고 가르치고 있다.

　그렇기 때문에 선종에서는 경전에 의해 종지를 논란하는 자들을 기피한다. 그런 것을 가리켜서 구두선(口頭禪)이니 문자선(文字禪)이니 허무선(虛無禪)이라고 하여 배척한다. 그보다도 눈 밝은 명안 종사를 찾아서 실지(實地)로 지도를 받고 묵묵히 앉아서 자기의 심지가 무엇인가 하고 의심을 일으켜서 일념으로 파고 들어가는 것을 귀하게 여긴다.

먼저 말한 것과 같이 달과 손가락의 비유에 의지할지라도 달은 멀리 천상에 있는 것이 아니라 자기 가까이 마음 가운데 있는 것을 가르친 것인데 그것이 너무도 가깝기 때문에 사람들이 다 그것을 잊어버리고 있는 것이다. 참다운 자기의 심월(心月)을 잊어버리고 있기 때문에 그것을 가르쳐 주기 위하여 먼저 천상에 있는 달을 가리키는 손가락과 같이 손가락으로써 자기의 심월을 보라고 가르치는데 불과한 것이다. 그러므로 부처님께서 설법하신 경전 같은 것은 마음의 달을 가리켜 주는 손가락과 같은 것이다.

〈원각경〉에 이르시되,〈수다라경〉은 달을 표하여 가리키는 손가락과 같으니라 하셨다. 그런데 슬픈 것은 일반적으로 많은 사람들이 그 심월을 보지 못하고 대개 손가락만 보고 손가락에 대한 의론(議論)에만 몰두하고 있는 것이다. 그러므로 실제의 입장에서 본다면 비상한 견해 차이가 있는 것이다. 그런고로 선종에서는 경전 경문인 문장에 대하여 두 가지의 구분을 하고 있으니 하나는 종(縱)이라는 입장이요, 다른 하나는 탈(奪)이라는 입장이다.

어떤 납자가 선사에게, '선종에〈소의경전〉이 있습니까? 없습니까?'하고 물은즉 선사 이르되, '권(權)으로 놓아주어 종(縱), 이것을 논하자면〈일대장경〉이 모두가 다〈소의경전〉이요, 탈(奪)하여 이것을 논하자면 일언반구의 소의(所依)도 없느니라'고 했다.

이 두 가지 입장에 나아가서 설명을 첨부하되, 먼저 세존께서 설법하신 사실부터 말하자면 미(迷)하여 있는 중생을 위해 그 깨달음의 길을 말씀하신 것이므로 어느 경전이나 모두가 귀중한 것 뿐이다. 아무리 얕은 법문이라도 상대방의 미혹한 중생을 건져주시려고 설하신 법문이기 때문에 하나도 버릴 수가 없는 것이다. 그만한 이익이 있는 것이니까 이러한 사정을 허락하여 종(縱)해 주어서 보면 〈일대장경〉이 다 선종의 〈소의경전〉이 되고 조도품(助道品)이 되는 것이다. 그러나 범부가 집착을 가진 상정(常情)으로 본다면 모두가 자기가 보는 경전에만 집착하고 구속되어서 다른 경전들을 자유롭고 공평하게 읽지 못하고 대승이니 소승이니 하여 심천(深淺)을 가리어 혹 읽는다 할지라도 그 문자 어구의 이론에 팔려서 조문(條文) 해석에만 몰두하여 귀중한 수행을 등한히 하고 자기의 본분각하(本分脚下)나 자심을 구명하는 일을 망각한다면 도리어 폐해가 백출(百出)할 뿐으로 일생을 허송하고 말 것이다.

따라서 어떻게 하든지 본래의 입장으로 돌아가 깨달아서 스스로 증득하기 전에는 그 본성을 설명할 수 없는 것이요, 구경 진리는 불가언불가설(不可言不可說)의 묘한 곳에 있기 때문에 인인각자(人人各自)로 하여금 실참실구(實參實究)할 것을 권할 수밖에는 별도리가 없기 때문에 탈(奪)하여 일체 경전을 부인하는 것이요, 일체 선사의 법어 어록까지도 보는 것을 부정하고 불입문자를 내세우는 것이다.

이같이 '종'해서 허락하는 입장과 '탈'해서 부정하는 입장이 있기 때문에 그 '종·탈'의 두 문중의 하나는 상대적이요, 하나는 절대적인 차이가 있는 것이다.

'종'해서 허락하는 상대적인 입장은 세속제에 의하여 문자를 베풀고, 미정(迷情)을 구제하는 수행생신(修行生信)의 도를 가르치는 것이다. 그러나 '탈'하여 부정하는 것은 절대적인 입장에서 제일의제에 의하여 문자를 세우지 않고 방편진수(方便進修)를 베풀지 않으며 솔직하게 진리를 표현하는 태도에 있는 것이다. 그러므로 '종·탈'의 두 문은 상대와 절대가 되는 상이점이라 하겠고, 전세와 속세로 나누이는 두 길이기 때문에 다 같이 일리가 있음을 지각하면 서로가 다 틀릴 것이 없는 것이다.

경전을 배척하고 다만 불입문자와 교외별전(敎外別傳)만 고집한다면 일체 중생에게 수행생신의길이 막히고 말 것이니, 이들에게는 경전이라도 주어서 문자에 의하여 수행하고 경교(經敎)에 의하여 제나름대로 진리를 깨달을 수가 있게 하여 주면 그것으로서 모든 하근(下根) 중생들에게 이익을 줄 수가 있게 되는 것이다. 그러나 여기서 특별히 주의를 요할 것은 '문자에 집착하지 말라'는 이 한 구절이다. 석가세존의 〈일대장경〉이나 조사대비의 〈법어어록(法語語錄)〉등도 그 초점은 우리들 인간의 어음을 풀이하고, 해석하고, 주각(註脚)함에 불과한 것이므로 이 어음을 여의고 별다른 진리가 없는 것이다. 다만 경전을 독송하더라도 문자 밖에 있는 묘제(妙諦)를 깨닫고 자심을 밝히는 것이 무엇보다 귀중하다는 것을 알아야 할 것이다.

고인이 말하기를, '문장에 의지하여 의리만 해석하는 것은 삼세제불의 원수요, 경전의 한 글자도 보지 않고 제 말만 하는 것은 마설(魔說)과 같으니'라 하였으니, 이 말씀의 진의를 철저하게 지각한다면 선과 문자의 관계가 어떠한 것임을 여러분은 알 것이다.

문자를 여의어서도 안되고 문자에만 집착해서도 안되는 것이니 모든 문자를 살려서 경전의 진리와 조사어록의 진리를 파악하여 자기 심지의 물건을 찾아야 되는 것이다. 선과 문자와는 부즉불리(不卽不離)의 관계라 하겠다.

선사들이 저술한 책자가 많은 것도 이것 역시 경전과 같아서 자기가 애타게 고생하여 깨달은 바를 후배들에게 알려 주려고 고심한 나머지 당자가 직접 깨닫기 전에 소용이 없는 것을 알면서도 애타게 노파심절을 베푼 것이라 하겠다. 그러므로 선종(禪宗)에서는 선사의 어록을 불에 태운 사람도 있고, 또는 널리 구해다가 다시 목각판에 옮겨서 인쇄하여 천하에 반포한 일도 있어 온 터이다.

□ 좌선법칙(坐禪法則)

좌선의 법칙에 대하여서는 좌선의(坐禪儀)라는 것이 있고, 또 좌선문(坐禪門)이 있으므로 이것을 종합하여 그 골자되는 법칙을 설시(說示)하고자 한다.

옛날부터 불조(佛祖)가 중생을 생각하시어서 대자대비하신 마음으로 좌선법칙을 말씀하셨는데, 좌선을 하자면 가부좌(跏趺坐)를 틀고 앉아서 몸을 단정히 하고, 마음을 가다듬어서 정혜쌍수의 지관을 아울러 고르게 하고 숨을 고루 쉬는 조식법(調息法)을 겸해야 좌선 요술(要述)이 되는 것이다.

혹 한가한 방 가운데 앉을 때에는 두터운 방석을 깔고 몸을 단정히 하고 너그럽게 하여 가부좌를 틀고 앉는 것이니 먼저 오른쪽 다리를 구부려서 왼쪽 다리 위에 놓고 다음에는 왼 발을 구부려서 바른쪽 다리 위에 놓으며, 또 오른쪽 손바닥을 왼쪽 다리 위에 놓고, 왼쪽 손바닥을 오른손 바닥 위에 놓는 것이다.

혹은 반가부좌(半跏趺坐)도 좋으니 이것은 왼쪽 다리를 오른쪽 다리 위에 놓는 것이다. 의자에서 생활을 하는 현대인으로서는 좀 어려운 일이나 그래도 의자에 걸터앉아서 좌선을 하기보다는 맨 바닥에 주저앉아 가부좌를 틀고 참선을 해야만 맛이 나는 것이다.

그 다음에는 두 손의 엄지손가락을 맞대어 서로 버티고 몸을 위로 젖히지도 말고 앞으로 구부리지도 말고 똑바로 앉되, 귀는 어깨와 나란히 하고, 코는 배꼽을 대하며, 눈은 항상 반만 뜨고 오직 코끝을 보며 눈을 감지 말라. 눈을 감으면 졸음의 수면에 들기가 쉬운 법이다.

마음을 왼손바닥 안에 안주하고 기운은 배꼽 밑 기해단전(氣海丹田)에 모아서 가늘게 심호흡을 하여 기운이 빠지지 않게 하고, 상하의 이를 붙이고 입술을 다물며 코로 맑은 기운을 들어 마시어서 가는 숨결이 상통하되 급하게도 말고 느리게도 말고 사량(思量)할 수 없는 곳을 사량하면서 오똑하게 앉아 공부를 하면 점점 익숙해져서 원기가 자연히 충실해지며 아랫배가 바가지 엎어 놓은 것같이 볼록하게 불러지는 것이다.

혹 기동을 할 때에는 몸을 한번 움직이고 가만히 일어나서 천천히 걸음을 걸으며, 혹 경행(經行)을 할 때에는 몸을 만져서 좌우로 흔들어 떨치고 조용히 일어나서 천천히 직로로 걷되 먼저 오른발을 움직이며 다음에 왼발을 떼어 반걸음씩 걸으며 한 걸음에 숨도 한 번씩 호흡하는 것이 적당하다.

 만약 돌아서서 가고자 할 때에는 오른쪽으로 몸을 돌려서 천천히 걸으며 눈은 일곱자 이내로 보고 더 내다 보지 말며, 걸음마다 공부를 순일하게 하되, 본참화두(本參話頭) 즉 '이것이 무엇인가?' 하는 시심마(是甚麼)든지 마삼근(麻三斤)이든지, 무자화두(無字話頭)든지, 만법귀일 일귀하처(萬法歸一一歸何處)라든지 정전백수자(庭前栢樹子)든지 간시궐이든지 동산수상행(東山水上行) 등 종사에게 간택해서 받은 화두 하나만을 성성적적(惺惺寂寂)하게 드는 것이 좋은 것이다. 그러나 공안화두를 들되, 이것을 하다가는 말고서 저것을 하다가 말고, 또 이것을 하여 화두를 자주 갈면 못쓰는 것이니 어느 것이든지 당초에 시작한 것을 오래오래 해야만 되는 것이다.

 그런데 조식(調息)하는 법을 놓지 말고 심기(心氣)를 항상 기해단전에 모아야만 좌선의 부작용인 병에 걸리지 않을뿐더러, 육체의 병도 저절로 낫게 되는 것이다. 이때 주의할 것은 화두를 들되 사량으로 분별하여 알려고 하지 말며, 정해(精解)로써 헤아려 알려고도 하지 말며, 얼른 깨달으려고도 하지 말고, 언제 깨쳐지는가 하여 깨달음을 기다리지도 말며, 나같이 미한 사람도 깨질 수가 있나 하고 의심하지도 말고 다만 호흡만 고르게 하고, 화두만 일념으로 하면 공부가 자연히 순숙하여져서 초조하고도 답답한 마음도 가라앉고, 사대(四大)가 조적(調適)하고 오장(五臟)이 교결하며, 신체의 상부(上部)가 청량하고, 하부가 온난하여 몸과 마음이 자연히 편안함을 느끼게 된다. 그래서 행주좌와(行住坐臥)에 공공적적하고 소소영영하여 불꽃같은 심신과 강철같은 의지로 의심만 하여 나가되, 만 길이나 깊은 함정에서 빠져 나가기를 구하듯, 앞도 막히고 뒤도 막힌 은산철벽(銀山鐵壁)을 뚫고 나가려는 용맹을 가지고 공부를 계속하면 심기가 일전하여 불지(佛地)에 도달할 때가 있을 것이다.

고인들이 이것을 가르쳐 말하되, 신심을 결정하여 큰 뜻을 분발하고 큰 의심을 갖고 죽음을 돌아보지 아니하며 공부만 계속하면 문득 통 밑이 빠지는 것 같아서 한선각에 만겁(萬劫)을 초과하고 한발로 삼계를 발판한다고 했다.

이렇게 되면 옛날 반야다라 존자가 이른바 숨을 들여쉼에 온처계(蘊處界 : 5온 12처 18계)에 걸리지 않는다는 경지를 체험할 수가 있는 것이다. 그러나 공부할 때에 견성을 하고 성불을 하여 보겠다는 조급한 마음으로 하게 되면, 백겁천겁이라도 선사를 뛰어넘지 못하고, 천미륵(千彌勒) 만석가(萬釋迦)가 하생(下生)한다고 하더라도 구원을 받지 못하고, 상기병에 걸리거나 노이로제에 걸려서 오평생(誤平生)을 하게 되고 말 것이니 크게 주의해야 되는 것이다.

만약에 초심납자로서 공부가 미숙하여 기식(氣息)이 결체해서 조절이 되지 못할 때에는 전후 좌우로 몸을 흔들면 기분이 맑을 것이니, 이때에 배꼽 밑에 인탁기를 호출하고, 한쉼 두쉼 세쉼으로 비식(鼻息)을 상통하여 종추지세하여 가늘게 출입토록 할 것이다.

만약 혼심(昏沈)하고 산란하거든 출입식(出入息)의 숨을 쉬어 헤아리되, 하나로부터 열까지를 여러 번 반복하여 정신을 차리고 정념을 잡아서 출입식을 관조하며, 혹은 부정관(不淨觀)·백골관(白骨觀)과 무상관(無常觀)을 관하여 신심을 일으키는 것도 좋을 것이다.

신선도의 양성 비결과 연단묘술(鍊丹妙術)이 불교의 조식법에서 나온 것이니, 이 조식법만 정미롭게 하여도 좌선 공부에 들어가는 기본 훈련이 되는 것이다. 그러므로 불교의 좌선 공부는 마음이란 어떤 것이냐 라는 진리를 깨달아서 몸과 마음을 안락하게 하는 공부인 것이니, 불자로서는 소홀하게 여길 수 없는 것이다.

□ **본래면목(本來面目)**

이번에는 본래면목(本來面目)에 관해서 설법을 해 보고자 한다. 우리 인간의 육체는 거짓 '나'이기 때문에 어떤 시간이 돌아오면 버리게 되고, 마음은 진짜 나이기 때문에 나지도 않고 죽지도 않는 것이다. 따라서 육체는 임시면목(臨時面目)이요, 마음은 본래면목(本來面目)인 것이다.

육체는 임시면목이기 때문에 생사가 있지만, 마음은 무형상인 본래면목이기 때문에 생멸(生滅)이 없는 것이다. 그러나 마음 가운데도 망심과 진심이 있으니, 망심은 거짓면목이요, 진심이라야 본래면목인 것이다.

망심은 거짓면목이기 때문에 탐진치(貪嗔痴)의 3독(毒)을 중심으로 하여 선악이 있고, 비환(悲歡)이 있고 고락이 있지만, 진심은 본래면목이기 때문에 모든 상대에서 떠나 절대적인 것이다. 그러므로 선악과 고락이 일어나기 전에 있는 마음이라 그 면목을 극히 보기가 어려운 것이다. 그래서 이 본래면목을 찾는 것이 공부의 대상이 되는 것이다.

 중국 원나라때 고봉 원묘(高峯原妙)스님의 제자인 중봉(中峯) 화상은 그 '좌선론(坐禪論)'에서 이르기를, 좌선은 조금이라도 마음을 움직여서는 안되는 것이니 다만 12시(時) 가운데 일체 진노망상 경계를 놓아 버리고 항상 자심(自心)으로 하여금 허공과 같이 하여 털끝만큼이라도 다른 생각을 없게 하라. 만약 자심에 청정함을 얻거든 도리어 선도 생각하지 말고 악도 생각하지 말라. 정히 이러한 때를 당하여 '어떤 것이 내 부모가 낳기 전에 본래면목인가?' 하고 의심하여 보라.

 이와 같이 보는 것이지만 만일 공부가 진전됨을 얻으면 자연히 깨달아 얻어짐이 있으리라. 무엇을 좌선이라고 말하는가 하면 밖으로 일체 선악 경계에 대하여 생각을 일으키지 않는 것이 좌(坐)요, 안으로 자성(自省)이 움직이지 않는 것을 보는 것이 선(禪)이다.

 그런데 이 제도를 배우는 사람들이 심체(心體)를 깨닫지 못하고 문득 마음 위에 마음을 내어서 밖으로 향하여 불타를 구하고 상(相)에 집착해서 수행하니 모두가 악법(惡法)이며, 보리(菩提)의 도가 아니라고 하였다. 그러니까 본래면목을 찾고 본래면목을 깨닫는 것이 큰 공부인 것이다.

 또 〈육조단경〉을 보면 육조혜능(慧能)이 황매산(黃梅山)의 5

조 홍인(弘忍)대사에게 가서 행자로서 8개월 동안이나 방앗간에서 방아만 찧다가 신수(神秀)대사가 '몸은 이 보리의 나무요, 마음은 이 명경대라, 때때로 부지런히 닦고 떨고 씻어서 먼지가 끼게 하지 말라(身是菩提樹요, 心如明鏡臺라 時時勤拂拭하여 勿使惹塵埃하라'고 지은 글귀에 대하여 '보리는 본래 나무가 아니고 명경도 또한 대가 아닌지라 본래 한 물건도 없으니 어떤 곳에 먼지가 끼리오(菩提本無樹요 明鏡亦非臺라 本來物 一物거니 何處惹塵埃리요'라고 지은 것이 5조 스님에게 발견되어 어느 날 밤에 조실에 불려가서 이심전심의 심인(心印)을 받고, 그의 신표로 발우와 가사를 물려받아 어리석은 무리들에게 박해를 받을까 두려워하여 야밤에 도망을 가게 하여 구강(九江)을 건너서 대유령(大庾嶺)에 이르게 되었다.

이때에 황매산에서는 큰 소동이 났으니, 혜능이란 노행자(盧行者)가 인가를 받고 가져갈 이치는 만무한데, 5조 스님의 발우와 가사와 함께 혜능이 사라졌으니, 그 노행자를 찾아가서 뺏어 오자고 대중(大衆)이 사방으로 흩어져 그의 행방을 찾아 나섰다.

이때 몽산도명(蒙山道明) 스님이란 이가 군관 출신으로 힘이 장사였는데 노행자를 추적한 끝에 대유령에서 노행자를 맞게 되었다.

"이놈아, 스님의 발우와 가사를 거기 놓고 가라!"
고 소리침에 노행자가 반석 위에 얹어 두고 은신을 하였더니 도명이 가져가려 하거늘,

"그 의발은 5조 스님이 나에게 법을 전해 준 신(信)을 표한 물

건이거늘 네가 힘으로 뺏어간들 무엇에 쓸 것이냐!"
하고 소리침에 도명은 기가 눌려 듣지 못하고 정색하여 고쳐 말을 하되,
 "나는 법을 구하러 온 것이요, 의발(衣鉢)을 위해서 온 것이 아니오니 원컨대 행자는 법을 설해 주소서."
했다.
 노행자는 이때 소리를 가다듬어 외치되,
 "선도 생각하지 말고 악도 생각하지 말라. 정히 이러한 때를 당하여 어떤 것이 상좌(上座)의 본래면목인가?"
하니 도명은 크게 깨닫고 온몸에 땀이 흘렀다. 너무도 감격하여 울면서 고하되,
 "상래의 은밀한 뜻밖에 또 다른 의지가 있습니까?"
했다. 그러한즉 노행자가 다시 말하되,
 "내가 지금 너를 위하여 설한 것은 곧 밀의(密意)가 아닌 것이니, 네가 만약 네 자신의 본래면목을 돌이켜 생각하면 밀의가 너에게 있는 것이다. 내가 만약 설한다면 그것은 곧 밀의가 되지 못할 것이니라."
 "이제 행자에게 깨달았으니까 행자님을 스승으로 삼고자 하오니 행자님 뜻은 어떠하십니까?"
 "천만의 말이다. 나는 행자로서 출가하여 중도 되지 아니한 몸이거니 너로 하여금 제자를 삼을 수가 있겠느냐? 너나 내가 다같이 5조 스님 밑에 있었으니 5조 스님을 스승을 삼고 다 같이 법형제(法兄弟)가 되는 것이 옳으니라."
하고 눈물겨운 작별을 했다. 그리하여 본래면목을 공안화두(公

案話頭)로 삼는 것이 이때부터인 것이다.

또 중국 당나라때 백장(百丈)화상 밑에 향엄지한(香嚴志閑)이라는 스님이 있었다. 그는 처음에 백장화상을 섬기고 있었는데 남달리 영리하고 총명하여 하나를 들으면 열을 알고 열을 들으면 백을 알았으며, 유교와 도교와 불교의 경전에 대하여 모르는 것이 없었다는 사람이다.

그런데 그는 너무도 총명한 탓이었던지 백장화상의 시자로서 여러 해를 있었지만 선지를 깨닫지 못하였는데 백장화상이 열반하여 돌아가시고 말았다. 그는 선지식을 다년간 모시고도 깨닫지 못했음을 통탄하고 위산(潙山)스님 회상에 참여하여 도를 물었다. 위산스님이 말씀하되,

"너는 백장회상에 있으면서 하나를 물으면 열을 답하고 열을 물으면 백을 답하였다는데 무엇이 부족하여 내게 와서 도를 배우겠다고 하느냐?"

"천만의 말씀이십니다. 소승이 귀로 듣고 입으로 옮기는 구이지학(口耳之學)은 남보다 총명하였는지 모르오나 심학(心學)인 선지에 대해서는 아는 바가 없습니다."

"너의 말을 듣고 보니 그럴 것도 같다. 너의 그 총명은 별통(別通)인 것이니 그것은 너의 의식소사(意識所使)라, 생사를 대적하는 데는 일 푼의 가치가 없는 것이다. 그러나 내가 말로 표현할 수 있는 것은 너에게 들려주었다가 업만 더할 것이니 아무런 필요가 없는 것이다. 내가 너에게 말해 주기보다 너에게 한마디 물을 터이니 대답하여 보아라. 네가 평생에 지내온 경험과 학문과 지식을 다 버리고 부모에게서 태어나기 전 일과

천지가 나누어지기 전의 일을 한번 말하여 보아라. 머뭇거리고 사량계교(思量計巧)하면 아니 되는 것이다. 지체하지 말고 말하여 보아라."

 향엄선사는 이 말에 말문이 막혀서 대답할 도리가 없었다. 막연하여 승당으로 돌아와서, 기록해 두었던 듣고 배운 글 가운데 찾아보려고 살펴보았으나 한 글귀도 찾아낼 수가 없었다. 그리하여 탄식하여 말하되,

 "그림의 떡은 주린 배를 채울 수 없다(畫中之餠不可充飢)."
고 하고 다시 위산스님께 가서,

 "소승이 스님의 물으심을 대답하여 보려고 노력하여 보았으나 대답할 도리가 없습니다. 그러니까 스님께서 나의 미생전의 소식과 천직 미분전의 사연을 설파하여 주시기를 바랍니다. 자비를 아끼지 마시고 일러 주십시오."
하고 빌었더니,

 "내가 너를 위하여 설파해서 일러 주기는 어려운 일이 아니나, 내가 너를 위하여 일러 준다면 다른 날에 네가 나를 원수를 삼고 욕설을 하며 좋지 못한 감정을 가질 것이요, 또한 내가 일러 준다고 하더라도 나의 경계요, 너의 경계는 아랑곳없는 일이라 일러 주나마나한 것이니까 일러 줄 수가 없노라."

 위산스님은 이렇게 거절하고 냉랭하게 대한다. 향엄은 이에 화가 머리끝까지 치밀어 올랐다.

 '그까짓 것이 무엇이라고 잔뜩 감추고 일러 주지 않는가. 선지식이요, 종사라면 학인이 묻는 것을 친절하게 일러 주는 것이 옳은 일이거늘, 잔뜩 빼고 일러 주지를 아니하니 그래가지

고 무슨 종사란 말인가? 나는 마음을 깨닫는 선지와는 인연이 없는 사람이니까, 작파하고 이후부터 참선을 집어 치우고 죽이든지 밥이나 배부르게 먹고 잠이나 자는 밥중 노릇이나 하고 지내리라' 하며 소장했던 책자를 모두 다 불에 태워 버리고 위산회상에서 떠나고 말았다. 위산스님께 자기의 인격이 무시당하여 존엄성이 깨진 것 같아서 일시도 있기가 싫었다.

그런데 한가지 이상한 일은 백장화상 회상에 있을 때는 법문을 들어도 즉석에서 이해가 되어 의심이 없었는데, 위산스님께 한번 크게 무안을 당한 뒤에는, '미생전의 본래면목이 무엇인가?' 하는 의심이 가슴에 걸려서 낮이나 밤이나 사라질 때가 없었다. 아무리 생각지 않으려도 행주좌와(行住坐臥)에 의심이 떠올라서 놓을래야 놓을 수가 없고, 버릴래야 버릴 수가 없었다. 그러다가 어찌하여 남양(南陽)의 혜충(惠忠)국사의 유적이 남아 있는 절로 갔더니, 절이 비어서 사람이 없고 잡풀만 나서 도량이 풀밭이 되어 있었다.

어느 날 도량에 제초를 하려고 호미를 들고 풀을 매고 있었다. 이때 부모 미생전의 인연을 의심하고 있었는데 마침 깨어진 기왓장 하나가 마당에 딩굴고 있으므로 이것을 주어서 멀리 던지는 찰나에 그 기왓장이 대나무에 맞아 달칵하고 소리가 났다.

이 소리를 듣는 순간 향엄대사는 부모 미생전의 소식인 본래면목을 깨달았다. 이때야말로 어둠에서 등불을 만나고 주린 아기가 어머니의 젖을 만지고 빠는 것과 같았다.

향엄은 어찌나 기뻤던지 말로써 표현할 수가 없을 정도였다. 미칠듯이 기쁘고 춤을 출 정도로 기뻤다. 그래서 그는 그 길로

손을 씻고 목욕을 한 뒤 법당에 들어가 향로에 향불을 피우고 위산스님이 있는 곳을 향하여 절을 올리며,
"스님, 너무도 고맙습니다. 저를 위하여 설파하여 주시지 않은 은혜가 말할 수 없이 큽니다. 만약에 스님이 그때 저를 위하여 설파하여 주셨더라면 어찌 오늘같이 기쁜 날이 있사오리까. 아니 일러 주신 것이 큰 다행이올시다. 스님의 은혜는 오히려 부모보다도 큽니다."
하고 게송을 지어서 읊었으니,

一擊忘所知
而不假修知
動容揚古路
不墮悄然機

기왓장 한번 맞는 소리에
다시 닦을 것도 없음을 알았네.
동용간에 옛길을 드날이니
서먹한 초연기에 떨어지지 않았네.

이러한 것이었다. 이 가운데 옛길이란 것은 본래 청정한 마음을 깨달은 대승의 최상승 선인 것이요, 초연기라는 것은 침공체적(沈空滯寂)한 소승(小乘)의 근기이다.

□ 각고수행(刻苦修行)

 선(禪)이란 것은 글자로 쓴 책으로 배우는 것도 아니요, 말로 풀이하는 설명으로 배우는 것도 아니요, 누구한테서 빌어 오거나 꾸어 오는 것도 아니며, 자기가 일용하는 사의(四儀 : 行住坐臥) 가운데서 발견하여 깨닫는 것이라, 쉽다면 아주 쉬워서 세수를 하다가 코 만지기보다 더 쉬운 것이지만 어렵다면 허공에 사다리를 세우고 하늘로 올라가기보다 더 어려운 것이다.
 왜냐하면 무형한 자기 마음의 본바탕을 파헤쳐서 영명(靈明)한 보배 구슬을 찾아내는 까닭이다. 그러므로 결코 쉬운 것이 아니다. 다른 학문은 배울수록 하나하나씩 알아가는 재미가 있고 또한 그것에 의하여 출세도 하고 돈도 벌수가 있지만, 우선 공부라는 것은 깊이 들어갈수록 답답하고 재미가 없으며, 표적이 없고 또는 돈벌이가 되는 것이 아니기 때문에 누구든지 호기심으로 시작을 하는 사람은 많되 끝까지 성공을 하는 사람은 적은 것이다.
 그런 가운데도 선(禪)은 죽을 고비를 몇 번씩 치르고 나야만 겨우 본 궤도에 오르는 것이다. 산악회원들이 등산을 잘 하자면 몇 번이고 죽을 고비를 넘겨야 산악 등반에 자신이 서는 것과 같은 것이다. 그러므로 가고수행(刻苦修行)이 필요한 것이다.
 이에 대하여 설하자면 몽산(蒙山)화상은 원나라 세조 때의 사람으로, 남악(南岳)하의 21세 완산정응선사의 선법을 이은 분이며, 이름은 덕이(德異)인데 때로는 고균비구(古筠比丘)·전산화상(殿山和尚)·휴휴암주좌선문(休休庵主坐禪文)이라 하여 선학계에서 이름이 높은 것이다. 그런데 선사가 참선 공부를 하느라고 고심한 기록을 읽어 보면 다음과 같다.

 내가 속인으로 있을 때 나이 20에 이르러서 참선 공부가 좋은 것임을 들어 알고, 발심하여 32세가 되도록 178의 장로에게 들어보고 정진을 하였으나 도무지 진실한 뜻을 파악하지 못하였다. 그 뒤에 완산장로에게 참여하였더니 무자화두(無字話頭)를 탐구하라 하시며 말씀하시기를,

 "12시 중에 반드시 생생한 정신으로 지어 가되, 마치 저 고양이가 쥐를 잡을 때와 같이 하고, 닭이 알을 품듯이 하여 끊임없이 하라. 투철하게 깨치지 못하거든 쥐가 나무궤를 뚫듯이 하여 결코 화두를 바꾸지 말고 꾸준히 지어가라. 이와 같이 끌고 가면 기어코 발명할 시절이 있을 것이다."

하셨다. 그로부터 밤낮을 가리지 않고 부지런히 궁구하였더니, 18일이 지나 한번은 차를 마시다가 문득 세존이 꽃을 들어보이심에 가섭(迦葉 : 부처님의 상수제자)이 미소 지은 도리를 깨닫고 환희하기를 이기지 못하여 43장로를 찾아서 결택을 구하였으나 아무도 한 말씀도 없더니, 어떤 스님이 이르시기를, 다만 해인삼매(海印三昧 : 일체가 끊어져 맑은 마음이 현전하여 일체법이 명랑하게 나타나는 것)로 인정하고 다른 것은 모두 상관하지 말라고 하시기에 이 말을 그대로 믿고 두 해가 지나갔다.

 경정(景定) 5년 6월에 사천의 중경(重慶)땅에서 이질병에 걸려 몇 달 동안 밤낮으로 수백 번이나 배가 아프고 피똥이 나서 곧 죽을 지경에 이르렀으나 아무 신효한 약도 없었다. 따라서 그것을 참을 힘도 없는지라, 해인삼매도 다 어디로 가고 나타

나지 않으며, 종전에 조금 깨쳐 알았다는 것도 쓸데가 없었다.
 입도 움직일 수가 없고 몸도 꼼작할 수가 없으니, 남은 길은 오직 죽음뿐이었다. 그리하여 업연경계(業緣境界)가 일시에 나타나 두렵고 떨려서 갈팡질팡할 뿐이요, 어찌할 도리가 없는 가운데 온갖 고통이 한꺼번에 핍박하여 왔다.
 그때에 내가 억지로 정신을 가다듬어서 가족에게 후사를 부탁하고 향로를 차려 놓고 좌복을 높이고 서서히 일어나서 좌정하고 삼보와 용천에게 묵도하기를,
 "이제까지 모든 불선업(不善業)을 진심으로 참회하오니, 원하옵건데 이 몸이 이제 수명이 다하였거든 반야의 힘을 입어서 좋은 곳에 태어나서 일찌기 출가하게 하여 주시며, 혹 병이 낫게 되거든 곧 출가하여 중이 되어서 속히 크게 깨쳐 널리 후학을 제도하게 하여 주시옵소서."
 이와 같이 하고 다시 무자화두를 들어 마음을 돌이켜서 스스로 반조하였더니, 얼마 아니 가서 장부(臟腑)가 서너 번 쿵하고 소리가 나며, 동하는 것을 그대로 두었더니 또 얼마 있다가는 눈꺼풀이 움직이지 않으며, 다시 얼마 있다가는 몸이 없는 듯 보이지 아니하고 오직 화두만이 끊이지 않았다.
 밤늦게야 자리에서 일어나니 병이 반은 물러갔기에 다시 앉자 3경 4점에 이르니, 모든 병이 씻은 듯이 없어지고 심신이 편안하고 아주 가볍게 되었다. 그리하여 8월에 강릉에 가서 삭발하고 중이 되어서 1년 동안을 있은 뒤에 행각으로 나섰더니, 도중에서 밥을 짓다가 생각하기를 공부는 모름지기 단숨에 끝마칠 것이요, 하다가 말다가 하는 단속(斷續)이 있으면 안될 것

이라 깨닫고 황룡사에 이르러서는 선당(禪堂)으로 들어갔다.
 첫번에 수마가 닥쳐왔을 때는 자리에 앉은 채 정신을 바짝 차려서 화두를 들었으나 수마가 심하게 닥쳐왔을 때는 자리에서 내려와 불전(佛前)에 예배하여 쫓아버리고 다시 자리로 돌아가며 규식(規式)에 따라 그때그때 방편을 써서 수마를 물리치며 공부했다. 그리하여 처음에는 목침을 베고 잠깐 잤으나 나중에는 아주 눕지를 않았다.
 이렇게 하여 23일이 지나고 보니 밤이고 낮이고 심히 피곤하더니 한번은 발밑이 땅에 닿지 않는 듯 공중에 떠 있는 듯하며 홀연히 눈앞에 검은 구름이 활짝 열리는 것 같았다. 마치 몸이 흡사 목욕간에서라도 나온 듯 심신이 청쾌하며 마음속에 의심이 더욱 더 성성하며, 힘을 들이지 않아도 끊임없이 현전하며 일체 바깥 경계의 소리나 빛깔이나 5욕(五欲 : 財・色・食・睡眠・名譽)과 8풍(八風 : 利・毁・譽・稱・誹・苦・樂)이 모두 들어오지 못하여 청정하기가 마치 은쟁반에 흰눈을 담뿍이 담은 듯하고 청명한 가을 공기와도 같았다.
 그때에 돌이켜 생각하니 공부 경계는 비록 좋으나 가히 결택할 길이 없어서 다시 자리에서 일어나 승천(承天)의 고섬(孤蟾)화상 회상에 이르러, 당에 돌아와 스스로 맹세하기를 확연히 깨치지 못하면 내 결코 자리에서 일어나지 않으리라 하고 배겨냈더니 월여에 다시 공부가 복구되었다.
 그 당시 온몸에 부스럼이 났음에도 목숨을 떼어 놓고 공부를 하여 자연히 득력이 되어서 아픈 줄을 모르고 지냈는데, 하루는 재에 참례하려고 절에서 나와 화두를 들고 가다가 재가(齋

家)를 지나치는 것도 알지 못했다. 이렇게 하여 다시 동중공부(動中工夫)를 지어 얻으니 이때의 경계는 마치 물에 비친 달과도 같아서 급한 여울이니 거센 물결 속에서 부딪쳐도 흩어지지 아니하며, 당연히 놓아 지내도 또한 잊혀지지 아니한 경지였다.

 3월 초 6일의 좌선 중에는 바로 무자(無字)를 들고 있었는데 수좌가 당에 돌아와 향을 사르다가 향합을 건드려 소리가 나는데 '악'하고 소리치니 이윽고 자기면목을 요달하여 조주(趙州)가 그때 게송을 짓기를,

 沒興路頭窮하니
 踏飜波是水로다
 超群老趙州여
 面目只如此로다

 흥취없이 걷는 길에 길머리가 다하여
 밟아 뒤집으니 파도가 곧 물이로다
 무리에 뛰어난 늙은 조주여
 면목이 오직 이와 같도다.

했다. 그해 가을 임안에서 설암(雪岩)·퇴경(退耕)·석범(石帆)·허단(虛丹) 등 여러 장로를 뵈었더니 허주장로가 완산장로께 참청하기를 권하시기에, 이윽고 완산장로를 뵙게 되니 묻기를,

"광명이 고요히 비춰 온 법계에 두루 했네(光明寂照偏河沙)의 게송은 어찌 장졸수재(張拙秀才)가 지은 것이 아니냐(豈不是張拙秀才語)?"
하시는데, 내가 대답하려 하자 벽력같은 할로 쫓아내셨다.
 이로부터 서나 앉으나 음식을 먹으나 아무 생각이 없더니, 6개월이 지난 다음 해 봄에 하루는 성을 나왔다가 돌아오는 길에 돌층계를 올라가다가 홀연히 가슴 속에 뭉쳤던 의심덩어리가 눈 녹듯하여 이 몸이 길을 걷고 있는 줄도 알지 못했다.
 곧 완산장로을 찾았더니 또 먼저 번과 같이 '광명적 조변하사가 기불시장졸수재어(光明寂照偏河沙가 豈不是張拙秀才語)' 하시거늘 내가 그만 선상을 들어 둘러엎었다. 다시 종전부터 극히 까다로운 몇 가지의 공안을 들고 물으시는 것을 거침없이 확연하게 대답을 했다.
 여러 납자(衲子)여, 참선은 모름지기 투철하게 해야 한다. 내가 만약 중경에서 병이 들지 아니하였던들 거의 평생을 허송세월하고 마쳤으리라고 생각한다.
 참선에 긴요한 일을 말한다면, 첫째로 정지견인(正知見人)을 만나는데 있다고 하겠다. 이런 까닭에 고인들은 조석으로 참청(參聽)하여 신심을 결택(決擇)하고 끊임없이 다시 간절하게 이 일을 구명했던 것이다.
 위에 이야기한 것은 몽산장로의 공부한 실화이며, 다른 사람은 공부를 하다가 병만 나면 퇴타하기가 일쑤인데 몽산장로는 도리어 병을 가지고 더욱 정진하여 마침내 큰 그릇을 이루었으니 어찌 우리가 덤덤하게 보아 넘길 것인가. 그러므로 참선 공부는 각고수행(刻苦修行)을 해야 서기지망(庶幾之望)이 있다고 본다.

□ **조계종지(曹溪宗旨)**

조계종지의 '조계(曹溪)'라는 두 글자는 조숙량(曹叔良)이라는 사람이 시냇물 위에 정사(精舍)를 지어 놓고 육조혜능(六祖慧能) 대사를 청하여 모셨다고 하여 '조계'라고 한 것이다. 그래서 조숙량의 '조'와 계상의 '계'자를 합하여 '조계'라고 한 것이니 뒤에 혜능대사가 거처하신 산의 이름도 그 뒤에는 조계산이 되었고, 혜능대사를 근본으로 삼는 종명(宗名)이 된 것이라고 한다.

육조는 달마대사로부터 6대가 되는 까닭으로 '6양'이라고 일컫게 되었으니 성은 노(盧)씨이니, 지금 광동성의 조경부 신흥(新興) 땅 출신이다.

출생 후 6세때 아버지가 돌아가시고 편모슬하에서 24세가 되도록 땔나무를 베어 저자거리에 가서 파는 나무장사를 하여 겨우 쌀을 사서 그날그날 모자가 살아가고 있었는데, 어느 날 시장에 갔다가 어떤 사람이 〈금강경〉을 읽는데, '마땅히 주하는 바가 없이 그 마음을 내어라((應無所而生其心))'는 경문을 듣고 홀연히 깨닫고, 그 스님에게,

"이런 경을 어디서 배웠느냐?"

하고 물었더니, 근주부 황매산에 있는 5조 홍인(弘忍)대사에게 배워 들은 것이니 자세히 알고 싶거든 그곳으로 가 보라고 했

다. 그래서 노총각은 그 말을 듣고 출가할 결심을 했다. 그리고 어머니의 허락을 받고 함형 2년(서력 671)에 당나라의 황매산에 있는 오조 홍인대사를 찾아가는 도중에 〈열반경〉을 독송하는 무진장(無盡藏)비구니가 있는 여승 절을 들리게 되었다.

비구니가 일찍이 품고 있던 〈열반경〉의 의문처를 물었더니 노총각은 거침없이 시원하게 대답하는 것이었다. 그래서 다음에는 책을 펴놓고 글자를 물었더니 노총각이 말하되,

"나는 글을 배우지 아니하였기 때문에 글자는 모른다."
했다. 비구니가 의아해서 다시,
"글자를 모르면 뜻을 어떻게 아느냐?"
물었더니,
"모든 부처님의 묘한 이치는 문자에 상관이 없다."
고 했다. 그래서 그 후부터 육조를 가리켜 문자를 모르는 무식한 자로 취급했다. 그러나 그 분이 〈금강경〉의 서문이라든지 구결(口訣)한 것을 보면 도저히 일자무식의 무식자라고는 할 수가 없다.

그 뒤에 그가 황매산에 당도하니 5조가 묻되,
"네가 어디서 왔느냐?"
한다.
"영남에서 왔나이다."
하였더니 5조가 다시 말하되,
"무슨 일을 구하러 왔느냐?"
"오직 부처되기를 구하러 왔나이다."
"영남 사람은 성질이 사납고 짐승 같아서 불성이 없느니라."

노총각이 다시 역습하여 묻기를,
"사람은 남북이 있을지언정 불성이 어찌 남북이 있으리까?"
하자, 5조는 벌써 범상한 사람으로 알아채고 꾸짖어 말하되,
"너는 오늘부터 부엌일이나 하라."
고 부엌으로 쫓았다가 다시 방앗간으로 몰아넣어서 8개월 동안이나 쌀만 찧게 했다.

어느 날 5조 홍인대사가 문하생들의 득법심천(得法深淺)을 시험하고자 하여 각자 글을 지어 오라고 했다. 그런데 이때는 신수(神秀)라는 이가 수업제자 가운데 뛰어났으므로 대중들이 신수를 추천하고 감히 글을 지을 생각조차 하지 않았다. 신수는 글을 지어서 밤중에 다른 이를 시켜 벽에 붙였다.

身是菩提樹요
心如明月臺니
時時勤拂拭하여
勿使惹塵埃하라

몸은 보리수요
마음은 명경대인 것이니
때때로 털고 닦아서
먼지가 끼지 않게 하라.

다음 달 아침에 5조가 이것을 보고 칭찬하고 대중도 따라서 칭찬하니, 이 소리가 방앗간에도 들리게 되었다. 노총각인 혜능

은 이 말을 듣고 아직 미급(未及)한 것이라 하고, 깊은 밤에 한 사미승을 시켜서 자기가 지은 글을 그 옆에다 붙이게 했다.

菩提本無樹요
明鏡亦非臺라
本來物一物하니
何處惹塵埃리요

보리수는 본래 나무가 아니요
명경대도 또한 대가 아니로다
본래 한 물건도 없으니
어떤 곳에 먼지가 끼일 것인가.

그 이튿날 아침에 5조 홍인대사가 이 글을 보고 점두(點頭)하고 밤 되기를 기다려서 가만히 혜능을 조실로 불러들여서 법인(法印)을 전하고 달마대사로부터 내려 온 가사와 바리때를 전하여 신(信)을 표했다.
혜능은 대중들의 시기와 질투를 피하여 즉시 황매산을 떠나서 남방으로 가 사냥꾼과 어부들 속에 섞여서 18년을 숨어서 근고수행하고 서력 676년 1월 15일에 법성사(法性寺)에 들어가서 삭발중이 되었는데, 같은 해 2월 8일에 서경의 지광(智光) 율사를 수계사(授戒師)로 하고 소주(蘇州)의 혜정(慧靜)율사를 교수사(敎授師)로 하고, 중천축의 기다라(耆多羅)율사를 설계사로 하고, 서국(西國)의 밀다라삼장을 증계사(證戒師)로 하여 비구계를 받았다.

　그 뒤에 조계산을 본거지로 하여 선풍을 크게 떨치다가 선천 2년 7월 1일에 문도를 모아 놓고 문답을 한 끝에 같은 해 8년 3월 5일에 신주(新州) 국은사에서 임종게를 남겨 놓고 입적하였으니 그 임종게는 다음과 같다.

兀兀不修善
騰騰不造惡
寂寂斷見聞
蕩蕩心無着

오똑하게 앉아 선도 닦지 않고
등등하게 날뛰어 악도 짓지 않아
적적한 속에서 보고 들음을 끊으니
탕탕하여 넓어서 마음에 착함이 없네

　육조대사 이전에는 선풍의 종파가 분파된 일이 없었는데 육조대사 이후로 중국에서 5종(宗)으로 갈라졌으니, 남악(南岳)과 마조(馬祖) 이하로부터 임제종(臨濟宗)·위앙종(潙仰宗)·운문종(雲門宗)·법안종(法眼)宗·조동종(曹洞宗) 등이다.
　그런데 한국 불교의 조계종이란 것은 위에서 말한 5종과 관계없이 독립된 것이니, 5종으로 분열되기 전에 마조(馬祖)대사의 방계인 창주(滄洲)·서당(西堂)·염관(鹽官)·마곡(麻谷)·남전(南泉)·장경(章敬)으로부터 신라시대에 9산문의 개조인

도헌(道憲)·홍척(洪陟)·도의(道義)·혜철(惠哲)·범일(梵日)·철감(澈鑒)·현욱(玄昱)·이엄(利嚴) 등이 당나라에 들어가서 선법을 전해 왔는데, 육조의 종지를 그대로 전수하여 왔다고 해서 조계산(曹溪山) 이름을 따서 조계종이라고 한 것이다.

이것이 고려시대에 이르러서 선종을 중흥한 불일보조(佛日普照)국사가 9산문중 조계종 사굴산범일(梵日)국사의 후손이어서 국사가 있던 송광산(松廣山)을 조계산으로 고치어서 조계종풍을 선양하게 되었다.

이것이 고려 말엽에 이르러서 조선시대의 한국불교 종조인 태고보우(太古普愚)선사가 중국에 들어가 임제종파인 석옥청공(石屋淸珙)선사에게 선법을 인가받아 왔으므로 태고선사가 임제종 스님인 것 같은 감이 있으나, 실은 태고선사는 엄연히 한국 조계종 승적을 가진 스님으로서 중국에 유학해서 석옥 청공(石屋淸珙)선사에게 인가를 받은 것뿐이다. 그러므로 그 뒤에 우리나라 조사들이 모두 조계 후인이라고 자처했었다.

예를 들면 〈선가귀감〉을 쓴 저자 서산 청허(西山淸虛)선사도 조계퇴은술(曹溪退隱述)이라고 했다. 퇴은은 서산대사의 별호이다. 그리고 〈선가귀감〉의 발문을 지은 사명대사도 조계종유(曹溪宗遺) 사명종봉(泗溟鍾峰)이라고 했다. 종명은 사명대사의 별호이다.

이것을 보면 외면적으로는 임제종인 듯한 감이 있으나 내면적으로는 신라시대의 조계종인 범일국사의 종명을 이어서 고려의 보조국사가 전해 왔고, 조선시대에 이르러서도 서산, 사명이 조계종을 이어 왔으므로 해방 전후에 한국 불교는 조계종이라고 단정하게 되었으니, 조계종이란 것은 중국의 5종이 분리되기 전에 육조대사의 종지를 바로 전해 온 것이라고 하겠다.

조계종의 근원을 들어본다면 역시 달마대사로 거슬러 올라가야 되는 것이니, 교외별전 불립문자 직지인심 견성성불(敎外別傳 不立文字 直指人心 見性成佛)이 선종의 근본이라 하겠으나 이것은 마음으로써 마음을 전하는 이심전심의 무언의 진리를 전한 것이요, 교화 방면에 있어서는 달마의 혈맥론(血脈論)이 있고, 사가행론(四加行論)이 있으니 이것이 조계의 근본 종지라 하겠고, 육조대사가 강설하신〈반야경(半夜經)〉구결(口訣)과〈법보단경(法寶壇經)〉, 고려시대 보조가 지은〈수심결(修心訣)〉·〈진심직설(眞心直說)〉·〈간화결정론(看話決定論)〉·〈권수정(勸修定)〉·〈혜결주문(慧結主文)〉·〈계초심학인문〉·〈원돈성불론(圓頓成佛論)〉등이 중요한 것이요, 서산대사가 지은〈선가귀감〉이 중요한 것이 된다고 생각한다. 그리고 조선 말기에 이르러서는 경허선사가 조계종지를 중흥하였으니,〈경허집(鏡虛集)〉이 또 조계종지의 중요한 자료라고도 하겠다.

이 가운데〈선가귀감〉이 가장 간명한 조계종지라고 하겠으니 그 강요을 들면 아래와 같다.

有一物於此하니 從本以來로 昭昭靈靈하야 不曾生不曾滅이라 名不得 狀不得이니 佛祖出世가 無風起浪이니라. 然이나 法有多義하고 人有多機하니 不妨施設이로다. 强立種種名學하야 或心 或佛或衆生이라 하니 不可守名而生解니 當體便是라 動念卽乖니라.

世尊이 三處傳心者는 爲禪旨요 一代所說者는 爲敎門이라. 故로曰 禪是 佛心이요 敎示佛語니라. 是故로 若人이 失之於無 卽 拈花微笑가 是敎迹이요 得之於心則 世間 麤言細語가 是敎 外別傳禪旨니라. 吾有一言하니 絶盧忘語하고 兀然無事坐하니 春來草自靑이로다.
敎門은 惟傳一心法하고 禪門은 惟傳見性法이니라.

 이에 한 물건이 있으니 본래부터 쫓아오므로 밝고도 신령하여 일찍이 나지도 멸하지도 않는 것이라, 이름할 수도 없고, 모양을 지을 수도 없으니 불조가 출세하신 것이 바람 없이 물결을 일으킴이니라. 그러나 법에는 많은 뜻이 있고 사람에게는 많은 기틀이 있으니 시설을 하는 것도 방해롭지 않다. 억지로 여러 가지의 이름을 세워서 혹은 마음이라 하고 혹은 부처라 하고 혹은 중생이라 하니, 가히 이름을 지어서 알음알이를 내지 말지니 당체가 문득 이것이라 생각을 움직이면 곧 어긋나니라.
 세존이 세 곳에 마음을 전한 것은 선지가 됨이요, 일대에 설한 바는 교문이 됨이라. 그런 까닭으로 이르되, 선은 이 부처의 마음이요, 교는 이 부처의 말이니라.
 이런 까닭으로 만약에 사람이 뜻을 얻지 못하고 말로만 하고 종지를 잃어버리면 염화미소가 다 이 교의 자취요, 마음으로 깨달아 얻으면 세간의 거친 말과 시시한 말들이 다 교 밖으로 전하는 선이니라.
 내가 한마디 하겠으니 생각을 끊어 반년을 잊고 일 없이 오뚝하게 앉아 있으니, 봄이 와 풀은 자연히 푸르도다. 교문은 오직 일심법을 전하고 선문은 오직 견성법을 전하니라.

 위에 인용한 서산대사의 법문이 선의 요지를 잘 설명한 것이다. 특히 서산대사는 우리나라 선불교계의 유일무이한 고승으로서 우리 조계종 선불교의 근본 종지를 명백하게 제시하여 주셨다. 따라서 한국 불교 조계종의 선풍을 배우고 알려면 먼저 서산대사의 〈선가귀감〉을 잘 배우고 참고해야 될 것이다.

□ 인격(人格)과 불격(佛格)

衆生無邊誓願度
煩惱無盡誓願斷
法門無量誓願學
佛道無上誓願成

가이없는 중생을 모두 제도하리라
한이 없는 번뇌를 기어코 끊으리라
한량없는 법문을 모두 배우리라
위 없는 불도를 서원코 이루이 내리라.

 이것을 사홍서원(四弘誓願)이라고 하며, 또 칠불통계(七佛通戒)라고도 한다. 이것을 일러 불교의 강령이라고도 한다. 이 네 글귀 가운데 첫 귀는 이타(利他)의 정신이요, 다음 세 글자는 자리(自利)의 정신인 것이다.

사람에게는 인격(人格)이 있고 부처님에게는 불격(佛格)이 있는 것이니, 사람이라고 모두가 잘난 사람이 아니라 인격을 가진 사람이라야 잘난 사람인 것이다.

부처에게 무슨 불격이 따로 있으리오마는 독각(獨覺)벽지불 같은 것은 불격을 완전히 갖추지 못한 것이다.

사람의 인격은 체격이 잘 생겨서 인격이 있는 것이 아니요, 학식만 훌륭해서도 인격이 있는 것이 아니다. 물론 신체도 반듯하게 생겨야 하겠지만, 그보다도 품성이 고결하고 덕행이 뛰어나고 이타심이 강하고 실천력이 굳은 사람이어야 되고, 또 애국애족의 뜻이 굳고 악한 일은 멀리하여 착하고 의로운 일은 물불을 헤아리지 않고 실천하는 사람이라야 인격을 갖춘 자라 하겠다.

우리나라에는 사람이 많으나 이런 인격자가 귀하다. 그렇기 때문에 각계 각층에서 인격자를 구하고 있는 것이다. 자기 자신의 번뇌가 없고, 명석한 지혜가 있어서 가이없는 중생을 제도하겠다는 사람이 나와야 되겠다.

다른 세계 사람은 그만두고라도 오직 내 나라 사람만이라도 건지겠다는 이가 나와야겠다. 그렇다고 이러한 사람이 하늘에서 떨어지거나 땅속에서 솟아나오기를 기다릴 수는 없는 것이고, 누구든지 참선 공부를 많이 하면 이러한 인격자가 될 수 있는 것이다.

'휴휴암주 좌선문(休休庵主坐禪文)'을 보면 인격 도야에 크게 보탬이 되는 글이 있다. 휴휴암주는 몽산(蒙山)화상의 별명인

데 훌륭한 대선지식이다. 내용을 간추려 보면,
 '좌선을 하는 자는 모름지기 선의(善意)를 다하여 스스로 정신을 냉철하게 가질 것이니, 불순한 잡념을 끊어버리고, 혼침에 빠지지 않는 것이 좌(坐)요, 욕심의 세계에 있으면서도 탐내지 않고 티끌 세상에 있으면서도 위세에서 뛰어나는 것이 선(禪)이요, 또 밖으로는 흔들리지 아니하는 것이 좌요, 안으로는 잘 살펴 이치와 도를 통달하는 것이 선이며, 역순 경계에 팔리지 않고 소리와 빛깔인 성색(聲色)에 끌리지 않는 것이 좌다. 자기 수양에 있어서는 밝기가 일월보다 더하며, 남을 보살펴 주는 데는 덕이 건곤(乾坤)보다 수승한 것이 선이며, 차별경계에서 무차별의 경계에 드는 것이 좌요, 이 무차별의 경계에서 차별의 지혜를 보이는 것이 선이니 합하여 말하면 불타듯 작용하되 정체(靜體)가 부동하여 여여(如如)한 것이 좌요, 종과 횡으로 묘함을 얻어(縱橫得妙) 일과 일에 걸림이 없음(事事無得)이 선이라.
 간단히 말하면 이와 같거니와 자세히 들자면 지묵(紙墨)으로 할 수가 없다. 금강대정(金剛大定)은 정(靜)과 동(動)이 없으며 진여묘체(眞如妙體)는 생변이 없는지라, 보아도 보이지 아니하며 들어도 들리지 아니하고, 공(空)해도 또한 공이 아니요, 있으되 또한 있는 것이 아니라 크게 쏀(包) 것으로 말하면 밖이 없고, 가늘게 들기로는 안이 없어 신통 지혜와 광명 수량과 대기대용(大機大用)이 무진무궁한 것이니, 뜻이 있는 자는 잘 참고 하여 깨달음으로써 구경법칙을 삼는다면 한번 깨달은 뒤에는 허다한 영묘(靈妙)가 다 구족하니 어찌 사마외도(邪魔外道)

와 같을 수 있으리오.' 했다.

 불교의 참선과 좌선은 이러한 주지 밑에서 공부하게 되는 까닭으로 이런 공부를 한 이는 부정(不正)할 수가 없고, 아첨할 수가 없고, 인색할 수가 없으며 비루할 수가 없으므로, 훌륭한 인격을 얻을 수가 있는 것이다.

 또 대범 사람을 범부(凡夫)와 군자(君子) 즉 신사와 성현(聖賢)을 3층으로 나눌 수가 있으니,

 첫째, 착한 일을 착한 줄 알고도 능히 행하지 못하고, 악한 일을 나쁜 줄 알고도 끊지 못하는 사람은 범부이니, 사람은 진취의 용기도 없고 결단성의 기력도 없는 사람으로 사람이면서도 사람답지 못한 사람이라 하겠다. 요즘은 이러한 사람들이 많기 때문에 사회가 시끄럽고 국가가 어지러운 것이다.

 둘째는 착한 일이 좋은 줄 알면 노력하여 실행하고, 악한 일이 나쁜 줄 알면 힘써 끊어 버리는 사람이니, 이런 사람은 진취의 용기가 있고, 결단력이 풍부한 사람이니 사람으로써 사람다운 인격을 갖춘 사람이라 하겠다. 이 세상에서는 이러한 사람을 갈망하는 것이다. 사회의 질서가 바로잡히고 국가의 위엄이 세계 만방에 떨쳐지려면 이러한 사람이 많이 쏟아져 나와야 될 것이다.

 셋째는 착한 일은 착한 줄 알고 실행하며, 악한 일은 나쁜 줄 알아 끊어버리되 착한 일을 했다는 집착도 없고, 악한 일을 끊었다는 자세도 없는 사람이니 이런 이를 가리켜 성현이라고 일컫는다.

 내가 여기서 인격을 말하는 것은 둘째 사람이요, 불격을 말하

는 것이 아니다. 여기서 인격자를 더욱 세분하여 말하자면 아래와 같이 10가지로 나누어 볼 수 있다.

1) 언어를 신중히 하여 약속어음(約束手形)과 같이 하되, 말한 것은 꼭 실행하여 공약(公約)을 공약(空約)으로 돌리지 말 것.

2) 의지를 강철같이 단단히 하여 칼날이 목에 꼽힐지라도 변절하거나 변심치 아니할 것.

세번째의 불격을 이룬 이란 사홍서원 가운데서 넷째에 있는 무상한 불도를 이루신 부처인 것이니, 48원을 세워서 극락세계를 건설한 아미타불이라든가 5백 가지의 원을 세워서 사바세계의 일체중생을 건지려고 출현하신 석가여래라든가 12대원을 일으켜서 동방의 만월세계를 이룩한 약사여래 같은 부처님이라든지 당래(當來) 용화세계(龍華世界)에 나타나서 삼회도인(三會度人)에 백천만억 중생을 제도하신다는 미륵존불 같은 부처님이니, 이러한 불격을 갖춘 부처님은 때가 아니면 출현할 가능성이 없으므로 현대와 같은 시대에는 바랄 수가 없는 것이다. 그러므로 우리 불자는 이러한 불격자를 이념으로 동경하고 불도만 수행하여 갈 뿐이라고 하겠다.

□ **불가사의한 세 가지 물건**

相喚相呼歸去來하니
萬戶千門正春色이로다

서로 부르고 불러서 갔다 돌아오니
만호천문에 정히 봄빛이로다.

〈칠현녀경(七賢女經)〉에 보면, 옛날 부처님이 계실 당시 어느 거부장자에게 딸 7형제가 있었다. 다른 집 청춘남녀들은 봄옷을 새로 지어 입고 춘색을 탐하여 경치 좋은 산으로 꽃구경을 가는 사람도 있고, 유원지 같은 들이나 강변으로 나가 삼삼오오 떼를 지어 노래와 춤으로 들놀이를 하기도 하며, 배 타고 강물 위를 두둥실 떠서 선유(船遊)를 하며 즐기고 감미로운 술과 안주로써 권하고 마시고 하여 취흥이 도도해 봄 가는 것을 안타깝게 여기고 전춘시(餞春詩)를 읊는 사람도 있었다.

그러나 이 거부장자의 딸 7형제는 그 좋은 산수의 경치를 모두 피하고 공동묘지로 갔다. 이곳은 죽은 사람의 시체가 쌓여 있는 수풀이다. 악취가 코를 찌르고 썩어가는 시체에 구더기가 들끓는 곳이다.

인도에는 고래부터 4가지의 장례법이 있으니 하나는 시체를 불에 태우는 화장(火葬)이요, 둘째는 강물에 띄어 버리는 수장(水葬)이요. 셋째는 흙 속에 묻는 토장(土葬) 즉 매장이요, 넷째는 시체를 나무 숲속에 그대로 내버리는 임장(林葬)인데, 형세가 지낼만한 사람들은 두터운 관속에 넣어서 버리기도 하지만 어려운 사람들은 그대로 옷만 걸친 알송장으로 지낸다.

우리나라 같으면 모두 시체 유기죄에 걸릴 사람들이다. 그렇지만 그 나라 풍속에는 사회적 습관이 그러하니까 당연지사로 여길 뿐이었다. 그런데 이 유별난 형제들은 사람이 가장 싫어하는 '시다림'을 찾아갔다.

그 시다림의 처참한 광경은 이루 말할 수 없어 마치 적병과 마주 싸운 격전지에 무수한 시체가 버려져 있는 것과 다름이 없다. 냄새도 고약하지만 여우가 뜯어먹거나 개나 맹수가 뜯어먹다가 내버린 시체는 머리와 다리와 팔들이 각각 떨어져 딩구는 것도 있고, 창자만 파먹어서 시체에 구멍이 뻐끔하게 뚫려 있는 시체도 있다. 그야말로 인간 종말의 참상이라 할까?

그런데 이 얄궂은 7형제의 여자들은 어찌 된 일인지 보통 여자들 같으면 기절할 이곳을 찾은 것이다. 이야말로 미친 여자들이 아니라면 생사의 진리를 깨달아 느낌이 있는 여자들이라 하겠다.

이들 가운데 맏이 되는 여자가 여섯 동생들과 같이 망연하게 흉측한 냄새가 코를 찌르는 수많은 시체를 바라보다가 손가락으로 많은 시체를 가리키면서 여러 동생들에게 말하되,

"저 많은 시체들은 여기 있지만 사람들의 영혼은 다 어떤 곳으로 갔겠느냐?"

하고 물었더니 그 중에 한 여자가 답하되,

"글쎄올시다. 어디로 가고 어디로 갔을까요?"

하고 묵묵히 명상에 잠겨 있었다. 나머지 여자들도 각기 제 나름대로 사람의 생사가 공화(空華)의 같이 허망한 것임을 깨닫고, 불생불멸의 자심각체(覺體)를 반성반관(返省反觀)하고 있었다.

이때 하늘에서 제석천왕이 이들 칠현녀(七賢女)를 고맙게 여기고 그들 머리 위에도 천화(天花)를 뿌려 주었다. 요즈음으로

말하면 꽃다발을 목에 걸어주는 축하의 선물이다. 그리고는 내려와서 이르되,

"성제(聖姊)들이여, 무슨 물건이 소용되십니까? 구하는 바가 있다면 내가 종신토록 공급하여 드릴까 합니다."

하더니, 한 여자가 답하여 말하되,

"우리 집은 국내에서도 이름난 부자 장자의 집이므로 사사(四事 : 의복·음식·와구·탕약)와 칠진(七珍 : 금·은·유리·자기 마노·산호·진주)이 다 구족하기 때문에 세상의 물질 가운데는 구할 것이 없나이다. 그러나 오직 세 가지 물건을 구하고자 하온데 이것을 구해 주실 수 있을는지요?"

"말씀이나 해보시오."

"세 가지란, 하나는 뿌리 없는 나무(無根水) 한 그루요, 둘째는 음과 양이 아랑곳없는 땅 한 조각(無陰陽地)이요, 셋째는 소리를 지르되 메아리 울림이 없는 산골짜기 한 곳입니다."

했다. 제석이 듣고 답하되,

"일체 소유의 물건은 내가 다 갖고 있으되 이 세 가지 물건만은 나도 얻을 수가 없나이다."

하니, 또 한 여자가 말하되,

"천신께서 만약에 이것이 없다면 어찌 사람을 구제하며 사람의 요구를 들어 줄 수가 있다고 하겠습니까?"

이때 제석도 이 3가지 물건이 의심스러워 칠현녀와 같이 부처님께 가서 물었더니 부처님께서 말씀하시되,

"교시가(제석의 별명)야, 이 세 가지 물건은 나의 여러 제자 가운데 대아라한(大阿羅漢)도 이 뜻을 알 수가 없을 것이요, 오

직 모든 대보살이라야 이 뜻을 알 것이니 네가 어찌 알 수가 있겠느냐?"
하셨다. 그런즉 이 3가지의 물건은 불가사의한 물건이라 하겠다.

그 뒤에 장로(長蘆)선사라는 이가 이 얘기를 들어 말하되, "대중아, 제석이 칠현녀의 한 물음을 듣고 곧 거꾸러져 삼천리나 물러갔구나. 그러나 당시에 칠현녀가 나에게 이 불가사의한 세 가지 물건을 요구했다면 나는 이렇게 말하였으리라. 첫째로 뿌리 없는 나무를 요구한다면 나는 다만 이르되 이 '시다림'이라 하리라. 두번째로 음향이 없는 땅을 요구한다면 나는 이르되 봄이 오니 풀이 스스로 푸르다(春來草自靑)고 하리라. 셋째로 부르짖되 메아리 울림이 없는 산골짜기를 요구한다면 나는 다만 이르되, 돌덩이가 큰 것은 크고 작은 것은 작다고 답하였으리라. 내가 이렇게 대답하였을 것 같으면 철현녀는 내게 와서 손을 모으고 항복하였을 것이고, 제석천왕께서는 또한 몸을 움직여 나아갈 탈출구가 있었을 것이니라. 또한 이르겠노라. 무슨 까닭인고? 칠현녀의 본 곳은 아직도 스스로 가시수풀에 걸려 신음하며 해탈을 못하고 있으니 이들을 거기에서 나오도록 하려면 무엇이라 이를 것인가(作麼生道). 한참 있다가 이르되,

相喚相呼歸去來하니
萬戶天門正春色이로다

서로 부르고 서로 불러 갔다가 돌아오니
　만호천문에 정히 춘색이 찬란하도다.

했다. 이상에서 말한 것은 우리나라에서 편찬된 염송에 있는 설화인데 장로(長蘆)선사의 법문이 없이 〈칠현녀경〉만 본다면 그야말로 칠현녀가 요구한 3가지 물건(三般物)은 영원히 수수께끼가 되고 말았을 것이다. 모름지기 장로선사의 법문은 보물 중에서도 보물을 우리에게 준 셈이다.

　불교에서는 표전(表詮)과 차전(遮詮)이 있는데 한 가지도 없는 이치에서 용(用)으로는 만 가지로 벌어져 나오는 현상에 대하여 조직적으로 명자(名字)와 의리(義理)를 순서적으로 누구든지 알기 쉽게 설명하는 것을 표전이라고 한다.

　또 이 만 가지가 하나인 체(體)로 돌아가는 실상(實相)을 말할 때에는 차전으로 표시한다. 즉 동일한 것을 있다고 말하는 것은 표전이요, 반대로 없다고 말하는 것은 차전인 것이다. 이 밖에도 전간전수(全揀全收)라는 술어도 있는데 전간은 차전과 같고 전수는 표전과 같은 것이다. 그런데 동일한 법문이라도 표전으로 설명하면 얕은 것 같고, 차전으로 설명하면 깊은 것 같다. 그러므로 강사들은 학인에게 대하여 표전으로 설명하기 때문에 초학자가 들어가기가 쉽다. 그러나 선사(禪師)들은 차전으로 말하기 때문에 들어가기가 어려운 것이다.

　예를 들면 실상(實相)이요, 법신(法身)은 비신(非身)이라고 하는 바 똑같은 진여불성(眞如佛性)을 실상 또는 법신이라 말하는 것은 표전이요. 무상이다, 비신이다 하는 것은 차전이다.

〈칠현녀경〉에 나오는 술어의 경우도 이와 같은 것이니 '무근수'라든가 '무음양지'. '규불향산곡'은 칠현녀가 차전으로 말한 것이므로 제석이 알 도리가 없고, 나한이 알 도리가 없는 것이다. 그러나 장로선사가 이르되, 무근수는 시다림 수풀이요, 무음양지는 그대로 음양이 비치는 봄동산의 푸른 풀이요, 규불향산곡은 그대로 심산궁곡의 큰 바위와 작은 돌이라고 표전으로 설명한 것이다.

선사들은 대개 남이 알기 힘든 법문을 하는 것인데, 간혹 직설로써 표전으로 솔직히 표현하는 일도 있는 것이다. 학인으로서는 이런 경우를 알아야만 불교의 선어(禪語)가 동문서답의 부조리한 모순 같으나 그렇지 않음을 알게 되는 것이다.

이 〈칠현녀경〉에 대하여 장로선사가 통쾌하게 대답하였으니, 첫째는 죽었던 제석을 살렸고, 둘째는 칠현녀의 교만을 꺾고 가시수풀 속으로 몰아넣었다. 칠현녀가 3가지 물건의 물음에 제석이 답하지 못한 것을 장로가 답하였으니 제석을 골리려든 칠현녀가 손을 들게 되었고, 무거무래역무주(無去無來亦無住)가 인간의 영성(靈性)인데 어디로 갔느냐고 하는 물음에 막히고 말았으니 인간이 무상하다는 것은 느꼈으나 해탈도를 알지 못하였으니 가시수풀 속에 들어가서 허둥지둥하는 것을 가리킨 것이다. 그러나 그들에게도 탈출구를 만들어 틔어 주었으니 '시다림'에서 시체를 버리고 간 영혼의 간 곳은 물어서 무엇할 것이냐? 너희가 서로 부르고 놀다가 너의 집으로 돌아가면 그대로 오나가나 춘색이 무르녹아 있을 것이 아니냐고 선사가 염회(拈廻)한 것이다.

□ 방하착(放下着)

但願空諸所有언정
切勿實諸所無니라

다만 있는 것을 비울지언정
간절히 없는 것을 실하게도 말지니라.

이것은 방온(龐蘊)거사의 송(頌)인데 되풀이 하면 유(有)에도 착하지 말고 무에도 착하지 말라는 것이니, 유에 착하면 상견(常見)외도가 되고, 무에 착하면 단견(斷見)외도가 되는 까닭이다. 불교는 중도를 고조하는 까닭으로 유무에 초월하여 걸리지 않는 것이 불법인 것이다.
 예를 들면 세존 당시에 흑씨범지(黑氏梵志)라는 외도 선인이 있었는데 그가 법을 설하면 변재가 좋아서 구름이 피어나는 것 같고, 비가 쏟아지는 것 같아서 듣는 사람이 구름떼 같이 모였다. 그러던 어느 날에는 설법을 마치고 청중이 다 물러갔는데 오직 노인 한 사람만이 남아 앉아 울고 있었다. 흑씨범지는 자기가 설법을 잘 해서 감격하여 우는가 생각하고,
 "그대는 누구인데 왜 울고 앉았는가?"
하고 물었더니 노인이 말하되,
 "나는 사람이 아니요, 명부세계에 있는 염라대왕인데 당신이 하도 설법을 잘한다기에 들어보려고 왔소. 그런데 당신은 설교는 잘하나 정력이 부족한고로 7일만 지나면 생사를 면하지 못

하고, 나에게 잡혀 와서 문초를 받고 업보에 따라 지옥으로 갈 것이 불쌍하여 울고 있는 것이요."
한다.
 흑씨범지가 깜짝 놀라서 말하되,
"어찌하면 생사를 면한단 말이오?"
"그것은 나도 어찌할 수가 없는 일이니까 부처님께 가서 물어 보시오."
한다. 흑씨범지는 부처님께 그냥 갈 수가 없어 선물인 꽃 공양으로 오동나무꽃 두 송이를 양손에 갈라 들고 가서 부처님 앞에 서 있으려니까 부처님께서 '놓아 버려라' 하신다. 그래서 손에 들었던 꽃을 놓아 버렸더니 부처님께서는 또 '놓아 버려라'고 하신다.
 흑씨범지가 말하되,
"세존이시여, 제가 들었던 꽃을 다 놓아버리고 빈 몸으로서 있는데 또 무엇을 놓아 버리라고 하십니까?"
하였더니, 세존께서 말씀하시되,
"내가 너더러 놓아 버리라고 한 것은 그 꽃송이가 아니라 외6진(外六塵)인 색·성·향·미·촉·법과 내6근(內六根)인 안·이·비·설·신·의와 중6식(中六識)인 안식·이식·비식·설식·신6식·의식의 18계(界)를 일시에 놓아 버리면 문득 이것이 너의 생사를 멸하는 것이니라."
하시니 흑씨범지가 세존의 언하(言下)에 크게 깨닫고 물러갔다.
 그 후 심문분이란 스님이 이에 대하여 송(頌)하되,

兩手持來都放下하고
空身立地便猜疑로다
根塵識界無尋處에
多謝春風爛漫開로다

두손을 가졌던 것을 모두 버리고
빈 몸으로 서서 문득 시의하도다
근진식계에서 찾을 수 없는 곳에
봄바람에 난만하게 핀 꽃을 사례하도다.

이상에 든 것은 유를 버리라는 법문이었다. 그러나 무에 집착해도 안 되는 것이니 무까지 버리라는 법문을 들면 아래와 같다.
옛날 엄양(嚴陽)존자라는 이가 조주(趙州)스님께 묻되,
"한 물건도 갖고 오지 않았습니다. 어찌합니까?"
하였더니,
"방하착(放下着)하라."
한다. 존자가 다시 말하되,
"이미 한 물건도 갖고 오지 아니하였거늘 무엇을 놓아버리라고 하십니까?"
한즉 조주가 이르되,
"놓아버리기가 싫거든 짊어지고 가거라!"
했다. 또 어떤 납자가 운문(雲門)스님께 묻되,
"한 생각도 일으키지 아니한 때에 허물이 있습니까? 없습니까?"
하였더니, 운문스님이 말씀하되,

"허물이 수미산과 같이 많으니라."
하셨다. 이것이 참선을 닦는 초심자의 공안이라 설파하면 불가한 것이지만 부득이 말할 것 같으면 한 물건도 갖고 오지 아니했다는 생각과 한 생각도 일으키지 아니했다는 생각에 집착한 것이 허물이니, 그것까지 놓아버려야 된다는 것이며, 한 생각도 일으키지 아니했다고 집착하고 묻는 것이 죄가 수미산과 같다는 것이다.
〈금강경의〉여리실견분(如理實見分) 제5에 보면,

須菩提야 於意云何오 可以身相으로 見如來否아, 不也니다.
世尊이시여, 不可以身相으로 得見如來니이다
何以故요 如來所說身相이 卽非身相일새니다.

수보리야 네 뜻에 어떻게 생각하느냐? 가히 몸 모양으로써 여래를 보느냐. 아닙니다.
세존이시여, 가히 몸 모양으로 여래를 보지 못합니다.
어째서 그런가 하면 여래가 말씀하신 몸 모양이 곧 몸 모양이 아닌 것이다.

佛告 須菩提하시되, 凡所有相이 皆是虛妄이니 若見諸相이 非相이라야 卽見如來니라.

부처님께서 보리에게 말하기를, 무릇 모양이 있는 것은 다 허망한 것이니 모든 상이 상 아님을 관찰해 보아야만 곧 여래를 친견하느니라.

이것을 보면 여래는 제상이 구족한 것으로 볼 수가 없다. 뿐만 아니라 여래는 제상이 구족하지 아니한 것으로도 볼 수가 없는 것이다. 그러므로 여래는 유상으로써 볼 수도 없고 무상으로도 볼 수가 없는 것이라, 유무상의 관념을 떼어 버리고 진공묘유(眞空妙有)로써 여래를 보아야 되는 것이다.
　선가(禪家)에서 견성을 주장하는 것은 유무에 걸리지 아니하는 근본 심정을 깨달아 얻는 것을 가리킨 것이다.

☐ 청정본연(淸淨本然)

只因一念差로
顯出萬般形이로다

다만 한 생각의 차이로 인하여
만 가지의 형상을 나타내었도다.

본래 청정한 법신체(法身體)에서 어찌하여 무명이 일어나서 산하대지의 세계가 생기고 태란습화(胎卵濕化)의 중생이 생겨났느냐는 것이 불교의 교리면에서 근본이 되는 문제라고 하겠다.
　우리의 미한 눈으로 보면 세계가 더러운 것으로 보이고, 중생이 죄악의 뭉치로 보이지만 깨달은 눈으로 보면 세계가 유리세계로 보이고 중생이 부처로 보인다는 것이니, 법계가 본래 청정한 것을 깨닫지 못하면 그렇게 보인다는 것이 대승불교의 이념이다.

  이것을 경전에서 살펴 볼 것 같으면 〈대불정수능엄경〉에서는 본래 깨친 성각(性覺)이 망념으로 인해 본연청정한 것을 가리우고, 지(地)·수(水)·화(火)·풍(風)·공(空)·견(見)·식(識)의 7대 만법이 연기되어서 무기물(無機物)의 세계와 또한 생명계의 중생이 생겼다고 보고, 기신론에서는 만류의 실상인 진여자성(眞如自省)은 본래 청정하여 온갖 망념과 분별의 차별이 없건마는 그것이 고정불변하는 것이 아니라 인연을 따라 변할 수도 있기 때문에 불생불멸로 더불어 화합하여 하나도 아니요, 다르지도 않는 것이 아울러 함유하여 있으니 이것을 가리켜 중생심(衆生心)이라고도 하고 여래장(如來藏)이라고도 하며, 아뢰야식이라고도 하는데, 이것이 더러운 연기(緣起)로 순류하면 중생의 세계를 이루고 조촐한 연기로 거슬러 올라가면 부처의 세계를 이룬다는 것이다. 그러나 선종에서는 단적으로 말하되, 한 생각이 쉬면 본연청정한 세계요, 선악 간에 한 생각이 일어나면 오탁악세라는 것이다. 그러므로 다만 한 생각의 차별로써 만 가지의 형상이 나타났다고 했다.

〈능엄경〉에서는 부루나(富樓那)존자라는 이가 부처님께 질문하되, 정정본연한 여래장 묘진여성 속에서 어찌하여 문득 산하대지가 생겼느냐고 물으니까 부처님께서는 무명의 망념으로 인해 세계도 생기고 중생도 생기고 기타 만물이 생겼느니라 하셨다. 이것을 선가에서는 단도직입적으로 잘 밝힌 게가 있으니 그 예를 들면 아래와 같다.

 옛날 중국에 장수(長水)선사라는 이가 있었는데, 그는 낭야선사에게 가서 묻되, 〈능엄경〉 가운데 부루나존자가 부처님께 묻기를, 청정본연커늘 어찌하여 문득 산하대지가 생겼습니까? 한 것을 인용하여 다시 '청정본연커늘 어찌하여 산하대지가 생겼습니까?' 하였더니, 낭야선사가 반문하되, 청정본연커늘 어찌하여 문득 산하대지가 생겼는고? 하였더니 장수선사가 그 언하에 깨쳤다는 것이다.

 그러면 이 법문의 의의가 어떠한 것인가? 이것도 선가에서는 공안화두(公案話頭)로 쓰이는 것이라, 납자로 하여금 제 스스로 의심하여 깨닫게 하는 것이요, 설화하는 것이 아니지만 현대 사람으로서는 고심참담의 신고를 겪어서 깨달으려고 하지 않기 때문에 설화하는 것이니, 그것은 장수가 물을 것도 없는 것에 한 생각을 공연히 일으켜서 묻는 그 자체가 산하대지를 나타나게 한 것이라 할 것이다. 그러므로 영대(靈臺)가 밝은 장수선사는 더 물을 것도 없이 언하에서 깨치게 된 것이다. 그러나 이런 이치를 오래 의심하고 정진을 하다가 깨치면 자기 밑천이 되고, 또 살림이 되지만 상식적으로 알아 넘기면 확실하게 깨쳤다고 할 수가 없는 것이다. 그 이유는 아래에 인용한 고인의 문답을 보면 알 수 있다.

 옛날 중국 땅에 법안(法眼)스님이라는 분이 있었는데 법안종을 세워 한 종파를 이루고 회상(會上)을 꾸며 5백명의 납자를 지도하고 계셨다. 이때 현칙(玄則)이라는 납자가 와서 감원(監

院) 직책을 맡아 5백명 대중에 대한 뒷바라지를 하고 있었다. 그런데 그가 법안스님 회상에 와서 있은 지가 3년이 지나도 조실에 들어와 법문을 묻는 일이 없었다.

 법안스님이 보기에는 그가 계행이 엄정하고 지식이 해박하며 마음씨도 고우나 선지(禪늡)에 대해서는 조금 부족한 것 같이 보이는데, 한 번도 와서 법문을 묻지 않는 것이 이상스러워 현칙을 점검하여 보려는 생각이 나서 어느 날 그를 방장실로 불러들였다.

"자네가 이곳에 온 지가 몇 해나 되었나?"
"벌써 3년이 되었나 봅니다."
"이미 3년이 되었다면서 자네는 나에게 법문을 한 번도 묻는 일이 없으니 어찌된 까닭인가?"
"그렇게 되었습니다. 그러나 그것은 제가 만심이 있어서 그런 것이 아닙니다. 저는 이미 이곳으로 오기 전에 청봉스님 회상에서 참선 공부를 하여 안심처를 얻고, 또 그 스님께 법문을 묻고 깨친 바가 있어서 다시 의심할 것이 없기로 스님에게 법문을 묻지 아니한 것입니다."
"그것 참 고마운 일일세. 그러나 청봉스님께 무슨 법을 묻고 무슨 대답을 얻어서 깨달았는지 한번 말해 보게."
"제가 청봉스님께 묻되, 어떤 것이 학인이 본래 갖고 있는 자기 자성(自己自省)입니까? 하였더니 병정동자가 와서 불을 구하는 것이니라(丙丁童子來求火)고 대답하시므로 그 언하에 깨친 바가 있습니다."
"옳기는 하나 아직 옳지 못한 곳이 있도다(是則是)나 叉有不

是處)."

"그렇다면 스님은 저의 깨달은 곳을 허락지 아니하시는 겁니까?"

"쾌하게 허락할 수가 없노라."

"병정동자가 와서 불을 구한다는 것은 갑을(甲乙)은 목방(木方)이요, 병정(丙丁)은 화방(火方)이요, 무기(戊己)는 토방(土方)이요, 경신(庚辛)은 금방(金方)이요, 임계(壬癸)는 수방(水方)이라, 병정동자는 화방을 맡은 화신의 형제인즉, 화신이 화방에 와서 불을 구한다는 대답인즉, 자기가 자기 자신을 구하는 것밖에 별다른 밀지가 없다는 뜻이니, 본래 갖고 있는 자기가 부처이라 별달리 마음 밖을 향하여 부처를 구하고 법을 구할 것이 없다는 법문이 아니겠습니까?"

"그것은 틀림없이 그런 것이다. 그러나 그렇게만 알아 갖고는 청봉스님의 뜻을 알았다고 할 수가 없는 것이니라. 만약 그렇게도 불법을 쉽게 알아버린다면 불법은 벌써 망해버리고 지금까지 전해 올 수가 없는 것이다. 그러므로 자네는 청봉의 불법을 꿈에도 보지 못한 사람이라고 할 수밖에 없는 것일세."

현칙화상은 법안스님에게 이 말을 듣고 모욕을 당한 것 같아서 화가 치밀었다. 그래서 법안스님 회상을 떠나 다른 곳으로 행각을 나섰다. 그러나 몇 십리를 가다가 흥분이 가라앉아 생각하되, '법안스님이 인정을 하여 주지 않는 것은 분한 일이지만 그러나 5백명 회상의 지도자인 방장화상으로서 공연히 그럴 이치가 없다. 하여간 나에게 미진한 곳이 있기에 그러할 것이 아닌가. 이런 의심이 나서 다시 한번 돌아가서 사과하고 물어보리라' 하고 되돌아 왔다.

 그래서 지나간 자기의 심경을 법안스님께 말하고, '다시 찾아 왔나이다' 하였더니 법안선사도 그럴 것이라 하고 그러면 다시 물어보라고 한다. 현칙이 일어나서 절하고,
"어떠한 것이 학인의 본래 갖고 있는 자기 자성입니까?"
하였더니 법안스님은 큰 소리로,
"병정동자가 와서 불을 구하는 것이니라."
했다. 현칙이 생각하되 법안화상은 별다른 법문을 일러 주는가 하였더니, 내내 청봉스님의 법문을 되풀이 하는 것이었다. 그러나 현칙은 청봉스님께 듣던 바와는 달리 뼈속까지 감촉되어 그 언하에 확철대오(廓徹大悟)를 했다. 그리고 본즉 청봉스님이나 법안스님의 대답이 동일한데 법안스님 대답에 확철대오한 것은 그 차이가 어디에 있는가? 같은 대답이지만 전자는 사량심에서였고, 후자는 말과 생각이 모두 끊어진 긴장한 곳에서 오묘한 이치를 체득하여 깨친 까닭이다. 그러므로 선험적으로 피부로 느끼고 골수에 사무쳐 깨달아야 되는 것이요, 사량분별이나 의리상량(義理商量)으로 논리분석에 있는 것이 아니다. 왜냐하면 그것은 상식에 흐르고 마는 까닭이다.

□ **월락파심(月落波心)**

雲無生嶺上하면
月有落波心하리라

구름이 영상에 나서 떠돌지 아니하면
달이 파도 가운데 떨어져 비침이 있으리라.

 원래 선가(禪家)에서는 말이 없이 참구하는 것이 본령이요, 언어로써 설법하는 것을 대단케 여기지 않는 것이니 입으로 떠드는 것보다 몸으로 실행하고 마음으로 깨달아 나가는 것이 의의가 깊은 것이다. 그러나 무언실행(無言實行)만 주장하면 초심 납자가 의지할 곳이 없을 것이므로 옛사람이 깨달아간 사연을 들어보고자 하는 것이다.
 옛날 중국에 자명(慈明)화상의 제자인 진상좌(眞上座)라는 납자가 있어서 참선 공부에 힘쓰고 있었다. 한번은 결제 때가 되어서 금난의라는 땅의 선방에 들어가서 방부를 드리고 좌선을 해 나아가는 도중이었다.
 어느 날 방선(放禪) 시간에 선시자(善侍者)라는 납자와 문답이 벌어졌는데, 진상좌가 선시자의 물음에 말이 막혀서 대답을 못하여 여지없이 당하고 말았다. 그래서 진상좌는 은사인 자명스님 처소로 돌아오고 말았다. 자명스님은 이것을 보고 꾸짖어 말씀하시되,
 "너는 어찌하려고 선방에 들어가서 결제 중에 한 달도 못 되어서 빠져 나왔느냐? 이것은 총림의 규칙을 파괴하는 것이요, 또한 자기의 면목을 실추시키는 일이니, 이래가지고서야 납자의 체면이 되겠느냐?"
하였더니,
 "저는 선방을 들어가다 나왔으나 생사대사(生死大事)를 깨달

아 보려는 마음뿐인데 아직 이것을 깨닫지 못해서 답답함을 이기지 못해 갈팡질팡할 뿐입니다."
"너는 입버릇이 되어 생사대사 운운하지만 수도상에 불법이 중요한 초점 목적을 어디다 두고 찾아 들어가려고 하느냐?"
"구름이 고개 위에 생기지 아니하면 달이 파도 가운데 떨어짐이 있도다."
했다. 이 말을 들은 자명화상은,
"네가 이미 얼굴에 주름이 잡혀서 이가 빠지려는 나이를 가지고도 아직 이따위 견해를 가졌느냐?"
하고 질책을 했다. 그러자 진상좌는 다시 사뢰되,
"원컨대, 스님께서 대자대비로써 저의 밝지 못한 것을 깨우쳐 주십시오."
하고 눈물을 흘리면서 가르쳐 주기를 원했다. 그리했더니 화상께서도 측은히 여기시고 말씀하시되,
"내가 너에게 묻듯이 네가 다시 나에게 물어라."
하셨다. 그러므로 진상좌는,
"어떠한 것이 이 불법의 가장 큰 대의입니까?"
하였더니 스님은 이에,
'구름이 영상에 나지 아니하니 달이 파도 가운데 떨어짐이 있도다(雲無生嶺上月落波心).'
하니 진상좌가 그 말 아래에 확철대오했다고 한다.
그러면 진상좌가 처음에 대답한 말이나 자명스님이 나중에 대답한 말이 다 운무생영상 월유낙파심(雲無生嶺上 月有落波心)이거늘 진상좌가 답한 말에 대해서는 자명스님이 질책하였

는데 자명스님이 답한 말에는 진상좌가 깨달았으니 그 차이와 이유가 어디 있는가? 이것은 한번 검토해 볼 문제다.

　이것을 군말로써 해석할 것 같으면, 진상좌의 경우는 구름이 영상에 출생함이 없으면 달이 파도 가운데 떨어짐이 있으리라 한 것이니, 원각산중(圓覺山中)에 본래 청청한 묘정명심(妙淨明心)이 달과 같이 어떤 강물의 파도 가운데라도 비칠 수가 있는 것이라, 그야말로 만리무운 만리천(萬里無雲萬里千)이요, 천강유수 천강월(千江有水千江月)이라, 하늘에 구름이 없어 달이 밝으면 천강만파 가운데 비칠 수가 있는 것이니, 하늘에 구름이 가리어 인간의 천연불성은 아무리 밝아 있더라도 3독(三毒)과 5욕(五欲)의 번뇌 구름이 가리어서 제대로 비칠 수가 없는 것처럼 번뇌의 구름을 다 떨어버려 없애야만 마음 달이 비칠 수가 있다는 것이다. 그러나 자명스님의 경우는 다 같은 글이라도 해석 여하에 뜻이 달라지는 것이니, 구름이 영상에 출생함이 없는지라, 달이 파도 가운데 떨어져 비출 수가 있다는 것이다.

　사람 사람이 갖고 있는 금강불괴의 마음은 물에 들어가도 젖지 않고 불에 들어가도 타지 않고, 바람이 불어도 날려 가지 않고, 칼로 베어도 베여지지 않는 마음 달이거늘 어찌 번뇌의 구름이 가린다고 비추지 못할 것이냐.

　번뇌란 것은 망성(忘性)이라, 망성은 본래 공(空)한 것이거늘 어찌 마음 달을 가리어서 만류의 파도 가운데 떨어져 비추지 못할 이치가 있겠느냐는 뜻이다. 산빛과 물빛이 다른 물건이 아니요, 달이 밝고 바람이 맑은 것이 이 부처의 마음이라(山光

水色非他物月白風淸是佛心). 번뇌의 구름이 있더라도 거기에 사로잡히지 아니하고 그것이 허망한 것을 깨달으면 번뇌가 곧 보리가 될 수 있고, 생사가 곧 열반이 될 수가 있는 것이다.

우리 납자가 공부하는데 장애가 되는 것은 진(眞)과 망(妄)을 갈라 나누어 보는 것과, 언제든지 자기는 중생이고, 부처가 아니라는 것과 미(迷)를 갖고 깨달음을 구하는 것이다. 자기는 언제든지 중생이요, 자기는 언제든지 미한 사람이라는 인식을 갖고 깨달음을 달리 구하는 것이 병인 것이니, 이 생각이 가시기 전에는 절대로 깨달음을 얻을 수가 없는 것이다. 그러므로 진상좌는 번뇌의 구름을 없애야만 달이 비추인다는 데서 자명스님에게 꾸지람을 들었고, 자명스님은 같은 글이라도 본래 번뇌가 없으니까 달이 비춘다고 대답하는 데서 진상좌가 깨달은 것이다. 학문의 글이란 것은 문법이 정확하지 아니해서 토를 다는데 따라서 이렇게도 보고 저렇게도 볼 수가 있는 것이니,

칠십생남비오자(七十生男非吾子)를 70에 생남이니까 나의 아들이 아니라고도 볼 수가 있고, 70에 생남했을지라도 내 아들이 아니겠느냐?(70에 生男이라도 非吾子리요) 이렇게도 볼 수가 있는 것이다. 그러므로 운무생령상(雲無生嶺上)이면 월유낙파심(月有落波心)이라고 보면 구름이 영상에서 없어져야 달이 파도 가운데 비친다고 보게 되고, 운무생영상하니 월유낙파심이라고 하면 구름은 환(幻)과 같은 것이라 설사 영상에 있더라도 없는 거와 같은 것이요, 본래 있는 달을 가릴 수가 없는 것이니 구름이 있더라도 망본공(妄本空)의 번뇌로 보면 심본적(心本寂)의 광명이 나타나게 되는 것이다. 그러므로 미(迷)를

가지고 오(悟)를 구하면 아니 되는 것이요, 망(妄)을 띠고 진(眞)을 구하는 것도 아니 되는 것이요, 억지로 깨달음을 기다리는 것도 아니되는 것이다.

 공부를 꾸준히 계속하여 시설 인연이 이르게 되면 어떤 법문을 듣거나 어떤 기연에 부딪치면 깨치게 되는 것이다.

 옛날에 어떤 수행 납자가 귀종(歸宗)화상에게,

"어떤 것이 부처입니까?"

하였더니,

"내가 일러주기는 어렵지 아니하나 네가 믿을는지가 문제로다."

"천지를 멀다 하지 않고 일부러 스님을 뵈오러 찾아왔는데 어찌 스님의 말씀을 믿지 않겠습니까?"

했다. 그래서 귀종화상이 큰 소리로 이르되,

"네가 곧 부처니라."

하였더니 납자가 그 말에 크게 깨치고 다시 묻되,

"어떻게 보임(保任)하오리까?"

"한 가리움이 눈에 있으면 천화(千花)가 어지럽게 떨어지리라."

하였더니, 그 납자는 철저하게 보임하여 대종사가 되었다. 그러므로 참선은 솔직하게 선지식의 말씀을 듣고 순수하게 공부하면 깨치기가 어려운 것이 아니다. 그러므로 도신(道信)대사께서도 그가 지은 〈신심명(信心銘)〉에 말씀하시되, 지극한 도는 어려운 것이 아니라 오직 간택함을 꺼리는 것이니 다만 미워하고 사랑하는 것만 없으면 현출하게 명백하리라(至道無難

이라 唯嫌揀擇이니 但莫憎愛하면 洞然明白하리라) 하시었으니 바로 믿고 바로 알면 누구든지 견성성불(見性成佛)할 수가 있는 것이다.

□ 창을 뚫고 나가려는 어리석음

空門不肯出
投窓也大痴
百年鑽古紙
何日出頭期

빈 문으로 나가기는 즐기지 않고
창에만 부딪치니 크게 어리석도다
백년을 두고 옛 종이를 뚫은들
어느 날에 출두할 기약이 있으리오.

이는 복주(福州) 고령산(古靈山)에 있는 신찬(神讚)선사의 송인데, 신찬선사는 수업사(受業師) 즉 득도사(得度師)인 계현(戒賢)법사에게서 부처님이 설하신 일대시교의 경전을 수학했다. 하루는 계현법사가 여러 수업 제자들을 모아놓고 이르되,
 "너희들이 나에게 대강의 경전은 다 보았으나 크게 대성하려면 무슨 경이든지 전문으로 연구하는 경사를 찾아가 다시 배우고 연구를 해야만 지식이 고루하지 않을 것이니, 오늘부터 마

음대로 각자가 흩어져 몇 해가 걸려도 아무 경이라도 독특하게 전문적으로 배워 갖고 오너라."
했다. 그래서 여러 수업제자들은 해방을 만난 것같이 좋아하며 제방(諸方)으로 행각을 나섰다. 어느덧 세월이 3년이나 흘러 제자들은 서로 통지하여 한꺼번에 계현스님을 뵈러 왔다. 스님은 반가이 그들을 맞으며,
"너희들이 그간 나가서 어떤 경전들을 배우고 왔느냐?"
하고 물었다.
 여러 제자들은 제각기 전공한 경을 나름대로 말씀드렸다. 화엄학을 전공했다는 사람도 있고, 〈열반경〉이나 〈법화경〉을 전공한 사람도 있고, 구사론(俱舍論)과 유식론(惟識論)을 전공하고 왔다는 사람도 있었다.
 계현법사는 그들의 말을 일일이 듣고 그간 수고했다는 치사를 하며 특별대우를 했다. 신찬 차례가 되었다.
"너는 무엇을 전공하고 왔느냐?"
"저는 아무 것도 전공한 것이 없습니다. 고단하면 잠이나 자고 목이 마르면 물 마시고, 배고프면 밥이나 먹는 죽반승으로 3년 동안을 지내다가 왔습니다."
"그러면 남들은 모두 공부를 착실히 하다가 왔는데 너만 허송세월하고 돌아온 것이 아니냐?"
"그렇습니다. 본래 무일물(無一物)인데 할 일이 무엇 있겠습니까?"
"건방진 소리는 말아라. 부처님이 너만 못해서 3아승지겁을 닦으셨다고 하였겠느냐?"

"부처님은 부처님이고 저는 저지요. 불법이란 것은 3아승지 겁에 역수만행(歷修萬行)을 하여 깨달아 들어가는 길도 있고, 단도직입적으로 초발심 때에 문득 정각을 이루고(初發心時便正覺) 한 번 뛰어서 곧 여래지에 들 수도(一超直入如來地) 있거든요."

"얘, 쓸데없는 소리는 말아라. 그런 말은 다 외도들이 불법을 비방하느라고 하는 소리, 다 그런 것을 쫓다가 불법에서 타락된 사람들이 얼마나 많은지 아느냐?"

 노기를 띠고 이런 말을 하시던 계현법사는 다른 제자들은 아무 일도 못하게 떠받들면서도 신찬에게는 밉살스럽게 생각하였던지 원두(園頭)란 책임을 맡겨 하역을 시키게 했다. 그러나 신찬은 조금도 불평이 없이 유유히 복종하고 호미를 들고 풀을 베고 빗자루를 들고 도량을 쓸며 공양주를 도와서 물도 길어대고 불을 때기도 했다. 그러던 어느 날 계현법사는 신찬에게,

"오늘은 내가 목욕을 하고 싶으니 목욕물을 데워 욕실 안 통에 옮겨 놓도록 하여라."

한다. 신찬은 재빨리 목욕물을 데워 목욕통에다 옮겨 놓고,

"준비가 다 되었사오니 어서 나오셔서 목욕을 하십시오."

하였더니, 계현스님은 욕탕으로 들어가면서,

"너, 거기 서 있다가 내 몸의 때까지 밀어 주고 가서라."

 신찬이 목욕당 밖에서 한참을 기다리다 분부를 받고 들어가 계현스님의 몸을 보니 의외로 당당한 체구이다. 등의 때를 밀어 드리다가 손바닥으로 궁둥이를 보기 좋게 철썩 때리고 큰 소리로,

"불당은 좋은 불당인데, 부처가 영험이 없구나(好好佛堂 佛無靈驗)."
하였더니 계현법사가 돌아다보고 무슨 말을 하려다 멈추자 신찬은 그것을 보고,
"부처가 영험은 없어도 또한 능히 방광은 할 줄 아는구나(佛雖無靈 旦能放光)."
했다. 계현스님은 이때부터 신찬이 보통 사람이 아님을 간과하고 그의 동정만 살피기로 했다.

계현법사는 나이 80이 가까우나 평생을 경전만 보아 왔는지라 한결같이 서창 밑에 놓인 책상 앞에 꾸부리고 앉아서 종이가 뚫어지도록 경전을 보고 있었다.

따스한 봄 어느 날, 꿀벌 한 마리가 방안에 날아 들어와 도로 나가려는데 창문이 반쯤 열린 곳은 비켜 놓고 꼭 닫혀 있는 쪽으로만 나가려다 문에 부딪쳐 떨어졌다가 다시 날고 또 부딪쳐 바닥에 떨어지곤 한다.

신찬이 윗목에 앉아서 이 광경을 보니 서창에서 미련스레 나가려는 꿀벌과 책상 위에 놓인 경책만 들여다보고 있는 계현스님이 좋은 대조를 이루는지라 5언시(言詩) 한 수를 지어 큰 소리로 읊어 스님을 풍자했다.

空門不肯出 하고
投窓也大痴 라
百年鑽古紙 인들
何日出頭期 리요

문장이 훌륭한 스님이 신찬의 영시(詠詩)하는 뜻을 모를 리 만무하다. 저 사람이 꿀벌을 나에게 비하여 읊는 것이로구나 하는 생각이 든 것이다.

계현스님은 보던 경책 책장을 덮어 놓고,

"찬아! 이리 좀 아랫목으로 내려오너라. 너에게 말 좀 물어보자."

신찬은 시침을 딱 떼고 넌즈시 송구심을 가진 듯이,

"무슨 말씀인데 소승에게 물어 보신다고 하십니까? 소승보다 십배 백배나 나은 법형들이 많은 데요."

하고 질문을 피했다.

"그건 그렇지만 그 사람들에게 물을 것이 따로 있고, 아무것도 모른다는 너에게는 물을 것이 따로 있지 않겠느냐?"

"무슨 말씀인데 물어 보세요."

"네가 나가서 3년 동안 아무 할 일 없이 놀고만 왔다고 하지 않았느냐?"

"그랬습니다."

"그런데 너의 행동이 이상하고 너의 말버릇이 보통이 아니니 네가 반드시 선종문하(禪宗門下)에 가서 소증소득처(所證所得處)가 있는 사람으로 여기고 묻는 것이니 속임 없이 밀을 하여 보아라."

이때 신찬은, 우리 스님을 제도할 때가 돌아왔구나 생각하고 그간에 공부한 사연을 늘어놓았다.

"경전 공부를 좋아하시는 스님의 기대를 어기고 다른 곳으로

간 것은 죄송하게 되었습니다만, 소승은 그간 스님의 슬하를 떠나 곧장 선종(禪宗)의 선지식을 찾기로 하였습니다. 그래서 백장(百丈)화상에게서 3년을 지도받고 정진하는 사이에 헐떡거리는 마음을 쉬고 다소 깨달은 바가 있게 되었습니다. 그래서 버릇없는 큰 소리를 치게 된 것 같습니다."

"고마운 일이다. 나의 권속 가운데서 조사가 나오게 되었으니 얼마나 영광스러운 일이냐?"

하며 칭찬하고 여러 권속을 모아 법상을 차리게 하고 신찬을 청하여 설법하게 했다. 여러 사람은 모두 눈이 휘둥그레져 놀랐다. 이윽고 신찬은 단에 올라 법장을 꽝 울리고,

春風高似岸
細草碧於苔
小院無人到
風來門自開

봄바람은 높기가 언덕과 같고
가는 풀은 이끼보다 푸르렀네
작은 사원에 이르는 사람이 없거늘
바람이 불어오니 문이 스스로 열렸도다.

이 송시를 한번 읊은 뒤에 '대중은 이 뜻을 아는가, 모르는가?'고 소리를 지르고 다음으로 자기가 이 절을 떠나간 지 3년 동안에 백장산에 들어가 있으면서 백장화상으로부터 참선 지

도를 받고 얻은 바가 있었다는 이야기를 하고 백장스님이 항상 이러한 법문을 하시더라고 전달 설법했다.

靈光獨耀 迥脫根塵
體露眞相 不拘文字
心性無緣 本自圓成
但離妄緣 卽如如來

영광이 홀로 빛나 멀리 근진을 벗어나니
본체의 진상이 드러나 문자에 걸리지 않도다
심정은 물듦이 없어서 본래 스스로 원성하니
다만 망연만 여의면 곧 부처와 같으니라.

계현은 법상 밑에 앉았다가 이를 듣고 깊이 깨달아 목매인 소리로,
"내가 어찌 늙어서 이러한 극을 이룬 법문을 듣게 될 줄을 기약하였으리오?"
하고 울기를 마지 않으며 크게 자신을 살펴보게 되었다.
 계현스님은 달을 표한 손가락에만 매달려 쳐다보다가 신찬으로 인하여 본 달을 바로 찾아본 셈이라고 하겠다.

□ 기우멱우(騎牛覓牛)

 옛날 중국 복주 땅에 대안(大安)선사란 이가 백장산의 백장(百丈)선사를 찾아가 뵈옵고 묻되,
"학인이 부처를 알고 싶은데 어떠한 것이 부처입니까?"
하였더니 백장선사가,
"마치 소를 타고 소를 찾는 거와 같으니라."
라고 대답하셨다. 대안이 또 묻되,
"부처를 안 뒤에는 어떻게 하리까?"
라고 말하자,
"사람이 소를 타고 집에 돌아가는 거(騎牛還家)와 같이 하라."
고 한다. 대안이 다시 묻되,
"어떻게 보림(保任)합니까?"
하였더니,
"소먹이는 사람이 채찍을 들고 소를 지켜보되 남의 밭곡식을 범하지 못하게 할지니라."
 이 말을 듣고 대안선사가 깨닫고 다시 달리 치구(馳求)하지 아니했다고 한다.
 불교에서는 재래(在來)로 사람의 마음을 소에 비유해서 '마음을 닦는 수도를 야생으로 자란 큰 소를 제멋대로 잡아 부리는 거와 같이 하라'고 했다.
 기독교에서 선교하는 교역자로 목사라고 한 것도 양치는 목자가 양을 기르듯 하라는 뜻에서 나온 것이다. 유럽에서는 예

전부터 목축업으로 양들을 많이 길렀기 때문에 목양(牧羊)의 목자를 떼어다 목사라고 쓴 것이라고 하겠다. 그러나 우리 동양에서는 자고로 육축업으로 소를 많이 길렀기 때문에 소 먹이는 자의 목자를 떼어서 목우행(牧牛行)을 권장하였는지도 모르겠다.

우리나라 고려 중엽에 선법을 중흥하신 불일(佛日) 보조(普照)선사가 자호를 목우자(牧牛子)라고 한 것도 역시 목우행에서 나온 것이라고 하겠다.

옛날에 위산(潙山)화상이 나안(娜安)이란 화상에게 묻되,
"근자에 자네는 무슨 일을 하고 있었는가?"
"저는 그간에 소를 기르는 목우를 하고 있었나이다."
"어떻게 소를 먹였는가?"
"소가 곡식밭에 들어가면 코뚜레를 들어서 끌어내었나이다."
"그러하면 자네는 목우를 썩 잘한 사람일세."

또, 영도(令滔)수좌라는 납자가 오랫동안 늑담회증 회상에 있었는데 늑담화상이 묻되,
"조사가 서쪽으로 와서 홀로 심인(心印)을 전하고 바로 사람의 마음을 가리켜 견성성불(見性成佛)케 했다 하니, 자네는 알고 있는가?"

영도가 대답하되,
"모르겠나이다."
하니 늑담이 또 묻되,
"자네가 출가하기 전에 무슨 일을 하였는가?"
하니 그는 농부 출신인 까닭으로,

"소를 길렀습니다."
"소를 어떻게 길렀는가?"
"아침에는 타고 나가고 저녁에는 타고 돌아왔습니다."
"자네는 모른다는 것을 좋아하는 사람이로다."
"나간 사람은 누구이고 타고 돌아온 사람은 누구인가?"
하니 영도화상은 이 말씀 끝에 크게 깨닫고 송(頌)을 지어 가로되,

放却牛繩便出家하야
削除鬚髮著袈裟하니
有人問我西來意하면
柱杖橫擔唱哩囉하리라

소 고삐를 버리고 문득 출가하여
머리를 깎고 가사를 입었으니
어떤 사람이 나에게 서쪽으로 온 뜻을 묻는다면
주장을 옆으로 메고 리라를 부르며 노래하리라.

했다. 우리 인간의 마음을 소에 비유하고, 또 소 먹이는 이로 비유하며 수행하는 이가 고래부터 많았기 때문에 선종(禪宗)에는 십우도(十牛圖)라는 것이 전해 왔다.
중국 송나라때 청거(淸居)선사라는 이가 최초에 소 하나를 그려 놓고 그 그림 한 장에 열 가지 색채에 의하여 수행의 단계를 구별했다고 한다. 그러나 그것은 이내 없어져서 전하지 못

하고 지금까지 전하고 있는 것은 임제종과 확암(廓庵)스님이라는 이가 열 가지로 도면을 그리고 열 가지에다 짤막한 서문을 쓰고 송을 지어 붙였는데 수행인에게 매우 참고가 되게 했다.

그 내용을 들어 보자면 장황함으로 다 들 수가 없으나 제목만이라도 들 것 같으면, 1) 심우(尋牛) 2) 견적(見跡) 3) 견우(見牛) 4) 득우(得牛) 5) 목우(牧牛) 6) 기우귀가(騎牛歸家) 7) 망우존인(忘牛存人) 8) 인우구망(人牛俱忘) 9) 반본환원(返本還元) 10) 입전수수(入廛垂手) 이렇게 되어 있다.

첫째는 어떤 사람이 소를 잃고 들과 산으로 종일토록 찾아도 어디로 갔는지 그림자조차 못 보고 초조한 마음으로 앉아 있는 것을, 둘째는 볼 수 없으나 발자국이 낭자함을 그리고, 셋째는 궁둥이를 발견하고 쫓아가서 잡는 것을 그리고, 넷째는 소 고삐를 놓지 않고, 다섯째는 먹여 길들이는 것을 그리고, 여섯째는 소를 타고 집으로 돌아오는 것을 그리고, 일곱째는 소를 외양간에 감추어 놓고 소에 대한 근심이 없이 무사한신(無事閑身)으로 앉아 있는 것을 그려 놓고, 아홉째는 사람도 없는 청산록수(靑山綠水)만 그려 놓고, 열째는 사람이 어촌주가(漁村酒家)에 앉아 있는 만면의 홍안을 그려 놓았다.

이것은 마치 사람이 먼 길을 가는데 노정기이 약도를 그려 놓고 걸잡아서 수행인에 대하여 매우 참고가 되게 하고 공부의 천심(淺深)을 알게 한 것이다. 그런데 이것에 초점이 되는 것은 본래부터 없는 소를 찾는 것이 아니라 집에 있는 소가 나간 것을 찾는 것이니 마치 우리 인간의 마음이 소와 같아서 환경에 끌려서 본자리를 지키지 아니하고 나가기가 쉬운 것이므로 그것을 거둬들이는 데 비유한 것이다. 그러므로 마음 소를 아주 잊어버린 것을 찾는 것이 아니라 매일같이 타고 있으면서도 육진경계(六塵境界)에 팔려서 있는 것을 알 수가 없어서 찾는 것이니 그야말로 소를 타고서 소를 찾는 셈이다.

이에 대해서는 재미나는 실화가 있으니 지금으로부터 약 50년 전에 우리나라 전라남도 구례군에 있는 천은사(泉隱寺)라는 절이 있고, 그 절에는 삼일암(三日庵)이라는 암자가 있었다. 그런데 이 암자에는 선방을 꾸미고 박성월(朴性月)선사를 모셔다 놓고 참선 공부를 하게 되어 모인 납자가 30여명이 넘었다.

이때 천은사에서는 70이 넘는 호은(湖隱)화상이라는 노승이 있었는데, 노승은 그저 사판승으로 돈놀이나 좋아하고 공부에는 특별한 뜻이 없었다. 그러던 어느 날 노승이 이 암자에 올라와서 수좌들이 참선 공부하는 모습을 보고 한 수좌에게 묻되,

"여러분들이 쭉 돌아앉아서 벽만 바라보고 있으니 이것이 무엇을 하는 것이오?"

"스님은 공부라는 것을 모르는구려! 이것이 공부 중에 제일가는 공부랍니다."

"공부라는 것은 책을 펴놓고 소리를 질러서 읽어야 공부지, 이게 무슨 공부란 말이오?"

"그것은 겉공부이고, 이렇게 말없이 앉아서 하는 공부가 알찬 공부요, 속공부랍니다."

"그러면 이 늙은 나도 할 수가 있나요?"

"있고말고요. 이 공부는 남녀노소가 없는 것이지요."

"그러면 나에게도 그렇게 공부하는 방법을 일러 주시오."

이 말을 들은 수좌는 그를 조실방으로 안내하여 박성월스님께 공부하는 방법을 배워 알게 했다.

성월스님은 그에게 본래면목(本來面目)의 화두를 가르쳐 주고 앉는 자세와 호흡하는 방법과 몸과 마음을 가다듬는 절차를 자세히 가르쳐 주었다. 그는 곧 선방에 방부를 들이고 매일같이 어색하고 서투른 공부를 시작하였으되 열심히 했다. 그는 이렇게 하기를 두 달 가량을 했다.

어느 날 아침, 대중공양을 마치고 차를 돌려 마시는 시간인데 최혜암이란 스님이 박성월스님께 묻되,

"스님, 기우멱우 즉 소를 타고 소를 찾는다는 말이 있지 않습니까? 이것을 소승이 연전에 신혜월(申慧月)스님께 물었더니 그 스님이 말씀하시되, '그저 소를 찾으라는 말일세' 하셨는데 아직도 석연치 아니하오니 스님께서 좀 일러 주실 수가 없겠습니까?"

하였더니 성월스님의 말씀이,

"법을 물으려면 우선 예를 갖추어야지 그렇게 지나가는 말로 풀어서는 아니되네."

했다. 그러므로 혜암스님이 일어나 큰 절을 하고 무릎을 꿇고 앉아서 다시 묻되,

"스님, 소를 타고 소를 찾는다는 뜻이 어떠한 것입니까?"

"찾는 소는 그만 두고 탄 소를 가져 오너라. 그리하면 일러주리라!"

했다. 혜암스님은 이 말에 막혀서 어리둥절하고 앉아 있고, 다

른 공부하던 납자들도 멍하니 앉아 있는데 참선이 무엇인지 알지도 못하고 늦게 공부를 시작한 호은스님이 벌떡 일어나서 춤을 둥실둥실 추며,
"대중스님네는 다 몰라도 나혼자만은 알았습니다."
했다. 대중스님네는,
"저 노장이 미친 노장이다. 어서 문 밖으로 나가라."
고 하였더니 성월스님이 말씀하되,
"깨달음에는 노소가 없고, 남녀가 없고, 구참 신참이 없느니라."
하고 달래서 조실방으로 데리고 가서 불조(佛祖) 화두공안(話頭公案)에 대하여 차근차근히 물어보니 하나도 막히는 것이 없이 다 대답을 한다. 그래서 성월스님은 그 스님을 깨달은 사람으로 인가하였고, 그도 곧 함경남도 안변군 석왕사 내원암 선방에 조실로 초빙을 받아가서 수많은 납자를 제접하게 되었다.
 이것을 보면 우리 납자가 참선 공부를 한다는 것은 마음 소를 타고도 알지 못하겠고, 다른 소를 찾는 것과 같은 것이라고도 한다.

□ 졸탁동시(啐啄同時)

'졸탁동시'라는 것은 닭이 알을 품고 부화시킬 때의 일을 말한 것이니, 계란 속에서 병아리가 거의 다 되어서 껍데기를 뜯으려고 힘쓸 때 어미닭이 입부리로 콕 쪼면 병아리가 까쳐서

삐악 소리를 지르며 뛰어나오는 것을 말한 것이다.

 참선 공부를 하는 납자도 이와 같아서 10년이고 20년을 실참실구하여 거의 깨칠 단계에 이르렀을 때 선지식을 만나서 한 법문을 듣거나 한 방망이를 맞거나 한 할(喝)을 들을 때 깨치게 되는 것을 이른 것이다.

 예를 들면 옛날 중국에 수료화상이란 이가 등(藤)칡을 캐는 곳에서 마침 마조대사를 만나서 묻되,
"어떠한 것이 조사가 서쪽으로 온 뜻입니까?"
"앞으로 가까이 오너라. 그러면 너를 향하여 일러주리라."
한다. 수료화상이 가까이 갔더니 마조가 느닷없이 수료의 멱살을 잡아서 땅에 꺼꾸러뜨리고 발길로 차서 한 번 밟아주었다. 이때에 수료는 밟혔다가 툭툭 털고 일어나면서 손바닥을 치며 크게 웃었다. 이때 마조가 이르되,
"네가 무슨 도리(道理)를 보았길래 이렇게 웃느냐?"
하였더니 수료가 말하되,
 "백천 가지의 법문과 무량한 묘한 뜻을 금일에 한 번 밝히는 곳을 쫓아서 속속들이 다 알았나이다."
했다. 마조는 이 말을 듣고 다시 검다 희다 말하지 않고 그냥 내버려 두었다. 그런즉 이것을 보면 수료라는 계란이 마조라는 어미닭에 한 번 쪼여서 햇병아리가 되어 튀어나온 셈이리 하겠나.

 또 옛날에 실붕(雪峰)이라는 스님이 있었는데 고산(鼓山)이란 납자가 참선을 잘하여 시절 인연이 돌아온 줄을 알고 어느 날 만나서 홀연히 고산의 멱살을 꺼꾸러뜨리고 말하되,
"네가 무슨 도리를 얻었는가?"

하였더니, 고산이 이르되,

"도리는 무슨 도리가 있단 말이요."

하고 비실비실 피해 가는지라 설봉이 다시는 건드리지 아니했다고 하였으니 이것도 줄탁동시인 것이다.

이에 대하여 참고되는 예를 또 하나 들 것 같으면 처주(處州)에 있던 백운(白雲)선사는 대중에게 이런 말을 했다.

"매일같이 열두 시간 동안 화두를 갖고 화두를 머물며 화두를 앉으며, 화두로 눕되 마음속이 흡사 밤송이를 삼킨 것 같게만 하면 일체의 시비 분별과 무명(無明)과 오욕과 삼독 등에 휩쓸리지 않고 행주좌와(行住坐臥)가 온통 하나의 의단(疑團)이 되리니 의단으로 가서 종일토록 바보같이 어리석게 지내면 어느덧 경계를 당하여 와 하고 한 소리 칠 것이 분명하니라."

하였으니 이것도 공부하다가 시절 인연이 도래하면 깨칠 수가 있다는 말이다.

또 한 예를 들것 같으면 원주에 있는 설암(雪巖)선사는 대중에게 이렇게 말했다.

"때가 사람을 기다리지 않고 눈을 돌리면 곧 내생인데 어찌하여 체력이 강건한 동안에 철저히 깨치지 못하여 명백하게 밝혀내지 않느냐? 이 얼마나 다행한 일이냐. 이 명산대택(名山大澤) 중에 있는 신룡세계(神龍世界)의 조사법굴(祖師法窟)에 승당이 명정(明淨)하고 죽반이 정결하며 탕화가 온평하니……만약 이곳에서도 철저히 타파하지 못하고 명백히 밝혀내지 못한다면 이것은 너희들의 자포자기라, 스스로 퇴타를 달게 여겨 하열하고 우치한 자가 되는 것뿐이다. 만약에 아직도 알지 못한다면 어찌하여 널리 선지식을 찾아 묻지 않느냐? 필경에 이것이 무슨 도리일까? 하고 생각하지 않느냐?"

산승이 5세에 출가하여 선지식 슬하에 있을 때 하루는 화상이 손님과 이야기하심을 듣고 문득 이 일이 있음을 믿게 되어 곧 좌선을 시작했다. 16세에 중이 되고, 18세에 행각하여 쌍림(雙林)화상 회하에 있으면서 백사를 제쳐 놓고 정진하는데 온종일 뜰 밖을 나서지 않았으며 설사 중료(衆寮)에 들어가 뒷곁 행랑에 이르더라도 좌선하고 좌우도 돌보지 아니하였으며 눈앞에 보이는 바가 3척에 지나지 않았었다.

19세때 영은(靈隱)에서 지내는데 처주(處州) 백운(白雲)화상이 하서에 이르시기를,

"흠선아! 너의 공부는 죽은 무리라서 아무 일도 해내지 못하느니라. 동정이상(動靜二相)으로 항상 두 조각을 내는구나. 참선은 모름지기 의정(疑情)을 내어야 하니 적은 의정에 적은 깨침이 있고 큰 의정에 큰 깨달음이 있는 것이니라."

하였기에 화상의 말씀을 듣고 곧 화두를 간시궐로 바꾸고 한결같이 이렇게도 의심하고 저렇게도 의심하여, 이리도 들어 보고 저리도 들어 봤으나 도리어 혼산(昏散)에 시달려서 잠시도 공부가 순일하지 못하므로 자리를 정자사(淨慈寺)로 옮겨지었는데, 거기서는 7인의 도반과 짝을 맺고 좌선하는데 와구는 아주 치워 놓고 전혀 눕지를 않았다. 그때 따로 수상좌(修上佐)가 있었는데 매일 포단 위에 앉아 있는 것이 마치 철장대와 같고 걸어다닐 때도 두 눈을 크게 뜨고 두 팔을 축 늘어뜨려서 역시 그 모양이 철장대 같으며, 친근하여 이야기를 하고자 하여도

할 수가 없었다. 그리하여 두 해 동안을 눕지 않고 지냈더니 피곤하고 지쳐서 드디어 한번 누움에 마침내 모두를 다 놓아버리고 말았다. 그리하여 두 달이 지난 후 자세를 정돈하고 다시 마음을 거두니 비로소 정신이 새로워졌다. 원래 이 일을 발명하는 데는 잠도 아니 잘 수는 없었다. 그래서 밤중에 이르러 한숨 깊이 자고나면 그제야 정신이 들게 되었다.

이렇게 지내는 중 하루는 수상좌를 만나 친근할 수가 있었기에 묻기를,

"거년에는 상좌와 말하고자 하여도 항상 나를 피하니 무슨 일이었습니까?"

하고 물었다.

"진정한 공부인은 손톱 깎을 겨를도 없다는 것인데 어찌 너와 더불어 이야기 하고 있으랴."

하고 대답한다. 내가 다시 물었다.

"내가 지금도 혼산(昏散)을 쳐 없애지 못하였으니 어찌하면 좋겠습니까?"

"네가 아직도 정신이 맹렬하지 못한 때문이다. 모름지기 표단을 높이 돋우고 척량골을 바로 세우고, 있는 힘을 다 합쳐서 온 몸뚱이 채로 한 개의 화두를 만들면 다시 어디에 혼산을 찾아볼 수가 있으랴."

한다. 그래서 수상좌가 이른 대로 공부를 해나가니 과연 불각중에 신심을 모두 잊고 청정하기에 3주야에 걸쳐 그동안에 삽시간도 눈을 부치지 않았는데 3일째 되는 오후 삼문 안에서 화두를 든 채로 가다가 문득 수상좌를 만나니 수상좌가 물었다.

"너 여기서 무엇을 하는 거냐?"
"도를 판단하죠!"
"너는 무엇을 가지고 도라고 하는 것이냐?"
하는데, 내가 마침내 대답하지 못하고 속만 답답하여 곧 선실에 돌아와 좌선하고 있는데 또 수상좌를 만났다. 그가 말하기를, "너는 다만 눈을 크게 뜨고 이것이 무슨 도리인가?라고만 하라."
고 한다. 이 한마디를 듣고 곧 자리에 돌아와 겨우 포단에 앉았는데 홀연 눈앞이 활짝 열리니 마치 땅이 푹 꺼진 거와 같았는데 이 경지는 남에게 들어 보일 수도 없고, 세간에 있는 그 무엇으로도 비유할 수 없었다. 곧 자리에서 내려와 수상좌를 찾았더니 수상좌가 내 말을 듣고, '좋다! 좋다!' 하고 내 손을 잡고 문 밖에 있는 버드나무가 심어진 뚝 위를 한 바퀴 돌며 천지간을 우러러보니 눈에 보이는 삼라만상이며, 귀에 들리는 소리며, 기왕에 싫어하고 버리던 것이며, 무명번뇌 등이 온통 원래 자기의 묘하고 밝은 참 성품에서 흘러나오고 있는 것이었다. 그리하여 이 경계가 반달이 넘도록 동하는 상이 없었는데 아까울새라 이 때에 명안종사(明眼宗師)를 만나지 못하여 애석하게도 그 자리에 그냥 머물러 있었던 것이다. 이것이 견처(見處)를 벗지 못하면 정지견을 장애한다고 하는 것이니, 내양 잠들 때는 두 조각이 되었고, 공안에 의로(義路)가 있는 것은 곧 알 수가 있으나 의로가 끊어져 은산철벽(銀山鐵壁)과 같은 것은 알 수가 없었다.

무준(無準)선사 회하에서 다년간 입실청법(入室聽法)하였으나 한 마디도 이 심중의 의심을 건드리고 집어내는 말씀이 없었고, 경교(經敎)나 어록(語錄)을 찾아도 또한 이 병을 풀 한 마디도 발견하지 못하였으니, 이와 같이 하여 가슴 속에 응어리진 뭉텅이를 넣어 둔 채 10년이 지났는데 천목에서 지낼 때 하루는 법당을 올라가다가 눈을 들어 한 큰 잣나무를 쳐다보자 먼데 성발(省發)하니 기왕에 얻었던 경계도 가슴 속에 걸렸던 뭉텅이도 산산이 흩어져서 마치 어두운 방에 있다가 햇빛으로 나온 것만 같았다. 이로부터 생(生)도 의심치 않으며, 사(死)도 의심치 않으며, 부처도 의심치 않으며, 조사도 의심치 않게 되었으니, 이에 경산(徑山 : 無準禪師)노인의 입지처를 보니 족히 30 방망이를 주기에 알맞더라."
했다. 이상 말한 것이 설암(雪巖)스님의 경력담인바 참선 공부가 얼마나 어려운 것인가를 알 수 있으며, 선지식이 얼마나 필요한가를 알 수가 있는 것이다.

　우리 인간이 대변을 보려고 해도 때가 아니면 아니 되다가 때가 되어야 용변을 하게 되거늘, 하물며 생사를 뛰어나는 참선 공부를 함에 있어서랴! 아무리 공부를 하더라도 반드시 시절인연(時節因緣)이 도래하여 선지식을 만나서 졸탁동시가 되지 아니하면 어려운 것이다.

□ **자가보장(自家寶藏)**

옛날에 대주(大珠)화상이란 스님이 마조(馬祖)선사를 찾아갔

더니 마조스님이 물으시되,

"너는 어떤 곳으로 쫓아 왔으며, 또 무엇을 구하려 왔느냐?"
하시었다. 대주화상이 사뢰되,

"모갑(某甲)은 월주란 땅으로부터 왔고, 또 불법을 구하려고 왔나이다."
하셨다. 그랬더니 마조선사가 말씀하되,

"너는 어찌하여 자가보장(自家寶藏)을 알아보지 아니하고 타향으로 돌아다니는가? 과연 어리석은 사람이로다. 나에게는 본래 한 물건도 없거늘 어찌 불법을 구하겠다고 하느냐?"
했다. 대주화상이 의심이 나서,

"어떠한 것이 자가보장입니까?"
하였더니, 마조선사가 답하되,

"자가보장이 무엇이냐고 묻는 네가 그것이니라."
했다. 대주화상은 이 말 끝에 깨쳤다고 한다. 이것을 보면 이 세상에 값이 높은 무가의 보배는 자기의 마음인 것이요, 이 마음 밖에 다시 보배가 없다는 것을 알 수가 있는 것이다.

〈여래장경(如來藏經)〉이라는 경전을 보면 빈가보장(貧家寶藏)이라는 말씀이 있으니 경문에 말씀하되,

'선남자야! 저 가난한 여자의 집에 금은 보석과 같은 보장(寶藏)이 지하 굴속에 묻혀 있으되, 보배가 스스로 내기 이 집안에 있다고 말하지 아니하며, 빈궁한 여자가 스스로 알지 못하며 집안사람 가운데서 아는 자가 없으며, 또 누가 말하여 주는 사람이 없어 능히 개발하지 못하고 있었다. 그런데 어느 때 타향에서 나그네로 온 사람이 이 집을 둘러보고 가난한 여자에게

말하되,

"이 집이 크나 큰 집으로서 고옥이 되어 무너지고 있으나 옛날에 조부모가 살고 있을 때에는 큰 부자가 아니었느냐?"

하였더니, 빈녀(貧女)가 말하되,

"할아버지와 할머니가 계실 때에는 우리 집이 이 고을에서 첫째가는 부자였었는데 아버지와 어머니 대에 와서 점점 기울어져 지금은 다만 썩은 재목만 남아 있을 뿐이요. 돈과 쌀과 피륙은 한 조각도 없이 다 없어져서 내 대에 와서는 의식이 곤궁하여 끼니도 제대로 먹지 못하고 헐벗고 굶주리고 있나이다."

한다. 타향에서 손님으로 온 사람이 말하기를,

"그렇다면 내가 이 집의 내부를 조사하여 보는 것이 어떻겠소?"

한다. 타향에서 온 사람은 본시 지혜가 있는 사람이라 스스로 생각하되, '여러 백 년을 부자로 내려오던 집이 설마 그렇게 아무것도 없을 이치가 있을까!' 하고, 큰 몽둥이를 들고 집안에 들어가서 이리저리 살펴보고 이윽고 쌀 광과 곳간채 등 무너져 가는 그 땅바닥을 쿵쿵 때려 보았더니 이상한 메아리가 들리는 것이 아닌가. 손님이 그 이상한 땅울림의 메아리 소리 나는 곳을 괭이와 삽으로 파 보았더니 난데없이 돌로 굳게 쌓은 석돌이 발견되었는데 아니나 다를까 그 속에는 금은 보배가 수를 헤아릴 수 없이 가득히 쌓여 있는 것이 아닌가.

손님이 깜짝 놀라며 주인 여자를 불러 그 보배를 가르쳐 전해 주니 주인 여자가 보고 기뻐 어찌할 줄을 모르고 이 보배를 가르쳐 준 사람을 부모와 같이 고맙게 여기고 존신(尊信)하게 되었다고 한다.

'선남자야! 중생의 불성도 또한 이와 같아서 일체중생이 그 불성을 보지 못하는 것이 금은 보장을 갖고도 모르고 있는 그 가난한 빈녀와 같느니라. 선남자야! 내가 이제 널리 일체중생에게 스스로 간직하고 있는 불성을 보여 주나 모든 번뇌에 덮이고 가린 바가 되어서 마치 그 빈녀가 저희 집 땅 속에다 금은 진보의 보장을 가지고도 능히 못 보고 얻지 못하는 거와 꼭 같느니라. 여래가 금일에 널리 일체중생에게 원각보장(圓覺寶藏)을 보여 주니, 이것이 곧 이른바 불성(佛性)인지라. 너희 모든 중생은 이것을 보고 마음에 환희심을 일으켜서 여래에게 돌아와 여래를 신봉할지니라.”
하셨다.
 이상이 여러 장경의 말씀인바 우리 불자는 이 세상에 제일가는 보배를 다른 곳에 가서 찾지 말고 각기 스스로 마음속에서 찾아야 될 것이다. 그러므로 불교는 자기를 찾는 종교이며, 마음을 발견하라고 가르치는 종교이다.
 또 옛날에 부처님께서 어느 때 색을 따라 비추는 오색 마니주(摩尼珠)를 손에 높이 들고 오방천왕(天王)에게,
 “이 구슬이 무슨 색깔이냐?”
고 물으셨더니, 오방천왕이 자기들의 눈에 비치는 대로 청색이란 이도 있고, 황색이란 이도 있고, 적색이란 이도 있고, 흑색이란 이도 있어서 이론이 분분했다.
 부처님께서 그 마니주를 옷자락 안에 감추시고 그냥 빈손만 들고 물으시되,
 “이 구슬은 무슨 색깔이냐?”

고 물었더니 오방천왕이 대답하되,

"세존께서 빈손만 들고 계시어서 구슬이 없거늘 어찌 구슬의 색깔이 있을 수가 있겠습니까?"

했다. 그러므로 세존께서는 탄식하여 말씀하시되,

"내가 구슬 아닌 가짜 구슬을 들어 보일 때에는 제각기 청·황·적·백·흑의 5색을 말하더니 이제 진짜 구슬을 보이는데 하나도 말하는 자가 없으니 섭섭한 일이 아니냐?"

고 말씀하시니, 이때에 오방천왕이 이를 듣고 언하에 깨달았다고 한다. 이것을 보면, 세상의 금은 보석과 진주, 마니주들이 보배가 아닌 바가 아니로되, 그것은 다 거짓 보배요, 거짓 구슬이고, 진짜 구슬과 진짜 보배는 형상이 없는 자기의 마음이라고 하겠다. 이와 같아서 세상에는 무슨 도(道)니, 무슨 도니 하며 도가 많은 것 같이 떠들지마는 자기의 마음을 찾는 도가 가장 큰 도인 것이다.

옛날에 탄연(坦然)스님이라는 이와 회양(懷讓)스님이라는 두 스님이 숭산(嵩山) 혜안(惠安)국사를 찾아가서 묻되,

"어떠한 것이 조사가 서쪽으로 오신 뜻입니까?"

하였더니 국사가 답하되,

"너희는 어찌 너희들 자신의 뜻은 묻지 않고, 너희와 아랑곳도 없는 남의 서래의(西來意)를 묻느냐? 그보다도 마땅히 각자의 은밀한 작용을 관할지니라."

한다. 탄연대사가 다시 묻되,

"어떠한 것이 은밀한 작용입니까?"

하였더니 국사가 눈을 끔적끔적 감았다 떴다 하여 보였다. 탄

연은 즉석에서 크게 깨달았는데, 회양대사는 깨닫지 못하고 육조혜능(慧能)대사에게로 갔다. 육조가 다시 묻되,
"너는 어느 곳으로 쫓아 오느냐?"
고 한다. 회양이 답하되,
"숭산 혜안국사에게서 왔습니다."
했다. 그러한즉 혜능대사는,
"무슨 물건이 이렇게 왔는고?"
한다. 회양은 대답이 막혀서 8년간을 시봉하고 공부한 뒤에 비로소 깨닫고 육조에게 사뢰어 말하되,
"소승이 스님께 처음 왔을 때에 스님이 물으시던 뜻을 몰랐었는데, 지금에서야 겨우 깨달았나이다."
하니 육조가 묻되,
"네가 어떻게 깨쳤는지 한번 일러 보라!"
한다. 회양이 답하되,
"스님이 말씀하신 무슨 물건이 왔느냐고 물으신, 무슨 물건이 왔느냐는 그 물건이란 말이 맞지 아니한 것을 깨달았나이다."
"이 뒤로 수증(修證)이 필요없겠느냐?"
"수증은 있을지 몰라도 다시 그 자리를 물들여 더럽게 하는 오염은 없을까 합니다."
"오냐! 잘 알았다. 너도 그것을 지키는 것이요, 나도 그것을 지키는 것이요, 제불도 그것을 지키는 것이니라."
하고 인가했다.

또 옛날에 무업(無業)이라는 스님이 〈열반경〉을 강설하는 좌주가 되었을 때 마조대사를 찾아가서 물었다.

"제가 삼승문자는 대강 그 뜻을 짐작하오나 선문(禪文)에 곧 마음이 부처라는 즉심시불(卽心是佛)이란 뜻을 실로 알 수가 없습니다. 그 뜻이 어떠한 것입니까?"
하였더니, 마조대사가 답하되,
"요달하여 알 수가 없다는 마음이 곧 이것이요, 다시 별것이 아니니라."
한다. 또 묻되,
"어떠한 것이 조사가 은밀하게 전하신 심인(心印)입니까?"
하니 마조대사가 말씀하시되,
"대덕(大德)이여, 오늘은 분주하니 다시 날을 정하여서 오너라."
고 한다. 무업이 머리를 돌이키더니,
"이것이 무엇인고!"
한다. 무업이 무엇을 깨달았을까?

□ 통봉겸추(痛棒鉗槌)

塵勞逈脫事非常
緊把繩頭做一場
不是一番寒徹骨
爭得梅花撲鼻香

진로를 멀리 벗어나는 일이 보통이 아니니

긴박하게 뱃줄을 잡고 한 마당을 지으라
한번 추위가 뼈 속까지 사무치지 아니하면
어찌 코를 찌르는 대화의 향기를 얻으리오.

 이것은 황벽(黃蘗)선사의 송(頌)인데, 4구중 첫 2구는 세간사 업을 면하려면 강물에서 뱃사공이 급수탄두(急水灘頭)에 뱃줄을 잡고 거슬러 올려 끄는 힘이 들어야 된다는 뜻이요, 다음 두 글귀는 눈 속에서 피는 매화에 비유한 것이니 매화가 봄철도 아닌 겨울에 피자면 그 자신 속속들이 찬 기운이 스며들지 아니하고는 어찌 그렇게 코를 찌르는 향기를 풍기게 되었을 것이냐는 뜻이다.
 선종에서는 교종과 달라 후진 납자를 가르치는데 순조롭고 평탄하게 가르치는 것이 아니라 악랄하게 무서운 수단을 써서 가르쳐 왔다. 이것을 일러서 통봉겸추라는 것이니 동붕은 방망이로 아프게 때린다는 뜻이요, 겸추는 사나운 말이나 소에게 자갈을 물려 다른 사람의 전답이 있는 곡식을 범치 못하게 한다는 뜻이다. 그러므로 훌륭한 선객이 되려면 먼저 깨친 선지식에게 악랄한 통봉겸추를 많이 당한 사람이라야 진보가 있다는 것이다.
 그래서 여기에 대한 몇 가지 예를 들어 보겠나.
 선종 5종 가운데 임제종(臨濟宗)의 개조(開祖)인 의현(義玄) 스님이 황벽스님 회상에 가서 3년간을 정진하는데 시종이 여일하게 실참실구(實參實究)를 하고 있었다.
 황벽회상의 제1좌인 목주(睦州)화상이 그의 공부하는 기틀을

보니까 보통이 아님을 간파하고 하루는 의현스님에게 묻기를,
"스님이 회상에 오신 지가 몇 해나 됩니까?"
"한 3년 되어 갈 것입니다."
"그러면 그간에 조실(황벽스님)께 가서 법을 물어 본 일이 있습니까?"
"한 번도 없습니다."
"여기 온 지가 3년이나 된다면서 어찌 한 번도 법문을 물어보지 아니하였습니까? 공부라는 것은 정진도 정진이지만 큰 스님께 가끔 물어서 지도를 받아야 진보가 있는 것이지 혼자만 알고서는 아니 되는 겁니다. 지금이라도 늦지 않으니 한번 들어가서 물어보시오."
"첫번에 뭐라고 묻나요? 물을 말이 있어야지요. 하나 가르쳐 주십시오."
"들어가서 큰스님께 절하고 꿇어앉아 어떠한 것이 조사서래(祖師西來)의 적적(的的)한 뜻입니까, 이렇게 물으시오."
"그것은 무슨 뜻입니까?"
"어떠한 것이 불법의 확실한 뜻인가 하고 묻는 것입니다."
 의현이 황벽스님이 계신 방장실로 들어가 목주가 가르쳐 준 대로 절하고 꿇어 앉아서,
"어떠한 것이 조사서래 불법의 적적한 대의입니까?"
 이에 황벽스님은 가타부타 말도 없이 그의 어깨 위에 20방망이를 계속 때리고 나가라고 한다.
 그는 친절한 무상법문이나 들을까 기대하였는데 뜻밖에 날벼락을 맞은 셈이다. 그 방망이라는 것이 그렇게 무거운 것도 아

니요, 그다지 아픈 것도 아니지만 사람 사람이 다 자기 잘난 맛으로 사는 것인데 그 존엄을 무시당한 것 같아서 기분이 좋을 리가 없었다.

의현은 선당에 돌아와서 목주화상에게 보고하고 또 한 달이 지났다. 목주화상은 그에게 또 한 번 권했다.
"큰 스님에게 다시 한번 들어가 보라."
고 했다. 의현이 묻되,
"이번에는 가서 뭐라고 물으리까?"
"역시 전과 같이 불교의 적적한 대의가 무엇입니까?"
하고 물어보라 한다.

그는 타의반 자의반을 겸하여 다시 황벽스님이 계신 방장에 들어가 절하고,
"불법의 적적한 대의가 어떤 것입니까?"
하였더니 이번에도 황벽스님은 아무 말 없이 또 임제에게 20방망이를 때린다. 의현은 말도 못하고 나와 버렸다. 그리하여 목주화상에게 이 연유를 보고했다. 그 뒤 얼마 있다가 또 한 번 황벽스님께 물어보라고 권했다. 의현이 말하기를,
"들어가면 방망이질만 하는 스님에게 또다시 들어가 무엇을 들어 보라는 것이오?"
고 하였더니 그래도 또 한 번만 들어가서 물어보라는 것이다.
"이번에는 들어가 무엇을 물어야 좋소?"
고 하였더니,
"어떤 것이 불법 적적대의입니까? 하고 물어보라."
고 한다. 목주화상이 아무튼 의현을 법기(法器)로 보았던지 끈

제1부 선(禪)이란 무엇인가?　157

질기게 권하는 것이다.

 그는 마지못해 방장실에 들어가 절하고,
"어떤 것이 불법 적적대의입니까?"
하였더니, 아니나 다를까 이번 역시 20 방망이를 안긴다.

 의현은 전후 문답 3회에 60 통봉을 맞은 셈이다. 임제는 스스로 화가 났다. 법문을 물으면 말로써 일러 주어야 할 텐데 방망이로 때리기만 하니 어찌된 셈인가? 나는 이 황벽스님과는 인연이 없으니 이곳을 떠나야 되겠다고 생각했다. 그래서 목주화상에게 이르되,

 "여러 번 큰 스님에게 방망이를 얻어 맞았으나 제가 우둔하여 깨달아 알 길이 없으니 다른 곳으로 갈까 합니다."
했다. 목주가 황벽스님께 가만히 가서,

 "의현이란 수좌가 후생(後生) 후배로 들어온 납자지만 심히 기특한 법기를 갖춘 사람이오니 그가 스님 화상을 사직하고 가더라도 어떤 곳으로 가라고 갈 곳을 일러 주시옵소서."
 이렇게 고했다.

"방장스님께도 떠나간다고 인사하였느냐?"
"방장스님께 간다는 말을 하지 않았소."
'납자는 자기가 있기 싫어 가더라도 어디로 가면 좋겠느냐고 물어서 가는 것이지 제멋대로 가는 법이 아닌즉 방장스님께 가서 제가 가겠는데 어디로 가오리까?' 하고 물어보고 가라 했다.

 의현이 그 말을 옳게 여기고 방장에 들어가 말하되,
"스님, 소승 죄송하오나 스님 슬하를 떠나고자 합니다. 그러나 어디로 가야 좋을지 알 수가 없사오니 갈 곳을 지시하여 주

십시오."

했다. 그러자, 황벽선사 이르되,

"네가 이곳을 떠나 다른 곳으로 가려거든 딴 곳으로 가지 말고 고안탄두(高安灘頭)에 있는 대우(大愚)화상을 찾아 가거라."

의현이 황벽선사를 떠나 고안 탄두를 찾아 대우화상에게 갔더니 대우화상이 묻되,

"너는 어느 곳에서 왔느냐?"

"황벽스님 회상에 있다가 옵니다."

"황벽에게 무슨 법문을 들었느냐?"

"법문은 무슨 법문입니까? 불법의 적적대의가 무엇이냐고 세 번이나 들어가서 물었지만 법문은 일언반구도 일러 주지 않고 그저 60 통봉을 맞기만 하였습니다. 그런즉 소승에게 무슨 잘못이 있어서 때렸을까요? 대관절 저에게 무슨 허물이 있습니까?"

"이 멍텅구리야, 황벽이 노파심으로 너를 위하여 일러 줌이 그렇게도 철저하거늘 너는 오히려 허물이 있느니 없느니 하느냐?"

했다. 의현은 그 말에 크게 깨닫고 이른다.

"원래는 황벽불법이 몇푼어치도 안되는구나(元來黃蘗佛法無多子)."

대우가 의현을 한 주먹으로 쿡 찌르고,

"이 오줌통이나 지키는 귀신같은 놈이 와서 조금 전에는 무슨 죄가 있는지 모르겠다고 하더니 이제는 황벽불법이 몇푼 어치가 되지 않는다고 이르니 네가 무슨 도리라도 보았느냐? 속히 일러보라."

라고 재촉하였더니 의현은 대우의 갈빗대 밑을 세 번이나 쿡쿡

찌른다. 대우가 이른다.

"너의 스승은 황벽이요, 나에게는 관계가 없으니 어서 황벽에게나 가보아라."

의현은 기쁜 마음으로 황벽을 찾아가 그간에 지난 경과를 말하였더니 황벽은 듣고 말하되,

"이 대우란 놈이 말이 많거든, 내가 기다렸다가 이 다음에도 오면 아프게 한 주먹 갈기겠다."

고 했다. 이 말을 들은 의현은,

"뭘 그렇게 오기를 기다릴 것이 있습니까? 지금 나에게 한번 맞아 보십시오."

하고 보기 좋게 손바닥으로 황벽을 때렸다. 황벽이 맞고 이르되,

"이 바람맞은 미친놈 같으니라고. 네가 감히 이 자리에 들어와서 호랑이의 수염을 함부로 건드리느냐?"

하며 크게 할을 하고 나서 시자를 불러 이르되,

"이 미친놈을 데리고 가서 선당 한 모퉁이에 있게 하라."

하고 물리쳤다. 의현은 그 뒤로부터 대선지식이 되어 명성을 천하에 드날리게 되었다.

의현스님이 어느 때에 상단하여 이르되,

"모든 사람은 붉은 고기덩어리 위(赤肉團上)에 한 무위진인(一無爲眞人)이 있어서 항상 면문(面門)을 향하고 출입하고 있으니 증득치 못한 사람은 간해 보라."

하였더니 그때 납승(衲僧) 하나가 있다가 묻되,

"어떤 것이 한 무위진인입니까?"

한다. 의현스님이 단상에서 내려 와 납승을 잡아 움켜 쥐고,

"일러라! 속히 일러라."
했다. 납승이 곧 답하지 못하고 생각하려 하거늘 의현스님이 불끈 휘어잡고 이른다.
"무위진인이 무어냐고? 마른 똥막대기이니라."

또 화정선자(華亭船子) 덕성(德誠)선사는 뱃사공으로서 좋아하는 선지식인데 동학도반인 도오(道悟)에게 이르되,
"영리한 좌주(座主) 하나 있거든 이 강변으로 데려오라."
고 부탁했다. 도오가 협산이란 좌주를 데리고 선자화상께로 갔다. 선자(船子)가 겨우 보고 갑자기 협산에게 묻되,
"어떤 절에 있었는가?"
하였더니 협산이 답하되,
"절은 곧 주하지 않는 곳입니다."
한다. 선자 이르되,
"이와 같지 않도다. 그러나 이와 같지가 않다는 것은 무슨 말인지 일러 보아라."
"목전에 서로 같은 것이 없다는 말입니다."
"어떤 곳에서 배워왔느냐?"
"귀나 눈으로 배운 바가 아닙니다."
"한구가 바로 맞는 말이라도 만겁에 당나귀를 매는 말뚝이라(一句合頭語萬劫繫驢橛)하니라."
선자가 또 묻되,
"낚시줄이 천 척이 되는 것을 뜻이 깊은 못에 있거니와 낚시바늘은 휜 것은 세 마디(三寸)인데 네가 어찌 이루지 못하느냐?"
하였더니, 협산이 머뭇거리며 대답을 못한다. 선자화상은 배를

부리는 삿대로 협산을 떠밀어 강물 가운데 쳐넣었다. 협산이 강물에 빠져 물을 들여마시며 허덕거리면서도 깨달았다고 했다. 선자화상이 이르되,
"낚시로 강물을 낚았다 하고 비로소 금비늘을 만났고나(釣盡江波金鱗始過)."
하였더니 협산이 듣기 싫다고 귀를 가리어 막는다. 선자가 보고 이르되,
"이와 같고 이와 같으니라."
하고 건져 내어서 심법을 전하고 제자로 삼았다. 이것이 다 고인들의 납자를 다루는 악랄한 통봉겸추라 하겠다.

□ 염화미소

 불가(佛家)의 참선이란 문자를 세우지 않고 경전 밖에 특별한 것을 전하는 것이라 언어로 미치지 못하고 의식사량(意識思量)으로 이를 수가 없는 것(不立文字 敎外別傳 言詮不及 意路不到)이요, 바로 사람의 마음을 가리켜서 성품을 보고 부처를 이루게(直旨人心 見性成佛) 하는 것이므로, 이렇게 주장자로 가리키는 것이다. 이것은 선이란 진리라 천지에 가득하여 있는 것이니, 선은 우주의 생명이요, 인류의 생명인 것이다.
 이 생명이 우리 인간의 참된 마음이요, 우주 대자연의 인과법칙인 것이다. 그러므로 부처님께서도 처음 탄생하실 때 한 손으로는 하늘을 가리키고 또 한 손으로는 땅을 가리킨 후 두루

일곱 걸음을 걷고 사방을 둘러보시고 이르시되, '천상천하에 오직 내가 높으니라' 하셨다.

　어머니 뱃속에서 처음으로 출생한 갓난아기가 어찌 이런 행동과 이런 말을 할 수가 있었겠느냐고 의심할 수가 있겠으나 이것은 불교 이념의 상징으로 볼 수가 있으니 석가세존의 영신(靈神)이 '도솔천을 여의지 않고 이미 왕궁에 나섰고, 출생하기 전에 중생에 제도하여 마쳤나니라' 하신 말씀이 있으니 어찌 영신의 아기가 이런 행동과 이런 말을 했다고 하여 이치에 어그러질 것이 있겠는가?

　아기가 자라서 어른이 되고 미한 사람이 깨치면 부처가 되는 것이니까, 어른의 포부는 아기 때부터 가지고 나는 것이요, 깨달음의 부처는 중생 때에 잠재하여 있는 것을 후인이 기록한 것이라고 하겠다.

　그러한데 태자가 장차 출가 성도하여 49년을 설법하시고 말년에 영산회상(靈山會上)에서 설법하실 때 하늘에서 연꽃이 떨어지거늘 범천왕(梵天王)이 이를 받아 부처님께 올렸더니 부처님께서는 말없이 꽃 한송이를 잡으신 채 높이 들어 대중에게 보였다. 그러나 당시에 백만 대중이 모였건만 이것을 알아차리는 사람이 하나도 없이 눈이 먼 듯, 귀가 먹은 듯, 어리둥절하여 부처님의 얼굴만 쳐다볼 따름이었는데 오직 마하가섭이란 제자가 알아차리고 미소를 짓고 기쁜 마음으로 부처님을 쳐다보았다. 그래서 부처님은 마음으로써 마음을 전하는 제자를 얻었다고 기뻐하시고 이르시되, '나의 정법안장(正法眼藏)과 열반묘심(涅槃妙心)을 너에게 분부하여 전하는 것이니 네

가 간직하고 유포해서 끊어지게 하지 말라' 하시고, 발우와 금
란가사를 마하가섭에게 전해 주셨던 것이다. 그래서 이것이 염
화미소라는 공안(公案)으로 유명한 화두가 된 것이다. 그러므
로 선문에 화두라는 공안이 1천 7백 가지나 되지만 그것이 형
식은 다르되 내용에 있어서는 우주 전체의 생명인 진리를 들어
보인 것이다.

  내가 지금 주장자를 들어 보인 것도 그러한 뜻이니 이 주장자
를 들고 상하를 가리킨 것은 우리 인간이 간직하고 있는 마음
이 우주에 꽉 차 주체가 되어 있으므로 우주만유의 삼라만상
(森羅萬象)이 이 마음으로 창조되지 아니한 것이 없다는 것을
보인 것이다.

  예수교에서는 하나님이 이 우주만유를 창조했다고 보지만,
불교에서는 우리가 갖고 있는 마음이 우주만유를 창조한 것이
라고 보는 것이다. 그러므로 이 세상에는 뭐니뭐니 해도 사람
이 제일인 것이다.

  동양철학에서는 '우주만물 가운데 오직 사람이 가장 귀하니
라(萬物之中 唯人崔貴)'라고 하는 것이니 땅(地球)은 사람이 갈
고 앉을 자리요, 대기권인 공간 하늘은 사람의 천정이요, 지붕
이라면 그 안에 있는 주인공은 사람인 것이다. 그러므로 선지
를 깨닫는다는 것은 유한생명의 육체만을 내 것이라고 오인하
던 가짜 사람이, 우주간에 가득 차 있는 무한생명인 영명(靈明)
한 각성(覺性)인 진짜인 나를 발견하는 것이다.

  옛날 중국의 무주금화란 땅에 구지(俱胝)란 스님이 어떤 암자

에 있을 때, 어느 날 여승 한 사람이 암자에 왔는데 해가 저물었다. 스님이 자고 가라 하였더니 여승이,
 "스님이 선에 대한 법문 한 가지를 말해주시면 자고 가겠지만 그렇지 못하다면 바로 가겠나이다. 그런즉 아무 법문이나 좋으니 한 마디를 일러 보시오."
라고 했다. 그러나 선이 무엇인지 모르는 구지화상은 말이 막혀서 대답을 하지 못하니 비구니가 경멸하는 태도를 보이며 가버렸다. 구지화상은 비구니가 간 뒤에 탄식하기를, '내가 비록 사나이 장부로서 선지를 깨달은 장부 기상을 내어 보이지 못하고 여자에게 부끄러운 꼴을 당하였으니, 내일이라도 이 암자를 떠나 선원으로 가서 참선 공부를 하여 보리라'고 결심했다. 그랬더니 그날 밤 꿈에 산신이 나타나서 말하되,
 "스님은 이곳을 떠나지 마십시오. 장차 대보살 큰 선지식이 와서 스님에게 선 법문을 설해 줄 것이외다."
라고 했다.
 이런 일이 있은 지 10여일 뒤에 천룡(天龍)스님이라는 분이 이 암자에 오셨다. 구지화상이 그 스님에게 말하되, 전날에 비구니에게 선지를 몰라 수치당했다고 호소를 하고, '선지에 관한 법문을 하나 일러 주십시오' 하였더니 천룡스님은 아무 말도 없이 손가락 하나를 세워서 보여 주있다.
 구지화상은 이것을 보고 크게 깨쳤다. 그 뒤에는 누가 구지화상에게 와서 법문을 물으면 손가락만 하나 세워 보이고 입으로는 한 마디도 말하는 일이 없었다. 그러나 찾아 온 이들은 그 손가락만 보고도 흐뭇하게 깨친 이가 많았다. 그러므로 구지스

님은 돌아가실 때 말하기를,

"나는 천룡스님에게 한 손가락을 세워 보이는 법문을 깨닫고 평생을 써도 다 못쓰고 가노라(吾得一指禪 平生用不盡)."
했다.

여러분이 구지스님의 손가락과 나의 주장자가 같은가, 다른 가를 말해 보라. 대중이 말이 없거늘, 이렇게 이르는 것이었다.
'피가 나오도록 울어도 소용없는 곳에는 차라리 입을 다물고 지내는 것만 못하리(啼血聲聲無用處 不如緘口過殘春).'

□ 달마선(達磨禪)의 특색

'수없이 많은 수행 가운데에 오직 참선이 제일이니 천생만생에 바로 여래전에 앉음이로다. 이 하나의 일을 알고자 할진대 바로 조사관(祖師關)을 투득하라.

신심을 발하되, 바다와 같이 하고, 뜻을 세우되 산과 같이 하라(無量行門中 參禪爲第一, 千千萬萬生 直坐如來室 欲識這個事 須參祖師關 發信如大海 立志卓如山)'

참선이란 위의 게송과 같이 앉아서 선 공부를 한다는 뜻이니 좌선이란, '좌(坐)'자는 앉아 있는 모습을 말한 것이고, 선(禪)은 범어(梵語) 선나(禪那)의 약칭인데 구미에서 '젠'이라고 하는 것은, 일본 사람이 '선'을 젠이라고 발음하여 구미 각국에 일찍이 전하게 되었으므로 구미 사람들은 '젠'이란 발음으로 부르게 된 것이다. 그러나 우리 한국에서는 '선'이라 발음하고 있으므로 '선'이라 하면 통하지만 '젠'이라고 하면 통하지 않는다.

선나(禪那)를 번역하면 정려(靜慮)니 고요하게 앉아서 생각한다는 뜻이다. 바꿔 말하면 좌선이란 범어 선나의 '나'자를 생략하고, 좌자(字)를 더 붙인 것이니 이것은 범어와 한어(漢語)를 겸해 쓴 말이라 하겠다.

다시 말하면, '좌선'은 고요히 앉아서 생각하는 정좌사유(靜坐思惟)라고 하겠는데, 이것은 다만 범어의 선나를 번역한 것뿐이요, 좌선의 전체를 이른 것은 아니다. 왜냐하면 이 좌선에는 외도선(外道禪)·범부선(凡夫禪)·소승선(小乘禪)·대승선(大乘禪)·최상승선(最上乘禪) 등의 구별이 있어 그 명목은 비록 다같이 '좌선'이라 일컫지만 그 내용에 있어서는 뜻이 각각 다른 까닭이다.

옛날 중국 당나라의 고승으로 유명한 규봉(圭峰)스님의 해석에 의하면, 이상한 뜻을 갖고 하늘에 나기를 좋아하고 하계(下界)를 싫어하여 닦는 것은 외도선이요, 바로 선인선과(善因善果)의 인과를 믿고 역시 천당에 나기를 좋아하고 인간세계를 싫어하여 닦는 자는 범부선이요, 내가 공(空)하다는 편진(偏眞)의 이치를 깨닫고 닦는 자는 소승선이요, 아(我)와 법(法)이 다 공한 진리를 깨달아 닦는 자는 대승선이니 이 네 가지는 모두 사색사공(四色·色界四禪 四空·無色界四空)의 다른 것이다.

그러나 만약에 자기 마음이 본래 청정하여 번뇌가 없으며, 무루지성(無漏智性)이 본래 구족하여 이 마음이 곧 부처라, 필경에 다름이 없는 것을 삽시간에 깨닫고 이것을 닦는 자는 최상승

선이며, 또 이름이 여래청정선(如來淸淨禪)이며, 또 이름이 일행삼매(一行三昧)이며, 또 이름하여 진여삼매(眞如三昧)니, 이것이 일체삼매의 근본이라, 이것을 생각하여 닦아 익혀 나가면 자연히 점점 백천 삼매를 얻으리니 달마문하(達磨門下)에 전전(展轉)히 서로 전하여 내려오는 것이 곧 이것이니라 했다.

그런데 위에 든 5가지 선에 대하여 그 장점과 단점을 들어 볼 것 같으며, 외도선은 좌선을 하되 하계(下界)를 싫어하고 상계(上界)를 좋아하여 좌선을 한 이 우주가 항상한 것이냐, 공무(空無)한 것이냐 하는 사견을 일으켜 그 단상(斷常) 경계에 집착하는 폐단이 있는 것이다.

또 범부선은 하계를 싫어하고 10선(十善 : 不殺·不盜·不邪淫·不忘語·不綺語·不兩舌·不惡口·不貧·不瞋·不痴)을 닦고 좌선을 하나, 내가 보통 인간보다 우월하다는 아만과 아견을 증장하는 폐단이 있고, 소승선은 독선주의로 자기만 해탈하고 남을 건져 보겠다는 자비심이 없는 폐단이 있으며 게다가 열반을 얻으려 하는 소득심(所得心)으로 수행하는 결점이 있다.

대승선은 위에서 든 3가지 선보다는 우월한 것 같으나 역시 깨치기를 기다리고 구하는 마음을 버리지 못하고 좌선을 하는 까닭으로 불조정전(佛祖正傳)의 선이라고 말하기 곤란한 것이다. 이 밖에 삼지삼관(三止三觀) 등의 관념수습의 선도 있으나 진선진미한 것이라고는 할 수 없다. 그렇다면 불조정전(佛祖正傳)의 좌선이라든가 교외별전의 좌선이란 것은 어떤 것인가? 이것이 다섯째에 든 최상승선이라고 이르는 것이니, 즉 달마문하에서 전해 내려오는 좌선인 것이다. 그렇다면 최상승선과 기타의 선이 무엇이 다른가, 이것을 한번 검토해 보기로 하자.
 대체로 외도선과 범부선·소승선·대승선은 깨달음을 얻기 위한 수단으로 건너가는 선박과 같은 것이다. 그런 까닭으로 강만 건너가면 선박은 전혀 소용이 없는 것이다. 이상에서 든 3가지 선은 깨닫기만 하면 다시 좌선할 필요가 없다고 생각하게 된다.
 바꿔 말하면, 좌선을 오도(悟道)의 한 방편으로 생각하는 것이다. 그래서 필경에는 깨달음과 수행을 전혀 별개의 것으로 삼고 깨달은 뒤에 수행하는 오후점수(悟後漸修)를 등한히 보는 결점이 있다. 그러나 최상승선은 결코 좌선하는 것이 현묘한 깨달음이라든가 기특한 법을 얻기 위해서가 아니요, 다만 몸과 마음을 탈락함에 있을 뿐이다. 그런 까닭으로 이것을 오후(悟後)의 대용(大用)이라고도 말하고 증상(證上)의 묘수(妙修)라고도 말하는 것이다.
 동산(洞山)대사가 증득한 뒤에 수행이요, 닦는 가운데 증득함이라(證上修修中證)고 이른 것이 이것을 가리킨 것이다. 또 좌선은 선을 익히는 것이 아니라 오직 안락(安樂)의 법문이라 하며 보리를 궁구하여 다하는 수증(修證)이라고도 이르며, 또 고덕(古德)이 이르되, 좌선은 곧 사람으로 하여금 심지(心地)를 열어 밝혀서 본분(本分)에 안주시킴이라고도 밀했나.
 그런 까닭으로 달마의 좌선은 미(迷)한 것을 버리고 깨달음을 구하여 생사를 여의고 열반을 하여 악한 것을 버리고 착함에 나아가려고 하는 것이 아니며, 미오(迷悟)가 상대적이 아니고 절대적인 까닭으로 유심(有心)도 버리고 무심(無心)도 여의어서, 안락자재한 경지에 소요하려는 것이다. 이것이 곧 불조정전의 좌선인 것이다.

예를 들면, 달마대사가 양나라 무제(武帝)를 만나 문답하고 의사가 통하지 못하여 위나라로 가서 숭산 소림사에서 면벽(面壁) 9년을 한 것 같은 것은 결코 깨달음을 얻으려고 좌선을 한 것은 아니다. 다만 깨달은 그 청정심을 매(昧)하지 않도록 지킨 것이요, 이심전심의 정법안장을 전할 제자를 기다린 것이다.

불교에는 소위 선종이라는 독립한 한 종파가 있어서 이것을 이어 내려오게 되었는데 후세에 다섯 갈래의 종파로 나누어졌으니, 1) 임제종(臨濟宗) 2) 조동종(曹洞宗) 3) 운문종(雲門宗) 4) 위앙종(潙仰宗) 5) 법안종(法眼宗)이 그것이다.

후세에 이르러 이 다섯 종파 가운데 다른 종파는 쇠퇴하여지고 오직 임제종과 조동종이 번성하고 임제종은 열세에 처하게 되었다.

그런데 이 두 종파가 서로 공부하는 방법이 달라서 조동종은 묵조선(黙照禪)을 주장하여 수행함으로써 목적을 삼고, 임제종은 간화선(看話禪)으로써 깨달음을 목적으로 삼았다. 그래서 조동종에서는 임제선을 원숭이 '선'이라 비방하고, 임제종에서는 조동종의 좌선을 가리켜 검은 뱀의 '선'(黑蛇禪)이라고 비방하지마는 조동종에서는 조동종 '선'을 불조의 정전(正傳)선이라 자칭한다. 임제선은 깨달음을 구하고 깨달음을 기다리는 구오대오(求悟待悟)의 폐단과 맹봉맹할(孟棒孟喝)의 건전하지 못한 폐단이 있는 것 같으나, 임제 선풍이 가장 뛰어난 종풍을 선양한다고 하겠다.

□ 추문낙구(推門落臼)

　참선 공부는 처음부터 좋은 스승을 찾아 화두공안을 잘 간택하여 여러 가지의 도를 잘 받아야 한다.
　아무리 신심과 열의가 있다 하더라도 자기 혼자 하여 간다면 빠른 진보를 가져오기는 힘들다. 그것은 마치 앞을 못 보는 장님이 길을 가는 것과 같아서 제대로 되기가 어려운 것이다.
　참선 공부는 이론도 아니요, 학문도 아니기 때문에 실제로 의심을 일으켜 그 의심에 진실하여 간절하지 아니하면 안된다. 만약에 의심만을 갖고 있는 것이 답답하다고 하여 그 의심을 풀어 보려고 경전을 찾아보거나 조사의 어록을 찾아보거나, 구두(口頭)선객이나 허두(虛頭)선객에게 물어보거나 하여 이런 말 저런 말에 달리고 팔린다면 10년, 20년을 지나도 쓸데없는 견문만 남아, 악지악각(惡知惡覺)으로 변하여 잡독(雜毒) 투성이만 될 뿐이니 좋은 그릇에 부패된 음식을 가득 채우는 것과 같을 뿐이다. 그러므로 명안종사(明眼宗師)의 물음에 대하여 단 한 가지도 제대로 대답하지 못할 뿐만 아니라 엉뚱한 소리만 하게 되는 것이다.
　그런 까닭으로 이런 때엔 한시라도 빨리 잘못된 것을 발견하되, 올바른 공부를 하려면 마치 묵은 김칫독에 물을 붓고 세 번 네 번 우려내고 깨끗이 가신 다음에 새 김치를 담아야 싱싱한 거와 같이 마음을 청정히 하는 것이 가장 급선무인 것이다.
　이와 마찬가지로 처음에 공부하고자 할 때도 모든 견문과 경험과 지식에 대한 집착을 버리고 백지와 같이 마음을 비워야

하는 것이다. 그리고 공부해 나가는 도중에 잡념이 들어서 허송세월을 하다가 좋은 선지식을 만나 참다운 공부를 하려거든 그 전에 해오던 버릇은 모두 버리고 다시 백지로 돌아가서 오직 순수한 의심만 해야 되는 것이다.

이렇게 공부하기를 한결같이 하여 가면 문을 밀쳐 탈구(脫臼) 할 때가 있는 것이니, 이른바 '추문낙구'를 혹자는 문을 밀면 문짝이 밀려가서 닿아 제자리에 부딪치는 것이 백발백중이 된다고 해석하는 사람이 있으나 그런 것은 아니다.

'추문낙구'라는 것은 밖으로 굳게 잠겨 있는 문을 사람이 힘껏 손으로서 앞으로 밀어 젖히면 잠긴 문 두 짝이 한꺼번에 빠져 나가서 열리게 된다는 것이다. 그래서 이 추문낙구를 두 가지로 쓰게 되는 것이니, 하나는 의심을 계속하다가 의념이 깨어져서 시원한 것이 마치 사람이 광속에 갇히었다가 문을 박차고 나가는 것과 같다는 것이요, 또 하나는 공부에 열중한 사람은 육신의 애착을 끊고 있기 때문에 이 몸의 목숨이 보련천사(報緣遷謝) 날엔 옥에 갇히었다가 옥문을 박차고 나가는 것과 같아서, 육신이 한없이 시원한데 비유한 것이다.

이 '추문낙구'에 대하여서는 출처의 이야기가 있으니 줄여 말하면 아래와 같다.

옛날 중국의 일인데 어떤 사나이가 오솔길로 접어들어 산을 넘어가다가 중간에서 길이 여러 갈래로 갈라져 있어, 그만 길을 잃어버리고 나무꾼의 길로 잘못 들어가게 되었다. 그래서 갈팡질팡하면서 가다가 길을 잃었다.

이 사나이는 깊은 산중에서 헤매다가 밤을 맞고 말았다. 다리도 아팠거니와 배가 고프고 추워서 견딜 수가 없었다. 그래서 사람이 사는 인가가 없는가 하고 어둠 속에서 돌아다니다가 보니 어떤 골짜구니에 불이 환하게 켜져 있는 것을 보고 사나이는 이제 살았구나 하고, 불빛을 찾아서 갔더니 과연 큰 집이었다.

 밤이 깊어서 대문이 잠겨 있으므로 소리를 높이 질러 주인을 불렀더니 안에서 사람이 나와 문을 열어 준다.

 "대단히 고맙습니다. 나는 길을 가는 사람인데 길을 잘못 들어 산중에서 헤매다가 이곳으로 찾아왔으니 하룻밤만 재워 주십시오."

하고 애원을 하였더니,

 "이리 들어오시오."

하며 주인은 사나이를 큰 창고로 데리고 가서 캄캄한 창고 속을 가리키며,

 "저 속으로 들어가시오."

한다. 사나이가 들어가지 않으려고 머뭇거리니까,

 "이봐, 들어가라면 들어가지 앙탈이 무슨 앙탈이야!"

하며 발로 차 넣은 후 문을 닫고 자물쇠를 잠근 후 어디론가 가버렸다.

 사나이가 양손으로 더듬거리며 사방의 벽을 만져 보니 벽돌로 쌓은 집이요, 바닥도 벽돌로 만든 집이나. 이때 사나이는 세상에서 들은 말을 생각해 냈다. 고담 책에 있는 것과 같은 이곳은 도적놈의 소굴이었다. 이곳을 찾아 들어온 사람을 살려 보내면, 나가서 소문을 내어 관군이나 포교가 잡으러 올 것이므로 어떤 사람이든지 들어온 사람은 하룻밤을 가두었다가 죽여

버리고 마는 집이다. 그러므로 누가 오든지 대접은커녕 이 창고에 가뒀다.
 이 사나이는 이것을 생각하니 등골이 송연하고 꼼짝 못하고 내일 아침에는 끌려가서 죽을 판이다. 그러므로 다리가 아픈 것도, 배가 고픈 것도, 몸이 추운 것도 다 잊어버리고 어찌하면 이 문을 박차고 달아날 수가 있느냐는 생각밖에 없었다. 그러나 문은 쇠로 만든 문이라 아무리 밀어 보아도 꼼짝하지 않고 발로 차 보아도 꼼짝하지 않는다. 그래서 이 사나이는 힘만으로는 될 수가 없음을 판단하고 땅바닥에 깔린 벽돌을 한 장 빼내어 그것으로 두들겨 보려고 했다. 그러나 땅에 깔린 벽돌도 단단하게 박혀서 빼낼 수가 없었다.
 천신만고로 여러 수십 개를 만져서 흔들어 보니 꼭 한 개가 움직였다. 다듬이돌 반 토막만한 벽돌이다. 사나이는 죽을 힘을 다해서 그것을 빼냈다. 그리고 그것으로 철문을 때리기 시작했다. 문이 열리지 아니하면 죽을 판이니까, 있는 힘을 다 모아서 수백 번을 쳐댔다. 그러나 철문이라 부서질 리가 만무했다. 사나이는 온 힘을 다해서 치기를 몇 시간이나 하였는지 마침내 철문이 탈구되면서 두 문짝이 밖에서 잠긴 채로 나가떨어지며 문이 열렸다.
 도둑놈들은 창고에서 멀리 떨어져 있어 창고 안에서 치는 소리가 들리지 않았기 때문에 코를 골고 자고만 있었다. 마침내 사나이는 걸음아 날 살려라 하고 귀신도 모르게 죽을 곳에서 도망쳐 나오게 되었다.
 그때 얼마나 기쁘며 반가웠으랴. 이것과 마찬가지로 공부를 하다가 의념을 깨뜨리고 깨달음의 경지에 이르는 것이 얼마나 통쾌하고 시원한 일이며, 또는 오음색신을 애착하고 죽기를 무서워하며 싫어하던 사람이 한 도리를 깨침으로써 불생불멸의 진리를 발견한 것이 얼마나 통쾌한 일이며, 잠자다가 악몽의 꿈을 꾸며 허우적거리던 사람이 잠이 깨어서 악몽이 없어진 것 같으니 얼마나 시원할 것인가.

이러한 것을 비유하여 '추문낙구'라는 문자가 선문(禪門) 속에 나온 것이라고 하겠다. 그러므로 참선을 하는 납자는 추문낙구와 같은 노력으로 한 소식을 얻어서 시원한 경지를 보아야 되는 것이다. 비단 참선의 경지만이 아니라 어떠한 일에서도 국가와 민족을 위하여 훌륭한 일꾼이 되려면 추문낙구와 같이 어려운 난관에 부닥칠지라도 천신만고의 노력과 천병만마를 이길 수 있는 용기를 가지고 난관을 돌파해 나갈 수 있는 남아가 되어야 한다는 것이다.

☐ **조고각하(照顧脚下)**

'조고각하'란 말은 자기의 다리 밑을 비추어 돌아보라는 말이니 즉, '도'는 가까운 곳에 있는 것이요, 먼 곳에 있지 않다는 말이다.

이에는 두 가지 뜻이 있으니 하나는 본분각하(本分脚下)를 돌아보라는 것이다. 본문각하란, 불법은 자기의 마음을 깨달음에 있는 것이요, 다른 법을 구함에 있지 않다는 뜻이다.

육조 혜능대사께서 설하신 〈법보단경(法寶壇經)〉에 보면,

說通及心通이여
如日處處空이로다
唯傳見性法하여
世世破邪宗이니라

법문을 설하는 설통과 심통 즉 이치를 꿰뚫어 아는 것은
해가 허공에 처하여 비추는 것과 같으니
오직 견성법을 전하여
세상에 뛰어나 삿된 외도를 파하는데 있느니라.

說卽雖萬般이니
合理還歸一하나니
煩惱暗宅中에
常須生慧日이라
법문을 설하면 비록 만가지로되
이치는 한가지로 돌아가는 것이니
번뇌가 어두운 집에서
항상 모름지기 지혜의 해를 떠오르게 하라.

고 하였고 또는,

佛法在世間하여

不離世間覺이니
離世覓菩提하면
恰如求兎角이니라

불법이 세간에 있어서
세간을 여의지 않고 깨달아야 할지니
세상을 떠나서 보리를 구하면
마치 토끼의 뿔을 구하는 것과 같으니라.

고 하셨다. 그리고 법달(法達)화상이 육조의 법문을 듣고 깨친 뒤 육조대사에게 올리는 게송에 이르되,

誦經三千部가
曹溪一句亡이라
未明出世旨하면
寧休累世狂이리오

삼천부의 경을 왼 것이
조계산에 계시는 육조대사의 한 글귀
법문에 소용이 없게 되었으니
출세의 본뜻을 밝히지 못하면
어찌 과거 여러 세상에 미친 마음을 쉬게 하리요.

했다. 그러므로 납자는 마음의 눈을 밝혀서 생사를 초월하는 공부를 해야 되는 것이니 이것을 가리켜 '조고각하'라 한다.

다른 하나는 자기 허물을 살피고 남의 허물을 보지 말라는 것이니, 육조스님이 이르되,

若眞修道人인데
不見世間過하나니
若見他人非하면
自非却是左라
但自却非心하여
打餘煩惱破하고
憎愛不關心하면
長伸兩脚臥하리라

만약 참으로 수도하는 사람일진대
세간의 허물을 보지 않나니
만약 바른쪽에서 타인의 허물을 보면
자기의 허물이 곧 왼쪽에서 돌아오나니
다만 스스로 그른 마음을 쳐서 번뇌를 타파하고 제거하고
밉고 고운 것이 마음에 걸리지 아니하면
길게 두 다리를 뻗고 누우리라.

이것은 남과 시비를 하지 말고 언제든지 자기의 발밑을 살펴서 올바른 행동을 가지라는 것이다.
옛날에는 볼 수 없는 일이었으나 근래에는 어느 도시를 가 보던지 도심지 거리에는 구두닦는 직업이 생겨서 아이들이 걸터

앉는 의자와 구두 닦는 도구를 차려 놓고 신사가 그 앞을 지나가면 구두를 닦으라고 권한다. 그러면 신사는 의자에 턱 걸터앉아서 아무런 거리낌 없이 아이에게 구두를 닦이고 있다.

　옛날에는 고무신발도 없어 자기 손으로 짚신을 삼아신고 다녔는데 지금은 신고 다니는 구두까지 남에게 닦이고 있으니 이것을 보면 자기의 발밑도 돌아보지 못하는 격으로서 옛날 선사(禪師)가 본다면 분통이 터질 일이라 하겠다.

　아무리 바쁜 세상이기로서니 자기가 신고 다니는 구두 하나도 닦지 못하고 또 가정주부마저도 남편의 구두 하나도 닦아 주지 않아서 남에게 닦아 신게 하니 잘못도 이만 저만이 아니라 하겠다.

　이왕에 구두닦이 말이 났으니 말이지만 일찍이 파리의 한 골목에서 있었던 구두닦이와의 촌극인데, 어떤 신사가 구두 닦는 의자에 걸터앉아 아이에게 구두를 닦이다가 별안간에 손뼉을 치며 우스워 못 견디겠다는 듯이 깔깔거리고 웃어 댔다. 그것은 구두 닦는 소년이 검은 구두약을 만지다가 자기도 모르는 사이에 손으로 코를 만져서 코끝에 새까만 검정이 묻어 있어 신사는 그것을 보고 박장대소를 한 것이다.

　이것을 알게 된 소년은 민망한 표정으로 구두를 닦다가 말고 수돗가로 가서 얼굴을 씻고 와 다시 신사의 구두를 정성스럽게 마저 닦아 주었다. 그런 후 신사가 의자에서 일어서며 돈을 주자 구두닦이 소년은 머리를 흔들며 받지 않고,

　"요금은 그만 두십시오, 내 코에 검정 묻은 것을 가리켜 준 사례로 무료로 닦아 드린 것이니까요."

한다. 신사는 기분이 언짢은 듯이,
"거스름 돈은 아니 내어도 좋으니 그리 알게!"
하고 보통 요금에 몇 곱의 돈을 내고 가려고 했다. 그런즉 구두닦이는 불현듯이 성난 소리로,
"돈은 그만두라니까요. 나는 그 돈이 필요 없으니 그 돈으로서 이발소에나 가서 머리를 깎고 황새 궁둥이 같은 꼴이나 남에게 보이지 마십시오."
했다. 이 소리를 듣고 신사는 돌아서 갔는데 과연 그 신사는 몇 달이나 이발을 하지 않았는지 두발이 봉봉하여 마치 황새 궁둥이 같더라는 얘기다. 그리고 본적, 그 신사는 남의 코에 검정이 묻은 것을 보고 웃었지만 자기 머리털이 황새 궁둥이 같은 것은 몰랐던 것이다.

옛날 어떤 시골에 아래 위로 두 가족이 사는데 한 집은 극히 평화롭고 즐겁게 살았으나 다른 한 집은 날마다 싸움으로 지냈다. 그래서 식구와 싸우기에 진절머리가 난 한 집 사나이가 생각하기를 우리 집은 날마다 서로 싸우느라고 떠드는 소리만 나는데 윗집은 어째서 날마다 웃는 소리만 들리는가 하고 그 집의 동정을 살펴보기로 했다.

하루는 그 집 대문 안에 들어섰더니 그 집 며느리가 때마침 물 한 동이를 이고 오다가 실족하여 부엌 문 앞에 넘어져 물동이는 산산조각이 나고 며느리는 물을 뒤집어 써 독에 빠진 생쥐꼴이 되었다.

이것을 본 아랫집 사나이는 아무리 평화스러운 집이라도 오늘은 난리가 날 것이라고 생각했는데 사실은 정반대였다. 시어

머니가 안방 문을 열고 나오더니 측은한 표정으로,
 "얘야 몸이나 다치지 않았니? 동이는 사 오면 그만이요, 옷은 빨아 입으면 되지만, 천금같은 몸은 한번 다치면 회복하기 어려워서 죽을 때까지 병신이 되는 것인데 몸이나 다치지 않았느냐?"
하며 며느리를 일으켜 주며 쩔뚝거리는 다리를 주물러 주면서 하는 말이,
 "이게 모두 나의 허물이로구나. 내가 어젯밤에 물 한 동이만 길어다 놓을 것을 깜박 잊어서 네가 내 죄를 당했구나."
한다. 그러자 또 사랑방에서는 시아버지가 나오면서,
 "왜들 그러느냐?"
묻는데 시어머니가 말하기를,
 "어멈이 물을 길어오다가 그만 넘어져 물동이가 깨어졌어요."
 "아뿔사, 나의 잘못이로구나. 내가 어제 시장에서 물지게를 사왔더라면 이런 일이 없었을 것인데 친구와 만나 술잔을 나누기에 정신이 팔려 깜박 잊어버렸단 말야. 모두가 내 허물이다. 그래 몸이나 다치지 아니하였느냐?"
 "몸은 그다지 다친 데가 없다나 봐요."
 "무엇보다 다행한 일이로군. 물건이야 사오면 그만이지만 몸을 다치면 큰일이거든. 내가 잘못했으니 용서해라."
한다. 이때 남편되는 사람이 밖에서 자고 들어오더니,
 "그것이 모두 저의 잘못이에요. 제가 어저께 나무를 해다 놓고 물을 길어다 놓으려고 하였으나 갑자기 친구가 와서 저희 집으로 놀러 가자고 하여 밤이 깊도록 놀다가 이제사 돌아오기 때문에 이렇게 되었어요. 여보 어디 다친 데는 없소?"

하고 넘어졌던 아내에게 정겨운 말씨로 위로해 준다.

아랫집 사나이는 이런 광경을 보고 진심으로 탄복하고, '평화스럽게 웃음으로 사는 비결은 모두 제가 잘못했다 하고 남의 과실까지 자기가 뒤집어쓰며 원망하지 않는 데 있는 것이로구나. 그런데 우리 집은 모두가 제각기 잘났다는 사람뿐이요, 자기 허물은 감추고 남의 허물만 보려 드니 조용한 날이 있을 리가 만부한 일이지' 하는 사실을 깨닫고 그로부터 자진 실행하여 아랫집도 평화로운 가정이 되었다는 이야기가 있다. 그러므로 '도'를 배우는 사람은 될 수 있는 대로 남에게 겸양하고 공손하며 남의 허물을 보지 말고 자기의 허물을 살펴서 자기 발밑을 돌아보아야만 하는 것이다.

또 옛날 어떤 스님은 주머니에 조그만 거울을 하나 넣고 다니다가 심심하면 꺼내서 보고는 다른 사람에게도 보라고 권했다. 그것은 코에 검정이 묻었거나 눈에 눈꼽이 붙었는가 보라는 것이 아니라 사람은 남의 얼굴은 시시때때로 볼 수가 있으나 제 얼굴은 보지 못하니 자기 얼굴 안에 있는 눈을 보라는 것이다.

얼굴은 마음의 출장소요, 눈은 마음의 들창이니 거울을 통하여 자기의 마음을 볼 수가 있는 것이다. 사람의 희로애락이 다 얼굴과 눈에 나타나는 것이니까 그것을 보고 항상 천진하고 평화스러운 얼굴과 눈을 지어 반성하자는 것이다.

요즘 젊은 부인네들은 핸드백에 거울을 넣고 다니며 아무데서고 자주 꺼내 보는 것이 눈에 띄는데 그네들이 얼굴만 보는지 얼굴에 나타난 마음까지 보는지 자못 의문스럽다.

그 부인네가 만약에 마음까지 본다면 그러한 주부를 가진 가
정은 행복한 가정이라고 하겠다. 남자도 여자 못지않게 거울을
갖고 다니며 자기 얼굴을 자주 들여다 볼 필요가 있다고 생각
한다. 이것은 곧 마음의 다리 밑과 발 밑을 비워 보라는 뜻이다.

□ 일면불 월면불(日面佛 月面佛)

日面佛月面佛이여
五帝三皇是何物고
二十年來曾苦辛하니
爲君幾下蒼龍窟가
屈堪述하오니
明眼衲僧勿輕忽하라

일면불 월면불이여
오제삼황이 이 무슨 물건인가
이십년 이래에 일찍이 신고를 하였으니
그대를 위하여 몇 번이나 창룡굴에 내려갔었는가
엎드렸다가 겨디어 진술하노니
눈 밝은 납승은 경홀하게 여기지 말지로다.

이상에 든 글귀는 〈벽암록(碧巖錄)〉 제3칙에 있는 것인데, 마
대사불안(馬大師不安)이란 공안(公案)에서 나온 것이다. 이 공

안을 설두(雪竇)대사라는 스님이 송(頌)을 붙여서 시형(詩形)으로 찬탄한 것이다.

　마조대사란 이는 마조도일(馬祖道一)선사를 가리킨 것이니, 옛날 중국 강서땅에 마조산(馬祖山)이란 산이 있었는데 그곳에 도일선사란 스님이 계셨다. 그래서 그 도일선사를 마조대사라고 부르게 된 것이다.

　이 마조대사는 육조 혜능대사의 손제자이므로 달마대사에게는 대손이 되는 것이다. 그런데 그의 모양이 기이하여 소와 같이 걸으며 호랑이 같이 보고, 혀를 내면 코를 덮는다고 하였으니 몸이 크고 형모가 무서운 호걸같은 스님이라고 하겠다. 또 그 스님의 밑에서 80여인의 선지식이 배출했다고 하니 도가 높으신 스님인 것을 가히 짐작할 수가 있다.

　이 마조대사께서는 만년에 당나라 덕종(德宗) 정원(貞元) 4년 정월에 석문산(石門山)이란 산에 올라가서 시자에게 수풀 가운데 있는 바위굴을 가리키며 '나의 무너진 몸이 내월에 이르러서 이 땅에 돌아올 것'이라고 예언했다. 그런데 과연 2월 1일에 80세의 고령으로 입적하셨다. 그런즉 이 마조대사의 불안이란 문제는 정원 4년 1월 말에 일어난 것으로 단정된다.

　이와 같이 생사에 자재를 얻고 자기의 돌아갈 날을 예언한 도덕을 가진 스님이지만 육신을 가진 분이라 임종 때에 이르러서는 병환이 나셨던 것이다. 그래서 원주(院主)의 직책을 맡은 스님이 딱하게 여기고 '스님께서는 병환이 중하신 모양인데 근일에 기분이 어떠하십니까(和尙近日 尊候如何)?' 하고 병문안을 하였더니 그때 마조대사는 병에 대해서는 그 전보다 더 하다든가 좀 덜하다든가의 이런 말씀은 하지 아니하고, '일면불 월면불'하고 대답했다.

명쾌한 대답이었다.

'일면불 월면불'이란 말은 그 무렵에 보리유지삼장(菩提流支三藏)이라는 역경가(譯經家)가 인도에서 중국으로 나와서 번역한 〈삼천불명경〉이 있는데, 그 경 가운데 있는 불명이었다. 그런데 마조대사는 동문서답과 같이 원주가 병환이 어떠냐고 물음에 대하여 '일면불 월면불'이라고 대답을 하였으니 이것이 천고의 의문인 화두공안일 수밖에 없다는 것이다. 그런데 그 뒤 설두대사가 송하되,

일면불 월면불이여
오제삼황이 이 무슨 물건인가
이십년 이래에 일찍이 신고하였으니
그대를 위하여 몇 번이나 창룡굴에 내려갔던가
굴했다가 견디어 진술하오니
눈 밝은 납승은 가볍게 여기지 말지로다.

그런데 〈불명경〉주에 볼 것 같으면 일면불은 수명이 1천 3백세요, 월면불은 수명이 하루낮 하룻밤(一日一夜)이라고 했다. 그런데 오제삼황은 중국 개벽의 황제로서 수명이 1만 8천세라고 전한다. 그러나 마조대사의 심경은 이미 생사가 안목에 있지 않고 장수 단수가 눈 가운데 있을 이치가 없는지라 1천 8백세거나 1일 1야거나 1만 8천세거나 모두가 탄지순목(彈指瞬目)간

이기 때문에 오제삼황이 다 무슨 물건이냐고 한 말이다.

그러니까 '일면불 월면불'이라고 한 것은 이미 생사를 뛰어날 뿐만 아니라, 범성(凡聖)의 세계까지 뛰어난 말씀인 것이다. 그러므로 달마에게 발을 씻기고 석가에게 안마를 시키는 일도 차 마시는 일보다 쉬운 것이니 5제니 3황이니 하는 것이 다 무엇이냐고 한 것이다.

그런즉 이 송을 지은 설두대사에게 왕자(王者)의 기백이 있을 뿐만 아니라 왕자를 집어삼킬 만한 기백이 있음을 내뱉은 것이다. 그러나 중국에서는 이 한 글귀가 문제가 되어서 〈벽암록〉이 재앙을 받은 일이 있었다. 그것은 후세 송나라 신종 때의 일이었으니 중국서 〈대장경〉의 〈속장경〉이 편집될 때 '5제 3황이 무슨 물건이냐?'는 한 글귀가 국체의 존엄을 모독함이라 하여 유장스님께 〈벽암록〉이 〈속장경〉에 편입되지 못하게 했던 것이다.

그런즉 설두스님이 필화를 만난 셈이다. 그러나 그 말은 불법의 이치로 본다면 5제와 3황을 헐뜯는 것이 아니라 칭찬한 것으로 봐야 한다. 석가세존이 싯다르타 태자로서 처음 탄생할 때에 두루 7보를 걷고 눈으로 사방을 보고 한 손으로 하늘을 가리키고 또 한 손으로 땅을 가리키고 외치되, '천상천하에 내가 홀로 높도다'한 일에 대하여, 후세에 운문(雲門)대사는 이르되, '내가 그 당시에 보았더라면 한 방망이로 때려 죽여서 개를 주어 천하에 태평을 도모했을 것인데 그러지 못하여 분하다'고 한 일이 있다. 그러나 우리 선가에서는 운문이 부처님을 비방한 것이 아니라 오히려 찬탄한 것으로 보고 있는 것이다. 그러나 속자로서는 이런 뜻을 모르기 때문에 설두대사를 그르다고 한 것이다.

　일본에서는 조동종의 천계(天桂)선사라는 이가 있었고, 임제종은 백은(白隱)선사가 있었는데, 이 두 스님은 덕천(德川)시대에 종문재흥의 걸승이라는 말을 들었다. 이때에 백은대사는 준주(駿州)의 송음사 주지로 있었고, 천계선사는 같은 준주 땅에 정거사(靜居寺) 주지로 있었는데 어느 때 천계선사가 부사천(富士川)을 건너게 되어 어떤 다점(茶店)에서 쉬다가 그곳에서 가마를 메고 다니는 교군꾼인 천인에게 '이 근방에 백은이라는 천치바보 중이 있을 터인데 잘 있다더냐?'하고 물었다.

　그 주변에서는 백은화상이라면 생불과 같이 생각하고 있는 터이라 교군꾼은 화가 나서 쏜살같이 송음사로 달려가서,
"스님, 지금 저 다점에 이러이러한 인상을 가진 떠돌이 중이 와서 스님을 가리켜 말하되, 이 근처에 백은이란 천치바보같은 중 녀석이 있는 모양인데 요사이도 잘 있느냐'고 하니 이러한 말버릇이 어디 있습니까? 화가 치밀어서 두들겨 줄까 하다가 풍채가 너무나 근사하게 생겨서 일단 스님께 여쭈어 보고 거사를 하려고 뛰어왔습니다."
한다. 그러나 이 말을 들은 백은스님은 빙긋이 웃고,
"그 스님은 정거사에 계신 천계스님이시나. 나에게 욕을 한 것이 아니라 그 훌륭한 대선지식 스님이 잘 계시냐고 깍듯이 인사말을 전한 것이니라."
하고 오히려 좋은 기분을 가지고 있었다. 교군꾼이 의아하여 다시 묻되,

"어찌하여 그렇습니까?"

하였더니 백은화상이 말씀하시되,

"너희같은 사람에게 그 스님이 이르되, 내가 대선지식이 백운 스님께 들려 가고 싶으나 총총하여 들리지 못하고 가니 문안 말씀이나 잘 전해 주게 했다면 너희가 잊어버리고 말지 나에게 까지 이렇게 뛰어와서 전갈을 하여 주겠느냐. 그러니까 일부러 너희들에게 신경질이 나게 말을 해서 너희가 여기까지 온 것이 아니냐?"

했다. 그래서 그 교군꾼도 입을 딱 벌리고 웃으며 돌아가 버리고 말았다. 원래 선문에서는 서로 욕설을 하는 것이 칭찬이기도 한 것이다.

백은이나 천계가 다 〈벽암록〉 연구의 대가로서 백은은 '일면불 월면불' 구절에 대하여 삼세제불과 범천제석이라도 관(冠)을 벗을 정도로 사실상 불가사의한 일이라 하였고, 천계화상은 5제 3황에 대하여 김서방·이서방·장도령·박도령·동여인·서여인·강아진가, 고양인가, 이 무슨 물건인고 하고 평했다.

'20년래 일찍이 신고하였으니 그대를 위하여 몇 번이나 창룡굴에 내려갔는가?'라고 한 시귀는 설두대사가 자신의 수행시대를 추억하고 술회한 것이다. 또는 현재 수행하려는 젊은이를 위해 경계한 것이다.

설두대사가 '일면불 월면불'의 미묘한 법문을 손에 넣어서 대자재·대안락을 얻어 감사한 생활을 하게 되어 제황이 이 무슨 물건이냐는 견식까지 갖게 되었는데 여기까지 이르기가 보통 일이 아니다.

　가죽이 닳고 힘줄이 끊기고 뼈가 부서질 지경의 피눈물을 흘리며 공부를 하느라고 신고한 것은 그야말로 언어도단이요, 감개무량이라 도저히 지필로 그릴 수 없는 눈물을 삼킨 술회담이었다. 어떠한 수행도 그렇지만 더욱이 좌선의 수행이란 것은 보통의 고생이 아닌 것이다.

　검은 장삼에 도첩 주머니를 목에 걸고 짚신을 신고 동서를 행각하며 나무 밑과 반석 위에서 풍상노숙을 하며, 이곳저곳의 선지식을 찾아다닐 때 바로 입당(入堂)을 허락하여 주는 것도 아니요, 뜰 밑에서 3일씩 7일씩 엎드려 불면불휴의 시험을 바치고 겨우 참당(參堂)을 허락하게 된다. 그로부터 다리를 펴고 자지도 못하고 배불리 먹지도 못하고, 눈이 날리는 겨울이나 더위가 찌는 여름날에 모기에 물려 가며, 기갈과 망상과 수마와 싸워 가며, 가슴을 태우고 공부하는 일이 여간 고생이 아닌 것이다. 이렇게 20년을 지나고 보니 이것이 얼마나 지독한 고생인가?

　그러나 이러한 육체적 고통은 오히려 누어서 떡먹기다. 그 위에 정신적 고통에 이르러서는 더욱이 형언할 수가 없는 것이다. 풀을 헤치고 바람을 쐬며 깊은 도를 탐구하면서 헤매고 다니는 것은 오직 견성(見性)을 도모하는 것이니, 이 깨달음을 얻어서 자기의 본성을 밝히지 못하면 참선 납자로서 가치가 없는 것이다. 그러므로 도대체 나라는 것이 무엇인가, 나란 본체가 어떠한 것인가, 진실한 자기와 영원한 자기와 절대적인 자기가 무엇인가, 이러한 자기가 있다면 어떤 곳에 있는가?

석가 세존께서 견성대오하시고 '기이하고 기이하다. 일체중생이 다 여래의 지혜 덕상을 갖추어 있건마는 미(迷)하여서 돌이키지 못하는구나' 하셨으니 나의 몸 어느 곳에 여래의 지혜 덕상이 있는가?
  〈화엄경〉에는 '마음과 부처와 중생 이 3가지가 차별이 없나니라' 하였으나 이 욕심꾸러기인 3독 번뇌가 뭉쳐진 나에게 어떤 것이 부처와 차별이 없다는 것인가. 이것을 구명하고 참수하는 고생은 불 가운데 물을 구하고, 석탄 가운데서 황금을 구하는 것보다 더 어려운 것이다. 이렇게 어려운 공부를 하자면 10년, 20년 걸쳐서 눈물겨운 체험으로 은산(銀山)과 철벽을 뚫는 힘이 아니면 안되는 것이다.
  용(龍)의 턱 밑에는 훌륭한 여의주인 마니주가 달려 있다고 하거니와 그 구슬을 얻어서 손안에 넣는다는 것은 용이한 일이 아니다. 호랑이의 굴에 들어가지 않고는 호랑이 새끼를 얻을 수 없는 것과 같아서 청룡이 도사리고 있는 동굴에 들어가지 않으면 여의주를 구경도 할 수가 없는 것이다. 그것도 한 번이나 두 번만 들어가서 얻는 것이 아니다. 몇십 번 들어가서 청룡과 싸워서 구슬을 얻어 와야 되는 것이니, 목숨을 아껴 가지고는 안되는 것이다. 한이 있는 몸으로써 무한의 생명을 구하고 상대적인 사람으로서 절대적인 심성(心性)을 바꾸기 때문에 그 신고하는 것을 헤아릴 수가 없는 것이다.
  '굴하여 진술하노니 명안 납승은 가벼이 여기지 아니하리라 (屈堪述明眼衲僧勿輕忽).'
  그 신고의 기분을 말하자면, 벙어리가 쓴 과실을 먹고 말도 못할 심정이라. 다른 사람에게 말도 할 수 없는 정이니 눈 밝은 납승은 가볍게 여기지 않는 것이란 말이다.

이 두 글귀는 설두대사가 자기의 심각한 체험으로부터 후배를 편달한 교훈이라 귀를 기울이고 듣지 아니 할 수가 없는 것이다. 이 글귀 가운데 그대를 위한다는 위군(爲君)이란 군자는 누구를 가리킨 것인가?

이것은 자기의 마음을 가리킨 것이니 석가여래께서 49년이나 사바세계에서 법을 펴신 것도 그대를 위한 것이요, 달마대사가 만리의 창파를 건너서 중국에 오신 것도 그대를 위한 것이요, 2조(祖) 혜가(慧可)대사가 팔을 끊은 것도 그대를 위한 것이요, 자명(慈明)대사가 송곳으로 넓적다리를 찌른 것도 그대를 위한 것이요, 기타 역대 조사가 분골쇄신하고 방신사명(放身捨明)하신 것도 그대를 위한 것이니 곧 마조대사의 '일면불 월면불'의 당체가 곧 그대인 것이다. 그런즉 우리 납승이 3독 5욕 번뇌 가운데서 참된 그대를 발견하는 것이 주되는 목적이라고 하겠다.

□ 투망금린(透網金鱗)

透網金鱗을 休云滯水하라
搖乾蕩坤하고 振鬐擺尾로다
千尺鯨噴洪浪飛하니
一聲雷震淸天起로다

그물을 뚫고 나온 금빛이 나는 고기를 물에 걸려 있다고 이르지 말라
하늘을 흔들고 땅을 탕진하고 갈기고 떨치고 꼬리를 흔든다
천척의 고래가 물을 뿜어 큰 물결을 날리니
한 소리의 우뢰가 하늘을 떨친 맑은 바람이 일어나도다.

 이것은 〈벽암록〉 제49책에서 나온 글귀이다. 어느 날 삼성(三聖)이란 스님이 설봉(雪峰)스님에게 아래와 같이 물었다.
 "그물을 뚫고 나온 금빛이 나는 고기는 무얼 먹고 삽니까?"
 설봉이 답하기를,
 "네가 그물을 뚫고 나와야 너에게 말해 주겠노라."
  그런즉 삼성이 또 이르기를,
 "1천 5백인의 제자들을 지도한다는 선지식이 화두 하나도 모르는구려."
  설봉이 다시 답하되,
 "노승이 주지 일을 맡아 있노라고 답변하기 때문일세."
  삼성이라는 분은 혜연(慧然)선사라고 부르는 유명한 선사이다. 그는 의현스님의 법을 이은 대선지식이다. 그 스님이 돌아가실 때 삼성에게 물었다.
 "내가 세상을 떠난 뒤에 나의 정법안장(正法眼藏)을 끊어짐이 없게 하라."
 한즉 삼성이 대중 가운데 나와서 말하기를,
 "염려하지 마십시오. 아무리 스님의 정법안장이 끊어지게 할 리가 있겠습니까?"

임제(의현)스님이 또 이르되,

"그렇다면 내가 떠난 뒤에 어떤 사람이 와서 임제의 법이 어떤 것이냐고 묻는다면 너는 무어라고 답하겠느냐?"

삼성은 이때 큰 소리를 질러 '할'을 했던 것이다. 이 '할'이야말로 8천 대천세계가 일시에 폭발하는 것 같은 큰 '할'이었다. 임제가 이것을 보고,

"아까운 일이로다. 나의 정법안장이 눈먼 당나귀를 향하여 끊어져 멸하고마는구나!"

했다. 이 말은 겉으로 보기에는 '임제'의 법이 끊어지는 것을 탄식한 것 같지만 내용에 있어서는 나의 법이 제대로 이어 가겠노라고 찬탄한 것이다. 여기에서 '임제'는 '삼성'을 인가하고 돌아가셨다.

그러면 설봉은 어떤 분인가? 그의 이름은 의존(義存)으로서 유명한 덕산(德山)스님의 제자였다. 설봉은 대인집화에 매우 엄격한 인물이나 그가 젊어서 수업을 할 때는 부드러운 은덕을 많이 쌓은 분이다. 그리고 의지가 강하기로도 유명했다. 공부를 할 때 3번이나 투자스님에게 찾아 갔고 9번이나 동산(洞山)스님을 참배했다고 이르는 끈질긴 납자(衲子)였다.

그는 동산스님 회상에서 2천명이 공양하는 공양주로 살았다. 공양주라는 것은 밥을 짓는 소임이다. 이때에 새미있는 문답이 있다.

설봉이 쌀을 씻어 돌을 골라낼 때 이를 본 동산스님이 설봉에게 묻기를,

"너는 모래를 씻고 쌀을 씻어서 모래를 만드느냐?"

한즉 설봉이 답하여,
"모래와 쌀을 함께 다 버리나이다."
동산스님이 또 묻되,
"그러면 대중은 무엇을 먹는단 말이냐?"
했다. 그때 설봉은 별안간 담았던 광주리를 뒤집어 엎어 버리고 말았다. 이에 대해서는 선기의 비밀이니까 뭐라고 풀이할 수가 없는 것이다. 그러나 설봉스님에게 그만한 기백이 있었다는 것만은 인정할 수 있는 것이다.
 하여간 1천명 이상의 중이 먹는 밥을 지어 올린다는 것은 작은 일이 아니다. 그것도 누가 시킨 것이 아니라 자원해서 공양주를 살았다니 그의 원력이 지중한 것을 찬탄할 따름이다. 보통 사람들은 납자가 좌선하는 것을 쉽게 생각하는 사람도 있지만 사실은 공부 가운데서 가장 어려운 공부인 것이다.
 부처님께서 49년을 설법하신 〈팔만대장경〉과 그 밖에 정법안장의 마음 도리를 크게 깨쳐 달관하는 것은 쉬운 일이 아니다. 선종의 종지를 불심종(佛心宗)이라고 하는 것은 부처님의 마음을 바로 깨달으려고 하는 것이니 그야말로 분골쇄신하는 정신으로써 공부해야 하는 것이다.
 선종에서의 공부는 마음으로만 내성 반조할 뿐만 아니라 도량 안에 종이 한 장과 나무 한 뿌리라도 보고 지나치지 않고 거두며 마당 쓸기와 청 닦기에 이르기까지 세심하게 주의하여 정결하게 한다.
 한편 그러한 하역(下役)을 할지라도 아무도 보지 않는 틈을 타서 변소 청소와 같은 일로 숨겨 하는 것이다. 그런데 공부가 깊은 납자들은 그들의 문답이 초심자와 달라서 마치 용과 호랑이가 만나 서로 싸우는 격이 된다. 그러므로 그들의 입에서 나오는 변어는 불꽃을 튀기고 뇌성을 치고 번개가 번쩍거리는 것과 같다.

여기에서 삼성이 설봉에게,

"그물을 뚫고 나온 큰 고기는 무엇을 먹습니까?"

하고 물은 법구(法句)를 풀이해 보면 그물이란 것은 문자(文字)의 그물과 오도(悟道)의 그물과 교학의 그물과 기타 문학·철학·과학·정치학·윤리·도덕 하는 학문의 그물을 벗어젖히고 그 밖으로 자유롭게 뛰어나온다는 말이다.

고기가 그물 안에 있을 때는 해초나 잔잔한 고기들을 먹이로 삼지만 그물 속에서 뛰어나와 용이 된 다음에는 무엇으로서 양식을 삼을 것이냐 하는 말이다.

삼성의 뜻으로는 자기가 투망금어(透網金魚) 즉, 그물을 뚫고 나온 금빛 나는 고기가 된 것처럼 설봉에게 육박하여 물은 것이다. 그런데 설봉은 삼성에게 대하여 삼성이 아무리 투망금어로 자처하지만 설봉이 보기에는 아직 그물을 뚫고 나온 것 같지 않으니까 설봉은 기운차게 답하여 말하기를,

"네가 진정으로 그물을 뚫고 나올 때를 기다려서 너를 향하여 일러 주겠노라."

고 한 것이다. 그러나 삼성도 그 말에 떨어지지를 않고 역습하기를,

"1천 5백인의 지도자인 선지식으로서 화두 하나도 대답할 줄을 모르는구려!"

했다. 이때 삼성의 의기는 하늘을 찌를 만한 기백이었다. 그러나 설봉은 능소능대(能小能大)하고 종탈(從奪)이 자재한 선지식인지라 슬쩍 넘기면서 말하기를 ,
 "노승이 절을 맡아 가지고 주지 노릇을 하느라고 다번해서 미처 살피지를 못하였노라."
한 것이다. 이것은 상대가 강하게 나오면 이쪽은 오히려 유(柔)로써 부드럽게 대하는 능란한 술법이다.
 보통 사람으로서는 엿볼 수 없는 장면이다. 그리고 설봉은 그야말로 선도(禪道)니 불도(佛道)니 하여 알았다는 티가 조금도 없으며, 대적이라고 해서 두려워할 것도 없고, 소적이라고 하여 업신여기지도 않고 유유자적하여 낭패없이 상대하여 대답한 것이다. 그러므로 삼성은 1천 척이나 되는 고래가 물을 뿜어서 큰 물결을 날린 것이지만 설봉은 '노승이 주지 노릇을 하기 때문에 다번해서!' 하며 가볍게 받아들인 것이 마치 큰 소리의 우뢰가 뇌성을 치면 맑은 바람이 일어나고 맑은 바람 끝에는 소나기가 쏟아지고, 소나기가 멎은 뒤에는 밝은 태양이 비추어져 천하가 명랑하고 태평양을 잡아 희롱한 것이다.
 이것을 되풀이 하여 말하면 삼성이 '투망금어는 무엇으로써 먹이를 삼느냐?'고 물은 것은 바람없는 해면에 물결을 일으킨 것과 같고, 설봉이 '네가 그물에 뛰어나옴을 기다려서 이르겠노라'고 한 것은 청천 하늘에 우뢰치는 것 같고, '노승이 주지로 있어서 다번하다'는 것은 맑은 바람이 부는 것과 같은 것이니, 비가 멎은 끝에 맑은 바람이 불면 서늘한 기분이 되어 번뇌의 열기가 가시어졌다는 말인 것이다.

부처님도 이 맑은 바람, 즉 청풍을 불러일으키기 위해 6년 동안 고행 끝에 도를 깨달아 49년간을 설법을 하셨고, 달마대사도 이 청풍을 깨닫기 위해 9년간의 면벽을 하신 것이다. 그러나 이 하늘 아래 땅 위에 이 청풍의 맛을 아는 자가 몇이나 될까?
 내가 알기로는 설두스님 외에는 이 소식을 아는 자가 없을 것 같다. 짐짓 오늘의 대중은 이 소식을 알겠는가?

人人脚下에 淸風拂이요
個個面前에 明月白이로다
사람 사람의 다리 아래로 청풍이 떨치고
낱낱의 얼굴 앞에 명월이 밝도다.

□ **병각인후(倂却咽喉)**

和尙也咽喉倂却하라
龍蛇陣上着謀略하니
今人長億李將軍과
萬里天邊飛一鶚이로다.

화상은 또한 인후를 막아 보소서
용사진상에 모략을 보니
사람으로 하여금 길이 이장군과
만리 하늘가에 날아가는 독수리를 생각케 하네.

이것은 〈벽암록〉 제70척의 백장스님의 병각인후(倂却咽喉)에서 나온 송(頌)인데 본칙을 들면 다음과 같다.

 백장(百丈)스님이 오봉(五峰)스님에게 묻되,
"목구멍과 입술을 꼭 막고 말해 보라."
하였더니 오봉이 답하되,
"스님이 한번 인후와 입술을 꼭 막고 일러 보시오."
"사람이 없는 곳에서 손을 이마에 대고 너를 바라보리라."
한 것이니 오봉을 추켜 세워서 한 말이다. 이에 대하여 설두스님이 송을 부친 것이니 화상이 또한 인후와 입술을 꼭 막고 일러 보라 하니 용사진상(龍蛇陣上)에서 모략을 보는 것이라 하겠다.

 이것은 설두가 역시 오봉을 칭찬한 말이다. 제갈공명(諸葛孔明)의 8가지 진치는 가운데서 용사진법을 인용한 것으로서 모략을 본다고 하는 것은 어느 때는 단기 일기(一騎)로 나아가고 어느 때는 다수한 병사와 같이 나아가고 혹은 퇴하여 천벽만화의 움직임을 가르친 것이다.

 '이장군'이란 이광(李廣) 장군을 가리킨 말로서 이장군은 활을 잘 쏘는 장군으로서 오봉을 이장군에 비한 말이고, 오봉의 전략을 칭찬해서 한 말이다. 만리천벽에 한 독수리를 날린다는 말은 이장군이 아니면 만리 허공에 날아가는 독수리를 쏘아 떨어뜨리기 어렵다는 것이니 백장스님을 독수리에 비유하고, 그것을 쏘아 떨어뜨리는 이장군은 오봉에게 비유한다는 것이다.

 선사가 납자에게 선기(禪機)를 보기 위해 억지소리를 하는 경우가 많은데 백장스님이 오봉에게 목구멍의 인후와 입술을 꼭 막고 한마디 일러 보라고 하니까 '오봉이 영래가 밝은 사람이라 스님이 먼저 인후와 입술을 꼭 막고 한번 일러 보시오' 하고 역습을 하니 백장이 몰리게 된 것을 거양(擧揚)한 것이다. 그러나 그렇다고 하여 백장스님이 몰린 것은 결코 아닌 것이니, 왜냐하면 백장스님이 오봉의 기략을 보기 위해 일부러 시험하는 투로 물어 본 까닭이다.

〈병각인후(併却咽喉)〉의 법문은 이만큼 해두고 이제부터 백장이 어떠한 스님인가를 들어 보겠다.

백장(百丈)스님은 중국 복건성 장락(長樂) 땅의 출생으로 속성은 왕(王)씨이다. 어려서 어머니를 따라서 절간을 다녔다.
 절간에 갔을 때 불상에 예배를 드리고,
"이게 무슨 물건이냐?"
고 어머니에게 물었다. 어머니가 이 불상은 큰 성인이신 부처님이라고 가르쳐 주었더니 어린 백장이 하는 말이,
"저 부처의 형용이 사람과 다르지 아니 하니 나도 장래에 부처가 될 것이야!"
하고 말을 하였으므로, 사람들이 놀랐다고 하는 사연이 선사의 전기에 기록되어 있다.

 백장스님은 어려서 출가하여 계(戒)·정(定)·혜(慧)를 수락했다. 그런데 마조대사가 강서로 행화(行化)함에 미치어 백장은 그 덕풍에 마음이 기울어져서 마침내 그의 제자가 되어 따라다녔다. 그 뒤 스님은 서당(西堂)의 지장(智藏)선사와 같이 마조화상에 실참실구(實參實究)하였으므로 마조 밑에 3대사라

는 칭호를 받기도 했다.
 어느 날 마조대사와 같이 길을 걸을 때 들오리 한 떼가 날아가는 것을 보고 백장에게 마조대사가 물었다.
 "저것이 무엇이냐?"
 "들오리올시다."
 "어떤 곳으로 날아가느냐?"
 "벌써 날아가고 말았습니다."
 백장스님의 이 말이 떨어지자마자 마조대사가 별안간 백장의 코를 잡아 비틀어 버렸다. 백장은 코가 몹시 아파 자기도 모르는 사이에 '아야, 아야'하고 비명을 질러대더니 이때 마조대사가 이르기를 '날아갔다고 하더니 거기에 있었구나. 어찌하여 날아가지 못하였느냐?'고 고마운 가르침을 내리자 백장은 그 말을 듣고 크게 깨달아서 그 이튿날에는 마조대사의 설법하는 자리에 나아가서 큰 대기대용(大機大用)을 나타냈다. 그렇기 때문에 마조대사는 말씀하되,
 "네가 깊이 어저께 일을 밝혔느니라!"
하고 칭찬하고 인가를 내리셨다.
 그 뒤에 백장스님은 강서성의 홍주 대웅산 대지선사(大智禪寺)에 주지가 되었다. 이 사찰은 당나라의 선종황제의 칙명에 의해 창건된 절이다. 그런데 백장선사라고 이르는 것은 이 사찰이 백장(百丈)이나 되는 높은 반석 위에 건축되었기 때문에 세상 사람들이 이 산을 '백장산'이라고 부르게 되었고, 선사도 또한 이 백장산에 계시었다고 하여 백장선사라고 부르게 된 것이다. 선사의 본명은 회해대지(懷海大智)선사였다.

백장선사에게 유명한 일화가 한 토막 있으니 그것은 여우를 제도한 인연 설화이다.

백장선사가 법을 설할 때면 언제나 한 노인이 회상에 끼어 앉아서 선사의 설법을 듣고 가곤 했는데 하루는 대중이 다 헤어져 갔는데도 그 노인은 물러가지를 않고 있었다. 그래서 백장선사가 그 이유를 물었더니 노인이 말하되,
"나는 사람이 아니라 여우입니다. 나도 일찍이 이 산중에서 소위 선지식이란 말을 듣고 백장이란 이름으로 스님과 같이 수백 명의 납자들을 지도하고 있었는데, 하루는 어떤 납자가 나에게 와 묻기를 '크게 수행한 사람도 인과(因果)에 떨어집니까?' 하기에 내가 대답하되, '인과에 떨어지지 아니 하느니라(不落因果)' 하였더니 법문을 잘못 설한 과보로 5백년 동안을 여우 몸을 받고 있으니 원컨대 나에게 좋은 법문을 설하여 주시어서 이 과보를 벗게 하여 주소서."
했다. 그래서 선사가 이르기를,
"그렇다면 전에 그 납자가 너에게 묻듯이 네가 나에게 다시 물어 보아라."
했다. 노인이 일어나 절하고 묻되,
"크게 수행한 사람도 인과에 떨어집니까?"
하기에 백장선사가 이르기를,
"인과에 매하지 않느니라(不昧因果)."
하였더니 그 노인이 즉석에서 깨달았다고 물러가면서 이르되,
"제가 여우 몸을 뒷산 바위굴에 벗고 가겠사오니 망승(亡僧)

의 화장 예식에 의하여 다비작법을 법답게 잘하여 주소서."
하고 가버리고 말았다.

 백장선사는 그 이튿날 공양을 마친 후에 대중에게 오늘은 망승의 다비화장을 할 일이 있으니 나를 따라오라고 했다. 대중은 생각하기를 '그동안에 앓는 납자도 없었고, 또한 열반종도 울리지 아니 하였는데 어디로 간단 말인가?' 하고 따라 나섰더니 선사는 뒷산의 굴속으로 가서 지팡이로 죽은 여우 시체를 끌어내어 법답게 화장을 하고 말하되,

 "여우는 전백장이요, 나는 후백장인데 전백장은 법문 한 마디를 잘못 설해서 5백생의 여우가 되고, 후백장은 법문을 올바로 설해서 전백장의 여우 몸을 벗게 하였느니라."

했다. 그런데 그날 저녁에 화상이 상단(上壇) 법문을 하면서 전백장의 사연 이야기를 하였더니 제자 가운데 황벽(黃蘗)이 일어나서 묻되,

 "고인이 말 한마디를 잘못해서 그 과보로 여우가 되었다고 하오니 만일 그 때에 전백장이 바로 일러 주어 가르치지 아니 했다면 전백장은 그간에 무슨 물건이 되었겠습니까?"

하고 물었다. 그랬더니 백장선사가 황벽에게 말하되,

 "앞으로 가까이 오너라. 그러면 가르쳐 주겠노라."

했다. 언하(言下)에 황벽이 가서 별안간에 '벽장'의 뺨을 보기 좋게 갈겼다. 여느 사람 같으면 백장선사가 크게 노할 일이지만 역시 지음(知音)끼리 만난 자리인지라 백장선사가 껄껄 웃으면서 이르되,

 "나는 되놈의 수염이 붉은 줄만 알았더니 다시 붉은 수염을

가진 되놈이 있구나!"
했다. 이것은 황벽을 찬양해 준 말이다.

 그런데 백장선사는 법문도 유명하지만 그 보다도 '백장청규'라는 총림의 규칙을 정해 놓은 것이 더 유명하다. 이 총림의 제도가 정해졌기 때문에 중국에 소위 불심종(佛心宗)이란 선종이 다른 종파보다 우뚝하게 되었던 것이다.

 백장선사가 나오기 전에는 선종이 있어도 유야무야로 자못 기세를 올리지 못하였는데 백장이 나와서 노병 비구를 위하여 총림제도를 마련하고 선종 특색의 건물을 세워 소승계니 대승계니 하는 잔털같은 결율을 물리치고 납자가 지켜야 할 '청규'를 다시 만들어서 선승을 지도한 것은 재래 불교에 대한 일대 혁명이라고도 볼 수가 있는 것이다. 이 같은 백장의 총림제도가 마련된 후로부터 법의 기를 높이 세우고 사방에서 모인 운수납자를 제접하게 되어 그야말로 불심종인 선종의 종지를 거양하게 된 것이다. 이것 하나를 들어서라도 백장은 선종에 불멸의 공적을 세운 스님이다.

 '하루를 일하지 아니하면 하루를 먹지 않는다(一日不作一日不食)'는 말은 백장선사의 유명한 좌우명으로서 유명한 일화가 있다.

 백장선사는 80여세가 되었음에도 한결같이 낮이면 괭이와 호미와 가래를 들고 노동을 하였는데 이를 보는 대중은 노구가 안타까워서 그만하시고 방장실로 들어가서 편히 쉬시라고 해도 그 말을 듣지 아니했다. 그래서 하루는 대중이 백장선사가 쓰던 연장을 감쪽같이 감춰버리고 말았다.

 백장은 여느 날처럼 일을 하려고 연장을 찾아보니 모두 숨겨져서 하나도 찾을 수가 없었다. 그날로부터 백장은 대중에게 대하여 단식투쟁을 시작했다. 대중은 식사를 하고 있는데도 백장은 대중공양인 식사에 참례하지 아니했다. 이것이 하루도 아니요, 이틀 사흘이나 되었다. 그래서 시자가 방에 들어가 선사에게 공양에 참석하지 아니하는 이유를 물었더니,

 "하루를 일하지 아니하면 하루를 먹지 않는 것이 나의 신조인데, 너희가 내 연장을 감춰서 내가 일을 할 수 없으니 내가 굶을 수밖에 더 있겠느냐!"

고 했다. 그래서 그 다음부터는 대중도 말릴 도리가 없다고 생각하고 감춰 둔 연장을 갖다 바쳐서 돌아가실 때까지 일을 하시게 하고, 대중도 따라서 일하기를 꺼리지 않았다. 그래서 선종에서는 이론보다 실천을 앞세우게 된 것이다. 백장의 법문은 많으나 그 가운데 대표되는 장문이 있으니,

 靈光獨耀하야 迥脫根塵하니
 體露眞常이라 不拘文字로다
 眞性無染하여 本自圓成하니
 但離妄緣하면 卽如如佛이니라

 신령한 광명이 홀로 빛나 멀리 6근 6진을 벗어나니
 본체의 진상을 드러낸지라, 문자에 구애됨이 없도다
 진성은 불들지 아니하여서 본래 원만하게 이루워졌으니

다만 망연을 여의면 곧 부처와 같도다.

이것은 어떤 납자가, '어떤 것이 부처이오니까?'고 물을 때, 백장이 갈파하신 법구로서 아주 직설 간명한 법문이라고 하겠다. 수도하는 납자는 이 장문을 좌우명으로 삼고 닦아 나가면 누구나 틀림없이 견성성불을 할 수가 있다고 믿는 바이다. 그런즉 현전 대중은 먼저 앞에 말한 백장선사의 행적을 생각하고 선(禪)의 진제(眞諦)에 직참(直參)하여 진인(眞人)을 체득해서 이 생활을 통해 나아가서 국가와 사회 인류에게 큰 공덕을 심어 주기 바라는 마음 간절하다.

□ **참선 제일(參禪第一)**

無量行門中에
參禪爲第一이라
千千萬萬生에
直坐如來室이로다.

헤아릴 수 없이 많은 수행문 가운데
참선이 오직 제일이라
천생 만생에
바로 부처님 방에 앉음이로다.

위에 든 것은 조선시대 중엽에 한국 불교를 중흥하고 임진왜란에 나라를 위하여 그 제자들과 같이 불멸의 큰 공을 이루어 놓으신 서산대사(西山大師)의 법문이다.

 서산대사는 교학에도 누구 못지않게 해박하신 분이요, 유교에 대해서도 정통하신 분인데 더욱이 불교 가운데도 선지를 깨달아서 한국 불교 선종의 특색을 나타내신 분이다. 서산대사의 〈오도송(悟道頌)〉에 보면,

髮白心非白
古人曾漏洩
今廳一聲鷄
丈夫能事畢

머리는 희되 마음은 희지 않다는 것을
옛사람이 일찍이 누설하였는데
이제 닭 우는 한 소리를 듣고
대장부의 할 일을 마치었네.

 이러한 것이 있으니 이것은 대사께서 확철대오(廓撤大悟)를 하시고 읊은 것이다.

 머리는 희되 마음은 희지 않다는 것은 출처가 있으니 잠간 들어 보기로 한다.

 옛날 인도불교 시대에 초조·가섭존자로부터 제3조가 되는 상나화수(商那和修) 존자가 우바국다(優婆麴多)라는 어린 제

자를 얻어서 시자를 삼았다. 어느 날 상나화수는 우바국다에게 묻기를,

"네 나이 몇 살이냐?"

"십칠세올시다."

라고 대답했다. 이때에 상나화수 존자는 우바국다의 선기(禪機)를 보려고 다시 말씀하시되,

"너는 몸이 십칠세냐, 아니면 마음이 십칠세냐?"

고 물었다. 그랬더니 우바국다가 상나화수 존자를 쳐다보고는,

"지금 제가 스님의 머리털을 쳐다보니까 호호백발이 되셨으니 스님의 머리털이 희었습니까? 스님의 마음이 희었습니까?"

하고 반문했다. 그래서 상나화수 존자가 답하기를,

"나는 다만 머리털만 희어진 것이지 마음이 흰 것이 아니다."

했다. 그랬더니 우바국다도 대답하기를,

"저도 몸이 십칠세가 된 것이지 마음이 십칠세가 된 것은 아닙니다."

했다. 우바국다 선기의 놀라움에 감탄한 상나화수 존자는 그를 격려하고 잘 지도하여 인도 불교계의 대종장이 되게 했다.

서산대사의 〈오도송〉에 '옛사람이 이미 누설했다'는 말은 상나화수와 우바국다가 사자(師資) 간에 문답한 것을 가리킨 것으로서 서산대사도 이와 같이 나이도 상관없고 빛깔도 아랑곳 없고 마음자리를 깨쳤다는 이야기이다.

사람은 누구나 육체와 정신을 소요하고 있다. 육체는 나이도 먹고 머리도 희어져서 변질하여 필경에는 없어지는 한정된 유한생명이지만, 정신은 나이도 없고 청·황·적·백의 빛깔도

변질되지 않는 무한생명인 것이다.

 참선은 이 무한생명인 마음을 깨닫게 하는 공부인즉, 그야말로 제일가는 공부라고 아니 할 수 없는 것이다. 고인은 또 이르기를,

持經三千劫
誦經八萬歲
不如半食頃
端坐念實相

3천겁이나 계행을 갖고
8만년 동안 경을 욀지라도
반 그릇의 밥을 먹을 사이에나마
단정히 앉아 실상인 마음을 찾아 생각하는 것만 못하니라.

했다. 장수선사(長水禪師)는,

見畵跏趺坐
魔王尙警怖
何況修道人
端身不傾動

그림으로 된 선객의 모습만 보고도
마왕이 놀라 나자빠지거던
하물며 선정에 든 사람이

몸을 단정히 하고 움직이지 아니하고 앉았을 때는 어떠하겠는가.

하였고, 중국 당나라 때 청량(淸凉)국사와 같이 천하에 이름을 떨치던 규봉종밀(圭峯宗密)선사는,

禪定一門 最爲神妙
不法大海 除此無門

선정 한 문이 가장 신묘한 것이니
불법 바다에는 이것을 제하고는 다른 문이 없느니라.

고려 말엽에 목은(牧隱) 이색(李穡)은 유교의 대가요, 대문장가요, 명필이었으며 나라에 벼슬이 높아 대제학을 지내고 판서급에 있었던 분이지만 말년에는 모든 것을 다 버리고 참선에 힘써 공부하여 안심을 얻었다. 그가 지은 시에 이런 글이 있다.

吾生愛禪寂
旣掛紅塵冠
借師坐具地
庶以求安心

나는 선적을 사랑하였기에
이미 인간에 벼슬 살던 관을 벗고

절에 들어와 스님네의 방석을 깔고 앉아서
안심을 구하기를 원하노라.

이것을 보더라도 안심의 제일 방법은 참선밖에는 없는 것이다. 사람은 누구나 어려서는 학교를 다니며 공부를 하느라고 인생이 지루한 것을 모르고, 젊어서는 회사 또는 관청에 나가거나 아니면 농업, 상업 등 사업에 열중하여 가족의 생활을 꾸려가느라고 인생이 지루한 것을 잘 모른다. 그러나 노경에 이르러서 정년퇴직을 당하거나 기력의 쇠퇴로 사업장에서 물러나게 되면 이때에 이르러서는 인생의 지루함을 느끼게 되는 것이다.

주색도 '불금이자금(不禁而自禁)'으로 취미가 없게 되고, 독서도 눈이 어두워져 안경을 쓴다 해도 보기가 싫어진다. 더구나 무식한 사람은 그나마도 불능하다. 또 백병이 병출(竝出)하여 몸이 편할 때가 없다. 그런 가운데 젊은 사람들은 늙은이를 경이원지(經而遠之)하여 곁에 오지 않고 피해 가기 때문에 점차 사람과 접촉하기도 어려워진다. 그래서 고인은,

老去人之賤
病來親也疏
平生情來義
到此盡歸虛

늙어가니 사람들에게 천대만 받게 되고
병이 드니 친한 이도 성기게 되네

평생의 정과 의를 말도 마소
이때를 당해서는 다 허공을 날아가고 말았네.

 이렇게 노인의 생태를 시로 읊었거니와 사람은 늙어지면 한심하게 되는 것이다. 더욱이 사랑하는 이를 잃은 한과 고독에 이르러서는 백자천손(百子千孫)이 있다 해도 외로운 마음을 금할 수가 없는 것이다.
 낮과 밤이 길어 시간이 지루하기가 그지없는 가운데다 불면증이 들어 잠까지 오지 않을 때는 괴로운 마음을 더욱 금할 수 없는 것이다.
 그러나 평소부터 참선에 뜻이 있었던 사람은 늙어지면 모든 일이 없어져서 오히려 공부하기에 가장 좋은 기회를 만난 것이 된다.
 공부하기가 바쁘기 때문에 시간이 지루한 줄 모르게 된다. 그뿐 아니라 인생의 그지없는 진미를 보람있게 체험하게 된다. 그러기 때문에 남녀간에 늙어지면 절을 찾는 이가 많은 것이다. 젊어서는 불교의 고상한 법문을 들어도 귀에 들어오는 것이 별로 없었지만 늙어서는 부처님의 법문을 들으면 글귀마다 탄복이 되고 말씀마다 금과옥조로 들리게 된다. 따라서 생사를 잊어버리고 영원한 자기의 생명을 응시하고 즐길 수가 있는 것이다.

初觀夢夢達根塵
後擧誰誰索主人

後此豁開千聖眼
大千沙界是身

 처음에는 일체사가 꿈이라 관찰하여 안으로 6근(眼·耳·鼻·舌·身·意)이 공허하고, 밖으로는 6진(色·聲·香·味·觸·法)이 허망한 것에 도달하며, 뒤에는 '나'라는 참된 '나'가 누군가를 의심하여 참된 '나'를 찾아라. 이로부터 천성인이 깨달은 눈을 열게 되면 삼천대천 3가지가 곧 나와 한몸인 것을 느끼게 되느니라.
 이상 든 시는 초심 납자의 공부하는 방법을 말한 것이거니와 늙은 사람이라도 이런 공부를 할 것 같으면 인간의 진지한 맛은 무엇이라 헤아릴 수 없는 것이다. 그러므로 고인도 참선이 제일이라고 말하였거니와 나도 또한 참선이 제일로 알고 대중에게 알리는 것이다.

□ **정법안장(正法眼藏)**

 '정법안장'이란 것은 청정한 법안(法眼)을 가리킨 것이니, 선가(禪家)에서 교외별전(敎外別傳)인 심인(心印)을 지적하여 말하는 것이다. 이 정법안장의 출처는 석가모니 부처님께서 영산회상에서 백만 대중에게 꽃을 들어 보임에 가섭존자가 빙긋이 미소하였던 까닭으로 부처님께서 눈여겨보시고 나의 정법안장과 열반묘심을 가섭에게 전한다는 데서 비롯한 것이다. 이것을 더 구체적으로 말하면 〈대범천왕문불결의경(大梵天王文佛決疑

經)〉 제3권 염화품 제2에서 나온 말이다.

경에 의하면 대범천왕이 영산회상에 나아가 금색 우바라화 한 송이를 세존께 올렸더니 세존께서 법상에서 이 꽃을 손으로 번쩍 들어 백만대중에게 보이셨더니 모두 방조하여 어리둥절하고 있는데 오직 가섭존자만이 미소했다.

세존께서 이것을 보시고 말씀하시되, '나에게 있는 정법안장을 가섭에게 전한다'고 하셨다. 이것이 〈인천보감록(人天寶鑑錄)〉에 실려 있는데 대범천왕문불결의상이라는 것이 후세에까지 전하여 있지 않기 때문에 선교학자들간에 잡음이 많은 것이다. 그러나 이 상전이 전하여 있지 않다고 하여 부인할 수는 없는 일이다.

그러면 〈정법안장〉의 내용이 무엇인가? 이것이 문제인데, 그것은 그야말로 언어와 문자를 떠나서 교 밖에 별전으로써 마음에 전하는 이심전심의 것이니 말을 붙이거나 글자로 쓸 수 없는 것이다.

예를 들면, 어느 날 세존께서 설법을 하시려고 법상에 올라앉아 계시거늘 문수보살이 법요거행 때에 대중에게 알리는 나무쪽 같은 것을 치고 '딱'하는 소리를 내며 말하되, '자세히 법왕(法王)의 법을 관찰하니 법왕의 법이 이와 같나이다(談觀法如是)한데, 세존께서는 한 마디의 말씀도 아니하시고 법상에서 내려오시고 말았다. 또 외도(外道)가 세존께 와서 묻되,

"말이 있는 것도 묻지 않고, 말이 없는 것도 묻지 않나이다. 이때가 어떠합니까?"

한데 세존께서는 아무 말씀도 없이 몸만 조금 움직이는 체 하

시고 선정에 드셨다. 그러하였더니 외도가 찬탄하여 사뢰되,
"세존이시여, 대자대비를 베푸셔서 나의 미혹을 열어 주셨나이다."
하고 큰 절을 하고서 물러갔다. 이때 시자인 아난이 묻되,
"지금 왔던 외도가 세존의 말씀도 듣지 않고 무슨 도리를 얻었다고 하며 칭찬을 하고 물러갔습니까?"
 이에 세존이 말씀하시되,
"약삭빠른 이 지혜 있는 양마(良馬)는 채찍의 그림자만 보고도 달려가거늘 우매한 너 같은 자는 옛날과 같고, 내 앞에 멍하고 앉아 있을 뿐이로구나."
하셨다. 또 양무제는 쌍림부대사(雙林傅大士)가 선지식이란 말을 듣고, 하루는 초청하여 설법을 청하였더니 부대사가 법상에 올라 죽비같은 자막대기로 법상을 한번 후려치고는 법상에서 내려오고 말았다. 이것을 본 양무제가 어리둥절하니까 지공(誌公)화상이 이르되,
"부대사의 법문이 이것으로써 이미 마쳤나이다."
했다.
 또 유마회상(維摩會上)에서 32보살이 각각 불이법문을 실시하고 마쳤는데 문수보살의 차례에 이르러서 유마거사의 청에 의하여 불이법문을 설하게 되었다. 그리하여 문수보살이 말씀하시되,
"나는 일체법(一切法)에 대하여 언설이 없는 것(無言無說)이 불이법문이라고 생각하나이다."
하고 도리어 유마힐거사에게 불이법문을 설해 달라고 청하니

유마거사는 정좌하고 말이 없이 선정에 들어앉아 있었다. 그래서 문수보살이 찬탄하되,

"장하시고 훌륭하십니다. 참으로 둘이 아닌 불이법문을 옳게 설하셨습니다."

했다.

또 낭주자사(郞州刺使)인 이고는 약산(藥山)화상의 도풍을 듣고 약산화상을 오시라고 초청하였으나 화상은 끝내 오지 않았다. 그래서 어찌할 수가 없어서 이고가 약산화상을 찾아갔더니 인사를 해도 화상은 본 체도 아니하고 경책만 보고 앉아 있을 뿐이었다.

이에 이고가 화가 나서 말하되,

"얼굴을 본 것이 이름을 들은 것만 같지 못하구나."

하고 돌아서서 가려니까 약산이 불러 말하되,

"태수는 어찌하여 듣는 귀만 귀하게 여기고 보는 눈은 천하게 여기는가?"

했다. 이고가 감탄하고 되돌아서서 묻되,

"스님, 어떤 것이 도(道)입니까?"

하였더니 약산이 손을 들어서 상하를 가리키고,

"알겠는가?"

한다. 이고가,

"모르겠나이다."

하였더니 약산이 말하되,

"구름은 하늘에 있고 물은 병에 있느니라(雲在靑天 水在瓶)."

한다. 이고는 이 말을 듣고 도를 깨쳤다고 한다.

이상에 든 것이 정법안장을 보인 내용이니 이 정법안장은 말 없이 이심전심하는 법을 가르치는 것이라 하겠다.
 송나라 때 대혜종고(大慧宗杲)라는 스님이 〈정법안장〉이란 책을 엮어 놓은 것이 있는데, 이 안에 수록된 것이 모두 선사들이 납자들에게 선지(禪旨)를 보여 준 것들이다. 그러므로 선학에 뜻을 둔 사람은 귀로 듣고 입으로만 말하는 구이지학(口耳之學)을 버리고 이심전심의 선지를 깨달아야 불조의 정법안장을 준수받을 것이라고 했다.
 그러므로 정법안장이란 것은 불조의 종지를 보이되 말이 없이 보인 것이라고 하겠으니 말은 여원법문은 무량묘의(無量妙義)를 함축한 것이니 유마거사의 일묵여뢰(一默如雷)라는 것이 이것을 가리킨 것이라고 하겠다.

□ **결제설법(結制說法)**

 이 한 물건은 본래부터 일찍이 생한 일도 없고, 일찍이 멸한 일도 없어서 무상무형(無相無形)하고, 무명무자(無明無字)하여, 한 일도 없어 시간적으로 옛과 이제인 고금이 없으며, 공간적으로는 동이니 서니 방소를 가릴 수도 없도다. 그러므로 무두무미(無頭無尾)하여 머리도 없고, 꼬리도 없으며 무성무취(無聲無臭)하여 소리도 없고 냄새도 없도다. 그렇지만 이것이 별나서 밝기는 해와 같고 검기는 칠과 같은데 이것이 항상 행주좌와(行住坐臥) 속에 움직이는 가운데 있으되 거두어서 볼 수가 없도다.

 산승(山僧)이 금일에 부질없이 거두어 얻어서 여러분 얼굴 앞에 들어 비치노니 여러분은 이것을 얻어 알겠는가? 다만 바로 이렇게 안다고 하더라도 둔근(鈍根)임을 면하지 못할 것이요, 다시 머뭇거리고 계교상량(計較商量)으로 알려고 하면 당나귀라 해도 보지 못할 것이다. 왜냐하면 그 자리에는 선학을 말하고 학교를 말하더라도 좋은 살을 찔러서 부스럼을 만드는 셈이요, 경장(經藏)으로 말하고 논장(論藏)을 말할지라도 논 가운데 가루가 들어간 셈이다.

 산승(山僧)도 금일에 선이라고 말할 수도 없고, 교라고도 말할 수가 없다. 그러나 삼세제불이 설할 수가 없고, 역대 조사가 전할 수가 없고, 천하 노화상이 투득(透得)할 수가 없는 것을 금일에 일시에 잡아낼 것이다. 주장자를 번쩍 들었다가 횡으로 잡고 이르되, 이 소식을 알겠는가.

 이 소식을 안다면 곧은 마디에 심(心)이 빈 것만 알 뿐만 아니라 또한 구름을 일으키고 비가 오게도 할 것이다. 그러나 이렇게 친절하게 일러도 모른다면 군말을 덧붙여 일러 보겠다.

 이 선지를 깨닫는 일은 재가와 출가도 상관없고, 구참 신참도 상관없고, 다겁(多劫)의 훈련도 간절히 공부하다가 개발할 때 있는 것이니 다만 당인의 진실한 일념으로 석실하게 믿고 참구하는데 있는 것이다. 그런 까닭으로 부처님께서도 말씀하시기를 믿음은 도의 근원과 동덕의 어미가 되고, 일체의 모든 착한 법을 기르며, 믿음은 반드시 여래지(如來地)인 부처님 땅에 이른다고 했다.

여러분이 사사로운 일을 지시할 때이거나 공사를 판단할 때이거나 혹은 영접하고 환답하며, 혹은 차를 마시고 바둑을 둘 때 아는 체하는 놈이 무엇인가 의심하여 보라.

이렇게 의심해 오고 의심해 가며 참구해 오고 참구해 가며, 보아 오고 가면 부지불각 중에 크게 한번 웃게 될 때가 있으리 이런 때에 이르러서야 비로소 이 난대사를 판단하게 되는 것이니 이 참선 공부로써 깨닫는 일은 본디부터 삭발염의한 스님에게만 있는 것도 아니요, 계율을 지키고 고행하는 데에만 있는 것도 아닌 것이다.

선사 강사와 이판사판도 물을 것이 없고, 백의 신자로서 사농공상의 계급을 물을 것도 없이, 어떤 선지식에서라든지 바른 법문을 듣고 오른 선심을 발하여 간절하게만 의심하고 힘쓰면 누구든지 견성성불을 할 수가 있는 것이다. 그러므로 이 선 공부는 장기, 단기의 기간을 설정할 필요도 없는 것이지만, 부처님 때부터 4월 15일에 공부를 시작(結制)하여 7월 15일에 마치는(解制) 기간을 두고 해 왔으므로 제방 사찰에서는 이에 의해 여러 사람이 모여서 구순(90일)을 안거(安居)하며 정업(淨業)을 같이 닦는다는 규례가 되어 오늘도 이 규례에 의해 결제법문이라는 것을 알게 된 것이다.

□ 해제설법(解制說法)

四月十五當結制

七月十五方解制
淸風衲子聚散如是
夏去秋來新舊亦變

4월 15일에 결제하여
7월 15일에 바야흐로 해제를 하니
청풍납자가 다시 헤쳐지는지라
여름이 가고 가을이 당도하니 신구가 변하도다.

(주장자를 들어 횡으로 잡고 이르되) 이것이 맺은 것이냐 푼 것이냐, 이것이 간 것이냐 온 것이냐, 이것이 모인 것이냐 헤친 것이냐, 이것이 새 것이냐 헌 것이냐, 이것이 분한 것이냐 불변한 것이냐, 이 자리는 맺음도 얻을 수 없으며, 푸는 것도 얻을 수가 없으며, 모임도 얻을 수가 없으며, 헤침도 얻을 수가 없으며, 가는 것도 얻을 수가 없으면 오는 것도 얻을 수가 없으며, 변함도 얻을 수가 없으며 변치 아니함도 얻을 수가 없도다. 이미 총이 얻을 수가 없을진대 필경에 이것이 무엇인가.

剔起眉毛親見澈底하라
堂堂的信肯是葛藤이로다

눈썹을 긁어 일으키고 친히 보아 사무치라
당당하게 적실히 다 이것이 갈등임을 믿을지로다.

그러나 이것은 한 생각을 쉰 분에게 이르는 말이다. 만약에 그렇지 못하여 90일 동안을 계속하여 공부를 하되, 죽을 힘을 다하여 애를 써 왔더라도 한 생각을 쉬지 못한 이는 땅을 파고 하늘을 찾음(堀地討天)이라, 천이나 만이나 틀린 것(千錯萬錯)이라 할 것이니 만약에 이대로 공부를 성취하지 못하고 죽어서 화탕(鑊湯) · 노탄(爐炭) · 검수(劍樹) · 도산(刀山)의 지옥에 떨어지게 당적할 것인가?

고인이 이르되, 비록 공부를 하여 일지반해(一知半解)를 얻었다고 할지라도 공부를 계속하지 아니하면 행은 궁자(窮子)와 같고, 해는 전광과 같아서(行如窮子解似電光) 번갯불 속에서 잠깐 산천과 인물을 볼 수가 있으나 경작 간에 다시 어두워져서 아무 것도 보이지 않는 것과 같은 것이니 비록 결제 공부시에 다소 힘을 얻었다고 하여 놓아버리면 다시 매하기가 쉬운 것이니 해제를 했다고 하더라도 공부를 쉬어서는 아니 되는 것이다.

각기 간직하고 공부하는 화두가 어느 때는 명백해지고 어느 때는 흐려져서 명백하지 못하고, 어느 때는 나타나지 않아서, 혹 있다가 없다가 하며, 혹 계속하여 되었다가 끊어졌다가 하는 것은 신심이 견고하지 못하고 입지가 굳지 못함이다.

이와 같이 허송세월을 해서 남의 시주 은혜만 받다가는 후시(後時)에 죽어서 염라대왕에게 붙들려 밥값을 계산하여 시주의 은혜를 보상함을 면치 못하게 되어 소도 되고 말도 되고, 돼지도 되고 닭도 되어서 힘으로 갚고 몸의 고기로 갚게 될 것이니 그야말로 헛되게 세상에 나왔다가 헛되게 돌아가고 마는 것이다. 그러므로 해제를 한 뒤라도 행각(行脚)을 하여 선지식을 친견하고 무상한 법문을 들어가면서 항상 공부하던 화두를 잊지 말고 공부를 계속해야 되는 것이다.

白日依山盡이요
黃河入海流라
欲窮千里目인데
更上一層樓니라

백일은 산을 의지하여 다하고
황하는 바다로 들어가 흐르도다
천리의 눈을 다하고자 할진대
다시 높은 한층의 누각을 오를 지니라.

□ 천도설법(薦度說法)

三界求心心不有하니
心不有故妄元無라
妄心無處即菩提니
涅槃生死本平等이로다

삼계로 마음을 구해 보아도 마음이 머물러 있지 아니하니
마음이 있지 아니한 까닭으로 망(妄)도 원래 없는 것이니라

망심이 없는 곳이 곧 보리(菩提)니
열반과 생사가 본래 평등한 것이로다.

 그러므로 마음의 자체가 본래 공(空)하여 한 물건도 없는 것으로 깨달으면 곧 이 자리에서 아무 애착이 없이 천도가 되는 것이다.
 주장자를 들었다가 한번 내리치고 이르되, '○○○영가여, 이 소식을 아는가? 만일 알지 못하거든 나의 한 말을 들으라. 이 일점의 신령하고 밝은 것은(一點靈明) 무량겁으로부터 이제까지 이르도록 밝고 밝아 소소영영(昭昭靈靈)하고 맑고 맑아 담담중중(湛湛澄澄)하며, 또렷또렷하여 역력하고, 넓고 넓어서 회회(恢恢)하여 가지가지의 법문과 가지가지의 지혜와 가지가지의 방편과 가지가지의 행원(行願)과 가지가지의 장엄이 다 이 일점의 신령하고 밝은 것으로 좇아 나왔도다.
 그런데 이 일점의 신령하고 밝은 것은 비록 6범(六凡 : 天道·人道·地獄·餓鬼·畜生·修羅) 가운데 있으나 덜하지도 않고 비록 4성(四聖 : 佛·菩薩·緣覺·聲聞) 가운데 있으나 더하지도 않는 것이니라.
 또는 사대육신이 이루어질 때 따라서 나지도 않고, 사대육신이 무너질 때에도 따라서 멸하지도 않는 것이니라. 그러한 것이 지금 이 절에 와서 밝고 밝아 명명요요(明明了了)하게 나의 설법을 듣고 있으니 한번 일러 보아라! 이렇게 와서 청법하는 것이 이것이 범부냐? 성인이냐? 이것이 미한 것이냐, 깨친 것이냐? 이것이 살아 있는 것이냐? 죽어 있는 것이냐? 이것이 있는 것이냐? 없는 것이냐? 필경에 어떤 곳에 있는가?
 잠깐 말을 멈추었다가 다시 이르되,

不離當處常湛然이나
覓則知君不可見이로다

다음에 본당처는 여의지 않고 항상 맑아서 담연하나
찾아보려면 가히 볼 수가 없도다.

 위의 말은 불교의 차원 높은 본연청정한 진리에 입각하여 말한 것이다. 부처와 중생의 둘이 아닌 경지에서 말한 것이다. 그러므로 천도를 시킬 자도 없고, 천도를 받을 자도 없는 것이다. 그러나 본체(本體)에서 그림자도 나타난 현상으로써 나타남을 보면 생사와 인과가 분명히 있고, 선악과 죄복이 뚜렷하게 있으므로 천도를 시켜 줄 부처님이 있고, 천도를 받을 영가가 분명하게 있는 것이다. 그래서 49재도 지내게 마련이요, 49백일재와 소상재, 대상재도 지내게 마련이다.
 "옛날 정토사라는 절에 원신(源信)대사라는 스님은 어느 날 법당에서 예배와 염불을 마치고 선정에 들어 앉아있자니까, 누군가가 머리를 풀어 큰 물살에 휘말려 떠내려가다가 목숨이 떨어져 시체가 되어 지금 그 개천에서 얼마 되지 않는 버드나무 뿌리에 걸려 모래에 묻혀 있습니다. 그런데 이 꼴을 하여 가지고 부모님 앞에 나타나면 부모님이 놀라서 병이 나실 것입니다. 그러므로 공부가 깊은 스님 앞에 나타난 것이오니 스님께서 저의 부모에게 알려 시체를 치워 주시게 하고 스님께서는 천도 염불을 하여 주시고 설법을 해주시와 이고득락(離苦得樂)을 하게 하여 달라는 소원으로 이렇게 나타난 것입니다."
하고 환상같이 사라지고만 것이었다. 그래서 원신화상은 그녀의 부모가 되는 이를 불러서 말을 전했다.

 그렇지 않아도 그 애가 외가를 간다고 떠나간 뒤로는 돌아오지를 아니하기로 소식을 알아 보았더니, 외가에서는 그 길로 갔다는데 도무지 소식이 없어서 행방불명이 되어 근심을 하는 중에 그렇게 되었다고 하며 통곡을 하고 그녀의 말과 같이 개천가의 버드나무 밑을 파서 보니 시체가 나왔다. 그래서 그 시체를 거두어 안장하고 원시화상에게 부탁하여 송경 염불을 하고 천도재를 지내 주었더니 원신화상과 그 부모의 꿈에 현몽하며 좋은 곳으로 수생했다고 사례의 말을 했다는 이야기가 있다.

 또한 서울 연건동에 박장로라는 크리스챤이 있었다. 그의 집안은 기독교 신자였다. 그가 장남을 결혼시켰는데 자부는 불교 독신자 가정에서 온 사람이었다. 부모의 마음으로는 같은 기독교 신자 가정에서 자부를 선택하려고 하였으나 아들과 자부가 처녀 총각 때부터 저희들끼리 연모하는 사이가 되어 어찌할 수 없어 혼인을 허락하게 된 것이다.

 그런데 자부가 들어온 지 겨우 1년이 지나 병이 들더니 좀처럼 회복이 되지 않았다. 장로의 집안은 그다지 빈곤한 가정이 아니었다. 의사도 청하여 보이고 약도 써 보았으나 병이 머리를 돌이키지 아니했다. 심지어 교인들이 모여서 기도도 하고 찬송가도 부르고 마귀를 쫓아낸다고 기독교 의식에 따라 소리도 지르고 안수도 하여 보았으나 병세가 점점 깊어 갈 뿐이요, 회생의 희망이 희박했다. 장로가 자부에게 말하기를,
"너는 병인에 대하여 최후로 무슨 할 말이 없느냐?"
고 물었더니 자부는,
"사뢰올 말씀은 있으나 말씀을 드릴 사정이 못되어서 차마 말할 수가 없습니다."
"마지막 길에 숨길 말이 무엇이 있겠느냐?"
"저의 집은 불교 집안으로서 길흉 간에 무슨 일이 있으면 절에 가서 부처님께 불공을 드리면 무사해졌는데, 아버님 대에 와서는 모두가 기독교 신자이니까 통할 수가 없는 일이라 말씀을 드릴 수가 없었습니다. 친정어머님이 말씀하시기를, 저의 집 가문에는 악사한 원기가 있어서 이에 천도재를 해 주어야 저의 병이 낫는다고 묻는 데마다 말한다는데 이것을 말씀드리면 미신이라고 펄쩍 뛰실 터이니 어찌 말씀이나 해볼 수가 있겠습니까?"
한다. 박장로는 눈을 감고 생각해 보았다. 보통 이만저만한 병이라면 미신의 말을 말라고 일축하고 말겠지만 명재경각인 병에 대하여 그것을 허락하지 아니하면 천추의 유감이 되고, 자식을 대할 낯도 없을 것이라는 생각이 들어 마지못해 자기 부인과 의논한 끝에 몇십 만원을 주어서 딥골 승방에 가서 천도재를 올리고 큰 스님을 청하여 설법을 하게 했다. 그랬더니 자부의 병이 씻은 듯이 완쾌되었다.

慈光照處 蓮花出이요

慈眼觀時 地獄空이라
又況大悲 神呪力이
衆生成佛 刹那中이로다

부처님의 자비스러운 광명이 비추이는 곳에는 연꽃이 출현하고
부처님께서 지혜의 눈으로 보시는 때는 지옥이 없어진다
하물며 신비한 대자대비의 신주를 외는 힘일까 보냐
중생이 찰라간에 부처를 이루게 되는 것이로다.

그러므로 금일 영가는 이 재식의 공덕과 이 법사의 설법하는 실력에 의해 반드시 천도되어 이고득락을 할 것으로 믿는 바이다.

제3장 세계 종교로서 선(禪)의 길

□ 선(禪)의 정신

우리가 선(禪)을 계기로 하여 오늘의 우리 자신을 반성한다는 것은 자기 자신으로 돌아가려는 정신적인 노력이다. 비록 우리 자신이 무엇이라고 말할 수는 없지만 그렇다고 우리 자신을 아무것도 아니라거나 없다고는 할 수 없는 것과 같이 '선' 또한 알 수 있는 세계가 아니라 해도 그것은 주관이나 자의적인 것을 벗어나기 때문에 인류 모두가 지양할 수 있는 존재이다.

선은 인간의 숨결이며 평화의 상징이기도 하다. 선을 지향하는 마음은 늘 푸른 이끼처럼 싱싱하게 우리의 삶을 적셔 주고 우리에게 참뜻을 전달한다. 또한 선(禪) 정신은 세계인의 마음 속에 안정을 되찾기 위해 수행되어야 한다. 그러므로 선은 우리 마음의 방향타로서 제시되어야 한다.

선을 지향한 세계인의 자세는 일체가 용해되고 모든 대립을 넘어선 평화의 숨결로서 자비와 사랑의 충만인 것이다. 오늘날 각국의 여러 고명한 선사(禪師)들이 수시로 자리를 같이 하는 것은 선의 정신이 세계 속에 번져가고 있다는 하나의 증표일 것이다.

'인류가 지금까지의 할거상태에서 하나의 세계로 향하여 급속하게 나아가고 있을 때, 인류의 종교도 그 지방성을 탈피하여 하나의 세계 종교가 되지 않으면 안된다. 그래서 선 이외에는 참다운 세계적 종교는 없다고 본다. 더구나 다른 많은 종교도 세계적 종교라고 주장할 수는 있겠지만 다른 종교는 어느 것이나 때와 장소와 지방의 특수성을 지니고 있다. 즉 그들은 특수한 민족에게 특수한 시대와 특수한 지방에만 쓸모가 있는 것으로서 전인류 전중생에게 쓸모가 있는 것이 아니다.'

 선(禪)이 서양인에게 매력적일 수 있는 것은 무엇보다 그 절대성에 있다고 본다. 선은 하등의 고정된 개념과 결부되지 않으므로 신조화된 개념으로부터 필연적으로 일어나는 지방성을 지니고 있지 않다.

 선은 역사에 입각하지 않고 지상의 어떤 지점에도 입각해 있지 않다. 선은 결정된 미래적 전망에도 제한되지 않는다. 그러므로 그것은 절대적 보편성을 가지고 인생의 실상에 관심을 갖는 모든 나라의 사람에게 이야기하는 정당한 자격을 갖는 것이다. 또 선은 종교로서의 입장을 취함으로서 그 특색을 한층 뚜렷하게 하는 것이라고 보는 것도 좋을 것이다.

 이런 경우에 신이나 아미타여래 같은 자기가 아닌 타자를 궁극의 의지할 곳으로 삼지 않는다는 뜻으로서 선은 종교답지 않은 종교라 할 수도 있다. 또 한 가지 여타의 종교와 다른 점은 지금까지 이야기한 것과도 관계가 있지만 선에는 초불월조(超佛越祖)의 면이 있다.

 과학에서는 아리스토텔레스의 물리학을 검토해서 이것을 초월하고 뉴턴의 물리학을 비판해서 다시 새로운 물리학을 발전시킨다는 것이 보통의 일로 되어 있다. 그러나 종교에서는 교조(敎祖)나 학조(學祖)의 인격이 위대하여 그 가르침이 중심이 될 뿐으로 항상 마음을 비워서 그 가르침을 따르는 것이 주가 되어 이것을 비판하여 새로운 발전을 꾀하는 일은 거의 없다.

 서양에서 종교개혁이 행해졌으나 그것도 기독교 즉, 예수의 가르침 속에서 행해졌을 뿐이다. 여러 나라에 전파되어 있는 불교 각 종파도 불교의 범위를 벗어난 것이 아니며, 불교의 경전을 중심으로 또는 어떤 수행을 중심으로 하여 새로운 발돋음을 꾀했을 뿐 부처님의 가르침에서 벗어날 수 없다. 과학을 내포한 종교, 그것이 선의 특징적인 입장이라고 할 수 있다.

 선(禪)의 또 한 가지 특색은 이 같은 궁극적으로 의지할 곳에 도달하고 안심을 얻는 데 몸과 마음을 가다듬어 최고로 인격을 도야하는 도리를 취한다는 것이다. 궁극적으로 의지할 곳에 도달한다는 종교적인 경지까지 나아가지 않더라도 이 몸과 마음의 조정만으로도 상당한 뜻이 있다.

 또 선을 널리 잡으면 종교적인 곳까지 나가지 않는 몸과 마음의 조정에 그치는 것까지 포함해서도 상관이 없으리라 믿는다. 이 점에 대해서는 뒤에 말하겠지만 선이란 것은 심신의 조정에 그치는 점에서 과학도 내포하는 보다 높은 종교에까지 널리 퍼지고 있다. 참으로 심오한 것이라 할 수 있다.

 종교라는 것은 우리들이 궁극적으로 의지하는 곳에 관계하는 만큼 그 의지할 곳이 좁게 고정되어 버리면 그 대립이 심각해지므로 세계 평화를 촉진하기 위해서 종교에 의존하는 일은 도리어 위험하다는 견해가 나오는 것도 일리가 있다고 할 것이다.

  선도 여러 종파로 나뉘어져 다시 분파가 생기고, 때로는 자랑하고 남을 비방하는 불교의 근본적인 계율을 파계하는 현상도 나타나지만 무(無)와 공(空)에 철저하려고 하는 최고의 선이 되어 버리면 이 같은 독선은 사라져 모든 것이 그대로 받아들여지면서 각자 각자가 높여지게 된다.

  선은 여러 가지 종교를 받아들여서 그 특정한 종교가 미치지 못하는 것을 바로잡는 데에 있다고 하겠다.

  선을 하게 되면 크리스챤이나 무신앙자나 여타의 종교인도 모두 잘될 수 있다고 보는 점은 바로 이 때문이다. 그렇지만 선에의 개종의 필요는 없다. 그런 뜻에서 선은 어떤 종파라도 수용할 수 있다. 선은 과학처럼 또한 과학 이상으로 진실에 투철하며 일반의 여타 종교 이상으로 무아의 자기에 투철하려고 하는 것이다.

□ 상대적 인식과 절대적 인식

  우주의 모든 만상은 상대적인 면과 절대적인 면의 양면성을 지니고 있다. 이는 누구든지 자연현상을 좀더 관심을 갖고 보는 사람이면 다 알 수 있는 일이다. 예컨대 '털' 하나를 예로 들더라도 비록 그것은 하나의 털에 지나지 않지만 적어도 털끝이라는 관점에서 볼 때 인간이나 기타 일체의 만상과 그의 입장을 달리한 하나의 엄연한 차별의 존재로서 사람은 하나의 털끝이 아니고 털이 만상이 아님을 알 수 있겠다. 그러나 이러한 관점 역시 그 외모만 본 피상적 관찰에 지나지 않는다.

왜냐하면 선(禪)에서는 사람이건 털이건 모든 만상은 무(無)로 돌아간다고 보기 때문이다. 이런 연유로, 사람이건 만상이건 하나의 털이건 본질상으로 다를 바 없다고 생각하는 것이다.

사상을 관찰할 때, 차별관으로만은 불충분하여 평등성을 내다보는 평등관을 필요로 한다. 그런데 불행히도 그것은 늘 차별관과 대립적 관계에 놓이게 되는데 이렇게 되면 평등관으로서의 기능을 발휘하지 못하게 된다.

우리들의 지식은 인식의 조직적 단체로서 그 인식은 주관과 객관에 걸쳐서 움직인다. 지식이 지식으로서의 직분과 기능을 충분히 발휘함에는 반드시 갖춰야 할 요건으로 주관과 객관이 예상되어야 한다. 즉, 주관과 객관의 세계인 일체 망상 가운데 그 어느 쪽이 결여되어도 지식은 성립될 수 없는 것이다.

우리들은 이 상대적 인식에 의해 사상의 상대적인 일면을 인식할 수는 있어도 유감스럽게도 절대적인 면은 인식치 못한다. 즉, 사상의 전모를 파악치 못하므로 사상의 진상을 철저히 봤다고 할 수 있겠다. 따라서 차별에 치우쳐서 상대적인 것에만 사로잡힌 지식은 참다운 지식이라고 볼 수 없다.

절대적 초월의 지식이란 마치 의사가 진찰할 때 상대방인 환자와 한 몸이 되어서 진찰하지 않고 털끝만큼이라도 두 사람 사이에 간격이 생기면 오진을 범하는 경우와 같다.

요즈음 빈번히 일어나는 운전자의 접속사고 등은 운전자와 자동차가 한 몸이 되지 않고 그 사이에 간격이 생겼기 때문이다. 사물과 한 몸이 되었을 때는 그 사물도 없어지고 자기 자신마저 망각하여 잊고 있는 것과 같이 된다는 뜻이다.

일반적으로 말하여 사상(事象)의 절대적인 면을 인식한다고 함을 이해키 위해 한 예를 들어보기로 하자.

여기 한 그루의 소나무가 서 있다면 그 소나무 줄기의 생김새, 가지의 뻗어진 모양, 나무 표피의 구열, 나뭇잎의 생김새와 빛깔과 성질 등에 대하여 여러모로 관찰하여 경험을 얻어 소나무를 인식하게 된다.

이 인식에는 인식의 주체인 자신이 있어 보통 일반의 인식 즉, 상대적 인식이라고 하는데 이때 소나무를 대할 때 소나무라는 관념도 떠오르지 않고 더욱 소나무를 바라본 자신도 없어지게 된다. 다시 말하면 주관도 없고 객관도 없이 일체가 공(空)이요, 무아(無我)의 경지에 들게 된다. 이 경우를 소나무와 자신이 한 몸이 되었다고 선에서는 표현한다. 이것이 바로 절대적 인식이다.

그렇다고 해서 객관적 세계나 자연으로서의 소나무의 모양새, 빛깔이 눈에 비치지 않는다는 것이 아니고 바람에 스치는 소나무의 묘음(妙音)이 들리지 않는다는 것도 아니다. 눈에 보이고 귀에도 들리지만 그것을 사유 판단하는 마음의 작용만이 없을 뿐이다. 바꿔 말하면 외계 자극에 대하여 정신은 절대 무저항이므로 정신적으로 보는 한 평등계가 전개된다는 뜻이다. 이것이 사상의 절대적 의식이며, 하나의 이론에 지나지 않지만 누구나 체험하는 일이다.

모델을 앞에 놓고 그림을 그리는 화가가 앞의 대상이 발가벗은 묘령의 여성을 그리고 있다는 사실도 모를 것이다. 세필(細筆)로 화조(花鳥)의 깃털을 그리는 동양화가도 자신이 그림을 그린다는 인식마저 갖지 아니할 때이다.

 이들이 만일 자신이 그림을 그리고 있다고 생각지도 않는 이 때가 곧 절대적 인식이라고 볼 수 있다. 이러한 인식은 보통 인식과는 전혀 달라서 초월한 절대적 존재이므로 우리에게 가장 혜택이 있는 인식 중에서도 사상의 진상을 가장 잘 구명(究明)한 인식이다. 그래서 이를 절대적 인식과 구별하기는 하지만, 사실은 상대적 인식임을 알아야 한다. 〈반야심경〉에서 이를 '색즉시공 공즉시색(色卽是空 空卽是色)'이라고 표현했다.

 공안(公案)에서 '서서히 걸어가 흐르는 물줄기의 소리를 끊는다(徐行踏斷流水聲)'는 말이 있다. 어떻게 서서히 걸어가 흐르는 물줄기의 소리를 끊는다는 말인가? 참으로 기막히고 얼토당토않은 말이라 할 수 있겠다. 그러나 선에서는 이것이 가능하다.

 어떻게 가능한가? 그것은 간단하다. 흐르는 물소리를 절대적으로 인식하면 우선 자신을 망각하게 되어 흐르는 물소리가 들리지 않게 된다. 선은 자기를 망각하는 힘을 기르는 훈련이며, 사물을 절대적으로 인식하는 훈련이다.

 절대적 인식에 있어서는 인식하는 사람의 마음속에는 자신이 소나무이고, 소나무가 자신으로 자신과 소나무의 구별이 없는 것이다. 이 관계를 가리켜 〈금강경〉에서는 상인(相人)이라 표현했다.

 이처럼 만유는 절대적 인식 앞에서는 절대일여(一如)로 상대성을 완전히 잃고 있으므로 절대적 인식을 사유 판단함을 허락치 않는다. 이것은 불가사의하고 불가설한 경계로 사람의 이지 관념(理知觀念)이 경애에 있는 것이 절대적 인식이다. 이 인식만은 어떠한 언설(言說)로도 표현할 길이 없는 것이다. 왜냐하면 절대적 인식을 사유하고 논의하는 일은 그 자체가 절대의 상대화이고 평등의 차별이어서 진실한 의미의 절대적 인식은 아니기 때문이다.

절대적 인식에서는 사유하고 논의하는 주체인 주관을 보지 않는다. 주관이 없이 홀로 그 대상인 객관만이 있을 까닭이 없기 때문이다. 주객합일의 입장에 있는 것이 절대적 인식이다.

과학이 보편적 인식을 주안(主眼)으로 하는 것은 물론이지만 사상의 차별적인 면만을 인식하므로 상대적 인식에 지나지 않는다. 따라서 그 자체는 차별에 사로잡혀 상대에 국한된 일면적 인식으로 협애하고 융통성이 적어 갈등과 모순을 일으키기 쉽다. 이것도 역시 지식이 있기 때문에 입는 피해의 하나이다. 이 피해를 피하기 위해 사상에 대한 전면적인 인식이 필요한 것이다. 즉 열반에서 등한시하는 평등성의 인식을 필요로 한다.

위에서 말한 바와 같이 사람과 사물이 한 몸이 될 때 비로소 가능한 것이다. 그래서 선을 하면 사물의 전모를 완전히 파악하는 경지에 이를 수 있는 것이다. 따라서 선은 절대적 인식을 최고의 목적, 최종의 현상으로 삼는다.

절대적 인식을 도외시하고는 그의 본질적 사명을 이룰 수 없기 때문이다. 선에서 때때로 진리의 체험 또는 해탈(解脫), 견성(見性)이라고 하는 의미는 이를 두고 하는 말이다.

해탈을 얻음에는 8만 4천의 법문이 있는데 이는 일상생활을 말한다. 다시 말하여 해탈의 길이 따로이 정해져 있는 것이 아니다. 다만 진리 문제에 있어서 일상생활 그 자체를 떠난 것이 있다면 그것은 진리도 아니요, 해탈도 아니다. 걸어 다니거나 머물러 있거나 누어있거나 앉아 있는 것, 이 모든 것이 다 진리 즉 각(覺)의 당체(當體)이다.

그런데 사람에 따라서는 끈기가 있는 사람도 있고 없는 사람도 있게 마련인데 끈기가 없는 사람이 대부분이다. 끈기가 없으면 의혹을 끊고 깨달음을 얻을 수 없기 때문에 좌선이라는 수단을 써서 절대적 인식(覺)에 도달하려는 것이다.

오늘날과 같이 피상적인 명예와 부와 권력에 매달려 있는 현실에 인간의 본체는 무엇이며, 왜 이 세상에 왔는가를 올바르게 알아 행하기 위해 선(禪)은 더욱 우리 인간에게 필요한 것이다.

□ 기적(奇蹟)

아무리 좌선을 해보았다고 해도 보통 사람에게 없는 이상한 영능(靈能)이 갖추어지거나 보통 사람에게 보이지 않는 신비한 세계가 보이는 것은 아니다. 그런 말을 하는 사람이 있다면 예외없이 모두 엉터리라고 생각해도 틀림이 없다. 더위와 추위가 없다고 해서 온도계 눈금이 움직이지 않는 것은 아니다.

선(禪)의 세계에는 결코 기적은 없다. 선의 세계가 열렸다는 것은 집안에 몰래 들어가서 유리창에서 몸부림치고 있던 나비가 겨우 틈을 찾아서 밖으로 날아가는 것과 같은 것이다.

집안에 몰래 들어간 나비보다 몰래 들어간 잠자리가 더 불쌍하다. 나비는 유리창을 따라서 날개를 펄럭이고 있을 뿐이지만 잠자리는 거칠게 몸부림친다. 힘차게 날아서는 이쪽 유리창에 충돌하거나 한다. 불쌍해서 창문을 열어 주어도 좀처럼 밖으로 날아가지 못하고 이쪽 저쪽에 머리를 부딪치고 있다.

사람이 이쪽 저쪽에 머리를 부딪치지 않고 출구를 찾아서 밖으로 자유롭고 편하게 날아다니는 것이 선의 생활이다. 그러나 유리창 너머로 바라보거나 밖에 나가서 바라보아도 보이는 경치는 변함이 없다. 붉은 꽃이 노랗게 보이거나 노란 꽃이 금색으로 빛나지는 않는다. 연못은 원래 그대로의 연못이요, 뜰은 원래 그대로의 뜰이다. 또 바깥에 날아갔다고 해도 나비는 그대로의 나비요, 나비가 갑자기 새로 바뀌어 태어나지는 않는다.

그러나 괴롭게 몸부림치고 있는 모습과 자유롭게 날아다니고 있는 즐거움이 격이 다른 것처럼 잠자리나 나비가 유리창에 의해 외부와 차단되어 있지만 나비와 잠자리에게는 실로 그 유리 한 장이 삶과 죽음의 세계를 나누고 있다.

인간도 사는 보람이 있는 인생살이를 원한다면 먼저 유리창 밖으로 나가야 할 것이다. 이러니 저리니 하고 언제나 머리를 부딪치고 있는 그 유리 한 장을 깨어 버릴 수 있을 때 기분좋게 가고 싶은 곳으로 날아갈 수가 있다. 모든 사물의 생명에 직접 접촉할 수 있게 된다.

달걀의 껍질처럼 우리들의 몸과 마음을 싸고 우리들의 생활을 억누르고 있는 마음의 덮개, 싫증이 많은 세계와 자유의 천지와 격해 있는 유리 한 장을 깨어 버리면 그곳에서 보람 있는 인생이 시작된다.

□ 초능력을 일으키는 선(禪)

 좌선 수행을 하다 보면 정신의 집중력이 강화된다. 옛말에도 정신을 한곳에 쏟으면 일이 성사되지 않는 것이 없고, 쇠붙이나 돌도 꿰뚫어 볼 수 있다고 했다.
 예를 들어, 우리가 글을 쓰는 삼매(三昧)에 들어 있다고 하자. 손가락이 종이를 의식치 못하고 오직 그 무엇에 의해서만 글씨가 달리고 있다. 그 '무엇'이란 과연 무엇인가? 종이와 붓과 손가락이 어떤 인연에 따라 서로 합일된 상태이다.
 글을 읽을 때나 글을 쓸 때 내가 지금 손가락으로 붓을 잡고 글자를 쓰고 있고, 또 읽고 있다는 의식이 없다. 만일 이를 의식하고 글을 쓰거나 읽는다면 한 자도 쓰거나 읽지 못하게 될 것이다. 그처럼 동시적으로 합일된 상태를 가리켜 의식이 없어진 경지라고 한다.
 그럼 글씨를 쓰는 것은 무엇인가? 붓이란 말인가, 아니면 손가락이란 말인가? 이도 저도 아니라면 과연 무엇이 글씨를 쓰는가?
 우리는 이렇게 가까운 것 쉬운 것도 명확히 답변을 하지 못한다. 그것은 모든 것이 마음이라는 구심점으로 들어가 합리된

상태에서 다시 현현(顯現)되어 나오는 것이다. 이와 같이 본래 마음자리와 합일(無)되어 용해되었다가 나오는 글과 말은 마치 쇠가 녹았다가 다시 나올 때 찌꺼기는 빠지고 참쇠만 나오듯이 글 밖의 글(言外言)이 되어 나오는 것이다.

　오늘날 불멸의 진리로 되어 있는 말들은 이러한 선적(禪的)인 경지를 알게 모르게 거쳐서 나온 것들이다. 일찍이 소크라테스가 시인들을 찾아가 창작 심리에 대하여 질문했으나 명확한 답변을 얻지 못하고 돌아와서 다음과 같이 술회한 적이 있다.

　'시인들이 대상과 예지에 의해 조작하는 것이 아니고 자연적인 영감이라든가 감동이나 예감, 천리안과 같은 것의 영향을 받아서 쓰고 있음을 알았다.'

　이것은 생각으로 조작하는 것이 아니고, 마음이라는 큰 바다에 생각이라는 작은 파도들이 합일하여 큰 파도를 일으킨 것과 같다는 말이다.

　괴테나 하이네도 찰나적인 직관이 명작을 만들어 낸다고 확신했다. 걸작이란 시인과 대상과 연필과 종이의 따로따로의 조작에 의한 것이 아니고 간발의 여유도 찰나적으로 합일되어 시인이 종이와 연필도 느끼지 못할 때야말로 최고의 걸작이 나온다는 것이다.

　시인이 시인이 아닐 때 참 시인이 되고, 연필이 연필이 아닐 때 참 연필이 되는 것과 같이 내가 '나' 아닐 때 '참 나'가 현존케 된다. 창조다, 창작이다 하는 사실들을 이해함에 있어서는 창조라는 용어를 현현된다고 깨달아야 하며, 지금까지의 인간 생활에 고유한 편견적 물질관에서 벗어나야만 한다.

현현이란 마음으로부터의 현현이다. 연필과 종이와 잉크와 시인과 대상을 버린다는 것은 느끼지 못한다는 것인데, 이 느끼지 못한다는 것을 느끼는 것이 깨달음(覺)이다. 이 깨달음은 어떤 이론이나 설명을 통해서만 이를 알 수도 없고 알릴 수도 없다. 이것은 오직 선의 체험을 통해서만 깨칠 수 있는 것이다.

여기에 담배가 있다고 하자.

이 담배를 설명함에 있어 니코틴의 몇 %이며 타르가 몇 %이고 탄소가 몇 %라고 해부학적인 설명을 가하고 그 맛이 쓰다느니 떫다느니 혹은 구수하다느니 하고 목청을 가다듬어 설명하더라도 이를 정확히 설명할 수는 없는 것이다. 오직 직접 맛을 봄으로써만이 담배의 참맛을 알 수 있을 뿐이다. 그림 속의 떡이 아무리 맛있게 생겼어도 그것으로 배부를 수는 없다.

이처럼 글과 말로는 앵무새처럼 지껄일 수 있을지 모르나 직접 체험으로 느껴서 아는 것과는 비교도 되지 않는다. 전자는 지(知)와 행(行)이 합일된 생명의 실상이요, 후자는 씨눈이 없이 겉만 번지르르한 계란과 같은 것이다.

이와 같이 선은 전우주를 한데 뭉치고 일체가 절대 평등(空)한 속에서의 차별(色)인 것이다. 이것은 마치 일본이 대륙과는 동떨어진 별개의 섬으로 보이지만 실은 대륙과 붙어 있는 땅덩어리로 지각변동에 의해 근본적으로는 대륙이면서 현상적으로는 섬으로 보이는 것과 같이 근본은 하나의 '나'이면서 현상으론 나와 너로 다르게 보이게 되는 것이다. 그리하여 온 세상 모두가 나이면서 너이고(空卽色), 너이면서 나(色卽空)인 것이 되는 깨달음의 자리가 곧 마음이라 하는 것이다. 나와 너를 이루고 또한 만물을 이룬 이 마음만이 참 나(眞我)요, 우주의 주인공이고 진리이며 불(佛)이다.

선사상(禪思想)은 어떤 형식이나 내용에 의해서 절대 불변의 것으로 규정된 것도 아니고 고정된 틀 속에서의 형식화도 아니다. 또 선에서는 선도 부정하고 물질도 부정하지만 보고 듣고 말하게 하고 만물을 창조케 하는 이 마음자리만을 영원한 실재로 보는 것이다.

독자들은 TV에서 어떤 분이 자동차의 스프링을 맨손으로 쳐서 부러뜨리는 것을 목격했을 것이다. 논리적으로 살과 뼈로 된 손으로 강한 자동차의 스프링을 두드려서 끊는다는 것은 불가능하다. 그러나 그것이 우리의 눈 앞에서 실현되었으니 이를 어찌하랴. 그러면 무엇이 그 스프링을 끊었겠는가? 손의 살인가, 아니면 손의 뼈인가? 이도 저도 아닌 바로 마음인 것이다. 이토록 마음은 무서운 해머일 수도 있으며 무서운 칼날일 수도 있다. 마음은 깨쳐 쓰기에 따라서 무한한 힘을 발휘할 수 있다는 것을 요즘 서구의 사람들이 알게 되어 과학자·스포츠맨·학자들이 선에 관심을 갖게 되었다. 손으로 자동차의 스프링을 끊었다는 것은 손으로 지구도 부술 수 있다는 말과 다를 것이 없다. 이처럼 선은 우리 인간에게 초능력을 발휘케 한다.

□ **기독교·불교·바라문교**

흔히 세상에서 불교를 염세적인 종교로 여겨 불교를 바로 보지 못하고 있는 사람들이 많다.

　나는 어떤 종교이건 종교는 염세·비관으로써 그 교리를 시종 일관하지는 않지만 그 교리의 종교 선포의 제1성은 확실히 이 세상의 유의변전하기 이를 데 없는 현실상(現實相)에 대한 염세·비관의 외침이라고 본다.

　기독교의 사도 바울이 원리에 대하여, '……이러므로 한 사망이 왔느니 이와 같이 모든 사람이 죄를 지었으므로 사망이 모든 사람에게 이르렀느니라'(로마서 제5장 12절)라고 하였고, 또 인생에 대해서, '피조물이 다 이제까지 함께 탄신하며 함께 고통하는 것은 우리가 아느니'(로마서 8장 2절)라고 말하고 있는 사실을 보면 기독교의 출발점도 불교의 출발점과 마찬가지로 역시 염세적이며, 비판적이라고 말할 수 있겠다.

　불교와 기독교의 다른 점은 기독교에서는 인생의 비애는 인류의 시조 아담이 신의 금계를 깼기 때문에 생긴 원죄에서 나온 것이므로 인류와 죄는 선천적으로 서로 연결된 것이며, 인류는 자력만으로는 죄를 씻고 인생의 비애를 벗어나지 못하는 것인데 다만 신의 아들 예수 그리스도에 절대적으로 의지하여 신의 뜻대로 인생의 행로를 걷기만 하면 속죄나 구원도 그 자리에 완성되어 평화로운 생애에 들어가며, 천국 백성의 자격을 얻는 것이라고 설하는데 반해 불교에서는 인생의 비애는 몽환포영(夢幻泡影)에 비유할 수 있는 현상계의 사상(事相)을 영원불멸의 실재라고 오인하는 그 무명이 원동력이 되어 업(業)을 낳고, 그 업이 인과적 연쇄를 찾아서 활동하여 필연적으로 생긴 것이므로 그 비애를 절멸하는 데는 우선 그 생애가 어떤 것인가를 철학적 명상과 종교적 수양과 도덕적 훈련에 의해서 실지혜(實智慧) 즉, 불지견(佛知見)을 획득하여 그 불지견에 의해서 무명을 제거하고 소위 삼계해탈(三界解脫)의 성자가 되어 열반의 경지에 안주해야 한다고 설한다. 그러므로 기독교는 절대적 타력주의(他力主義) 종교이며, 불교는 절대적 자력주의(自力主義) 종교라고 말할 수 있는 것이다.

바꿔 말하면 기독교는 신(身)·우주(宇宙)·아(我)의 3가지를 인정하여 이 3가지 존재의 일여(一如)는 설하지 않고 우주 속에서 예수 그리스도를 믿음으로써 아를 신에 접근시키고 비슷해질 것을 가르치며, 불교는 기독교에서 인정하고 있는 것과 같은 신의 존재를 인정하지 않고 각자의 소아를 우주의 대아에 융화시켜 '우주가 바로 나, 내가 바로 우주, 우주 밖에 내가 없고, 나 밖에 우주가 없다'는 것을 자각하여 그 자각에 상응한 신(身)·구(口)·의(意)의 3업(三業)으로 행지(行智)해야 한다고 가르치고 있다. 그리고 신의 궁극 목적은 이 범아일여(梵我一如)의 〈열반경〉에서의 현실생활의 존속에 불과한 것이다.

불교의 근본사상은 바라문의 범아일여관(梵我一如觀)을 윤리화한 것이며, 윤리화 되고 실체화된 윤리적 범아일여관이 선이 목적하는 바요, 오경(悟境)으로 하는 것이라고 여러 번 밝혔지만 그 범아일여의 경계는 도달하는 방법, 즉 범아일여의 관념에 있어 바라문교와의 사이에는 현격한 차이가 있음을 알 수 있다.

불교에서는 일종의 아(我)의 존재를 인정하지는 않으나 그 아(我)는 바라문교의 유아(有我)에 대항하여 무아(無我)를 주장하여 각자의 소아(小我)를 우주의 대아(大我)에 융화시키는, 즉 무아를 주장하여 각자의 개성을 최고·최선·최미(最美)한 정도로 진화시켜서 정련 순화된 개성의 총체로서 범아일여의 실현으로 보고 그 실현을 위해 요하는 노력 즉, 불교 도덕의 실천궁행을 장려하고 있다.

그러므로 바라문교를 유아적(有我的) 범아일여(梵我一如)라고 한다면 불교는 무아적(無我的) 범아일여(梵我一如)라고 말할 수 있다.

불교는 기독교와는 정반대의 길을 간다. 기독교도는 신앙에서 출발하여 그 기초 위에 서서 도덕적 순결과 완전을 목표로 삼아 노력한다고 할 수 있다. 그들로서는 양심의 소리는 신의 소리이며, 절대 창조주의 소리인 것이다.

이에 반하여 선에 있어서는 신의 신앙없이 도덕이나 완성을 지향해서 노력하는 일로부터 시작하여 최후에 신의 경지에 도달한다.

완성에의 노력에 있어서 진보되면 될수록 점점 신에의 신앙이 뚜렷해진다. 그렇게 되면 깨달음은 참으로 신의 신앙과 사랑에의 길이며 더욱이 그것은 직접적인 신에의 길이다.

제4장 현대인과 선(禪)

□ 자신이 만든 불안과 공포

 인간이 자기 속에 무한하고 완전·원만한 불성(佛性)을 가지고 있다는 것은 우리들에게 무한한 환희의 희망을 부여해 주는 것이지마는 이와 같은 무한·완전한 불성을 발휘할 수 있는 희망을 과연 실현시킬 수가 있는 것일까? 결코 그것을 실현할 수 없다는 이유는 없다.
 농부가 뿌리는 씨앗은 반드시 그것이 생장하여 열매를 맺을 수 있는 옥토에 뿌리는 것으로서 그것이 자랄 수 없는 메마른 땅에 뿌려진다는 일은 없다.
 여러분들 속에 불성의 씨앗이 뿌려져 있다는 그 자체가 그 씨앗의 성장과 결실을 약속하는 것이다. 부처님이 설파하신 인과의 법칙을 알았다면 이를 믿지 않으면 안된다. 여러분이 가능한 것은 '된다'고 확신하는 것이다. 그렇게 확신한 후에는 결의가 필요하다.
 여러분들 앞에 가로놓인 장애는 심적인 것이다. '안된다'고 생각하는 장벽, 우유부단이라는 장벽·불신·불결단·의지 박약의 장벽, 이와 같은 장벽을 타파할 때 비로소 불성발현(佛性

發現)의 개가가 오르는 것이다.

 자기가 불성을 가지고 있다는 신념이 동시에 '타인멸시'의 관념을 수반하게 되면 그것은 도리어 자기 내재의 불성(佛性)을 생장시키고 결실케 하는 방해가 된다. 자기가 불성을 가지고 있다면 동시에 모든 인간도 불성을 가지고 있는 것이다. 인간뿐만 아니라 살아 있는 것과 존재하는 모든 것은 모두 내성(內性)을 가지고 있다. 그 내성에 있어서나 본성에 있어서 서로 형제인 것을 자각해야 할 것이다.

 부처님께서 깨달음을 얻었을 때 '유정비유정 동시성도 산천초목 국토실개성불(有情非有情同時成道 山川草木 國土悉皆成佛)'이라고 만유(萬有)를 찬탄한 것처럼 일체의 정(情)이 있는 것과 정이 없는 것을 예배하는 심정이 되지 않으면 안되는 것이다.

 이 심정에 도달했을 때 여러분은 만유일체와 조화되는 것이다. 만유일체와 조화되었을 때 만유일체로부터 축복받으며 만유일체가 여러분에게 줄 수 있는 혜택을 받을 수 있다. 잘 받아들일 수 있는 사람은 마음이 넓은 사람이다. 마음이 좁아서 오직 남의 결점만을 헐뜯고 비난공격하고 부러워 질투하는 악정(惡情)이 타올라서 피투성이 투쟁을 일로 삼을 때, 인간은 자기 내재의 불성은 그 쟁투 정신에 흐려져서 그 불성의 씨앗은 분노·질투·증오의 독가스를 맡고 질식해 버리는 것이다.

 인생의 불안은 어느 시대이고 존재하는 인류의 병이다. 개인 간의 갈등이나 가정의 다툼이나 국가 간의 분쟁도 그것으로 일어나는 것이다. 만약 인생의 불안을 극복할 수가 있다면 이 지상에는 바로 평화로운 세계가 될 것이다.

 불안이라는 것은 대체로 미래에 일어나는 불행·손실·질병·평화 등에 관련되어 일어나는 것이며, 낙천적인 사람은 그다지 불안·공포에 괴로워하지 않으나 신경질과 비관적인 성격을 가지고 있는 사람은 아직 그 불행이나 질병이 닥쳐오기 전부터 그것들이 닥쳐 올 것을 예상하여 그것을 마음의 세계에까지 실물이 찾아온 것 이상으로 과대하게 느껴서 괴로워하는 것이다.

 이 불안과 공포라는 병은 조그마한 마음의 간격으로부터 들어온다. 가정의 마찰, 경제의 변동, 침략의 소문, 누군가가 말한 중상, 새로운 경쟁자의 출현, 이런 것이 필연적으로 자기를 불리한 경지에 빠뜨릴는지 모른다는 불안, 그것이 병원체의 포자(胞子)가 되어 인간 정신의 전체에 침식하는 것이다.

 대체로 새로운 계획에는 반드시 불안을 수반한다. 그러므로 겁쟁이는 큰 사업의 계획자는 될 수 없다. 아직 보지 못한 세계는 대부분의 사람들에게는 불안한 것이다. 그러나 아직 보지 못한 세계에 행복을, 그리고 극락정토를 그리는 사람만이 참으로 미래에 큰 사업을 이룩할 수 있는 사람이다.

 불안을, 그리고 공포를 품는 것은 주로 마음의 문제로서 사건 그 자체, 외계 그 자체의 문제는 아니다. 올바른 신앙심이 없으면 의심하는 마음이 불안·공포의 원인이다. 이 나쁘게 보이는 것도 결국 선한 것의 새싹이 된다.

 이 세상에 선인은 한 사람도 존재하지 않는 것이라고 나쁘게 보는 것은 보는 쪽의 마음이 반영되어서 그렇게 보이는 것이므로 이쪽의 마음만 일전하면 반드시 착해지게 마련이라는 진리를 모르는 데서 불안·공포의 마음이 일어나는 것이다. 그러므로 그 반대로 이 세계에는 악(惡)은 결코 존재하지 않는다는 것을 믿기만 한다면 불안과 공포는 저절로 사라져 버리는 것이다. 따라서 결국 불안·공포는 신앙의 결핍에서 일어나는 것이라고 말할 수 있다. 참으로 올바른 신앙을 갖도록 한다면 불안과 공포는 자연히 해소되어 버리는 것이다.

불안과 공포의 근원은 뭐니뭐니 해도 자기가 상대, 즉 외계(外界)·경적(境適) 등의 것도 있으며 특정한 인간의 것도 있다. 보다 힘이 약해서 그것을 감당해 내지 못하고 짓눌려 버릴는지도 모른다는 예상에 뿌리를 박고 있는 것이다. 그것은 어떤 의미에서 열등감이라고 할 수 있다. 자기 속에 '무한한 힘이 내포되어 있다.' 또는 '자기는 언제나 적의 두 배의 힘을 가지고 있다.' 하는 자신을 가질 수 있다면 당연히 그와 같은 불안과 공포는 소멸되어야 할 성질의 것이다.

다행히 근대의 심리학은, 현재의식의 밑바닥에는 잠재의식이라는 넓은 영역의 의식이 존재하고 있으며, 이 넓은 영역의 마음속에는 무한한 힘이 내포되어 있다는 것을 밝혀 준 것이다. 잠재의식은 과거의 어떤 작은 일이라도 기억하고 있으며, 또 경험하지 않은 것이라도 알고 있으며, 위기에 대해서 어떻게 대처해야 좋은가 하는 신통자재(神通自在)한 힘을 가지고 있는 것이다. 그러나 잠재의식은 '무한한 힘'을 속에 내포하고 있으면서도 주어진 역할을 바로 수행할 뿐으로서 그 이상 적극적으로 자진하여 작용하여 아무 일이나 하지는 않는다. 그것은 무한한 에너지이지마는 우리들 자신이 자각되는 마음으로 모형을 제공한 것과 같은 모양의 상태가 되어 모습을 나타내 주는 것이다.

그 사람이 만약 현재의식에 '손실'의 생각을 일으켜서 그것을 잠재의식에 전하는 것이라면 그 사람의 내부에 있는 잠재의식적 에너지는 공포의 감정을 일으켜 마침내 현재의식이 마음에 그린 바와 같은 '손실'을 현실화 하게 된다.

가령 어떤 큰 사업을 하는 상인이 많은 상품을 창고에 넣어두었다고 하자. 그런데 시국의 영향을 받아서 상품의 가격이 폭락하기 시작했을 때, 그 상인은 놀라서 '손실'의 관념이 마음, 현재의식에 떠오른다. 그러면 그 현재의식의 '손실'의 관념이 내재하는 잠재의식면에 떨어져 버린다.

잠재의식은 '손실'의 관념을 받으면 반사적으로 '공포'의 감정을 불러일으켜서 그것에 대응하기 위한 에너지를 혼란한 상태로 내부에서 폭발시킨다. 그 내부의 혼란된 폭발력으로 그 사람의 행동이 지배되기 때문에 그 사람은 당황하여 창고 속의 상품을 싼 값으로 팔아 버린다.

그와 같은 시국적 환경 속에 있으면서 어떤 사람은 그것을 좋은 기회로 삼아, 공포상태로 던져 버려진 상품을 극히 유리한 조건으로 매점하여 거부가 되기도 한다. 공포라는 것은 잠재의식에 발현된 에너지의 혼란된 폭발이므로 이성적인 것이 아니다. 따라서 사건에 대하여 적당한 판단을 하는 것이 아니다. 그러나 손실·패배·질병의 현재의식이 그려져 잠재의식의 건반을 두드리는 한, 잠재의식의 금선(琴線)은 공포의 가락을 연주할 수밖에 없는 것이다. 그러므로 공포의 감정을 연주하지 않기 위해서는 현재의식이 손실이나 패배나 질병을 그리지 않도록 하는 것이 필요한 것이다.

불안·공포의 감정을 일으키지 않기 위해서는 현재의식인 손실·패배·질병을 마음에 그리지 않도록 마음의 왕국을 지배하는 것이 필요하다. 그런데 그것은 어떻게 해서 가능할까. 먼저 진리를 아는 일이다. 이것은 일체의 손실·패배·질병으로부터 해방되기 위해서 필요한 조건이다.

그렇다면 진리란 무엇인가? 진리란 한마디로 실상을 말한다. 가상(假相)에 속하는 육체의 눈으로는 보고 들을 수가 없는 것이다. 그러므로 육체의 눈과 귀로 보고 들으려고 하는 사람에게는 설명할 수가 없다.

진리란 절대의 권의를 가지고 자주적이고 아무것에도 속박되지 않는 자유인이라는 실상이다. 실상의 세계에 있어서는 이에 인간은 자유이기 때문에 가상세계나 이상세계에서 그 자유를 획득하기 위해 싸울 필요는 없는 것이다.

현상의 상(相)이 아무리 묶여 있는 것처럼 보여도 인간의 실상은 묶여 있지 않는 것이다. 묶여 있지 않는 상태, 해탈(解脫)의 상태를 불(佛)이라고 한다. 그래서 인간의 실상은 부처인 것이다.

현상인(現象人)으로서의 자각으로부터 실상인(實相人)으로 다시 태어나는 것은 어디서 왔다가 어디로 가는 것인지 눈에 보이지 않는 바람의 가는 곳을 알기보다 더욱 보기 어려운 '실상으로서의 인간'을 알지 못하면 안되는 것이다. 이것을 만났을 때, 모든 불안과 공포가 일소되어 버린다. 다시 한마디로 말하자면 진리, 즉 실상을 깨달았을 때 불안과 공포가 사라지는 것이다.

비근한 예이지만 이런 일이 있었다. 신념이 두터운 중년 부인이 불공을 드리고 해가 져서 집으로 돌아가다가 절의 마당에서 개구리 한 마리를 밟아 죽였다. 집으로 돌아가서도 살생을 했노라고 후회하며 염불을 외고 하였으니 워낙 마음이 착하고 어질며, 신심이 두터워 잠을 이루려고 해도 잠을 이룰 수가 없었다.

밟아 죽인 개구리를 날이 새면 달려가서 묻어라도 주어야겠노라고 마음을 먹고 새벽에 절로 찾아갔다. 어젯밤에 개구리를 밟은 자리에 가 보니 개구리는 없고 썩은 오이 반 토막이 짓밟혀서 오이씨가 터져 나와 있었다.

그 부인은 그제야 어둠 속에 밟은 것이 개구리가 아니라 썩은 오이였음을 깨닫고 마음을 놓았다.

이 이야기가 말해 주는 바와 같이 실상을 깨달으면 불안과 공포가 사라지는 것이다. 인간은 모든 일에 실상을 파악하고 가상에 얽매어 불안과 공포에 괴로워하고 있다.

□ 불안과 선(禪)

우리들은 마음을 놓고 긴장을 풀거나 벗어나려고 한다. 그러나 오늘날 일반화 되어 있는 수단, 예컨대 영화니, 라디오니, TV니 하는 것으로는 사람의 마음을 안정시킬 수가 없다. 그것은 오직 사람을 하나의 불안으로부터 다른 불안으로 옮겨 놓을 뿐이다.

선(禪)의 요체는 불안에 대한 방어를 완전히 포기하는 것이다. 이 철저한 경지는 정신분석의 방법으로는 잴 수 없는 것이다. 방어의 포기는 선에서는 다시 나아가 자아의 안전을 잃지 않으려는 방어마저도 포기한다. 더구나 마지막에 얻어지는 자각, 깨달음은 특수한 통찰이라고 할 수 있는 것은 아니다.

노이로제에는 히스테리도 있으며, 강박관념과 공포증 따위가 있는데 히스테리는 정좌에 의한 체질개선으로 고칠 수 있으며, 강박관념과 공포증 따위는 선의 삼매(三昧), 그 자체에 투철해 버린다는 마음의 조정에 의해서 탈피할 수가 있다.

춘원 이광수도 〈흙〉·〈사랑〉·〈무정〉 등을 쓴 후에 한때 심한 강박관념에 괴로워했다. 그가 심한 결핵성 질환으로 병상생활을 하였기 때문에 괴로워했으나 선으로써 극복했다는 이야기는 잘 알려진 사실이다.

선을 통하여 질환을 치유한다는 것은 예컨대 잠을 잘 수 없으면 없는 그대로, 말을 더듬거나 얼굴이 붉어지면 더듬고 붉어지는 그대로, 그것에 투철해 버린다는 것이다. 불면일 때에는 불면삼매(不眠三昧), 즉 불면에 투철해 버리는 것이다.

선의 이야기에 '더울 때는 더위에, 추울 때는 추위에 투철하라'는 말 그것에 따르는 것이다.

대문호 헤르만 헷세, 철학자 하이데거, 정신분석학자 융, 에리히 프롬, 물리학의 하이젠 베르크 등 많은 사람들이 현대인의 구원의 원리를 선에서 찾게 된 것은 상당히 오래 전부터의 일이다.
 서양의 전통적인 정신문화는 막다른 길에 이르렀다는 실감에서 출발하여 오직 이를 타개할 길은 선(禪)뿐임을 알았기 때문이리라.

□ **좌선(坐禪)의 현대적 의의**

 좌선은 용광로와 같은 것이다. 좌선을 하고 있으면 일체가 용해된다.
 인간은 너무나 많은 고정관념을 가지고 있다. 그것들이 일일이 달라붙어 있기 때문에 융화가 되지 않는다. 말하는 것이나 행하는 것이나 다 순화되어 있지 않다. 자부방만(自負倣慢), 자굴해태(自窟海苔), 저절로 정이 떨어진다.
 이와 같은 것을 일체 합쳐서 용해하고 정화하여 그 정도에 따라 자유자재 순진무후한 삶을 전개토록 하는 것이 좌선이다. 또한 좌선은 자기의 생명을 자유자재로 수용(受用)시키는 것이다. 다시 말해서 자수용삼매(自受用三昧)이다.
 정진정명(正眞正銘), 틀림없는 인간으로서 살아가려는 사람, 모든 것을 자기 자신이 받아들여서 그것을 소화시켜 모자간보다 더 화락한 세계를 만들어 나가는 사람, 이와 같은 사람을 위해서 최상의 미묘한 실천방법, 그것이 좌선의 참뜻이다.
 석존은 세상 사람들이 의지하려는 것을 일체 배척하고 '자기 자신이야말로 자신의 의지할 곳인데, 자신을 젖혀놓고 누구에게 의지하려는가. 나를 조정해야 할 자신이야말로 참으로 얻고자 하는 의지할 곳'이라고 말씀하셨다.
  우리들의 구경(究竟)의 의지할 곳은 곧 자기이다. 자기 이외에 어느 곳에 의지할 것인가?

□ **현대인의 선과 정신적 위기**

  현대사회가 비약적으로 발전함에 따라 그 양태도 기계적이고 조직적인 방법으로 바뀌었다. 이러한 발전 과정은 오토메이션 방법으로 대량생산되는 물산(物産)의 혜택이 현실사회를 전진만 계속하게 했다. 그러나 이와는 반대로 우리의 내면적 정신세계는 오히려 긴장을 초래케 하고 심지어 자연까지도 파괴케 하는 등 온갖 부조리 현상을 빚었다.
  그리하여 우리는 정신적 갈등과 심적 불안을 면키 어렵게 되었으며 우리의 앞에는 어두운 미래만이 커다란 산맥처럼 놓여 있을 뿐이다. 이처럼 물질문명이 아무리 발달한다고 하더라도 내적인 안정을 구할 수 없다면 우리들은 비록 살아 있다고 하더라도 삶 자체는 죽은 시체의 침묵과 다름이 없을 것이다.
  우리가 우리의 생활을 즐겁게 하는 하나의 수단으로 라디오와 영화·TV·신문 등이 제공되어진다 하더라도 그것을 즐기고 이해할 수 있는 정신상태가 비어 있다고 하면, 그것은 오히려 인간을 불안케 하는 요소에 불과한 것이다. 이러한 불안과 부조리가 우리 사회에 팽배해지면 남녀의 이혼율이 높아져 가정의 안정이 깨어지고 인간이 잔혹의 극에 이르고, 이를 기화로 사이비 종교가 범람하게 되고, 신흥종교를 내걸고 마치 자기가 신처럼 행세하는 등 현대가 위기에 처하게 되어 인간의 새로운 인격 형성에 새로운 변화가 요구되기도 한다.

소비시대인 20세기 후반은 대도시화의 현상으로 변모되어 인간 자신을 각박한 현실 속에 속박해 버린다. 부모와 자녀간의 혈연관계는 하나의 단순한 인과관계로 생각하여 부모를 천대하는 참으로 인간의 본성이 무시된 앞으로의 세태는 어떠한 모습으로 나타날 것인가 생각할 때 두려운 마음이 앞선다. 이같은 사태가 오늘의 우리에게 방향에 대한 목표를 세울 수 없을 만큼 불안과 초조 속에 빠지게 하고 어디를 가더라도 불안과 초조를 벗어날 수 없게 되었다.

그러면 우리 주변에 산재해 있는 불안의식을 선을 통해 각성하려는 계기를 찾기 위해 몇 개의 위기의식을 분석해 보겠다. 먼저 교육에 대한 위기의식이다.

동양에서 교육적 태도는 한 세기를 전후하여 서양문화를 수용하는데 급급했다. 우주의 진리가 서양에만 있는 것처럼 착각한 데서 야기된 소치이다. 그리하여 동양의 문화는 점점 후퇴하기 시작했다.

학생들은 서구어를 습득하는데 많은 시간을 빼앗겼으며 외래문화에 도취되어 학업은 내적인 면보다도 외적인 면으로만 성취되어가 마침내 우리 동양인은 서양의 문화를 자기화 할 수 있는 태도를 갖추지 못한 채 답습하거나 고수하는데 불과했다. 그렇기 때문에 그것을 개조할 수 있는 정신적 여유란 조금도 찾아볼 수 없게 되었다.

 동양에서 받아들인 서양의 것이란 대체로 유물론적(唯物論的)인 것이거나 회의론적(懷疑論的)인 것이다. 이러한 것은 어느 의미에서 전통적 동양문화에 치명상을 입히기도 했다. 이것은 멀지 않은 장래에 다음 세대들에게 문화의 내적인 연관을 잃게 하여 더욱 정신적 불안에 빠뜨리게 할 것이다.

 여기에 대하여 필자는 세대의 책임을 뼈아프게 느끼지 않을 수 없다. 우리가 서양문화를 받아들일 때, 좀 더 그 수용 태도가 건전하고 옳았다면 이미 그것은 우리 것으로 화했을 것이다. 그렇게 되었더라면 오늘의 젊은 세대와 다음의 세대들의 정신적 자세는 확고해졌을 것이기 때문이다.

 오늘날은 다른 어느 때보다 진정한 이념이 대학교육에서 전제되어야 할 시대이다. 대학교육이 다만 직업을 얻는 방편으로 화하면서도 상아탑 운운하는 야누스적인 이중성을 띨때 미래에 대한 미로는 어떻게 될지? 참으로 교육의 위기가 아니라 할 수 없다. 여기에 선을 통하여 진정한 자신을 깨닫고 스스로 삶의 방향을 각성하는 길만이 남아 있을 뿐이다.

 그 다음에 종교에 대한 위기의식이다. 종교는 인간 양심의 최후의 보루이다. 믿음을 통해서 넓고 깊은 진리의 세계를 각성하는데 종교의 목적이 있다. 그런데 현내에는 이 종교마저 위기의식에 처해 있다.

 우리나라에 불교가 정착한 이래 어느 나라에 못지 않는 찬란한 개화기가 있었으나 안타깝게도 오늘날 불교는 그 세력을 잃어가고 있다. 물론 또 다른 태동의 싹이 트고 있음을 모르는 바는 아니지만....

 하여간 새로운 신흥 종교와 신흥 종파가 여기저기에서 일어나 참다운 종교적 의식보다 의료행위, 위선적인 자선사업을 기화로 그야말로 양의 탈을 쓴 이리가 대낮에도 유유자적하게 거리를 활보하고 있다. 이것들이 모두 전체 종교의 위기의식인 것이다. 그러나 어떠한 사회적 악풍조에도 굽히지 않고 반석과 같은 부동의 자세, 즉 선의 자세와 정신이야말로 오늘의 종교적 위기를 극복할 수 있는 유일무이한 길이다.

 그러면 오늘의 이러한 의기의식을 어떻게 선을 통하여 극복할 수 있을까 생각해 보자.

 요즈음 선에 대한 관심이 동서를 막론하고 그 열의가 높아지고 있다. 물론 그 태도나 목적이 각양각색이기는 하지만 어쨌든 관심이 높다는 것만으로도 다행이 아닐 수 없다. 불교계는 물론 타종교계에서도 신부나 수녀·목사·신학자 등이 선을 연구하고 있으며, 학계에서도 심리학자, 정신분석학자 등이 선에 지대한 관심을 쏟고 있다.

 선은 원래가 '인간의 본성을 구명'하려는데 그 목적이 있다. 즉 인간을 가장 좋은 상태로 인도하려는데 있다. 그러기에 선은 곧 인간을 가장 좋은 상태로 이끌어 나가는 실천적 행위라고 할 수 있다. 그러나 어느 시대에도 그런 경향은 있었지만 특히 오늘의 현실은 인간 및 자연에 관하여 왜곡된 점을 사실 외적인 것이 아니라 자기 자신의 내적 근본적인 문제라 할 수 있다.

 왜냐하면 자신의 불만에 대하여 다른 사람에게 전가하는 경우도 있고, 또한 자기가 남을 미워하면서도 반대로 남이 자기를 미워하는 것으로 착각하는 등 허다하다. 또는 어떤 사람에게 기대를 가졌다가 그것이 자기가 목적한 바와 일치하지 아니할 때 남을 원망하기도 한다. 그러므로 우리가 선을 통하여 이러한 현실적인 '나'를 직관한다는 것은 지금까지의 자기를 반성할 수 있는 계기라고 할 수가 있다.

선은 그러한 외적인 상황을 자기와 일치시켜 인간 본연의 자세로 돌아갈 수 있게 한다. 인간은 어떤 일에 열중했을 때는 자기 앞에 있는 대상은 이미 대상이 아니라 자기와 그 대상이 하나가 된다.

자기는 관찰자나 비판자가 아니라 '보는 것' '보이는 것'이 별개의 것이지만 동시에 완전한 하나가 되는 것이다. 마음속의 갈등이 대립으로 느껴지던 것이 하나로 융합되어 자기 속에 받아들여지게 되는 그러한 경지를 얻게 된다.

선에는 자기와 남과의 대립이 있을 수 없다. 모든 것이 자기이다. 환언하면 진정 자기는 없다는 것이다. 여기에서 말하는 자기는 타(他)를 대상으로 하는 자(自)가 아니라 자타(自他)를 초월한 절대의 자기인 것이다. 즉 무아(無我)로서 모든 것이 '나'이며, 내가 즉 일체이다. 이렇게 모든 사상(事象)을 일체화한다면 자기가 무한대의 공간에 퍼져 있음을 알 수 있다. 이것이 진실한 자기이며 곧 불성(佛性)이다.

그러면 여기에서 달마대사(達磨大師)와 혜가(慧可)와의 선문답을 예로 들기로 하자.

"소생의 마음이 몹시 불안한데 저를 위하여 스승께서 마음을 안정시켜 주십시오."

"그대의 불안한 마음을 가져 오라. 내가 그대의 마음을 안정시켜 주리라."

 선문답에서 보는 것과 같이 불안으로 말미암아 불안해서 견딜 수 없는 마음을 가져오라니 참으로 어처구니없는 요구라고 아니할 수 없다. 그렇다고 혜가의 입장에서 마음속을 끄집어내어 스승 앞에 바칠 수도 없고, 그래서 이렇게 고백할 수밖에 별 도리가 없었다.

"마음을 잡아내 보이려고 했으나 마음을 얻을 수가 없습니다."

"그것 보아라. 불안하여 동요하는 마음이란 존재하는 것이 아니기에 너의 마음은 이미 안정되어 있느니라."

 달마대사의 '마음은 존재하는 것이 아니라'는 가르침에 혜가는 크게 깨달음을 얻었다. 혜가가 자기의 마음을 찾다가 찾지 못하고 '얻을 수 없습니다'라고 대답했을 때, 스승인 달마는 혜가의 눈에서 깨달음의 소지를 엿보았던 것이다.

 '얻을 수 없다'는 것은 바로 공(空)이요, 무(無)이다. 이것은 분명 잡을 수가 없는 것으로 잡았다고 생각하면 벌써 그것은 존재하지 않는 것이다. 이러한 공이 여러 인연을 따라 변하여 전우주를 현성(現成)한다.

 공(空)이란 아무것도 없는 허공상태, 즉 제로를 뜻하는 것도 아니며 아무런 작용도 없고 죽어버린 공을 말하는 것이 아니다. 그러기 때문에 공(空)에서는 어떠한 작용이 발생하게 마련이다. 얻을 수 없는 것으로의 공이기 때문에 어디서부터 시작한다고 하더라도 천쌍만화(千雙萬化), 임기응변이 된다. 획일적으로 고정되어 있는 자세로서는 상대에게 당하고 만다. 얻을 수 없는 것 즉, 공(空)을 잡고만 있다면 비록 천지가 뒤집힌다고 하더라도 태연히 앉아 있을 수 있다.

'공'과 '무'야말로 안주의 땅이라고 달마선사께서 설파하신 일이 있다. 인간을 끊임없이 불안으로부터 해방시키고 속박의 쇠사슬을 끊는 충분한 능력을 발휘할 수 있게 하는 조건이 바로 공이요, 무요, 얻을 수 없음(不得)이다.

일찍이 서양의 선학자 후고 에노미아 러셀은 다음과 같이 그의 논문에서 적고 있다.

'나는 동양인과 동양문화에 끼친 신의 영향이 지대하므로 선수행을 통해 동양정신을 극복하고 깊은 내적 평안에 이를 수 있는 열쇠가 바로 선임을 알았다.'

선이란 마치 큰 무(無)라는 용광로에 삼라만상 일체가 용해되어 찌꺼기와 불순물이 다 떨어지고 참의 쇳덩이만 나오듯이 참의 삼라만상이 현전됨으로써 거기에는 상(相)이 없어진 상태여서 대립이 성립되지 아니하므로 '너'와 '나'가 일체가 되어 버린다. 그러므로 선적인 가정은 어린아이들의 장래와 청년들의 활동, 노인들의 경험이 합친 하모니의 극치를 이루는 오케스트라와 같이 풍부한 화해와 협동 속에서 단란이 이루어지고 또 이것만이 불안한 마음으로 병이 될 수 있는 많은 사람들을 구출하는 길이 될 것이다. 이것이 바로 선의 입장이다.

선의 정신은 우리 동양 민족성의 마음 깊은 곳에 뿌리박고 있다. 이 선의 불길은 저 깊은 곳 재(灰)밑에서 뜨겁게 타고 있다. 이 불길을 누구나 붙여 가기를 문을 열고 기다리고 있음을 우리는 알자.

동서가 결합해서 진정한 가치를 전달하고 서로가 풍요해지기를 원한다면 오늘의 우리는 더욱 더 선을 통해서 생존할 것을 약속해야 한다. 이러한 선의 길이야말로 미래를 향하여 우리의 정신을 고양시킬 수 있고, 오늘의 가치관을 물질일변도에서 탈피시켜 진정한 삶의 가치관을 확립시킬 수 있는 것이다.

선이 가진 고양된 정신적 태도는 또한 민족의 거화(炬火)가 되어 먼 장래까지도 밝힐 것이다. 이 시대에 사는 우리는 불안과 초조함, 그 잡다한 현상의 위기를 극복하기 위해 오직 이 하나의 선의 길을 택할 것을 제언한다. 우리 자신들이 스스로 믿음을 통하여 선의 대도의 길로 나아간다는 것은 세계평화와 민족중흥의 커다란 과업 앞에 절실한 요청이기도 하다.

□ 선(禪)과 과학(科學)

선(禪)은 많은 사람들이 생각하고 있는 것 같은 신비주의가 아니며, 견성(見性)이라는 것도 자기의 깊은 근저에 철저해지는 것이며, 과학적 지식도 실은 이곳에 성립되는 것이다. 선은 과학을 받아들여서 과학이 미치지 못하는 것에 도달한다는 점에 있다.

근래의 학문, 즉 과학이라고 하는 것은 소위 아주 어두운 곳에 번쩍 하고 비치는 서치라이트와 같은 조명을 비추어서 그 빛을 받은 면만을 포착한다. 이는 과학자가 스스로를 반성하는 말로 한 심리이다.

 물론 과학도 최근에 와서는 가능한 한 다면적으로 사물을 보려고 하여 인간성의 과학적 연구 등에서도 '행동과학'이라는 이름 아래 심리학·사회학·인류학 등을 중심으로 하면서 철학·종교학·역사학·의학·정치학·경제학 등에 까지 걸쳐서 공동 연구를 해 나가고 있다. 그러나 그렇다고 해도 그것은 역시 과학으로서의 한계를 벗어날 수가 없다.

 세계적인 영국의 어느 과학자는 자연과학의 성립 과정을 근본적인 문제로 해서 '참으로 자연은 존재하는 것인가, 아니면 존재한다고 생각하고 있을 따름인가? 종교적 방법을 허용치 않고 결정하려는 사람이 있다면 그것이야말로 참으로 무지라고 하지 않을 수 없다.'라고 말하고 몇 개의 선정(禪定) 위에 이루어진 것이 자연과학이며, 다른 학문도 크건 작건 그래서 그것들이 매우 분명해지는 것은 당연하다. 이는 전혀 감정에서 출발하기 때문이라고 말하고 있다.

 과학은 굉장한 것이지만 그 일면성을 반성하고 성립의 근본을 깊이 성찰해 보면 역시 전체적인 견해인 종교적인 것으로 돌아가지 않을 수 없게 된다.

 선불교는 인간에게 그 존재의 문제에 대한 해답을 찾아낼 수 있는 일을 돕는다. 그 대답은 유태·기독교의 선봉에 있어서도 주어진 것과 본질적으로 동일하지만 현대인의 노력의 귀중한 성과인 합리성, 현실주의 및 자주성에 모순되지 않는 것이다. 아이러니컬하게도 '동양의 종교사상은 서양의 종교사상 이상으로 서양의 합리적 사상에 일치하는 것을 알게 되었다'고 어느 학자는 밝히고 있다. 즉 과학의 장점과 종교의 장점을 합한 것이 선(禪)이라는 것이다.

□ 선(禪)과 정신분석학

 신경쇠약은 흔히 미국병이라고 일컬어지고 있는데 노이로제는 미국 같은 데서는 큰 문제가 되어 정신과 의사나 정신치료가의 수도 많고, 여러 가지 유파로 나뉘어져 있다. 그 가운데에서도 특색 있는 몇 개의 정신분석학과 선(禪)을 비교해 보기로 한다.
 하나는, 정신분석에는 성인이 된 후의 노이로제나 여러 가지 행동의 이상 등을 어릴 때 대인관계나 성적 만족 ─ 프로이드는 젖먹이 시절부터 성적인 것을 찾아 볼 수 있다고 했다 ─ 의 특이성부터 설명하겠다. 즉 과거에 특히 상당히 오랜 과거에 주의한다. 이런 견해는 정상적인 인간의 행동의 역학(力學)을 연구한 게슈탈트, 심리학의 레빈 등의 견해라 할 수 있다. 이에 비하여 선은 현재를, 즉 지금 여기를 중요시 한다.
 그럼 여기에서 선을 통해 정신 질환을 치유한 예를 들겠다. 부산의 동래 범어사 근처에 살고 있던 50대의 한 남자가 눈을 감고 잠이 들려고 할 때마다 수많은 뱀이 눈앞에 어른거리는 환상에 잠을 이루지 못했다.
 그는 어려서부터 특히 뱀을 싫어하던 사람이다. 그는 의사를 찾는 등 각 방면의 치유 방법을 생각했으나 전혀 효험이 없어 마침내 범어사의 노장스님을 찾게 되었다. 자초지종을 들은 노장스님은 이것은 강박관념의 일종이라는 결론을 내리고 그 남자에게 '괴로워도 옆 사람에게 호소하지 말고 뱀이 나타나면 몇 마리인가, 어떤 형태로 움직이는가를 자세히 관찰하여 보고하라'고 했다.

 그 중년 남자는 오랫동안 괴로움을 겪던 터였으므로 노장스님의 지시를 지켜 뱀이 나타나면 자세히 보려고 애썼다. 그런데 막상 보려고 하면 이번에는 나타나지 않는 것이었다. 그 남자는 그후부터 무언가 개운한 기분이 들더니 3년이 지나자 자연히 치유되어 정상적인 생활을 누렸다는 실화가 있다.

 이것은 정신분석처럼 이 사람이 어릴 때부터 어떻게 자라왔는가? 성생활은 어떠했는가? 하고 파고들어간 것이 아니라 현재의 태도를 직접 바꾸려는 것이었다. 문제는 현재에 '지금 이곳에 있었던 것이다. 현재 사태의 움직이는 방법을 아는 데에 과거의 움직임을 아는 것도 크게 쓸모가 있으므로 과거를 연구하는 것도 결코 무의미하지는 않다. 그러나 가장 중요한 것은 현재의 사태인 것이다.

 한편, 생각해 보면 정신분석은 괴로움이나 마음에 얽힌 것을 분석하고 이것을 제거하려고 하므로 외과 수술과 견줄 수 있지만 선은 괴로움 그 자체의 매듭을 풀어버리려고 하는 두 가지 길을 취한다.

 또 다른 방법은 유명한 로저스 교수의 방법으로, 치료하는 의사나 상담역은 될 수 있는 대로 무심무아(無心無我)가 되어 따뜻한 마음으로 상담하러 온 사람이나 치료를 받으러 온 사람을 감싸주어서 무엇이나 말할 수 있도록 여유 있는 기분을 갖게 하고, 혼자서 생각케 하여 여러 가지를 발언시키는 가운데 자연히 그 괴로움이 풀어진다는 것이다.

이쪽에서 거의 지시하지 않는다는 뜻으로 '비지시적'으로 어디까지나 상대가 중심이 되도록 하여 '상담하러 온 사람 중심'이라고도 불리고 있다.

인간의 본성(本性)은 선(善)으로서 여러 가지 문제가 생겨도 따뜻하고 무엇이나 용서하는 분위기로 감싸준다면 자기 조종력이라는 것이 충분히 작용해서 문제가 자연히 해결된다고 본다. 이것은 정신분석이 오히려 인간의 성질의 근본에 여러 가지 사악한 욕망이 숨겨져 있다고 보는 것과는 큰 차이가 있다. 자기의 이상적인 모습과 현실적인 자기 모습의 엇갈리는 주장 따위가 치료와 동시에 적어진다는 것도 연구되고 있다 한다.

자기 자신을 그대로 받아들이는 일, 화해하든가 하는 말도 쓰이지마는 그런 태도가 나아가면 타인을 받아들이고, 용서하고, 화해하기 쉽게 된다. '있는 그대로'라는 것도 같지만 선이 자기에게 투철하다는 데에 가까워지는 것이다.

로저스 교수의 방법에 대해 말한다면 자기 조종력을 높이기 위해 선의 방법을 쓴다는 점에서 특기할만하다. 전혀 수동적인 태도를 취하는 일도 있으며, 때로는 지시적인 태도도 취하고 필요하다면 몽둥이로 때리고 큰 소리로 야단을 치는 등 일종의 쇼크를 주는 일도 있으며 여러 가지 방법을 활용하므로 로저스 방법처럼 단순하지만은 않다.

과학적인 연구는 물론 로저스 쪽이 훨씬 진보되어 있으나 전체적으로는 선이 훨씬 폭도 넓고 또 깊이도 있다고 하겠다.

로저스 박사는 1961년 동경에 와서 강연회 등을 연 일이 있는데 그의 제자들 중에는 선을 상당히 공부하여 제법 깊은 이해를 하고 있는 사람이 있다는 사실이 일본 메스컴을 통해 널리 알려졌다.

선(禪)은 건강법을 내포하면서 그것을 초월하는 것을 갖는 것처럼 정신치료학을 내포하면서 그것을 초월하는 것을 가지고도 있다.

□ 고뇌(苦惱)와 자아(自我)

인간으로 이 세상에 태어나서 불안과 고뇌(苦惱)가 없었던 사람은 하나도 없을 것이며, 이것이 인간의 참다운 모습일지도 모른다. 태어남도 고(苦)요, 병드는 것도 고(苦)요, 늙는 것도 고(苦)요, 죽는 것도 고(苦)요, 이 모든 것은 불안한 것이다.

인간이 이 세상에 태어날 때 우는 첫 울음, 그것은 어쩌면 불안과 고(苦)를 알았다는 전주곡인지 모를 일이다.

철학자이며 문학자였던 사르트르는 인간이 태어남은 죽음의 시초요, 살아나간다는 것은 죽음을 향한 행신에 불과하다고 말했다.

'오라, 누가 이 죽음의 골짜기에서 나를 구해 주랴'라고 처절한 절규를 한 그리스도교의 사도 바울의 이 말 역시 불안에 직면한 적나라한 인간의 부르짖음이라 아니할 수 없다. 물론 인간이 전부 똑같은 불안과 고뇌에 빠질 수는 없다. 한 가지 공평한 불안이 있다면 그것은 죽음에 대한 불안이다. 속된 표현을 빌리면 인간이 살기 위해 활동하는 모든 행위, 심지어 종교까지도 이 죽음의 절박한 문제에서 벗어나고자 하는 절실한 몸부림일지도 모르겠다.

죽지 않겠다는 생각, 이것 때문에 진시황은 동남동녀 5백 명을 보내어 불로초를 구하라 하지 않았던가? 오래 살기 위해 아방궁을 짓던 그의 노력도 허사로 32세를 일기로 그도 누구나 걸어야 하는 그 길로 갈 수밖에 없었다.

이 고(苦)와 불안이 일어나는 이유는 인간이 사상에 고집하는 집착이 그 근원이라고 불타는 가르치고 있다. 집착이 없으면 고와 불안이 없어지므로 집착을 버리라고 한 것이다. 이 집착을 버리기 위해 선을 행하는 것이다.

그러면 고와 불안의 인식의 근원은 어디에 있는가? 그것은 곧 자아에 있고 주관에 있다. 자아와 주관이 없이 고와 불안은 있을 수 없다. 그러기에 자아와 주관은 모든 고뇌의 근원이고 따라서 생사문제의 중심이 되기도 한다. 그러면 어떻게 자아와 주관에서 벗어나 고와 불안에 빠지지 않을 수 있을까?

이 초월이란 말을 흔히 쓰지만 이를 행동으로 옮기기란 거의 불가능에 가깝다. 먼저 자아를 부정하려는 의욕이 강하고 점차 고조될수록 부정되어야 할 자아의 힘이 도리어 점점 맹위를 떨치며 저항하여 오므로 곤란하다.

이 자아를 부정의 대상으로서 새로 등장한 의욕, 그와 상대의 자아와는 원래 다른 것이 아니고 같은 내용의 것이며, 종이의 양면과 같은 것이다. 이리하여 자아의 초월은 근기가 좋은 사람에게는 별 문제가 아닐지 모르나 근기가 약한 우리 같은 사람에게는 불가능하다는 말이다.

초월이란 선과 같이 사물과 한 몸이 될 때 사물도 없고 자아도 없어지게 된다. 그러기에 사물과 한 몸이 되면 모든 것이 해결된다. 우리는 늘 사물과 한 몸이 되어 있으나 이를 인득(認得)치 못하고 있을 따름이다. 그러니 인득하기까지가 문제라고 할 수 있겠다.

사물과 한 몸이 될 때 존재 가치를 분명히 알 수 있는 것이며, 이때 무명(無明)과 미망(迷妄)이 제거되어 불안과 '고'가 없어진다. 우리는 생과 사의 의식관념을 뛰어넘어야 한다. 그러므로 우리는 선의 극에 이르러 죽음의 불안과 공포에서 탈피하고 품에서 벗어나 평등일여(平等一如)의 내면적 세계에 살아 인간 존재의 최고 가치를 발현해야 한다.

□ 번뇌를 없애는 선(禪)

선이란 정신을 수련하는데 '생각하며 닦는다, 생각을 고요히 한다'는 것이다. 우리 인간들의 생각은 번뇌망상으로 인하여 번거롭게 흔들려 자기 자신을 보지 못하므로 정신통일을 기하는 것이 그 목적이라 할 수 있겠다.

그러기에 달마대사는 말하기를, '밖으로는 모든 연(緣)을 쉬고 안으로는 마음이 헐떡임이 없이 마음이 장벽과 같이 되면 가히 도에 들어갈 것이다'라고 하여 선정(禪定)의 의미를 명백히 했다.

그러면 정신통일은 또 무엇을 목적으로 하는가? 그것은 말할 것도 없이 도(道)를 얻자는 것이고, 여기서 말하는 도란 마음의 본성을 보는 것이다. 도가 객관적 존재인가 주관적 존재인가 하는 것도 문제이지만 그거야 어찌되었든 우리가 도를 보지 못하는 까닭은 도를 볼 마음의 거울이 번뇌에 의해 흐려져서 보이지 않는 것이므로 도를 보기 위해서는 먼저 이 마음 가운데서 기멸(起滅)하는 번뇌를 진정시키는 것, 이것이 곧 선(禪)의 목적이다.

우리 마음 가운데서 일어나는 모든 생각은 대개가 올바르지 못한 망상으로서 이것은 우리 마음의 본성이 아니다.

바다에서 일어나는 천파만파(千波萬波)가 번뇌망상이라면 바닷물이 고요한 것이 마음의 본연상태라고 할 수 있으며, 또 중천에 취산하는 구름이 번뇌라면 중추의 십오야(十五夜) 밝은 달은 우리 마음의 본체이다.

이와 같은 일륜명월(一輪明月)이 그대로 천강만수(千江萬水)에 능히 나타날 수 있는 것과 같이 이 우주의 진리도 우리 마음 가운데 기멸(起滅)한 번뇌의 물결과 망상의 구름만 없어진다면 그 본연의 자태를 생긴 그대로 나타낼 것이다. 그러므로 번뇌를 없애기 위해서는 무엇보다도 아무 생각없이 하는 무념무상(無念無想)이 되어야 한다.

제2부
불교와 생활철학

제1장 서 론

□ 인간계의 미혹상(迷惑相)

아무리 높이 솟은 100층의 고층건물이라도 평지의 지면을 여의고 따로 서 있을 수가 없듯이, 아무리 훌륭한 종교와 철학이라도 인간계를 떠나서는 존재할 수 없다. 육조(六祖) 혜능(慧能)대사께서 말씀하시기를,

"불법(佛法)이 세간(世間)에 있는 것이니 세간을 여의지 말고 깨칠지니라. 세간을 여의고 깨달음을 구하는 것은 마치 있을 수 없는 거북의 털이나 토끼의 뿔을 구하는 것과 같으니라(不法在世間 不離世間覺 離世覓菩提 恰如來求龜兎角)."
하셨다. 그러므로 불교를 말하기 전에 먼저 인간계의 미혹상(迷惑相)을 대강 들어 보는 것이 순서인 것 같다.

세상 사람의 행동을 보면 장사를 하는 사람은 점쟁이에게 방위를 물어서 움직이고, 집터와 가게 터의 길흉을 묻기가 일쑤다. 또 자녀들의 결혼에 대해서도 사주를 보고 궁합을 보고 길년(吉年)을 가린다. 그래서 자기 일도 모르는 점쟁이는 인간생활의 큰 사건을 식은 죽 먹듯이 처리해 버린다.

우리는 그 말을 온통 받아들여 믿고 꼼짝달싹을 못하고 무지

한 사람의 지배를 받는 것이 보통이다. 그래서 인간은 까닭도 모르는 위협을 받고 자유를 빼앗기고 남에게 속박을 받고 있는 것이 사실이다.

 이런 글을 쓰고 말을 하는 나 자신도 전일에는 역시 마찬가지였다. 지나간 일은 알 수가 있으나 내일 일은 알 수가 없는 것이다. 내일은커녕 몇 시간 후의 일도 모른다. 그러기에 수십 분 전에 버스를 탄 사람이 전복되어 죽기도 하고, 배를 타고 가다가 삽시간에 뒤집혀서 물귀신이 되는 자가 많지 않은가.

 이런 것을 보면 복술가에게 길흉을 묻는다는 것은 일종의 기분을 달래는 일은 될지언정 그것으로써 미래의 일을 알 수는 없는 것이다. 도리어 행동의 속박을 받을지언정 결코 안심은 얻을 수가 없는 것이다. 그러므로 환경의 위협은 그대로 남아 있게 마련이다.

 인간이 달나라에 가서 발자취를 남기고 올 만큼 과학문명이 고도로 발달되었지만 미신은 그대로 남아 있어서 서울 장안 거리에 관상쟁이와 복술가가 우글거리며, 인상(人相)을 보고 수상(手相)을 보며 사주팔자의 운명 판단과 성명 감별의 길흉 판단이 성행하여 일종의 유행과 같이 늘어가고 있다. 그러나 이런 것이 아무리 우글거린다고 해도 이것으론 인간의 앞길을 미리 알 수 없고 행복을 기대할 수도 없는 것이다. 이러한 미신 족속이 많은 만큼 인간은 미래사를 두려워하고 앞길에 불안이 있을 것을 암시받고 있는 것에 불과하다.

 우리나라의 형편을 돌아보면, 수십 년 전에 비해 생활수준이 높아져서 풍요한 생활을 하고 있으나 속으로 좀먹어 들어가는 생활 주변이 더욱 극심하여 가고 있기 때문에 알 수 없는 장래에 대하여 공포를 느끼고 위협을 받고 있다.

들판에 자유스럽게 날아다니던 새가 새장에 갇혀서 불안을 느끼며 노래를 잊어버리고 있듯이, 야외놀이에 따라갔다가 인파에 밀려서 부모를 잃고 울며 헤매는 어린이와 같은 것이 우리 인생이다.

또 우리 인생은 행선지를 잊어버린 나그네와 같이 고독을 느끼고 있다. 그래서 될대로 돼라, 사는 데까지 살아보자 하고 수단을 가리지 않고 절도·강도 등 인간으로서는 도저히 할 수 없는 행위를 하는 사람도 있고, 자포자기하여 국가를 원망하고 사회를 저주하다가 마침내는 자살까지 하는 사람도 있고, 제 뜻대로 되지 않는다 하여 광폭하게 다른 사람을 때리고 폭행하면서 날치기, 들치기, 소매치기의 못된 짓만 하는 사람도 있다. 그러나 종류는 다를지라도 어느 것이나 다같이 불쌍한 모습이라고 하겠다. 나는 이런 것을 가리켜 인간계의 미혹상(迷惑相)이라고 한다.

그런데 이 단원의 표제를 '불교와 생활철학'이라고 붙인 데는 다음의 이유가 있다. 지(知)를 사랑하고 진선미를 개발하여 사물을 옳게 보고 비판함으로써 삐뚫어진 것을 바로 잡고, 인간생활의 정로(正路)를 가르치는 것이 철학의 본의라고 하겠다. 그런데 나는 심리탐진파(審理探眞派)의 고차원적인 철학보다도 평범한 인간생활 속에서 미혹상을 가려내는 생활철학에 입각하여 이 글을 쓰려는 것이다.

□ 불타(佛陀)의 자비

 부처님께서는 어제든지 우리 중생을 불쌍하게 생각하시고 자비심으로써 구해 주려고 몸소 49년간을 동분서주하시며, 설법으로써 몽매한 우리 중생을 구제하여 주셨다. 그리하여 지혜의 눈을 뜨게 해 주셨다. 그러나 업장이 두터운 우리 중생이라, 듣고도 모르는 체하고 보고도 외면을 하기 때문에 우리가 자작자수(自作自受)하고 자업자득(自業自得)하여 구제를 받지 못하는 것이니, 마치 태양은 누구에게나 똑같이 비쳐지건만 오직 눈먼 장님은 보지 못하는 것과 같은 것이다.
 이것은 부처의 경전을 보면 알 수가 있다. 〈법화경〉 비유품에 자세한 말씀이 기록되어 있다. 그 대의만을 추리면 다음과 같다.
 '어떤 나라에 거부장자 한 사람이 있었다. 그는 늙었으나 재산이 많았다. 많은 전답과 큰 저택이 있고, 많은 종들을 거느렸다. 그런데 그의 저택은 넓고 크기는 하나 대문은 하나밖에 없었다.
 어느 날 우연히 집에 불이 났다. 장자의 아이들은 미처 피하지 못하고 있었다. 그때 외출했던 장자가 불타는 것을 보고 자신은 다행히 먼저 나와 불을 피하고 있었지만 아이들은 미처 나오지 못하고 있으니 큰일이 났구나 하고 쫓아가서 어서 나오라고 외쳤다.
 아이들은 어리석어서 불꽃이 무서운 줄도 모르고 구경거리나 난 것처럼 불을 바라보고 놀기만 했다. 그것은 불이 무서운 것임을 모르기 때문에 장차 제 몸에 불이 붙으면 타 죽을 것을 모르는 까닭이다. 그래서 장자가 더욱 불쌍하게 여기고 어서 무서운 불을 피하여 나오라고 외쳤다. 하지만 아이들은 노는데 정신이 팔려서 나올 생각도 아니 하고 뛰고 놀기만 한다. 그러므로 장자는 아이들을 구하기 위해 한 방편을 베풀어 말하기를,
"이 문밖에는 너희가 좋아하는 양 수레(羊車)와 사슴 수레(鹿車)와 소 수레(牛車)가 있으니 어서 나와서 이것을 타고 놀아라."
했다. 그랬더니 아이들은 이 말을 듣고 너도 나도 뛰어 나와서,
"아까 주신다고 하시던 수레는 어디에 있습니까?"
하고 물었다. 장자는 말하되,
"자질구레한 수레보다도 큰 흰소의 수레(白牛車)가 많이 있으니 마음대로 가져가라."
고 했다. 그래서 아이들은 흰소의 수레를 타고 만족하게 여겼다.

 이것은 비유한 이야기지만 부처님은 이 장자와 같고, 이 세계는 부처님의 집이고, 일체중생은 부처님의 아이들이다. 부처님은 일체중생의 자부(慈父)인 까닭에 자식과 같은 일체중생에게 이익을 주고 그들을 구제하고자 일부러 이 세상에 나오시어 동분서주하며 고통 가운데 있으면서 고통을 모르고 있는 중생에게 성문연각보살(聲聞緣覺菩薩)의 삼승법(三乘法)을 가르쳐 주고 마지막에는 불승(佛乘)이란 큰 백우차(白牛車)를 나누어 주시게 된 것이다. 부처님께서 말씀하시길,
"사리자야, 나도 또한 이와 같아서 뭇 성인 가운데 높은 이며 세간 중생의 아비니라. 일체중생이 다 나의 자식인데, 세락에

깊이 탐착하여 지혜가 없구나. 삼계가 불안하여 화택과 같으며 온갖 고통으로 들끓으니 심히 두렵도다. 항상 생·노·병·사와 우환질고가 가득하여 이러한 불길이 타올라서 쉴새가 없으니 가히 두렵지 아니하냐? 이 삼계(三界)가 나의 것이요, 그 가운데 중생이 다 나의 자식인데 이제 이곳에 환란이 많거니, 오직 내 한 사람이 능히 구해 주리라(今此三界 皆是我有 其中衆生 悉是吾子 而今此處 多諸患難 惟我一人 能爲救護)."
했다. 부처님의 자비가 얼마나 광대한가를 알 수 있다.

 인도의 불상 조각이나 불화에는 불상 밑에서 많은 사람이 합장하고 꿇어앉아 절을 하고 있고, 부처님은 한 손을 무릎 밑으로 드리우고 다른 손은 손바닥을 편 채로 들고 여러 사람을 향하여 보고 계신 모습이 있다. 이러한 모습을 시무외인(施無畏印)이라 하는데, 두려움이 없음을 중생에게 베풀어 주신다는 표상이다.
 다시 말하면 '고난(苦難)이 많은 인간들이여, 근심하고 두려워하지 말라. 내가 너희들의 귀의할 곳이며 피난처니 오들오들 떨지 말라. 얼굴을 활짝 펴고 화사한 웃음으로 나에게 귀의하라. 그리하여 나의 가피(痂皮)을 입고 모든 사람을 대하면 불안에 떨고 있는 사람들도 저절로 안심을 얻으리라'하는 모양이다.
 우리들 인간의 불안과 근심은 다만 부처님에게 의지하여 부처님의 가르침을 믿고 그 가르치는 대로 실천하면 저절로 모든 것이 풀려져서 절대적인 큰 안위를 얻게 된다. 그러므로 여래를 대안위(大安慰)라고 부르는 것이니 바꾸어 말하면 부처님이 우리 인간에게 큰 안위가 된다는 뜻이다.

우리 인간은 부처님의 가르침을 믿고 그 가르침에 의해 무외(無畏 : 두려움이 없음)를 얻는 것이다. 그래서 어디를 가든지 무슨 일을 당하든지 무외를 얻게 된다. 그 생활은 겁이 많은 노부의 생활이 아니오, 천하를 독보하는 사자와 같은 대력장부(大力丈夫)의 생활이다. 그러므로 이러한 경지에서는 연운이 나쁘다거나 일진(日辰)이 나쁘다거나 방위가 나쁘다거나 하는 미신이 범접할 수 없고, 복술가에게 속고 위협을 받는 일이 아예 없게 된다.

좋은 날은 일일시호일(日日是好日)이 되는 것이다. 이러할 때 우리 인간은 모든 역사적 인습과 사회적 제재로부터 해방되어 큰 코끼리가 강 밑을 밟고 건너가듯이 힘찬 생활을 하게 된다. 동쪽이 막혔느니 일진이 나쁘니 하는 미신의 새장에 갇혀 있다가 해방되어 일도무애인(一道無碍人)이 되어야 할 것이다.

제2장 어려운 문제의 해결

□ 인간의 고락(苦樂)에 대하여

 앞장에서 말한 바와 같이 인생에게 주어진 여러 가지 문제는 우리의 기대가 사실과 모순될 때 비로소 느끼게 되는 것이거니와 이들의 모순을 타개하기 위해서는 그 모순되는 원인을 해부해 보아야 할 것이다. 이렇게 해서 인생을 개조하려는 것이 불교이다.
 이것이 다른 종교가 신에 의존하여 인생 문제를 해결하려는 것과 특이하게 다른 독특한 경지라고 하겠다. 여기 고덕(古德) 스님네가 신자에 대해 난문제를 해결해 준 몇 가지의 신기하고 기발한 이야기를 들어 보겠다.
 일본 불교 임제종에 일휴(一休)대사라는 이가 덕천시대에 있었다. 이때 어떤 도시에 큰 포목상을 벌이고 장사하는 부자 장자가 한 사람이 살았는데, 그에게는 무남독녀 귀한 외딸이 있었다. 그녀는 20세 미만의 처녀로써 우연히 질병에 걸렸는데, 3년이나 병상에서 일어나지 못하고 앓고 있었다.
 그녀의 부모가 백만장자니만큼 병에 좋다는 약은 다 써 보고 나중에는 무당을 불러서 푸닥거리를 하고 여러 곳에 있는 신사

(神社)에 가서 빌기도 하고, 또 단골 절에서 치성을 드리고 기원을 해 보았지만 아무런 반응이 없었다.

그녀는 음식을 도무지 먹지 않고 마른 나뭇가지처럼 말라만 가고 부모를 달달 볶고 있었다. 그러나 그녀의 부모는 그 딸을 살릴 정성밖엔 아무 생각도 없었다. 그녀가 눈물을 흘리고 어떻게 하든지 살아나겠다고 발버둥치는 것을 볼 때면 간장이 끊어지는 것같이 쓰리고 아팠다.

그런데 어느 날 부자의 친구되는 사람이 와서 말하기를, 지금 대덕사라는 절에 일휴대사가 견성도통(見性道通)을 하여 신통과 법력이 부처님과 다름없는 분이라고 하니 그 스님을 청하여 독경(讀經)을 하든지 기도를 시켜 보라고 했다. 부자는 행여나 하는 한가닥 희망을 가지고 그 스님이 계신 선실을 찾아갔다.

"큰 스님을 뵈러 온 것은 다름이 아니라 소생의 딸이 병이 들어 3년이나 누워 있는데, 국내의 명의를 다 찾아 약을 써 보고, 무녀·복술가를 불러 푸닥거리도 하고 여러 신사에 가서 기도도 하고, 또 단골 절에 가서 치성도 울렸건만 차도가 없습니다. 마지막으로 큰스님의 도력과 법력(法力)이 장하시다는 말씀을 듣고 스님의 수고를 빌릴까 하오니 대자비를 베풀어 주십시오. 병이 낫기만 하면 소인이 그 은혜를 갚고자 공양미로 3백석을 올리고 돈도 10만냥을 올리겠습니다."

이 말을 듣고 있던 선사는,

"그것 참 정상이 가엾구려. 나는 아무것도 모르는 중이지만 내가 잘하나 못하나 한번 가 볼 것이니 나의 소청을 들어 주시오."

"무슨 소청이십니까?"

"거사가 지금 말하기를 공양미 3백석에 돈 10만냥을 주겠다고 하지 아니 하였소? 이 절이 지금 퇴락하여 그만한 재력이 있어야 중건, 보수를 하겠는데 산승(山僧)이 무슨 재물이 있어야지요. 그러니 내가 가기 전에 그 준다는 것을 먼저 가져다 주시오."

"그야 스님이 오셨다 가신 뒤에 보내 드려도 좋지 않습니까? 그렇게 급하십니까?"

"안될 말씀이오. 세상 사람이 다 대변을 보러 갈 때는 급한 걸음으로 가지만 끝내고 나면 늘어지게 마련이요. 내가 사리사욕을 채우려는 것이 아니고 쓰러져 가는 절을 복구하려는 것인데 내가 갔다 온 뒤에 만약 그대가 주지 않으면 나의 꿈이 무너지고 계획이 수포로 돌아가고 말지 않겠소? 나는 선승이라 뻣뻣하기 짝이 없어서 아무 신자에게나 허리를 굽혀 구차한 소리를 하기가 싫어 절을 손보지 않았는데, 거사가 마침 잘 오셨으니 약속을 선행하도록 하시오."

"그렇게 하면 제 딸의 병을 꼭 낫게 하여 주시겠습니까?"

"그야 가 봐야 알 일이지. 내가 신이 아닌 이상 어찌 먼저 말을 하겠소. 나는 꼭 가보고 싶은 생각도 없으니 싫거든 그만두시구려."

"죄송합니다. 용서해 주십시오. 곧 내려가 분부대로 거행하겠습니다."

부자는 이렇게 말하고 내려가 곧 공양미 3백석과 돈 10만냥을 싣고 대덕사로 올라갔다. 이를 본 선사는 미소를 짓고 그 부자의 집으로 갔다. 부자의 집에서는 부처님을 대하듯이 극진히

별실로 모셨다. 선사는 병자를 들여다보더니,

"아가야 곱게 죽어라. 너의 부모가 3년 동안이나 유명한 의사를 불러서 약을 쓰고 무당을 불러서 푸닥거리도 하고, 유명한 신사에 가서 기도도 올리고, 훌륭한 스님을 청하여 독경도 했다는데, 이제 의사도 아니고 무당도 아니요, 신도 아닌 내가 어떻게 네 병을 고쳐 주겠느냐. 나는 네 임종을 보려고 온 것이니 곱고 깨끗하고 조용하게 죽어라. 네가 병사(病邪)로 부모를 들볶아 죄를 많이 지었으니 모든 죄를 이 자리에서 참회하고 아무 한도 남기지 말라. 오직 즐거운 마음으로 내 앞에서 곱게 죽어라. 그리하면 너의 영혼을 내가 극락세계로 이끌어 보내 줄 것이다. 그렇지만 네가 무슨 복으로 내 앞에서 죽겠느냐. 내가 나간 뒤라도 좋으니 곱게만 죽어라. 사람은 남녀노소를 막론하고 일생일사(一生一死)를 면할 수 없는 것이니 한번 죽지 두번 죽겠느냐? 감나무에서는 선감도 떨어지고 익은 감도 떨어지는 것이니, 인생이라고 어찌 늙어서만 죽으란 법이 있겠느냐. 생사왕래(生死往來)가 천리(天理)인 것이니 두려워하지 말고 조용히 죽어라.

너의 부모가 공양미 3백석과 돈 10만냥을 우리 절에 시주하여 무너져 가는 절을 중건하게 되었으니 너는 죽더라도 큰 공덕을 지은 것이다. 우리 절에는 참선납자(參禪衲子)가 백여 명이나 되니 한두 사람의 도승이 나지 않겠느냐? 그러면 네가 죽더라도 큰 복을 지은 것이니 아무 미련을 남기지 말고 곱게곱게 죽어라."

하더니 일주향(一柱香)을 피워 놓고,

"이미 왔던 길이니까 반야심경이나 한번 읽고 가지!"
하며 무어라고 들리지 않는 소리로 중얼거리더니,
"나는 바빠서 가니 그리 아시오."
하고 일어나 뒤도 돌아보지 않고 바람같이 가 버리고 말았다.
 그녀의 부모는 이 광경을 보고 기가 막혀서 어안이 벙벙하여 아무 말도 못했다. 마치 귀신에게 홀린 것도 같고 불시에 불한당에게 도둑을 맞은 것과도 같았다. 처녀도 선사의 법문을 듣더니 모든 것을 체념한 듯이 눈물을 흘리고 돌아눕고 만다.
 그녀의 부모는 이것을 보고 더욱 안타까웠다. 그런데 신기한 것은 그녀가 하룻밤을 지나더니 미음과 죽을 먹고 3일이 지나서는 밥을 먹고 일주일이 지나서는 병이 완쾌되고 말았다.
 이것은 그 처녀가 죽지 않고 살아나려고만 속을 태우고 기를 쓰다가 모든 것을 체념하고 지금 죽어도 좋다는 마음을 갖고 안심하고 있었기 때문에 살아난 것이니 사실과 기대가 어긋나는 것을 심리적으로 해결한 실례이다.

 또 같은 임제종 승려로서 선애(仙崖)선사라는 이가 있었다. 이분은 일본의 선승(禪僧)으로 가장 일화가 많은 분이다. 재치와 총명이 선천적으로 뛰어난 가운데 오묘한 선지를 깨달은 스님이었는데 어느 해 정월 초였다.
 거사(居士) 한 사람이 송구영신의 신년세배를 온 일이 있었다. 그는 선사 앞에 좋은 흰 비단을 한 필 내놓고 금년 중에 행복이 될 만한 축송(祝頌)을 하나 써 달라는 것이었다. 선사는 이에 응하여 붓과 벼루를 갖추어 놓고,

'아비 죽고 자식 죽고 손자 죽어라. 이밖에 다시 경사가 없나니라(父死 子死 孫死 此外 更無慶死).'

이러한 글을 써 주었다. 이 글을 받은 거사는 하도 기가 막혀서 의아심을 품고 물었다.

"스님, 스님은 소사(小士)에게 무슨 원한과 감정이 있습니까?"

"감정이 무슨 감정이야. 나는 거사에게 대해서 아무 감정이 없네."

"그러시다면 어찌하여 금년 내에 우리 일가족이 몰사하라고, 부자손이 다 죽는 것이 경사란 글을 써 주십니까?"

"허, 허, 그것은 자네가 모르는 말일세. 내가 세상 인간을 보니까 아들과 손자가 먼저 죽는 참척(慘戚)을 보는 사람이 많네그려. 그리고 본즉 손재(損財)를 보는 것보다 인명이 순차(順次)로 죽는 것이 행복이 아니겠는가? 그러니까 자네 가정은 언제든지 역순의 흉사(凶事)가 없이 3대가 순차로 세상을 떠나란 말일세."

"알았습니다. 과연 그렇습니다."

거사는 이에 납득이 되어 사례를 하고 그 글씨를 가전(家傳)의 보물로서 진장(珍藏)한 일이 있다는 것이다.

이것은 인간무상의 종교미(宗敎味)도 있지마는 인생을 바로 본 생활철학의 진리도 갖춰 있다고 하겠다.

□ 비유설화(譬喩說話)

　말할 것도 없이 석가세존이 불교의 교조(敎祖)인 것은 누구나 다 아는 바이지만, 세존께서 출가 성도하신 것도 인생의 갖가지 괴로움을 뼈저리게 느끼고 이 인간고(人間苦)의 경험으로부터 구도출가(求道出家)하게 된 것이다.
　혹은 말하기를 석가세존은 왕궁에서 탄생하여 갖은 복락(福樂)을 다 누리셨는데 무슨 괴로움을 느끼셨겠느냐는 사람이 있을지 모른다. 그러나 그것은 표면만 보고 내용은 모르는 말이다.
　석가세존께서 비록 왕궁에 나시어서 무한한 복락을 누렸다고 하겠지마는 세존을 낳으신 모후 마야부인이 7일 만에 돌아갔다는 것은 카필라국의 큰 비극이 아닐 수 없으며, 세존이 태자로서 태어날 때는 몰랐다 하더라도 6, 7세 때에는 이 사실을 아셨을 것이니, 이때에 정신적으로 상처를 받은 것은 마치 어린 나무에 흠집이 난 것이나 다름없는 사실이다. 세존께서는 어려서부터 죽음에 대한 의문이 강렬하였으니 죽어가는 사람일진대 무엇때문에 태어났는가? 하는 것이다.
　세존은 죽지 않는 도를 구하기 위해 성년이 되자, 왕궁을 버리고 출가하신 것이다. 또한 세존이 태자로서 학문을 닦을 때에 고왕금래(古往今來)에 오천축(五天竺) 안 열강제국의 전쟁사를 모를 리가 없고, 또는 카필라국은 작은 나라로서 마가다국과 코살라국 등 큰 나라 사이에 끼어서 수없이 침략을 받은 전쟁사담(戰爭史談)을 들을 때 인간은 왜 싸우지 아니하면 못

살고, 나라와 나라 사이에 왜 전쟁을 하지 않고는 안되게 되었는가 하는 것이 큰 의문이 아닐 수 없었다.

또 세존께서 출가하기 전에 부인이 셋이나 있었다고 하니 여자에게 애정을 느끼기 보다는 시샘과 질투를 느끼셨을 것이며, 이에 대하여 왜 사람은 시기와 질투를 떠나서 보편적으로 평등하게 사랑하고 살 수가 없는가 하는 것이 의문이 아닐 수 없었다. 석가세존은 이러한 등등의 문제에 충격을 받고 그에 대하여 올바른 해결을 얻으시려고 출가하신 것이다.

사람들은 누구나 인생의 괴로움, 다난한 것을 말하고 인생이 너무도 짧다고 하여 하루살이 같은 인생이니 초로와 같은 인생이니 하지만, 진실로 알고 있는 것 같지도 않다. 과거에 깨달은 성현들이 말한 것을 귀동냥으로만 듣고 녹음기같이 말만 옮기는 것 같다.

진실로 알고 이런 말을 한다면 이러한 문제를 해결하기 위하여 수도에 바쁠 것이거늘, 어느 여가에 남과 시비하고 싸우고 속이고 나태·방일하면서 주색에 빠져 가득이나 짧은 생명을 단축시키고만 있겠느냐 말이다. 모두가 깨닫지 못하고 미맹(迷盲)하기 때문에 그런 것이라 하겠다.

인간 실태에 대하여 부처님께서 비유로 설법하신 것이 있으니 이것이 유명한 옛 우물의 비유로 안수(岸樹)와 정등(井藤)이라는 얘기다. 이것은 〈비유경(譬喩經)〉에 있는 말씀인데 그 대강은 다음과 같다.

'옛날에 한 사나이가 죽을 죄를 짓고 코끼리가 코로 사람을 때려 쓰러뜨리고 발로 밟아서 죽이는 사형장인 코끼리 우리 안으로 들어가게 되었다. 그 순간에 사나이는 날쌔게 코끼리의 우리를 뛰어넘어서 걸음아 날 살려라고 광야로 달음박질을 하여 달아난다. 이때 코끼리도 있는 힘을 다하여 쫓아간다. 코끼리와 사나이는 마라톤 경주를 하게 되었다. 그러나 사람은 약하고 코끼리는 기운이 세어서 잘못하면 붙잡히게 된다.

도피할 장소를 발견치 못한 사나이는 물 마른 옛 우물 속으로 들어가서 얽혀 있는 등칡을 잡고 매달렸다. 옛날에 이 우물 주변에는 백여 호가 살면서 이 우물을 사용했던 것인데 어느 때에 화적들이 부락을 휩쓸고 불을 지르고 노략질을 하여 갔으므로 마을은 없어지고 우물만 남았는데 우물 위 언덕에는 나무가 나고 우물 안에는 등나무가 나서 서로 자라면서 얽히게 되었다. 그래서 등나무가 우물 밖에 있는 나뭇가지에 걸쳐서 올라간 노등(老藤 : 늙은 등나무)이 되었으므로 사람이 매달려도 끊어지지 아니했다.

코끼리는 우물 속으로 들어갈 수가 없기 때문에 밖에서 울부짖고 있을 뿐이었다. 사나이는 겨우 숨을 돌리고 우물 안의 사방을 돌아보니 네 마리의 독사가 돌구멍에서 대가리를 내밀고 혀를 날름거렸다. 그런데 또 아래를 내려다보니까 물이 충충한데 독룡이 입을 벌리고 독기를 뿜으면서 사나이가 떨어지기만 하면 당장 집어삼킬 형세이고, 나무 위를 쳐다보니 흰 쥐와 검은 쥐 두 마리가 서로 번갈아 가며 나무에 걸린 등나무 덩굴을 갉아먹고 있는 것이 아닌가!

그러고 보니 사나이의 목숨은 경각에 달려 있었다. 쥐들이 등덩굴을 다 갉아서 끊어뜨려도 죽고, 독룡의 독기를 마셔도 정신이 나가서 떨어져 죽을 것이고, 네 마리 독사 가운데 한 마리에 물려도 독기가 몸에 퍼져서 죽을 판이다. 그런데 이상하게도 무슨 물이 이마 위에 떨어져 입으로 흘러 들어오는 것이 있었다. 이것은 등나무에 벌집이 있어서 등칡이 흔들리는 바람에 흘러 떨어지는 꿀물 방울이었다. 한 방울 두 방울 세 방울 네 방울 다섯 방울, 떨어지는 물방울을 빨아먹는 순간적인 재미에 도취되어 사나이는 코끼리도 4마리의 뱀도 검은 쥐, 흰 쥐도 우물 밑에 있는 독룡도 모두 다 잊어버리고 등칡 덩굴에 매달려 있을 따름이다.'

사나이는 세상 사람에 비유한 것이요, 코끼리는 목숨을 재촉하는 무상(無常)에 비유한 것이요, 매달린 등덩굴은 목숨에 비유한 것이요, 4마리의 뱀은 육신의 4대인 지수화풍(地水火風)에 비유한 것이요, 우물은 세계에 비유한 것이요, 독룡은 지옥에 비유한 것이요, 꿀방울은 재물(財)·여색(色)·식(食)·수면(睡)·명예(名) 등 5욕락(欲樂)에 비유한 것이다. 이 비유담을 보면 얼마나 교묘하고 여실하게 인생을 그렸는지 모른다.

대문호 톨스토이도 그의 저서 가운데 이 비유담을 인용하고 동양인의 미묘한 인생 묘사의 문학이라고 감탄했다고 한다.

이 사나이뿐만 아니라 모든 인간이 다 어려운 문제에 봉착하여 있으면서도 눈앞의 순간적인 쾌락에 도취뇌어서 위험한 경우를 잊어버리고 만다. 설사 그런 경계를 잊어버리지 않는다손 치더라도 될 수 있으면 환락 쪽으로 도피하려 하고 그 위험한 경계를 어떻게 하든지 속여 버리고자 하여 주색으로 달려가고 투기·잡기 혹은 경마장·골프장·극장으로 도피하려 한다.

그렇지 않으면 먼저 말한 미신·사신의 유사종교로 도피해서 자기 뜻에 맞는 좋은 꿈을 맛보려고 한다. 그래서 미신적인 도취 황홀경에 자신을 감춰 버리고자 한다. 그렇지 않으면 인생을 부정하는 니힐리즘에 빠져서 사회의 질서와 도의를 무시하고 인생을 속일 수 있는 태도로 지내려고 한다. 그러나 이런 것은 필경 인생고를 견디기 어려워서 도피하려고 하는 것이지 인생고를 해결하는 태도는 아닌 것이다. 그러나 석가세존은 대담하게도 인생의 모순된 사실에 당면하여 인간고를 통감하고 그것을 피하지도 않고 속이려고도 아니하고 올바른 해결을 위하여 진정한 구도의 길을 찾기도 하셨다.

 그러면 부처님의 올바른 구도란 것은 어떠한 것인가?

 세상 일이 뜻과 같이 되지 아니할 때 억지로 하려고 하지 않고, 제뜻대로만 하려는 마음을 반성하고 그 정체를 파헤쳐 개조함으로써 절대 안심입명의 경지에 들어가려고 힘쓰셨다.

 젊은 사람이 늙고, 병들어 죽는 것은 어찌할 수가 없는 사실이다. 그러나 사람들은 늙는 것을 싫어하고 죽음이 불시에 닥치지나 않을까 걱정하고 또 언제까지라도 살려고 생각한다. 그러나 사실을 구명해 보면 늙어 죽는다는 피하기 어려운 사실과 오래 살고자 하는 욕망 사이에 어찌할 수 없는 모순이 있음을 알게 된다.

 이 모순을 제거하려면 사실을 욕망과 같이 되도록 하거나, 아니면 욕망을 버리고 사실을 따르거나 하는 두 길 중 하나를 택할 수밖에 없는데 사실을 욕망과 같이 끌어 올리기는 절대로 불가능한 일이다. 그러니까 이런 경우에는 욕망의 정체를 정복하지 않으면 안된다.

 이 욕망을 정복하여 정화하는 길로 나가는 것이 올바른 해결이요, 올바른 구도라고 하겠다.

 옛날에 어떤 사람은 아버지의 원수를 갚으려고 원수를 죽이려다가 그만 두라는 아버지의 유언에 의해 그만두기는 하였으나 억울하고 분함을 누를 길이 없어 출가하여 중이 된 이도 있고, 또 어떤 분은 부모님의 임종을 보고 인생무상의 충격을 받아 이 인생문제를 해결하려고 출가한 이도 있다. 그러므로 인생문제에 오뇌(懊惱)하는 이는 누구든지 이 문제를 중심으로 하고 마음의 개조를 하기에 힘쓰지 아니하면 안되리라 믿는 바이다.

□ 고락(苦樂)의 원인

 도대체 우리 인생의 고락희비의 모든 원인은 어떻게 해서 일어났는가? 이것을 추구해 보면 옛날부터 4가지의 사고방식이 있으니, 그 4가지란 숙명설(宿命說)·천의설(天意說)·무인설(無因說)·인연설(因緣說)인데, 석가세존께서는 이 4가지 가운데 앞의 3가지는 틀린 것이라 보고 제4의 인연설을 취하셨다.
 그 제1의 숙명설(宿命說)이란, 오늘의 우리들의 경우와 미래의 일체 사건이 다 이미 정해져 있어서 인간으로는 어떻게 할 수가 없다는 설이다. 이것은 세간에서 보통 이르는 운명론과 같은 것이다. 또 극단으로 말하면 업보론이란 것이 있는데 이것은 어떤 일이나 이미 선천적으로 정해져서 우리가 아무리 발버둥을 치더라도 어떻게 할 수 없기 때문에 모든 사람이 스스로의 운명을 따르는 수밖에 별도리가 없다는 것이다. 그러므로 옛사람들도 말하기를,

"만사가 이미 정해진 것인데 세상 사람들이 공연히 서두르고 있다(萬事分己定 世人空自忙)."

고도 한 것이다.

 제2의 천의설(天意說)이란 것은 곧 신의설(神意說)이라고 해도 틀리지 않는 말이다. 천(天)은 인도에서는 신이라고 하여 범신(梵神)을 가리키기 때문이다. 우리 인간들의 받은바 업보가 원래 신의 뜻에 의해서 이루어졌다는 설이다. 그러므로 우리 인간이 경험하는 고락상은 모두가 신의 뜻이며 따라서 우리 인간은 신의 의사에 절대 복종하지 않을 도리가 없다는 것이다.

 제3의 무인설(無因說)이란 것은 우연설(偶然說)과도 같은 것인데, 오늘날 모든 인간들이 경험하는 고락상은 그 어떤 원인이 있어 일어나는 것이 아니라 우연히 발생한데 불과하다는 것이다. 고통을 당하는 것도 우연이요, 즐거운 일을 보는 것도 우연히 발생된 것이라 거기엔 무슨 깊은 뜻이 있지 않다는 주장이다. 따라서 무슨 일이든지 자기가 하고 싶은대로 해도 무방하다는 사고방식이 파생되게 된다.

 석가세존께서는 제1, 제2, 제3의 설을 배격하셨다. 그리고 제4의 인연설(因緣說)을 택하셨다.

 첫째의 숙명설은 이것을 업론(業論)이라 하겠는데, 이 경우 인간 각자의 주변에서 일어난 고락상은 자기 스스로가 만들어

낸 것으로서 자기가 짊어지지 않으면 안된다는 책임론적 입장에서 허용될 타당성은 있다. 그러나 그 업론도 끝내는 운명론과 같은 것이라 인간생활의 귀한 의미를 죽이는 결점이 있다.

그리고 제2의 천의설은 근거가 없는 가정설이기 때문에 취할 수 없는 것이다. 제3의 무인설 또한 우연설이기 때문에 위험한 사상이다. 이 우연설은 마치 하천 어귀에 그물을 치고 한 마리도 남기지 않고 고기를 잡아 버리는 어부와 같아서 인류에게 큰 재앙을 주는 것이라고 배척하셨다.

위에서 든 3설은 다 인간의 자유 의지와 도덕적 정신을 부정하고 사회의 진보와 발전에 아무런 도움이 없는 이론이기 때문에 석가세존께서는 취하지 않으셨다. 그러면 제4의 인연설은 어떠한가? 우리들 인간의 주변에 일어나는 고락상은 인간 스스로가 뿌려 놓은 종자의 열매를 수확하는 것으로서 그 책임은 어디까지나 우리 자신에게 있다. 그러나 우리들은 그 경우와 환경을 변모시켜 갈 수 있으며, 악을 버리고 선으로 나아가는 이상을 세워서 전진하는 자유 의지를 갖추고 있다.

현재의 생활고를 뼈저리게 각성해서 이래서는 안되겠다는 분발심으로 이상의 등불을 들고 전진할 수가 있는 것이다. 인간생활의 요체와 가치는 주어진 환경을 변개(變改)하려는 굳은 의지로 모든 아조건을 뚫고 나가는 데 있다. 이리하여 이 말세적인 현실로부터 도덕적 이상생활로 전진할 수 있다. 이것이 곧 석가세존이 취하신 제4의 인연설이다.

부처님께서는 우리 인간이 경험하는 고락(苦樂)이 모두 인연에 의해 생기는 것으로 보시고 인연설을 주장하시고, '제법(諸

法)이 종연생(從緣生)하고 제법이 종연결(從緣滅)'함을 강조하셨다.

부처님께서는 인연설에 대하여 3가지로 나누어 말씀하기를, '우리 인생의 고락경험은 주관과 객관과의 접촉에 의해 일어난 것'이라고 하셨다. 이것을 불교적인 술어로 말하면 근(根 : 감관), 경(境 : 객관), 식(識 : 주관의 心)의 3가지가 결합하여 촉(觸 : 감각)을 내고, 이 촉으로부터 수(受 : 감정, 경험)가 생기고 그 뒤에 비로소 식이 생긴다고 말한다.

이런 의미에서 우리들의 고락상 경험은 인연에 의해서 일어난 것이라고 할 수가 있다. 이 인연설은 우리 인간의 경험을 심리적으로 보고 그 인식 방편으로부터 이름을 지은 것인데, 그 내용을 말할 것 같으면, 우리 고락의 경험이 심리상태에 의해 변해가는 것이라고 말하지 않을 수 없다.

예를 들면 금전에 대한 집착이 없다면 잃어버리거나 얻어지거나 전연 문제될 것이 없다. 그러나 우리들의 마음에 깊은 집착이 있기 때문에 잃어버리면 고통이 되고 얻어지면 즐거움이 되게 마련이다. 다 같은 사람이라도 욕심이 없어서 명예도 필요없고, 돈도 필요없고, 목숨까지도 아낄 것이 없다는 사람이 있다면 그 사람을 사용할 수가 없을 것이다.

어떤 조건으로도 그 사람의 감정을 움직이고 마음을 좌지우지 할 수 없는 까닭이다. 다만 그 사람에게는 도덕과 의리와 공정(公正)이 그 마음을 점령하고 있기 때문에 권세나 금전이나 주색의 유혹으로는 그 사람을 도저히 건드려 볼 수가 없다.

옛날에 어떤 스님은 영상(領相)으로부터 금으로 만든 진금불

(眞金佛)을 받았다. 받고 싶은 생각이 없었으나 '부처님은 스님에게 소용이지 우리 속인에게는 필요없으니 받으십시오' 함으로 중으로서 부처를 싫다고 할 수가 없어서 받았다. 받기는 하였지만 진금불이기 때문에 고통거리였다. 그 내용을 아는 자가 있다면 기어이 훔쳐 갈 것이 틀림없기 때문이다.

또 그런 것이 발설된다면 그 영상에게서도 중으로서 부처 하나도 잘 간수하지 못하고 잃었다는 책망을 들을 것이 뻔한 일이다. 그 스님은 감사하다고 절을 하고 부처님을 받고 나와서는 그 집 상노아이에게 진금불을 다시 돌려주면서 '흙불상(土佛)이나 나무불상(木佛)이나 쇠불상(鐵佛) 같으면 모실 수가 있지만, 금불상은 아직 인연이 먼 까닭으로 도로 바치오니 다시 권승(權僧)이나 부승(富僧)을 만나거든 전하시오'라는 쪽지를 남기고 가버렸다고 한다.

또 옛날 희랍의 어떤 철인은 의복을 남루하게 입고 큰 통 하나를 굴리고 다니면서 그 속에서 자고 쉬고 기거를 하였는데, 알렉산더대왕이 그를 성자(聖者)라 보고 특별한 예우를 하려고 찾아가,

"소원이 무엇이냐?"

고 물었더니,

"나는 아무 소원이 없으며, 대왕이 속히 불러가시는 것입니다. 나에게 비치는 햇볕을 가리시기 때문에 추우니까요."

하고 대왕을 물리쳤다는 것이다.

집착이 없는 곳에는 고락도 없고, 생사도 없다. '애욕만 없으면 뭇 고통이 쉬어 버리고, 인연이 다하면 한 일도 없느니라(受

盡衆苦息. 緣盡一事無)' 라는 말이 있으니 생사를 집착하기 때문에 생사가 있다. 고락을 초월한 사람에게 고락이 없듯이 생사를 초월한 사람에게는 생사가 없는 것이다.

용수보살께서도 말씀하시기를,
"부처님께서는 무상(無常)이 고(苦)라고 말씀하셨지만, 이것은 유루법(有漏法)에서 고(苦)라고 하신 것이다. 왜냐하면 범부는 유루법중에 있기 때문에 마음에 집착이 있어서 고뇌하는 이치다. 그러나 무루법(無漏法)에서는 마음에 집착이 없는 까닭으로 인생이 무상할지라도 우비고뇌가 없기 때문에 고라고 이름하지 아니하셨느니라."
고 하셨다. 인생은 무상한 것이다. 죽지 않으면 안되는 까닭이다. 이 무상고가 인간에게 괴로움이 되는 이유는 우리가 생사를 뛰어넘지 못하고 살고 싶다, 죽고 싶지 않다 하는 집착이 마음속에 얽혀 있기 때문이다. 그러나 삶과 죽음에 대한 생각을 여의고 생사일여(生死一如)한 정신에 돌아가서 '죽음은 고향으로 돌아가는 것과 같다(觀死如歸)'는 경지에 들어간다면 인생무상이라든지 죽지 않으면 안된다는 것이 고뇌가 될 수 없다.

당나라 함통 초(860~874)에 보화(普化)존자라는 스님이 계셨다. 이분은 허무승(虛無僧)의 비조(鼻祖)라고 할 수 있는 분이다. 그는 생사일여의 경지를 달관하여 죽음의 문을 자기 집 문턱을 넘어가듯 했는데, 그 분의 입적(죽음)에 관한 이야기는 죽음이 죽음이 아님을 보여주는 좋은 실증이 되고 있다.

어느 때 그는 임제종의 종주되는 임제(臨濟)선사와 함께 기거

한 일이 있었다. 어느 날 그는 전과 다름없이 요령을 흔들며 허수룩한 옷차림으로 거리를 거닐었다. 그런데 이날은 특별한 말을 외고 있었다.

"나에게 옷 한 벌을 해주시오."

범상한 말이 아닌 듯했으나 좋은 옷을 만들어 공양하는 신도들이 있었다. 그러나 그 스님은 거절했다. 드디어 임제선사가 관을 만들어 주었더니 회색이 만면하여,

"임제스님이 나를 위해 이렇게 좋은 옷을 만들어 주시니, 이제 동문으로 가서 이것을 입고 열반에 들겠소."

하고 요령을 흔들며 북문에 가서 스스로 관에 들어가서 죽었다고 한다.

옛날 부처님 제자들은 이렇게 생사일여의 각오를 가지고 '삶도 바라지 않고 죽음도 두려워하지 않는다'고 고백한 분이 적지 않았다.

이러한 의미에서 생사고락에 대한 관념은 마음가짐에 따라 크게 달라질 수가 있다고 결론짓지 않을 수 없다.

□ 미혹(迷惑)의 행위

우리 인간의 심리상태에 의해 고락(苦樂)의 경험은 크게 변화하여 간다. 변화하는 이유를 살펴보고 사람의 심리상태를 조사해 보면, 필경엔 마음에 의지하는 것이요, 번뇌에 의해서 일어난다는 것을 알 수 있다.

더 거슬러 올라가 보면 마음의 본질적인 의욕에 의해 갖가지 망상이 일어나고 그 망동(妄動)에 의해서 온갖 인생 경험이 나타나게 됨을 볼 수 있다. 이것이 불교에서 말하는 혹업고(惑業苦)인데, 불교의 인연설은 이것을 토대로 성립된 것이다. 이 혹업고에 대하여 잠간 설명하기로 하자.

 부처님의 가르침에 따르면, 우리들의 마음이나 생명의 본질은 한마디로 말해서 애욕이다. 이것을 불교 술어로 갈애(渴愛)라고 하는데 가장 근본적인 욕망이다. 이것을 또 유애(有愛)라고도 한다. 이 유애가 움직여서 외계에 대하여 여러 가지 욕망으로 나타난다. 이 욕망을 실현에 옮기면 그것을 업(業), 즉 행위라고 부르게 된다. 이 업이 움직이는 것을 신업(身業)·구업(口業)·의업(意業)으로 나누는데, 그 어떤 업이 발동할 때라도 그것은 그 사람의 성격상의 작용으로 나타난다.

 예컨대 어떤 색채의 값진 물건을 보았을 적에 가지고자 하는 등의 그것이다. 이 욕망은 우리 인간의 생존욕의 하나로 나타나는 것이며, 마음에 드는 상대를 보면 내 것으로 만들고 싶은 의지가 된다. 그리고 그것을 이미 소유한 사람에 대해서는 질투로 바뀌고 만다. 이것을 의업(意業)이라고 하는데, 이 의지가 업이거나 몸의 기관을 통해 표면에 나타나면 구업(口業)과 신업(身業)이라고 부르게 된다.

 그런데 이 신(身)·구(口)·의(意)의 삼업(三業)은 어떤 것이 발동하든지 한번 움직인 이상 그 흔적이 얼른 소멸되지는 않는다. 소멸되지 않는다는 것은, 그것이 자기의 마음속에 그림자를 남기고 가기 때문이다. 어떤 좋지 못한 일을 할 때 하늘이 알고 땅이 알고 다른 사람이 알고 내가 알고 있어서 꺼림칙하게 여기는 것은 그 행위가 결코 소멸되지 않는 것을 묘사한 것이다.

하늘도 알지 못하고 땅도 알지 못하고 다른 사람은 모를지라도 나는 알고 있으니 이러한 행위가 반드시 사람의 성격상에 음영(陰影)을 주는 것이다. 이 음영을 불교에서 무표업(無表業)이라고 한다.

모든 인간은 출생할 때 가지고 온 본연의 성격 위에 이 무표업이라는 색채가 가해져 있는 것이다. 이 무표업은 우리가 죽은 뒤에라도 무수히 첨가되게 마련이고, 때문에 인생은 자기가 지은 업으로 말미암아 수많은 음영이 쌓인 성격을 가지게 된다.

따라서 우리는 자기의 업에 의해 자기의 성격을 만들고, 그 성격은 그에 상응하는 고락을 가져오게 마련이다. 예를 들면 도둑질을 했다든가, 살인을 했다든가 하는 업에 의해 혹종(或種)의 강박관념을 갖게 되는 것과 같다. 보통 사람으로서는 아무것도 아닌 사건에 대해서 공포감을 느끼고 강박감으로 고통을 받는 경우가 그것이다.

이것으로 보아 우리들의 고락 경험은 우리들 스스로의 업에 의한 것이라고 규정지을 수 있다. 이것이 곧 혹업고에 대한 인연설이다. 이에 대해 다짐하여 둘 것은, 같은 업(業) 중에서도 부처님께서는 특히 의업(意業)을 중요시했다는 것이다. 죽이고 죽이려고 생각하였어도 미처 죽이지 못한 것은 법률상으로는 죄가 되지 않지만 우리의 성격상에는 비장한 영향을 일으킨다. 그러나 죽이겠다는 의지는 전혀 없었지만 어쩌다 과실로 죽게 한 것은 법률상으로는 죄가 되지만 성격상으로는 전기와 같은 공포의 영향을 받지 않는다. 윤리학상으로 볼 것 같으면 결과에 중점을 두지 않고 동기에 중점을 두는 것이다.

불교는 이러한 점이 다른 종교와 다르다. 예를 들면, 석가세존 당시에 같이 널리 퍼진 자이나교가 있었는데, 그 교에서는 업을 말하지 않고 벌에 중점을 두었다. 그래서 생각은 신벌로 나타나지 않기 때문에 중대하게 보지 않고 사실이 나타나서 신벌(身罰)을 받게 된 것을 중대한 것으로 보아 왔다.

자이나교에서는 상식적·법률적·외적 결과를 중시했고, 불교는 정신적·종교적·내적·동기론적 가르침이었다. 그렇기 때문에 석가세존은 결과론적으로 고찰하지 않고 동기론적으로만 주장하셨는가 하면, 또한 업론(業論)에 중점을 두신 것이다. 이것은 앞에서 말한 무표업의 훈습과 성격의 경험이 우리의 행위에 의해 자기의 성격을 만들고 또 각자의 세계를 만들고 있는 까닭이다. 부처님께서 결과보다도 동기를 중시하는 것에 대하여 한두 가지 더 예를 들면 다음과 같다.

율장에 보면, 어떤 스님이 신자 집에 초대를 받았다. 스님이 안방으로 들어가다가 방문 앞에 어린 젖먹이를 포대기로 덮어 놓은 것을 모르고 잘못 밟아 죽이고 말았다. 이 스님도 과실로 그 어린 아이를 죽게 한 것이 두려웠거니와 다른 스님들이 승려의 신분으로 살생을 하였으니 어찌 저 비구와 같이 살 수 있겠느냐고 부처님께 고했다. 부처님께서는 살인한 비구를 불러,

"네가 고의로 그 유아를 밟아 죽였느냐, 전혀 모르고 밟았다

가 그런 죄를 저질렀느냐?"
하고 물으셨다. 그 비구는,
"소승이 어찌 수계자로서 사람인줄 알고야 밟았겠습니까? 전혀 모르고 밟았다가 그만 이와 같은 살인죄를 범하였습니다."
다시 부처님께서 말씀하시기를,
"너는 죽일 생각을 가지고 고의로 죽이지 않았으니 죄가 될 수 없느니라."
하고 용서하셨다.

또 〈미증유경(未曾有經)〉에 보면, 기타(祇陀)태자가 부처님께 말하기를,
"먼저 오계(五戒)를 받았사오니 주계(酒戒)를 지키기가 심히 어렵사옵기로, 이제 계를 버리고 십선계(十善戒)나 받아서 봉지할까 하옵니다."
"네가 음주할 때 무슨 허물이 있었더냐?"
"나라의 호족이 가끔 모이므로 그들을 접대하기 위해 술을 나누어 마시며 즐겼을 뿐, 음주 중에는 주과를 생각하였기 때문에 다른 악행은 저지른 일이 없습니다."
"너와 같이 술을 마신다면 종신토록 음주한들 무슨 허물이 있겠느냐?"
하고 5계를 버리지 말라고 하셨다.

〈법정제업장경(法淨諸業障經)〉에 보면, 비구가 무구광(無垢光)이란 주술에 말려들어 행음(行淫)을 하고 정사(절)로 돌아와 죄책감으로 부처님께 사실을 이야기하고 음계(淫戒)를 범하였으니 속퇴를 하겠다고 말했다. 부처님께서 물으시되,

"네가 유심으로 범하였느냐? 무심으로 범하였느냐?"
"무심으로 범한 것이지, 유심으로 범한 것이 아니옵니다."
"네가 이미 무심으로 범하였거늘 어찌 여범(女犯)이라 하겠느냐."
 용서하고 속퇴를 허락하지 아니했다. 이것을 보면 부처님께서는 얼마나 동기론을 중요시하였으며 신범(身犯)보다 심범(心犯)을 중대시 하였는가를 알 수 있다.
 우리가 출생할 때 타고난 선천적 소질과 성격은 전생에 마음으로 지은 업의 결과로서 그것이 매일의 경험에 의해서 자기 행위에 점철된 결과라고 보겠다. 이 업에 의해 빚어진 성격은 그 성격에 상응한 세계를 갖게 된다. 그러므로 이것을 동기론에 입각한 것이라고 볼 수 있다.
 이상 기술한 것이 업론의 요점이라 하겠다.
 불교에 일수사견(一水四見)의 유명한 설화가 있다. 똑같은 강물을, 고기는 집으로 보고, 아귀는 불로 보고, 인간은 물로 보고, 천인(天人)은 보석으로 덮인 대지(大地)로 본다는 것이다.
 이 고기와 아귀와 사람과 천인의 성격이 다르기 때문에 그 성격에 좇아 같은 강물이라도 각각 다르게 보는 것이다. 그러므로 이 성격상응(性格相應)의 고락의 세계를 갖는다는 것이 불교업론(佛敎業論)의 주장인 것이다.

□ 행위(行爲)의 중요점

부처님께서 가르치신 바에 의하면, 우리들이 현재 받고 있는 환경과 사연은 전생에 자기가 지은 업의 결과로 누구를 원망할 수도 없고, 자기가 책임지지 않을 수 없다. 이제 그 환경과 인연이 어떤 것이든지 이미 주어진 업보(業報)이므로 어떻게 할 수가 없는 객관적이고 실제적인 것이다.

 빈곤한 거정에 난 것도 이제 다시 어떻게 할 수가 없는 것이요, 총명하지 못한 것도 이제 다시 어떻게 할 수가 없는 것이다. 또 천재지변을 만나서 가족을 잃고 재산이 탕진된 것을 아무리 원망하여 본들 소용이 있겠는가? 그러나 이 환경과 사연을 어떻게 받으며 어떻게 대처해 갈 것인가에 이르러서는 그것은 우리들의 정신과 힘의 가능한 범위 안에 있는 것이기 때문에 어떻게 하든지 전환할 수 있는 것이다.

 언제까지나 비판만 하고 남의 협조만 바라고 있을 수도 없는 노릇이다. 마치 그림을 그리는 캔버스에 비유하면 이 캔버스 위에 비판과 실망의 그림을 그릴 것인가? 낙관과 희망의 그림을 그릴 것인가? 불만족의 음영을 던질 것인가? 만족한 광채를 칠할 것인가? 하는 것은 전혀 자기의 의사에 있는 것이다.

 성격이 음험하면 결과와 환경도 악화가 되는 것이요, 성격이 선량하면 결과와 환경도 밝아지는 것이다. 그러므로 이 정신력이 무엇보다 우리에겐 중대한 것이다. 그래서 불교의 업론(業論)정신은 선업(善業)이나 악업(惡業)을 받을지라도 그에 속박되지 말고 전환하려는데 있는 것이니 캔버스 위에 어떠한 그림을 그릴까 하는 것이 문제인 것이다. 생명은 끊임없이 신장하여 가고 있다. 초목은 우마(牛馬)나 사람에게 밟혀 꺾어지더라도 생명의 새움이 돋아나고 있다.

이와 같이 업보에 짓밟혀 눌려 있더라도 우리의 생명은 끊임없이 치솟으려는 힘이 용솟음치고 있는 것이다. 그러나 또한 생명은 그렇게 쉽게 뻗어 갈 수가 없다. 구원의 업습(業習)에 눌려서 뻗어간 생명의 줄기는 곧게 솟아오르지 못하고 비틀려서 뻗어 나오고 있다. 그러나 석가세존께서는 이 생명의 비의(秘義)에 입각하여 업(業)에 눌려 있는 가운데로부터 곧게 생명이 솟구쳐 나올 수 있음을 가르치셨다.

그것은 생명은 인인각자(人人各自)의 창작인 까닭이다. 주어진 환경인 캔버스 위에 그림을 그리는 것 같은 것이다. 대개는 비관의 그림과 참담한 그림과 미(迷)한 그림을 그리고 있다. 교양을 받은 자와 믿음의 뿌리가 있는 자는 깨달음의 그림을 그리려고 애쓴다. 이것이 우리 인간들의 정신적 자유력인 것이다.

우리는 이 자유의 의지에 의해 전개된 결과를 좋은 색채로 물들이고 환경을 밝은 색깔로 물들여서 그것을 개조하고 향상 발전시켜 가는 것이다. 이것이 우리의 중요한 문제인데, 기신론에서는 뻗쳐 올라가려는 생명력을 내훈(內熏)이라 하고, 밖으로 물이 들어서 병든 싹을 외훈(外熏)이라고 이르는 것이다.

빈궁하였기 때문에 분발 노력하여 큰 부자가 되고 몸이 허약하였기 때문에 위생에 주의하고 건강을 회복하여 위대한 체력의 소유자가 되고 또한 장수를 하는 이가 있다.

가정불화로부터 구도의 길을 밟는 이가 있고, 자기의 열등의식을 고쳐서 도리어 우수한 의식을 갖게 되는 사람이 있는 것은 다 주어진 환경의 캔버스에 훌륭한 그림을 그린 때문이라 하겠다. 그러므로 원시경전인 〈아함경(阿含經)〉을 보면 다음과 같은 말이 있다.

 '비구들이여, 외도가 달려와서 무고히 너희들을 치고 때리되, 몽둥이와 칼로써 치는 자가 있다면 어떻게 생각하겠느냐? 이 때를 당하여 비구는 보복할 마음을 가져서는 아니 된다. 이것이 다 나의 전생에서 지은 과보니까 달게 받으리라 생각하고 거슬리지 말라. 설사 도둑이 와서 톱을 가지고 너의 몸을 켜더라도 싫어하는 마음을 가져서는 아니 된다. 싫어하는 마음을 갖는 자는 나의 가르침을 지키는 자가 아니다. 그럴수록 정진하고 정염(正念)을 파하지 말며 마음을 한곳에 집중하고 있어라. 그리하여 나의 육체상에는 주먹세례가 오고 장검 빗발이 쏟아지더라도 이것은 다 나의 전생의 업보라 생각하고 앙갚음할 생각을 갖지 말 것이며, 상대자를 불쌍히 생각하여 보복도 하지 말라. 이러한 경우를 만나서 불법승(佛法僧)을 생각하고 원친(怨親)을 평등한 마음으로 대하라. 그렇지 못하면 첫 번에 시집온 색시가 시아버지에게 반해서 마음을 움직임과 같아서 결국은 자기의 손실이 되느니라. 만일 불법승의 삼보를 생각하여 평등한 마음을 지닐 것 같으면 참지 못할 것이 없어서 얻는 바가 많으리라.'

하셨다. 그러니까 우리는 주어진 문제에 대하여 마음을 동요시키지 말고 더욱 그것에 의해 캔버스 위에 제나름의 그림을 그려 가려고 노력하지 않으면 안된다.

〈법화경(法華經)〉에 보면,

 옛날에 상불경(常不經) 보살이 있었다. 그 보살은 남을 깔보지 않고 항상 존중시했다 하여 상불경이란 이름을 가졌는데, 그는

네거리 길 가운데서 남녀간에 사람만 만나면 합장예배를 하며,
"당신은 훌륭한 사람이십니다. 미래세(未來世)에 반드시 성불(成
佛)을 할 것이기 때문에 내가 이렇게 예배를 하고 찬탄합니다."
했다. 그래서 여러 사람들이 반대하여 말하되,
"너나 잘 닦아서 성불을 하든지 말든지 하지 남에게까지 성불
하라는 말을 하지 말라. 네가 무엇인데 남더러 건방지게 부처
가 될 것이라고 예언을 한단 말이냐?"
하며 욕설을 퍼붓고 미친 자라고 비웃고 꾸짖었다. 그러나 상
불경보살은 화를 내지 않고,
"당신들은 훌륭한 분이니까 당래에 꼭 성불하실 줄 압니다."
하고 합장예배하기를 계속했다. 그러나 여러 사람들은 고맙게
받아들이지 않고 손바닥으로 그의 뺨을 갈기고 주먹으로 때리
고 발길로 차고 심지어는 몽둥이와 돌과 칼로 상처를 입히며
가해를 했다. 그러나 상불경보살은 조금도 원망하는 기색이 없
이 멀리 서서 절하고 찬탄했다고 한다.
 그렇다면 이 상불경보살은 누구인가? 다른 사람이 아니라 석
가모니의 전신이었으니, '나는 이렇게 마음을 썼기 때문에 필
경에는 성불을 하였느니라'고 하셨다.
 〈금강경(金剛經)〉을 보면,
 옛날에 인욕선인(忍辱仙人)이 있었다. 그는 산중에서 바위 밑
을 방을 삼고 홀로 앉아서 어떤 고행이라도 참고 어떤 박해라
도 달게 받으리라 굳게 결심하고 수도에 전념하고 있었다.
 이때 가리왕(歌利王)이라는 임금이 있었는데, 그는 어느 봄날
산중으로 사냥을 가서 신들과 즐겨 놀다가 술에 취해 잠이 깊

이 들었다. 왕을 시중들건 시녀들도 봄기운에 취해 떼를 지어서 여기 저기 돌아다니며 아름다운 자연을 구경하고 있었다.

그런데 한 바위 밑을 바라다보니 어떤 수도인이 세렴(世念)을 잊어버리고 선정(禪定)에 들어 있었다. 호기심이 생긴 시녀들은 함께 그 도인에게 몰려가서 예배하며 그로 하여금 삼매(三昧)에서 깨어나게 했다.

"어떤 부인들이온데 이렇게 와서 요란하게 수선을 부리십니까?"

수도인이 무거운 입을 열었다. 시녀들은,

"저희는 대왕을 모시고 나온 궁녀들이온데 조금 바람을 쐬러 나왔다가 이곳까지 오게 되었습니다. 선인은 수도행자이신 듯한데 무슨 공부를 하십니까?"

하고 물었다. 그 수도인은,

"나는 인욕행(忍辱行)을 합니다."

하고 대답하자, 시녀는 다시 물었다.

"인욕공부는 어떻게 하는 것이오며, 그 공부의 공덕은 어떠합니까?"

"인욕공부란 것은 세상에 다시없는 억울한 일이라도 잘 참고, 세상에 비할 수 없는 피해를 받더라도 잘 참는 것이 인욕공부이며, 인욕공부의 결과는 필경에 부처가 뇌는 일인가 하오. 세상살이는 괴로운 것이요, 속절없는 것이요, 무상한 것이요, 무아한 것입니다."

라고 근엄한 음성으로 말했다.

궁녀들은 이 수도인의 설법에 심취되어 날이 저물어 가는 것도 몰랐다.

 대왕은 깊은 잠에서 깨어나 좌우를 돌아보니 시녀들이 한 사람도 없는지라 화가 치밀어서 장검을 빼들고 성난 호랑이와 같이 이곳저곳으로 돌아다니다가 보니 어떤 남자가 앉아서 무엇을 지껄이고 시녀들은 그 말을 듣느라고 정신을 잃고 있는 것 같았다.

 대왕은 칼을 빼어들고 달려가 소리를 쳤다.

 "너는 무엇을 하는 놈인데 이렇게 남의 시녀를 유인하여 놓고 함부로 지껄이고 앉아 있느냐?"

 "인욕행자로서 인욕행을 하고 있는 사람입니다. 그리고 또 이 여자들은 자기들이 스스로 찾아 온 것이지 내가 유인하여 온 것은 아니며, 나에게 무슨 공부를 하느냐고 묻기에 내가 공부하고 있는 지리를 설명하여 주었을 뿐입니다."

 "건방지게 네가 인욕행을 하는 자라고 하느냐? 내가 너의 몸을 갈기갈기 찢어 놓아도 능히 견디겠느냐?"

 "환(幻)과 같은 내 몸이오, 바람과 같은 내 몸이거니 어찌 애착하리까. 사대가 본래 허망하고 오온이 원래 공한 것(四大本虛 五蘊本空)이니 어찌 아낄 것이 있사오리까?"

 이 말을 들은 대왕은 그 칼로 선인의 수족을 베고 눈을 빼고 코를 자르고 온몸의 살을 산산이 찢어 놓았다. 시녀들은 이 참극을 보고 오들오들 떨면서 울고 있었다. 그러나 선인은 눈 하나 까딱하는 일도 없고 참느라고 애쓰는 빛도 전연 보이지 않았다. 그러자 대왕은 도리어 공포에 질려 말하되,

 "내가 죄없는 선인을 이렇게 박해를 하였으니 어찌하면 좋단

말인가?"

하며 몸둘 바를 몰랐다. 이때 선인은 말하되,

"대왕이여, 하고싶은 대로 다 하셨습니까? 나의 인욕행이 거짓이 아니요, 진실된 것이라면 갈기 갈기 찢긴 이 사지 육체를 도로 붙여 놓을 수도 있을 것이요."

인욕 선인의 이 말이 떨어지자마자, 제석천신(帝釋天神)이 하강하여 산산이 찢어진 살점들을 붙여 주었다. 그러나 선인은 천신(天神)에게 대해서 고마운 마음도, 은혜스럽다는 생각도 내지 않았다.

"이 인욕 선인이 어찌 다른 사람이야, 나 석가여래의 과거전신이니라. 여래는 이러한 원친(怨親)에 무심한 인욕행을 실천하였기 때문에 필경에는 성불(成佛)을 하였느니라."

하셨다.

이것을 보면 불교에서 악인악과(惡因惡果)를 선인선과(善因善果)로 돌리려는 노력이 어떠한가를 알만도 하다.

제3장 인연에 대하여

□ 세 가지 욕심에 관하여

 석가세존께서는 우리 인간의 정신이 어떠한 것이기에 이렇게 움직여 나왔는가? 그리고 그 정신은 어떻게 환경을 만들어 내는가에 대해 마치 작가가 소설 가운데 나오는 인물의 심리와 동작을 자세히 그려내듯이 중생의 심리를 명석하게 분석 해부하여 말씀하셨다.
 이 생명은 생각하고 분별하는 능력을 갖추고 있는데, 이것을 마음(心)과 사랑(愛)과 식별(識)이라 부르고 있다. 이 욕(欲)은 근본적인 것과 지말적(支末的)인 것으로 나뉘는데 3가지로 볼 수 있다. 곧 유애(有愛)한 비유애(非有愛)와 욕애(欲愛)이다.
 유애란 내가 살려는 의욕이니, 가장 근본적인 생존욕을 가리킨 것이다. 그리고 비유애는 그 생존욕이 어떤 난관에 부닥칠 때 역으로 반발하여 생존을 저주하는 의사로 나타난 것을 가리킨 것이다. 또, 욕애라 하는 것은 그 생존욕이 객관적인 5욕(재물・여색・식욕・수면・명예)의 경계에 대하여 나타난 때를 가리켜 이르는 것이다.
 우리 인간의 마음은 항상 올바른 동작만 하는 것이 아니다.

우리의 생존욕은 맹목적으로 움직이는 것이어서 지성으로 말하면 지혜가 결핍되어 있다. 이것을 불교에서는 무명(無明)이라고 한다. 무명이란 청정본연(淸靜本然)의 진리인 본각(本覺)을 밝히지 못한 까닭으로 이렇게 부른다. 이 무명으로 말미암아 무량한 탐욕으로부터 백팔번뇌와 팔만진로가 일어난다.

 당나라 휘종황제가 강소(江蘇)의 금산사(金山寺)에 거동한 일이 있다. 서원에서 바라보니 양자강 물이 끝없이 바다로 흘러가고 무수한 배가 오르락내리락 하고 있었다. 황제는 이 풍경이 그림을 보는 것 같아서 대단히 기뻤다. 대왕은 곁에 앉아 있는 주지 황백(黃伯)선사에게 물었다.

 "강상(江上)에 오르내리는 선박의 수가 얼마나 되겠는가?"
 "단 두 쌍이 있을 뿐입니다."
 "내가 보기에는 수만 쌍이라 하여도 맞지 않겠는데 선사는 어찌하여 단 두 쌍뿐이라 하는가?"
 "한 쌍은 명예의 배요, 또 한 쌍은 이양(利養)의 배입니다."
 이것을 다시 말하면 인간은 명예와 이양때문에 배를 타고 다니는 것이니, 하나는 잘났다고 명예를 자랑하는 놀잇배요, 하나는 먹고 살기 위한 장삿배라는 것이다. 그러나 명예와 이양의 속을 들여다보면 다 같은 욕심에 지나지 않는 것이니, 부처님께서 말씀하신 욕에(慾愛)와 유애(有愛)의 갈애(渴愛)가 인생을 움직이는 원동력이라 하겠다.

 이 무명인 애욕이 객관적 경계에 대해 움직일 때 그것이 마음에 적합하면 탐욕으로 나타나고, 적합하지 않으면 진애로 나타나고, 그 애욕 자체가 맹목적인 것일 때에는 우치로 나타난다. 이 빈곤

(貧困)·진에(瞋恚)·우치(愚痴)의 불선근(不善根)이 3독(毒)의 불선근으로 나타나는데 이것은 우리 인간의 악덕이 된다.

이 3불선근에서 탐(貪)·진(瞋)·치(痴)·만(慢)·의(疑)·악견(惡見)의 근본 6번뇌가 일어나고, 분(忿)·한(恨)·뇌(惱)·부(覆)·광(誑)·첨(諂)·만(慢)·해(害)·질(嫉)·간(慳)·무참(無慚)·무괴(無愧)·불신(不信)·해태(懈怠)·방일(放逸)·혼침(昏沈)·도거(掉擧)·실념(失念)·부정지(不正知)·산란(散亂)의 지말적 20번뇌가 일어나는 것이다.

위에서 말한 근본번뇌와 지말번뇌는 모두가 인간의 악덕이라 하겠는데, 불교에서는 통칭 번뇌라 하며 참된 마음(眞心)의 오염이라 부른다. 이 모든 악덕이 탐·진·치를 근본으로 하여 때를 만나고 기회를 만나면 부정하게 나타나므로 이것을 염인연이라고 한다. 그러나 이것이 정인연(淨因緣)으로 나타나면 성불도중생(成佛度衆生)을 할 수 있다.

〈비바사론(毘婆沙論)〉을 보면, 옛날 한 청신(淸信)거사가 있었는데 그는 품성이 인현(仁賢)하여 5계(五戒)를 수지하고 청정자거(淸淨自居)했다. 그런데 어느 때 목이 말라서 내방으로 들어가 보니 큰 그릇에 물이 담겨 있었다. 빛깔이 꼭 물과 같아 거사는 청수로 잘못 알고 마셨는데 뜻밖에도 입에 맞는 술이었다. 그래서 얼근하게 취해 있노라니까 이웃 집의 닭 한 마리가 걸어 들어오는 것이었다. 그것을 본 거사는 닭고기를 먹고 싶은 생각이 일어나서 막무가내로 닭을 잡아 죽여 날개와 털을 뽑고 더운 물에 튀겨 뜯어 먹었다.

이때 닭 주인이 닭의 비명을 듣고 찾아왔는데 그는 아름다운 젊은 여자였다. 거사는 감언이설로 달래 욕을 보이려 했으나 듣지 않으므로 강제로 범하여 정을 통하고 말았다.

그 후 그녀는 분을 참지 못하여 관가에 고소해 버렸다. 관가에 끌려가 문초를 당하게 된 청신거사는 그때 자기가 절대로 그런 짓을 한 일이 없다고 딱 잡아떼고 문초를 거절했다.

불음주계(不飮酒戒)를 범한 것이 원인이 되어 불투도계(不偸盜戒)와 불살생계(不殺生戒)를 범했고, 이어서 불사음계(不邪淫戒)와 불망어계(不忘語戒)를 범하게 되었으니 한 계(戒)를 파함으로써 5계를 한꺼번에 다 파하게 되었다.

논(論)의 뜻은 불음주계(不飮酒戒)를 막론하고 이렇게 설하였으나 그 거사를 마음 가운데 염욕(染慾)이 없었다면 설사 청주(淸酒)를 청수(淸水)로 잘못 알고 마셨더라도 한 모금에 맛을 알고 마시지 아니하였을 것이요, 욕심이 없는 사람이었다면 설사 술 한 사발을 마셨다 하더라도 수계자(受戒者)로 남의 닭을 훔쳐 잡거나 남의 여자를 겁탈할 이치가 만무한 것이다. 그리고 잘못을 저지르고 잡혀가서 거짓말을 할 리도 만무한 것이다.

그러면 무엇이 이런 일을 저질렀는가? 그것은 욕심이 떨어지지 않았기 때문에 이런 사고를 낸 것이라 하겠다.

□ 우주는 오직 마음 하나로

위에 말한 바와 같이 맹목적 갈애(渴愛)를 근본 본질로 한 우리 인간의 생명이 탐(貪)·진(瞋)·치(痴)의 3독으로 분출하고,

그 위에 여러 가지의 악덕이 번뇌로 분화하여 그것이 유위(有爲)가 되고, 다시 우리 인간 정신에 영향을 주어서 사람의 성격을 만든 것이 사실이다.

우리들의 성격이 그 성격에 따라 각자의 세계를 갖게 된 것은 앞에서 말한 바와 같거니와 우리 각자가 마음으로 세계를 만들어 냈기 때문에 3계가 오직 한 마음이요, 마음 밖에 다른 진리(法)가 없느니라(三界惟一心, 心外無別法) 하였으니 이것이 곧 불교의 유심론인 것이다. 그런 까닭으로 〈화엄경〉을 보면,

'마음이란 그림을 잘 그리는 화가와 같아서 가지가지 다양상의 5음(陰 : 色·受·想·行·識)을 그려내서 일체세간법(一切世間法)을 만들지 아니함이 없느니라(心如工畫師 畫種種五陰 一切世界中 無法而不造).'

마음과 같아서 부처도 또 그러하고 부처와 같아서 중생도 그러한지라 마음과 부처와 중생은 이 3가지가 차별이 없느니라(如心佛亦爾 如佛衆生緣 心佛及衆生 是三無差別). 일체법이 마음으로부터 전환된 것을 부처님을 다 알고 계시므로 이와 같이 아는 사람은 참부처를 본 것이니라(諸佛悉了知 一切由心轉 若能如是解 彼人見眞佛)고 하셨다.

마치 세간의 환술사가 상자 속으로 부처를 내놓고 싶으면 부처를 내놓고, 귀신을 내놓고 싶으면 귀신을 내놓고, 짐승을 내놓고 싶으면 짐승을 내놓고, 사람을 내놓고 싶으면 사람을 내놓는 것과 같은 것이다. 그러므로 서산(書算)에 계시는 청허 휴정(休靜) 선사께서 10법계(불·보살·연각·성문·천도·인도·지옥·아귀·축생·수라)가 어떠한 것입니까 하고 묻는 설법사에게 아래와

같이 대답했다.

"만약 불성(佛性)을 보고자 할진대 마음이 곧 불성인줄 알고 만약 3도(途)를 면코자 하거든 마음이 곧 3도인줄 알라. 정진은 석가여래요, 참마음은 미타여래며, 밝은 마음이 곧 문수보살이요, 원행(願行)이 곧 보현보살이니라. 자비가 관음보살이요, 희사(喜捨)가 대세지보살이니라. 진심이 지옥이요, 탐심이 아귀며 치심이 곧 축생이니, 음살(婬殺)도 곧 이와 같느니라. 마음을 일으키면 천마(天魔)요, 마음을 일으키지 아니하면 음마(陰魔)며, 혹 일으키고 일으키지 아니함은 이 번뇌마(煩惱魔)니라. 그러나 우리 정법 가운데는 본래 이와 같은 일이 없느니 청컨대 이러한 일을 알아서 시원하게 금강칼을 잡으라. 한 생각을 돌이키면 만법이 다 환(幻)을 이루리라. 환을 이룬 것도 또 병이 되는 것이니 한 생각도 모름지기 놓아버려라. 놓아버리고 또 놓아버리면 예로부터 오며 변하지 않는 천진면목이니라."

若欲見佛性　知心是佛性
若欲免三途　知心是三途
精進是釋迦　眞心是彌陀
明心是文殊　圓行是普賢
慈悲是觀音　喜捨是勢至
嗔心是地獄　貪心是餓鬼
痴心是畜生　婬殺亦如是
起心是天魔　不起是陰魔
或起或不起　是名煩惱魔

然我正法中　本無如是事
諸君知此事　快提金剛刀
回光一念中　萬法皆成幻
成幻又成病　一念須放下
放下又放下　舊來天眞面

이라 하셨다. 이것을 보면 극락도 마음에 있고, 천당도 마음에 있고, 인간도 마음에 있고, 지옥도 마음에 있고, 축생도 마음에 있어서 마음이 모든 선악의 원인이 되는 것을 알 수 있다.

□ 12가지의 인연

인연(因緣)은 신역(新譯)의 12연기(緣起)를 말하는데 불교경전 가운데 흔하게 나온다. 우리 인간의 육체는 어떤 신이 만들어 낸 것이 아니고 우리 인간이 자작자수(自作自受)한 것인데, 그 이면은 12인연이라는 것에 의해 만들어지고, 또 12인연에 의해 6도(途)로 윤회전생한다는 것이다. 이것을 일러서 불교의 12범주(範疇)라고 한다.

12인연이란 것은 그 명목을 들것 같으면 무명(無明)·행(行)·식(識)·명색(明色)·육입(六入)·촉(觸)·수(受)·애(愛)·취(取)·유(有)·생(生)·노사(老死)인데 이것을 간단하게 해설하면 아래와 같다.

1. 무명(無明)... 과거세(過去世)로부터 내려오는 근본 번뇌.

2. 행(行)... 과거세의 근본 번뇌에 의해 소작(所作)된 선악의 행업.

3. 식(識)... 과거세의 업에 의해 현세(現世)에 수태를 받는 일념(一念).

4. 명색(名色)... 태중(胎中)에서 발육하는 때를 가르친 것인데, 마음의 작용은 이름만 있고 체질이 없기 때문에 명이라고 했고, 몸뚱이는 눈・귀・코・혀・몸의 체질이 있는 것이기 때문에 색(色)이라고 한다. 인간의 모체 내에서 생길 때에 코가 먼저 생긴다고 한다. 숨구멍이 통하지 못하면 생명을 키울 수가 없기 때문이다.

5. 육입(六入)... 처(處)라고도 한다. 즉 안(眼)・이(耳)・비(鼻)・설(舌)・신(身)・의(意)의 6근이 구족하여 장차 출태(出胎)할 수 있는 위(位)를 가리킨다.

6. 촉(觸)... 출태(出胎)한 위를 가리키며, 출태후 1, 2, 3, 4세까지를 말한다. 이때는 비록 5관의 6진(塵 : 감관의 대상)을 대하지만 아직 고락상(苦樂想)이 없는 시기이다.

7. 수(受)... 감수작용을 가리킨다. 6, 7세부터 철이 나기 시작하면 사물을 대할 때 고락을 식별하는 감수위(感受位)가 발달한다. 이것을 수(受)라고 한다.

8. 애(愛)... 14, 15세로부터 시작하는 사춘기를 가리킨다. 이때에는 여러 가지 애욕을 강렬하게 느끼게 된다.

9. 취(取)... 성인 이후에 애욕이 성장하여 여러 경계를 달리며 욕심을 구하는 때를 말한다.

10. 유(有)... 애취(愛取)의 번뇌를 인으로 하여 종종의 행업(行

業)을 지어서 미래과를 불러오므로 유라고 이름한다.
11. 생(生)... 현재의 업에 의해 내생(來生)에 나는 미래위 곧 수생(受生)하는 위(位)를 말한다.
12. 노사(老死)... 미래세(未來世)에 출생하여 늙고 병들어 죽는 위(位)다.

이상을 12지(支)라고도 한다. 우리 인간은 이 12인연에 의해 과거·현재·미래의 3세를 통하여 생사사생(生死死生)을 되풀이 한다고 한다. 그런데 〈아함경〉에 보면 12인연에 대하여 아래와 같은 말이 있다.

세존께서는 우류비라의 수풀 니련선하(尼連禪河)가 보리수 밑에서 샛별(明星)을 보시고 대도(大道)를 깨치시어 7일간을 좌부동하시면서 성불증오(成佛證悟)의 희열을 맛보시고 계셨다. 그 7일이 끝난 다음에는 초야에 12연기를 순역(順逆)으로 사유(思惟) 관찰하셨다.

처음에 순(順)으로 12인연을 관하셨다. 무명(無明)에 의하여 행이 있고, 행에 의해 식(識)이 있고, 식에 의해 명색이 있고, 명색에 의해 6입(六入)이 있고, 6입에 의해 촉(觸)이 있고, 촉에 의해 수(受)가 있고, 수에 의해 애(愛)가 있고, 애에 위해 취(取)가 있고, 취에 의해 유(有)가 있고, 유에 의해 생(生)이 있고, 생에 의해 노사(老死)와 우비고뇌가 있다.

우리 인간 고(苦)의 뭉치는 이와 같이 일어나는 것이라고 보는 것을 순관(順觀)이라고 한다. 그리고 또 다시 역으로 12인연을 역관하셨다. 무명이 멸하면 행이 멸하고, 행이 멸하면 식이 멸하고, 식이 멸하면 명색이 멸하고, 명색이 멸하면 6입이 멸하고, 6입이 멸하면 촉이 멸하고, 촉이 멸하면 수가 멸하고, 수가 멸하면 애가 멸하고, 애가 멸하면 취가 멸하고, 취가 멸하면 유가 멸하고, 유가 멸하면 생이 멸하고, 생이 멸하면 노사와 우비고뇌(優悲苦惱)가 멸한다고.....

한밤에도 늦밤에도 똑같이 이 12인연을 순역으로 관찰하시고 계속하여 다음과 같이 관찰하셨다.

원래 모든 법은 평등한 것이다. 성품도 없고 모습(相)도 없어서 본래 청정하기 때문에 평등한 것이다. 도를 닦는 자는 현상계의 모든 것이 오직 평등함을 관찰하고 대자대비심을 발하여 세간의 생멸현상을 사유관찰(思惟觀察)하지 않으면 안된다. 세간에 차별심이 있는 것은 나라는 '아(我)'에 탐착하기 때문이다.

만약 '아'에 대하여 집착심만 없다면 모든 법에 대하여 차별이 없어서 평등한 것이다. 모든 범부는 언제든지 삿된 생각을 일으키고 우치하여 눈이 멀어서 '아'를 탐착하기 때문에 업에 끌려서 생사를 초월하지 못한다. 그리하여 업을 밭으로 삼고 식(識)을 종자로 삼아 무명(無明)이 덮이고 애욕의 물을 자아낸다.

또 이 애욕의 물을 집착하는 사심에 빠져 사견을 증장하고 색신(色身)을 출생케 한다. 이렇게 명색에 의해 안·이·비·설·신·의의 감관을 내고 감관에 의해 촉이 있고, 촉에 의해 수를 내고, 수에 의해 애를 일으키고, 애에 의해 취를 일으키고 취에 의해 유를 낸다. 유는 드디어 5온의 몸이 출생케 하고 이 몸은 늙어 죽는다.

이 노사(老死)때문에 우비고뇌가 일어나는 것이다 그러나 12인연 자체에는 쌓임(集)도 없고 흩어지는 것도 없다. 연(緣)이 합하면 유가 되며, 연이 흩어지면 무(無)가 될 따름이다. 근본 진리가 평등함을 알지 못하기 때문에 12인연의 차별만 보게 된다.

 근본 진리 속에는 아(我)도 없고 나의 것(我所)도 없다. 만들 자도 없고 지어질 바도 없다. 3계는 본래 허망한데 다만 한 마음(一心)의 집착으로 만들어진 상대세계다. 그러므로 12인연이란 것도 다 집착심에서 일어난 것에 불과하다. 그러나 집착이 없어지고 물결같은 식(識)이 가라앉으면 고요한 안락을 얻게 된다. 이 경지야말로 이 세상의 어떠한 것으로 비유하여 찬탄할 수 있겠는가!

 허공이 걸림이 없지만 허공은 아는 힘이 없으므로 비할 수 없고, 해가 밝고 달이 밝으나 아는 맘이 없으므로 비유할 수 없다. 억지로 이끌어 걸림 없고 밝다는 반푼의 비유가 될 뿐이다.

永嘉大師證道歌에
無名實性이 卽佛性이요
幻化空身이 卽法身이라
法身을 覺了하면 無一物하니
本源自性이 天眞佛이라
五陰浮雲이 空去來하고
三毒水疱가 虛出沒하느니
證得實相 無人法하면

刹那感却 阿鼻業이라

　만약 잘못 깨친 것(妄悟)을 가지고 중생을 속인다면 스스로 혀를 뽑는 아비지옥 길을 가는 것이다. 홀연히 여래선(如來禪)을 깨달으니 육도만행(六度萬行)이 그 가운데 원만하도다. 꿈 속에서는 분명히 6취(趣)가 있지만 깨친 뒤에는 텅 비어 대천세계도 없구나. 죄복(罪福) 손익이 없으니 적멸한 본성 가운데 묻고 찾을 것이 무엇인가.

했다. 모두 아(我)의 집착이 끊어지고 의심분별이 가라앉아서 마음 달이 원명(圓明)한 증오의 경계를 읊은 것이라 하겠다.
　이 12인연의 근본을 다시 한번 살펴본다면 우리 인간 생활상에 우비고뇌가 있는 것은 어떠한 이유에 의한 것인가? 우리 인간의 본연 청정한 진여진심(眞如眞心)이 인연을 따라서 망연기(妄緣起)로 출발한 무명갈애(無明渴愛)에 귀착되고 마는 것이다.
　무명이란 것은 본연 청정한 본각 경계와 사물의 도리를 알지 못하는 근본 어둠을 말하고, 갈애라는 것은 우리 인간의 마음이 인연의 도리를 분별하지 못하기 때문에 일어나는 탐욕을 말한다. 이 무명과 갈애의 두 가지가 덮여 사심이 들끓게 되어 나와 남을 가리고 시비곡직을 따지는 데서 우비고뇌가 일어나게 마련이다.
　요컨대 무명과 갈애의 큰 붓으로 우비고뇌의 세계를 각자가 창조하여 가는 것이다. 그러므로 대각(大覺)은 못하더라도 인간의 우비고뇌는 타인이 안겨다 준 것도 아니고 하늘이나 신이 정해 준 것도 아니며, 또 숙명적인 운명에 얽매어진 것만도 아니라는 도리를 절실히 깨달아야 할 것이다. 자기가 우비고뇌에 대한 책임을 지고 우비고뇌의 근본인 무명갈애를 없애버리지 않으면 안된다. 무명갈애만 떼어 버리면 자기가 붓으로 그려낸 우비고뇌는 저절로 없어져 버린다.

'애진(愛盡)하면 중고식(衆苦息)'이란 말과 같이 모든 것이 애욕때문이니까 애욕만 깨끗한 평등 자리에 돌리면 일체고는 즉시 없어지고 만다. 선악간에 생심동념(生心動念)을 하면 고(苦) 아닌 것이 없다. 그러기에 '호사(好事)가 불여무사(不如無事)'란 말이 있게 된 것이다.

달마조사께서 '구함이 있으면 다 고요, 구함이 없으면 다 낙이 되느니라(有求皆苦 無求爲樂)'고 하신 말씀은 이런 뜻에서 만고불휴의 잠언(箴言)이라 하겠다. 선행마저도 하지 말라는 것은 이것이 너무 진취성이 없는 소극적 태도라고 반대할 분도 있을 것이다. 그러나 이것은 고(苦)를 낙(樂)으로 알고 하는 보살행이니만큼 이때에는 구함이 있느니 구함이 없느니 하는 유구무구의 한계가 문제되지 않는다. 보살행에 있어서는 구하는 것이나 구하지 않는 것이나 낙 아닌 것이 없는 때문이다.

□ **4가지의 진리**

위에서 말한 우비고뇌를 고(苦)·집(集)·멸(滅)·도(道)의 4가지 원리로 말할 수 있다.

우비고뇌는 괴로움의 고(苦)로, 그 원인인 무명과 갈애는 괴로움의 원인인 집(集)이 된다. 그리고 무명과 갈애가 없어져서 우비고뇌의 그림이 다 소멸하여 없어진 경계가 이상경계인 멸(滅)이고, 이 이상경계인 열반경지를 이루어 가는 정도(正道)가 닦는 진리인 수도(道)다.

이 4가지 진리를 4성제(聖諦) 또는 4제라 하고 고제(苦諦)·집제(集諦)·멸제(滅諦)·도제(道諦)라 한다.

다시 말하면 고제는 인생고 전체를 말하고, 집제는 마음의 때이며, 멸제는 마음의 때를 벗겨버린 참 낙(樂)의 경지고, 도제는 그 고(苦) 없는 경지에 들어가는 8정도(八正道)다.

정(正)은 성(聖)이란 뜻이니, 부분적인 것이나 잘못된 것은 정도를 여의었다는 뜻이다. 또 성자의 도이기 때문에 8성도(八聖道)라고도 이르는 것이다.

8정도의 명목을 들면 아래와 같다.

1. 정견(正見)..........고집멸도를 관찰하여 4제의 이치를 분명히 아는 지혜로서 체를 삼는다. 따라서 정견은 8정도의 주체가 된다.
2. 정사유(正思惟)...이미 4제의 진리를 보았거든 이것을 잘 생각하고 이혀 진리의 지혜를 가꾸고 기르는 일이 정사유다.
3. 정언(正言)......... 진리의 지혜로서 구업(口業)을 말한다. 진리 아닌 말은 하지 않는다.
4. 정업(正業)......... 진리의 지혜로 몸의 삿된 업을 끊고 청정한 행동만 한다. 곧 살생·도덕질 등을 안하는 것은 물론

10선을 적극 행하는 일이다.
5. 정명(正命).......... 청정한 몸·입·뜻의 업으로서 정법을 따라 정당한 수도생활로 생명을 이어갈 뿐이요, 사냥·점·매음·사기·간상(奸商)으로 생활하지 않는 것이다.
6. 정정진(正精進)... 진리의 지혜를 개발하여 열반의 도를 굳게 닦는 것이다.
7. 정념(正念)........... 진리의 지혜로서 정도(正道)를 사모하고 염원한다.
8. 정정(正定)........... 진리의 지혜로서 갈애와 번뇌가 없는 오직 청정한 선정에 드는 것이다.

  앞 절에서 말한 12인연으로 고집(苦集) 관계를 밝혀서 인간의 우매를 깨우치게 한 점은 이해하기 용이하다. 그러나 멸도에 대해서는 그 설명의 난점이 없지 아니하다.
  8정도의 원리를 가지고 무명을 멸하면 행이 멸하고, 행이 멸하면 식이 멸하는 등의 소극적 설명으로 멸도가 풀이되는 경우, 열반적멸은 마음이 움직일 수 없는 공백상태가 아니면 죽은 뒤 아무것도 없는 공(空)의 세계일 가능성이 있기 때문이다.
  사실 열반의 구경을 육신도 없고 마음도 없는 회신멸지(灰身滅智)로 설명한 경문도 있어서 이것을 잘못 해석하면 단견(斷見)에 빠질 위험도 있다. 그러나 불교의 열반은 결코 그런 것은 아니다. 열반은 악몽 가운데 신음하다 깨어난 대각대오(大覺大悟)의 경지다. 그러므로 깨달음을 닦는 생활이 소극적 은둔생활일 수 없고 고목한암(枯木寒岩)과 같은 몰인정하고 싸늘한 세계일 수 없다. 오히려 깨달음의 생활은 소아(小我)를 떠나 인간 전체를 포함한 따뜻한 인간미가 흐르는 경지를 가르킨다.
 이것은 석가세존께서 성도 후 45년간 중생을 제도하기 위한 설법 행각한 생활을 보더라도 충분히 알 수 있다.
 깨달음의 열반 경지를 소극적이고 은둔적인 것으로 보고 그렇게 처신하는 유파가 없는 것은 아니다. 그러나 그것은 성문(聲聞)·연각(緣覺) 등의 소승불교의 입장이고, 대승불교에서는 그것을 크게 배격하여 상대하지도 아니했다. 성문도 세존 당시의 성문제자는 그렇지도 아니한 것 같다.
 아란존자의 다정다감한 인간미라든지, 목련(目連)과 사리불(舍利弗)과 가루타나의 자애심이 풍부한 것을 보면 소승이라고 다 그런 것도 아닌 성싶다. 성문이라도 불멸(佛滅)후 소승성문(小乘聲聞)들이거나 부파 불교시대의 소승성문이 그러한 것 같다고 하겠다.
 그러면 불타와 불제자가 어찌하여 이렇게 자비에 넘쳐 있었으며, 예지의 빛나는 훌륭한 생활을 하였는가? 그들은 어둡고 어리석은 암흑 생활의 근본인 무명을 돌이켜서 밝고 지혜로워졌고 갈애를 돌이켜서 자애로워진 까닭이라고 하겠다.
 사물의 도리를 알지 못하고 인생무상의 진상을 요해하지 못한 우리 인간이 어두운 미음속에 불타의 자애와 광명이 비치어서 인생무상의 진상을 깨닫고 사물의 이치를 분명히 알게 되면 자연히 자타 차별의 사렴을 여의게 된다. 그래서 나만 잘 살고 나만 잘되겠다는 아견아집(我見我執)이 없어지고 다 잘 살고 잘 되어야 한다는 정신으로 바꿔지는 것이다.

불교에는 원컨대 '이 공덕으로써 널리 일체에 미치게 하여 나와 남이 다 같이 불도를 이뤄지게 하십시오(願以此功德 普及於一切 我等與衆生 皆共成佛道)'하는 발원이 있거니와 이 마음이 올바른 보리심인 것이다. 타인의 불행을 듣고 슬퍼하고 재난을 보면 동정하며 다 같이 불행과 재난으로부터 면하게 하여 안온하고 평화한 생활을 누리게 하여 주겠다는 마음을 일으키는 것이 곧 불심인 것이다. 무명과 갈애가 결부하여 미의 생활을 전개하여 온 것이 차안의 생활이라면, 광명과 자비에 넘치는 마음으로 깨달음의 생활을 전개하는 것은 피안의 생활인 것이다.

이런 말을 하면 어떤 사람은 이렇게 말을 할지 모른다. 인간에게 그렇게 아름다운 애타(愛他)의 정신이 있을 수가 없다. 인간은 본래가 이기적인 것이다. 이것이 인간의 가연적 취향이다. 자애라거나 애타라는 것은 남을 속이는 말에 불과하다. 인간이 그러한 아름다운 정신을 본래 가지고 있었다면 왜 천당과 극락이 건설되지 못하고 유사 이래로 전쟁만 일삼아 오고 있는가? 지금도 왜 오월동주격(吳越同舟格)이 되어서 남이니 북이니 하는 사상적 결투가 있게 되었는가? 그러니까 인간은 이기주의가 본능이요, 애타라는 것은 꿈에도 있을 수 없는 일이라고 필자를 무능한 사람으로 보고 조소할지도 모른다. 그러나 인간의 심리를 고요히 관찰해 보면, 그렇게 냉혈동물처럼 온정미가 전혀 없는 것은 아니다. 인간에게는 서로 그리워하는 마음이 있다. 부모와 자식이 떨어져 살면 그리워하고 내외간이나 형제간에도 어떤 사정으로 격리하여 막혀 있으면 보고 싶어한다.

친구도 멀리 있으면 항상 만나고 싶어한다. 이것은 인간에게 서로 사랑하고 연모하는 성정이 있다는 것을 증명해 주는 좋은 예이다.

인간의 생명은 무인절도라든지 심산궁곡에서 저 혼자만 생활할 수는 없는 것이다. 역시 사회와 접촉하여 공동생활을 하는 데서 발전이 있고 가치가 있는 것이다. 그러므로 하등동물도 집단생활을 하지만 인간은 더욱 집단적으로 뭉쳐서 부락생활을 하게 된다. 그래서 공존공영하고 상부상조하는 아름다운 마음을 가지고 있다. 이것이 곧 보살심(菩薩心)이요, 불심(佛心)인 것이다.

그런데 왜 서로 싸우고 치고 훔치고 죽이느냐 하면 그것은 참된 마음이 표면적인 허망한 탐욕에 사로잡혀서 그 아름다운 참마음이 감추어지고 허장성세로 남을 실패하게 하고 남을 누른 뒤 저만 앞장서려는 욕심을 과시하는 데서 나온 것이다. 그러나 자기가 남을 깔아뭉개고 쾌재를 부르지만 그 눌러지는 사람들의 불평과 원한은 재속에 있는 불처럼 잠재해 있다는 사실을 살필 때에는 견딜 수 없는 불안과 쓸쓸함을 느끼게 마련이다. 이것을 고치지 못하는 것은 남에게 뒤떨어지지 않고 앞서 가려는 욕심 때문이다.

운전수들이 사고를 잘 내는 것은 여러 가지의 원인이 많지만 그 가운데 중요한 것은 남의 차보다 앞서 가려고 하는 데서 충돌사고를 일으킨다고 한다. 그렇기 때문에 나의 생명과 부딪쳐서 융해되어 서로 포용하려는 마음과 자애심이 싹터 오면 이때 비로소 진실한 생명의 가치를 발견하게 되는 것이다.

우리 인간은 서로 이해가 부족하고 신용하지 않기 때문에 불행이 일어나는 것이다. 충분히 이해하고 신용만 하게 된다면 불행이 있을 수가 없다. 누구나 경험하는 바이지만 호젓한 곳에서 사람을 만날 때에는 그 사람이 어떠한 사람인지를 몰라서 처음에는 의심하고 경계하지만 서로 인사를 하고 거주지를 알고 보면 뜻밖에 먼 촌수의 일가친척이거나 친구의 친구인 것을 알게 되면 서로 이해가 깊어지고 신용이 두터워지는 것을 볼 수가 있다. 따라서 애정도 생기게 된다. 그러므로 인간은 상호간에 이해와 신용으로서 자애가 생기고, 이 자애에 의해 진정한 융합과 참다운 생활이 비롯된다고 하겠다.

□ 깨달음의 표현

위에서 말한 자애심(慈愛心)을 불교에서는 대보리심(大菩提心)이라고 하는데, 대보리심이란 것은 큰 깨달음을 구하는 마음이다.

위로는 보리를 구하고, 아래로는 중생을 교화하는 것을 뜻한다. 다시 말하면, 다 같이 진실한 생활을 하자는 것이니, 이 마음은 누구나 참으로 일으키기 어렵고 발견하기가 어려운 것이다. 그러나 이 보리심은 우리들의 마음 가운데 감추어져 있어서 때때로 편린을 보이는 것이니, 자식을 사랑하는 모성애라든지, 자식된 사람이 부모를 감사하고 공경하는 보은(報恩)의 효도심을 일으키는 예다. 이러한 마음씨에는 아무런 사심이 없는 것이다.

 어떠한 교환 조건이라든지 의무감으로써 체면을 지키려는 것이 아니다. 남녀간에 진정으로 사랑하는 것이라든지, 친구간에 생사를 불구하고 같이 사랑하며 서로 신뢰하는 것은 다 이 보리심의 발로인 것이다. 그러나 다만 그것이 찰나적이고 추한 생각에 더럽히기가 쉽기 때문에 항상 정화를 요청하게 된다.

 정화를 요하기 때문에 갈애(渴愛)니 맹애(盲愛)니 번뇌애(煩惱愛)니 하는 이름을 붙인다. 그러나 이것을 정화함으로써 법애(法愛)를 갖자는 것이다. 그러므로 부처님께서는 처음 성도하시고 외치시기를 '기이하고 기이하도다. 일체중생이 다 여래의 지혜덕상(智慧德相)을 갖추고 있건마는 미(迷)해서 돌이키지 못함이로다(奇哉奇哉 一切衆生 具有如來 智慧德相 迷而不反)'고 하신 것이다. 그래서 부처님께서는 자비자애심으로 일체중생을 제도하는 사업에 일생을 보내시고 이 자비심을 일관하여 가지고 있어서 진실하고 보람찬 깨달음의 생활이 있다는 것을 모든 중생에게 가르쳐 주신 것이다. 그러므로 피차를 가리지 않고 사랑하는 자애심이 인간의 가장 크고 높은 보배라 하시고 이 보배를 발견하는 것이 인격의 진실한 완성을 이루는 것이라 하셨다.

 부처님께서는 자신의 분신이요, 아들인 라후라나 시종을 일관하여 부처님을 적대시하고 죽이려 한 '제바다'를 차별하지 않고 꼭 같은 자비심으로 바라보고 친소의 감정이 없으셨다. 그러므로 항상 말씀하시기를,

 "나는 자모(慈母)가 아들을 지극히 사랑하듯 어떤 곳에 있더

라도 일체중생을 자애하노라... 부처님의 말씀은 자비심뿐이라 유연무연(有緣無緣)의 중생을 섭수(攝受)하여 구제하지 않음이 없느니라."
하셨다. 앞에도 말한 바와 같이 자애심은 인간의 본성이요, 본원이기 때문에 어떤 인간이라도 이것을 다 갖추고 있는 것이다. 그런데 이것이 빨리 나타나지 않는 것은 사욕과 망념에 가려 있기 때문이며 이것만 고요하게 가라앉고 보면 이 사욕망심이 곧 보리심으로 바뀌어 자애가 되는 것이다.

이것이 이른바 번뇌와 보리가 둘이 아닌 자리다. 얼음이 많기 때문에 물이 많고, 장애가 많기 때문에 덕이 많고, 악심이 강한 자는 선도 강하다는 속담이 있는바 악이 돌이켜질 때는 곧 선심(善心)으로 변하는 것이다. 그러나 욕심은 표면에 있고 자애는 내면에 깊이 감추어져 있기 때문에 우리 인간이 자애심을 발견하여 활용하기가 어렵다. '번뇌의 개는 쫓고 쫓아도 달아나지 않고, 보리의 노루는 부르고 불러도 오지 않는다'는 옛사람의 말도 있다.

그런 까닭으로 탐욕을 소멸한다거나 갈애를 없앤다는 것은 욕망을 아주 없애 버린다거나 생명을 부정하여 끊는다는 것이 아니다. 다만 인간의 욕심을 정화시키고 바른 방편으로 인도하여 정화한 욕심과 공정한 욕심과 여법(如法)한 의욕으로 돌리면 곧 보리심이 되는 것이다.

욕심이라 하여 다 나쁜 것은 아니다. 진정하고 올바른 생명욕으로 살아가려면 자애가 유일한 길이니, 이것은 깨달음이 없으면 얻어지지 않는 것이며, 사람은 깨달아야 올바른 생활을 하게 되는 것이다. 진정으로 깨닫기만 하면 미(迷)의 세계만을 그리던 화사가 달아나버리고 깨달음의 세계를 그리는 화사(畵師)가 등장한다.

싯다르타 태자께서 성불하게 된 것도 이 깨달음의 세계를 그리는 화사가 되신 것이다. 인생이라는 캔버스에 어떤 그림을 그리느냐는 것이 문제가 되고 초점이 된다. 우비고뇌의 그림을 그릴 것이냐, 자애·평화·법희(法喜)·안은(安隱)·활동의 그림을 그릴 것이냐 하는 데서 그림의 현격한 차이가 생긴다.

옛날에 중국의 어떤 곳에 이백(耳白)이라는 화적대(火賊隊)의 괴수가 있었다. 그는 부모가 없이 불행하게 어두운 그늘에서 자라난 사람이었다. 그러므로 부모의 성도 모르고 자기의 이름조차 몰랐다. 다만 특징은 두 귀가 얼굴보다 더 흰색이므로 남들이 귀가 흰 놈이라고 하여 이백으로 부르게 되었고, 그것이 그 사나이의 이름이 되고만 것이다. 이 사람은 키도 크고 몸집도 큰데다가 힘이 장사여서 당할 자가 없었다.

그는 어려서부터 거지로 다니다가 도둑들에게 키워졌기 때문에 도둑질을 배우게 되었는데, 차츰 커가면서 이왕 도둑질을 할 바에는 사내대장부답게 크게 해보자고 생각했다. 그리하여 강도단을 조직해서 훨빈당이라 사칭하고 부잣집을 털어서 빈민에게 나누어 주는 의적(義賊)이 되었다.

아무리 의적이라도 서민층의 빈민은 환영할지 모르나 사대부라든지 지체가 높은 부유층에서는 이백의 노략질에 견디기 어려워 관가에 호소했다. 그러나 그 도당이 많고 모두 특이한 무

기를 갖고 칼을 잘 쓰기 때문에 관가에서도 그들을 잡을 도리
가 없었다.
 그들을 잡으려고 떠났던 포졸들은 그들에게 무참한 학살을
당하기 때문에 애당초 그들을 검속할 생각조차 못내고 있었다.
이리하여 필경에는 포도대장이 진두에 나서서 각 현에 있는 포
졸들을 이끌고 교전을 했다. 그러나 날쌔기가 비할데 없는 이
백 도당을 당해낼 도리가 없었다.
 이백은 가는 곳마다 노략질을 하며 세상을 벌컥 뒤지어 놓고
쾌재를 부르면서도 한편으로는 자기 인생에 대하여 개탄하기
를 마지 아니했다
 '나도 인간으로 태어나 이목구비가 멀쩡하고 사지오체(四肢
五體)가 건전하면서 왜 하필이면 이런 짓을 하고 다니게 되었
는가? 그러나 이제는 후회해도 소용없고 자수해도 별 수가 없
다. 내 손으로 인명 살상를 많이 하였으므로 잡히면 죽는 것이
오, 자수해도 죽는 판이다. 좋든 싫든 죽을 때까지 이 길로써
운명을 같이 할 수밖에 별도리가 없구나. 될대로 되어라.'
하고 자포자기에 빠지고 말았다.
 그런데 어느 때 관군과 일대 접전을 하게 되어 부하 수십 명
이 참살을 당하고 자기만 겨우 피해서 어떤 큰 절간에 들어가
마루 밑에 숨어 있게 되었다. 승려들이 조석으로 예불을 하느
라고 저녁종과 새벽종을 울리는데 종소리도 맑으러니와 염불
소리가 구슬프게 들렸다.
 ―쇠북소리 듣는 이들 번뇌를 끊어라. 지혜가 자라나고 보리
심이 나면 지옥을 여의고 3계(三界)에서 뛰어나 부처를 이루어

중생 건지기를 발원하리. 원컨대 이 쇠북소리 온 뇌리에 두루 퍼져 철위산 어둠이 사라지고 삼도(三途)의 고(苦)를 여의면 칼산이 무너져 일체중생이 모두 바른 깨달음을 이루게 하라 —.

이백은 이 낭랑한 종소리와 구슬픈 염불을 듣고 찰나에 마음의 창문이 열린 것 같았다. 그 다음에 나무아미타불의 여섯 자 염불소리가 그칠새 없이 들려오므로 염불 가운데는 나무아미타불이 제일이란 생각을 하고, 그 즉시 나무아미타불을 외며 모든 죄를 뉘우치고 참회했다. 그 다음부터는 두 귀에 흙을 발라 검게 하고 걸인처럼 변장해서 얻어먹고 다니며 도둑의 직업을 버리고 말았다.

그 뒤 이백은 이렇게 다니다가 먼 시골로 돌아가 보니 어떤 산 밑에 퇴락한 절이 있는데 사람이 없었다. 주지스님이 돌아올 때까지 있어 보리라 하고 구걸한 쌀을 꺼내서 밥을 지어먹고 본당에 들어가서 불철주야로 나무아미타불만 부르고 있었다. 그러나 어찌된 일인지 주지스님은 오래도록 돌아오지 않았다.

이백은 스스로 주지스님이 두고 간 가사와 장삼을 입고 염불삼매에 들어가 세월이 오는지 가는지도 모르고 있었다. 그때 달아났던 이백의 잔당들이 다시 규합하여 화적대를 조직하고 전날 괴수였던 이백에게 영도권을 맡기려고 사방으로 찾아 다녔다.

그들은 설마 이백이 중이 되었으리라고는 꿈에도 생각하지 않고 승복을 입은 이백을 보고도 알지 못하고 지나갈 수밖에 없었다. 그러던 중 염불을 하는 목소리와 체격이 틀림없는 이백임을 확인하고 어느 날 밤 찾아가서 절을 하며 다음과 같이 말했다.
"이백 영수님이 아니십니까?"
"이백은 틀림없으나 영수는 아니오."
"저희들을 몰라보시겠습니까?"
"왜 모르겠소."
"그런데 왜 저희들의 영수가 아니라고 하십니까?"
"당신들과 같이 있을 때는 영수였지만, 지금은 염불하는 중이지 도둑질하던 때의 영수가 아니란 말이외다."
"그러지 마시고 가십시다. 우리가 뫼시러 왔으니…"
"나는 가지 않겠소. 그 노릇을 아니 하려고 중이 되었는데 다시 그 길을 밟겠소? 당신네도 나를 따라 중이 되시오. 이 세상에는 얻어먹고 염불이나 하는 중의 복이 제일인가 하오."
하고 완강하게 거절했다. 그래도 그들은 옛 주인이 그리웠고, 그의 담력과 책략과 인품에 끌려 강제로 이백을 묶어 큰 자루에 넣어 그들의 소굴로 가는데, 무겁기가 한이 없어 도중에서 끌러 보니까 이백이 아니고 돌부처였다. 이백이 이렇게 둔갑하는 요술도 배웠나 하고 다시 그 절에 가 보니까 이백은 여전히 염불만 하고 있었다.

 도둑떼들은 그렇게 염불만 하지 말고 우리 도당을 살리기 위해 다시 산으로 가자고 원했으나 이백은 듣지 않았다. 그리고 도둑질이 인간으로서 할 짓이 아니오, 죄를 짓는 것이니 그대들도 중이 되어 염불 공부를 해야 전생에 지은 죄를 소멸하고 올바른 사람이 될 수 있을 것이라고 타일렀다.

 개심한 그 잔당들도 모두 중이 되어 착실한 염불납자가 되고 이백의 제자가 되었다. 이백을 자루 속에 넣어 갔는데 석불로 된 것은 이백이 그 안에서 이 몸이 석불로 나타나게 해달라고 지극히 축원하고 염불을 하면서 갔기 때문에 석불이 된 것이다. 이들이 쓸데없는 석불이라고 내버리고 간 틈을 타서 다시 온 것이니, 일종의 무의식적인 최면술과도 같은 것이다.

몇해 뒤에는 이백을 그 지방에서 활불(活佛)이라 하고, 이백선사라면 모르는 이가 없었다. 그 뒤 이백선사가 이 절을 새로 중건하여 큰 절로 만들었다고 한다.

이것을 보면 부처가 나와 둘이 아니라는 것을 알 수가 있고, 우리도 일념으로 염불 참선하고 정진하면 이백선사와 같은 활불이 될 수 있다고 확신하는 바이다.

□ 더러운 인연과 깨끗한 인연

위에서 말한 바와 같이 무명(無明)과 갈애(渴愛)를 주동력으로 하는 생활은 우(憂)·비(悲)·고(苦)·뇌(惱)의 그림이므로 이것을 염연기(染緣起)라고 한다. 반대로 광명과 자애를 주동력으로 하는 생활은 자애·평화·법희·안은의 그림이므로 이것을 정연기(淨緣起)라 한다.

그러기에 옛 스님도 이르기를, 티끌에 얽힌 마음으로 제법(諸法)을 변조하여 일다(一多)가 상애(相碍)하고 염염(念念)이 주착하는 것을 가리켜 염(染)이라 하고, 장애를 여윈 마음으로 중연(重緣)에 응부하여 일다(一多)가 자재하고 염념이 여의는 것을 정(淨)이라 이름한다고 했다. 그러므로 〈기신론〉에 보면, 불생불멸이 생멸로 더불어 화합하여 비일비이(非一非異)한 것을 아리야식(阿梨耶識)·여래장식(如來藏識)이라 하는데, 이 여래장식을 법계(法界)의 총상(總相)이라고도 한다.

이것을 깨달으면 부처다. 이렇게 정연기(淨緣起)로써 항하사(恒河沙)의 성공덕(成功德)을 이룬 이가 바로 부처다. 그러나 반대로 이것을 미(迷)하면 염연기(染緣起)에 빠져 만진로(萬塵勞)의 중생계를 이룬다. 여기에는 염 과정이 있지만 심체(心體)는 다름이 없다 했다.

마음은 하나인데 깨달으면 부처가 되고, 미(迷)하면 범부(凡夫)가 된다. 그래서 부처가 사는 곳은 정토요, 범부가 있는 곳은 예토(穢土)라고 한다.

정토와 예토가 본래 두 가지로 따로 있는 것이 아니라 다 같은 국토라도 부처가 볼 때는 정토요, 범부가 볼 때는 예토인 것이다. 그렇기 때문에 〈유마경〉에는, '보적(寶積)아, 정불국토를 얻으려면 그 마음을 깨끗하게 하여라. 마음이 조촐하면 그가 있는 국토도 청정하리라' 했다. 이때 불제자인 사리불은, '깨끗한 마음(淨心)이 곧 정토요, 곧은 마음(眞心)이 곧 정토라. 보살인행시(菩薩因行時)에 이 정심과 직심으로 수행한 이는 성불할 때 정토가 이루어지고, 정심중생과 직심중생이 모여든다고 하니, 그렇다면 우리 석가여래는 보살로서 수행할 때 부정한 마음과 곧지 못한 마음을 가지고 있어서 모래와 돌 등이 많고, 오물이 많고 부정하고 바르지 못한 중생이 많은 이 사바세계에 성불을 하신 것인가?' 하고 생각했다.

이때 세존께서는 곧 사리불의 이런 뜻을 알아 차리시고,
"사리불아, 맹인은 일월(日月)을 볼 수 없지 않느냐. 이것이 어찌 일월의 허물일 것이냐? 이것이 맹인의 허물이고 일월의 허물이 아닌 것처럼 네가 아직 지혜의 눈이 부족하므로 이 국토를 예토로 보는 것이요, 인간들의 업장이 두텁기 때문에 이 세계를 정토로 보지 못하는 것뿐이니, 이 세계는 언제든지 청정하건만 네가 보지 못할 따름이니라."
고 하셨다.

또 〈능엄경〉에 보면, '일체중생이 무시이래(無始以來)로 업에 걸려 있는 것은 두 가지 근본을 모르기 때문이다. 하나는 생사 근본인 망심(妄心)을 자기의 본성으로 생각함이요, 또 하나는 깨달음의 본체인 청정한 본심을 알지 못하는 것이다' 라고 하셨다.

세존께서 금색 팔을 드시고 오륜지(五輪指)의 주먹을 쥐어 보이시며 아난에게 물었다.

"네가 이것을 보느냐?"

"봅니다."

"네가 무엇으로써 보느냐?"

"세존께서 주먹을 쥐고 저의 마음과 눈에 비춰 주시기 때문에 봅니다."

"누구와 같이 보았느냐?"

"대중과 같이 눈으로 봅니다."

"네 말과 같이 눈으로 본다면, 너의 눈은 보거니와 어찌 네 마음까지 나의 주먹을 본다고 하느냐?"

"여래께서 이제 제 마음의 소재를 물으시기 때문에 저는 마음으로 마음 있는 데를 찾아보게 되옵는바, 이 찾는 생각을 마음이라 하겠습니다."

"애닯도다. 아난아, 그것은 너의 마음이 아니니라."

아난이 놀라서 다시 사뢰었다.

"그러시다면 무엇을 저의 마음이라 하오리까?"

"아난이여, 그것은 앞의 경계를 분별하는 허망한 생각이 너의 진성(眞性)을 미혹하고 있는 것이다. 그러므로 너는 무시(無始)로부터 금생에 이르기까지 망상의 적을 진심(眞心)의 아들로 보고, 너의 각(覺)의 본체를 잃어버렸느니라."

하시고, 나아가서 마음의 본체를 파헤쳐 알게 하셨다. 어떻게 보면, 우리들의 무엇보다도 시급한 당면 과제는 우리네의 마음 가운데는 진심과 망심이 있다는 것을 깨달아야 하는 일이다.

생활상의 예로 본다면, 출가한 승려가 아닌 이상 누구나 부부 생활을 하지 않을 수 없는데, 부처님께서는 이것을 무명갈애(無明渴愛)의 생활이라고 갈파하셨고, 이것을 뛰쳐나라고 역설하셨다. 그러나 세속 사람으로서는 이것을 벗어나기가 어렵다. 그러므로 세속 속에서 이런 원리를 긍정하고 이 속에서 진망(眞妄)을 가려보자는 것이다.

남녀가 출생하여 사춘기를 넘어서 대학까지 나오는 청년기가 되면, 자유연애 결혼이든지 중매결혼이든지 이것을 치러야 하는 것은 인륜(人倫)의 정도로서 부정할 수는 없다. 그렇다면 인생이 가정한 법이라도 남녀가 서로 보고 뜻이 맞고 마음에 들어서 부부로 결합되었으면 늙어 죽을 때까지 변함없이 생남생

녀하고 정답게 살아야 되는 것이다. 어떠한 일이 있더라도 파탄이 없어야만 이것을 정도(正道)라고 할 것이다. 그런데 살다가 권태기에 이르면 남자가 다른 여자와 좋아서 정을 통하다가 본처에게 탄로되면 부부싸움이 날마다 끊일 사이가 없고, 필경에는 새로 만난 여자와 같이 정사를 하거나, 아니면 중혼죄로 고소를 당해 교도소 생활을 하게 되니 이것이야말로 염연기(染緣起) 중에서도 두드러진 번뇌생활이라고 하겠다.

이 염연기 중에서 또 이러한 인사(人事)의 갈등과 애정의 갈등이 생기고 보니 이것은 몽중몽(夢中夢)이라고나 하겠다.

인간수업에 주의하지 않으면 안되겠다. 그러니까 인간은 성인의 생활에 비유하면 지저분하기는 하지만 역시 자성청정(自性淸淨)의 본심을 닦으면 자애심이 생길 것이고 자애심이 생기면 애욕의 쇠사슬을 만들지 아니할 것이니, 힘껏 노력해야 하리라고 생각하는 바이다.

제4장 열반과 활동

□ 분별과 집착

인생을 관찰해 보면 물질과 정신의 싸움이라 할 수 있다. 물질이 정신을 이기고 지배하느냐, 정신이 물질을 지배하느냐 하는 두 가지로 볼 수 있다.

정신이 물질을 지배하고 호용(互用)하면 정신이 자유스럽지만, 만약 물질이 정신계를 지배하여 물질의 노예가 된다면 이것은 구속적이요, 본말전도(本末顚倒)라고 하지 않을 수 없다. 〈비유경(譬喩經)〉을 보면, 다음과 같은 말이 있다.

'비구들이여, 비유하건대 어떤 사람이 각각 생리가 다른 6종의 생물을 한데 묶어 한 곳에 놓아 둔다고 하자. 다시 말하면, 뱀과 악어와 새와 개와 여우와 원숭이 등 6종의 동물을 잡아 강한 쇠사슬로 묶어 놓았다고 하자. 이때 이들은 각처에서 잡아 온 성격이 서로 다른 동물들이기 때문에 뱀과 악어는 각각 서로 싸우다 기진맥진해 버릴 것이며, 그 가운데도 강한 놈에게 잡아먹히거나 그 지배 밑에 있게 될 것이다.

비구들이여, 비구도 꼭 이와 같이 4념처(四念處 : 觀身不淨 · 觀受是苦 · 觀心無常 · 觀法無我)를 관하고 닦지 아니하여 눈으로 아름다운 모양만 취하고, 좋지 못한 모양은 싫어하며, 귀·코·혀·몸이 다 그러하고, 뜻으로도 아름다운 것에 끌려 좋지 못한 것은 다 싫어한다. 그 제어하는 방법은 어떠한가? 눈으로 색을 보더라도 좋은 색에도 집착하지 않고, 좋지 못한 색이라도 싫어하지 아니하고, 4념처를 관하여 4무량심에 머무는 것이다.

 향·미·촉에 대하여는 또 마음으로 법을 알아서 좋은 법에도 집착하지 말고, 좋지 못한 법에도 싫어하지 않고, 4념처를 관하고 4무량심에 주하여 심해탈과 혜해탈을 여실히 알아서 악법을 남김없이 멸하는 것이다.

 이 비유의 6종 동물은 우리 인간의 6종 감관에 비유한 것이다. 이 눈·코·귀 등 5종 감관을 제어하지 아니하면 감관이 욕에 끌려 사로잡히게 되는 것을 비유한 것이다.

 자본 위주의 물질만능 사회에 사는 우리는 나나 남이나 물질의 중하에 눌려 있다. 구하고 얻으려 하는 것이 물질이기 때문에 얻는 이는 기뻐하고 잃어버리는 이는 슬퍼한다. 부정부패와 폭력의 횡행, 가정불화와 집단자살 등 비극의 대부분은 생활난에서 일어난다. 물질이 없으면 살아갈 수 없는 세상이니 물질이 앞서고, 사람은 그 뒤를 따라가게 되어 마침내 물질의 노예로 떨어져서 평화스런 생활을 깃들이지 못한다.

 석가세존께서는 제자들에게 이런 말씀을 했다.

 "새가 두 날개로 허공을 나는 것처럼 비구는 삼의일발(三衣一鉢)로 탁발생활을 하라. 달빛이 어떤 집을 비칠 때 그 집의 어떤 물건에 집착하여 사로잡히지 않는 것과 같이 비구는 어떤 집에 들어가든지 어떤 물건에 집착해서는 아니 된다. 손을 들어 허공을 두드릴 때 손이 허공에 집착하지 않고 걸리지 않는 것처럼 모든 것을 행동해야 된다."

 이와 같이 물질에 걸리지 않는 마음을 가져야 물질도 원활하게 돌아가게 되는 것이다. 그렇지 않고 물질에 사로잡히면 세상은 더욱 악화되고 마음이 초조하여 메말라가게 되며, 그만큼 물질도 메마르고 곤란하게 된다. 대체로 우리 인간이 무엇때문에 고뇌를 갖게 되었느냐 하면 기대와 사실이 어긋나는 데서 비롯된다.

 우리는 너무나 많은 기대에 희망을 걸고 지나치게 집착하기 때문에 마음의 자유를 얻지 못한다. 기대란 욕심에서 생기는 것으로 내 형편에 좋도록 모든 것을 강요하는 것이다.

 불교에서는 이것을 집착과 분별이라고 한다. 자기 비위에 맞도록 이렇게 저렇게 궁리하다 보면 모든 일거일동이 이기주의적으로 변해 가며 그렇게 되면 저절로 집착이 생기게 마련이다. 그래서 인간은 물질에 속박되어 사물을 주관적으로만 보게 되고 기대가 사실과 어긋날 때 온갖 고통이 일어나는 것이다. 누구나 다 경험하는 바이지만 꿈에도 생각하지 않던 불행이 닥칠 때가 있다.

 예를 들면, 가족 가운데 한두 사람이 나쁜 병에 걸리거나 또는 불의의 사고로 사망하는 이가 생기기도 하고, 불경기로 사업에 실패할 때는 가정생활이 여지없이 파산되는 수도 있다. 또 사람의 생사가 무상하여 부부간에 상배(喪配)를 당하거나 자손이 불행을 당하거나 하는 걷잡을 수 없는 가정의 비극을 보기도 한다. 해서 석가세존께서는 이 인간 비극의 고통을 풀

어 주는 열쇠의 진리로서,

諸行無常 是生滅法 生滅滅己 寂滅爲樂

이 세상의 현상이란 것은 본래 무상하여 생과 사를 면할 수 없는 것이니, 이것이 인연취산(因緣聚山)의 법칙이니라. 이 생멸계를 초월해야만 적정(寂定)의 안정락(安定樂)을 얻느니라.

다시 말하면, 인간의 모든 사물은 변화해 가는 것이 원칙이다. 산하대지와 국토인물(國土人物)이 하나도 상주하지 못하는 것인데, 인간은 상주하기를 바라기 때문에 고뇌가 있다는 것이다. 〈경전〉을 보면 다음과 같은 말씀이 있다.
 '옛날 사위성이라는 곳에 장자 한 사람이 있었다. 그는 외아들을 잃고 마음이 들떠서 수풀 속을 헤매다가 부처님이 계신 기원정사로 찾아 갔다. 그는 부처님께 호소하고 설법을 청했다. 부처님께서 말씀하시되,
 "사랑이 있기 때문에 근심이 나고 두려움이 있는 것이니, 만약 탐애를 끊어 여의면 무엇을 근심하고 무엇을 두려워하겠가(因愛生憂 因愛生怖 若離貪愛 何憂何怖)? 난 자는 반드시 죽음이 있고, 사자(死者)는 반드시 생이 있게 마련이니, 출생하여 살아 있다고 기뻐할 것도 없고, 죽어 간다고 슬퍼할 것도 없느니라(生者必有死 死者必有生 生來未生喜 死去不爲悲)."
 하시고 장자의 슬픈 마음을 위로했다.
 부모된 자는 누구나 자식을 사랑한다. 그러기에 그 부모는 애

정에 못이겨 맹목적으로 자식의 행복을 빌고 꿈꾸게 된다. 그러나 그 꿈이 현실적으로 깨어질 때 고뇌가 분수같이 용솟음치게 마련이다. 인간의 맹목적 사랑이란 무상을 상으로 계량하고, 고(苦)를 낙(樂)으로 계량하고, 무아(無我)를 아(我)로 계량하고, 부정을 깨끗한 것으로 계량하는 것이니, 이것을 범부의 사전도(四顚倒)라고 말한다.

부처님께서는 중생으로 하여금 이 이치를 깨달아 고통을 면하게 하셨다. 그 실례로 〈대반열반경〉에 있는 아래와 같은 설화를 들 수 있다.

'선남자야, 사위성 가운데 한 바라문의 딸이 있었는데, 그의 성은 바사티였다. 그는 오직 아들 하나가 있어서 애지중지하게 여겼는데, 그 아들이 병에 걸려 목숨을 잃었다. 그녀는 실신 발광하여 옷을 벗고 죽은 자식의 이름을 부르면서 거리를 헤매고 있었다. 그러다가 부처님을 보고 부처님을 끌어안고 입술을 빨면서 자식을 찾아 달라고 애원했다. 부처님은 그녀를 불쌍하게 보시고 정사로 데리고 가셨다. 아난을 시켜 밥을 주고 옷을 주었다. 그리고 말씀하셨다.

"내가 너의 아들을 찾아 줄 터이니 너는 먼저 나의 부탁을 들어 주기 바라노라. 개자(芥子)를 한 사발 급히 쓸 곳이 있으니 얻어 오너라. 그러면 내가 너의 자식을 만나게 해 줄 것이다. 그런데 어떤 집이든지 조상 때부터 한 사람도 죽은 일이 없는 집의 것이어야 한다."

그녀는 자식을 찾아 준다는 말에 기뻐서 본정신을 회복하였고, 거리로 나가서 조상 때부터 죽은 사람이 없는 집을 찾게 되었다. 그러나 조부모는 물론 자식을 몇 남매씩 사별한 집이 많았다. 결국 그녀는 겨자씨를 얻지 못하고 정사로 돌아올 수밖에 없었다. 그녀는 낙심하게 되었다. 부처님께서는 이때를 놓치지 않고 인생무상을 설법하셨다.

"자식을 잃은 것은 너뿐이 아니며, 너 또한 멀지 않아 자식의 뒤를 따라갈 터인데 무엇을 그렇게 슬퍼하느냐?"

고 타이르셨다. 그리고 그녀로 하여금 보살심을 일으켜 여승이 되어 수도하게 하였고 안심하게 하셨다. 그러므로 누구든지 이 도리를 깨달으면 고통을 면케 된다. 곧 모든 괴로움은 기대와 사실의 모순에서 오는데 그 모순은 오로지 욕심에서 오는 것이다. 욕심을 누르고 철저하게 무상의 도리만 깨달으면 고통이 사라지게 마련이다.'

〈보왕삼매론(寶王三昧論)〉에 보면, 기대와 사실이 모순되더라도 마음가짐에 따라 고통이 되지 않는 도리를 10가지로 나누어 말씀하신 데가 있다. 대강 적어 보면 다음과 같다.

 1. 몸에 병이 없기를 바라지 말라. 몸에 병이 없으면 탐욕이 생기기 쉬우니, 그래서 성인이 말씀하시기를 병고(病苦)로써 양약을 삼으라 하셨느니라.

 2. 세상살이에 고난 없기를 바라지 말라. 세상살이에 고난이 없으면 교만한 마음과 사치하고 싶은 마음이 생기니 그래서 성인이 말씀하시기를 근심과 고난으로써 세상을 살아가라 하셨느니라.

 3. 공부하는데 마음의 장애가 없기를 바라지 말라. 마음에 장

애가 없으면 배우는 것이 넘치게 되어 분별지(分別智)에 팔리니 그래서 성인이 말씀하시기를 장애 속에서 해탈을 얻으라 하셨느니라.

 4. 수행하는데 마(魔)가 없기를 바라지 말라. 수행하는데 마귀가 없으면 서원이 굳건해지지 못하니 그래서 성인이 말씀하시기를, 모든 마군으로써 수행을 도와주는 벗을 삼으라 하셨느니라.

 5. 일을 꾀하되 쉽게 되기를 바라지 말라. 일이 쉽게 되면 뜻을 경솔한데 두게 되니, 그래서 성인이 말씀하시기를, 어려움을 겪어서 일을 성취하라 하셨느니라.

 6. 친구를 사귀되 내가 이롭기를 바라지 말라. 내가 이롭고자 하면 의리를 상하게 되니, 그래서 성인이 말씀하시기를 순결함으로써 사귐을 길게 하라 하셨느니라.

 7. 남이 나의 뜻대로 순종하기를 바라지 말라. 남이 내 뜻대로 순종하면 마음이 스스로 교만해지니, 그래서 성인이 말씀하시기를 내 뜻에 맞지 않는 사람들로써 원림(園林)을 삼으라 하셨느니라.

 8. 덕을 베풀면서 과보를 바라지 말라. 과보를 바라면 도모하는 뜻을 갖게 되니, 그래서 성인이 말씀하시기를 덕을 베푼 것을 헌신발처럼 버리라 하셨느니라.

 9. 이익을 분에 넘치게 바라지 말라. 이익이 분에 넘치면 어리석은 마음이 생기니, 그래서 성인이 말씀하시기를 적은 이익으로써 부자가 되라 하셨느니라.

 10. 억울함을 당해서 밝히려고 하지 말라. 억울함을 밝히면 원망하는 마음을 갖게 되니 그래서 성인이 말씀하시기를, 억울

함을 당하는 것으로써 수행하는 문을 삼으라 하셨느니라.

이와 같이 막히는 데서 도리어 통하는 것이요, 통함을 구하는 것이 도리어 막혀지는 것이니 부처님은 저 장애 가운데서 오는 보리도(菩提道)를 얻으셨다. 살인마 앙굴마라와 부처님을 배반한 제바달다의 무리가 모두 극악한 짓을 했지만, 우리 세존께서는 모두 뉘우치기를 기다려서 용서하시고 나중에는 그들도 성불할 것이라고 예언까지 하셨으니, 어찌 그의 거슬리는 것이 나를 순종함이 아니고 그가 방해하는 것이 나를 성취케 함이 아니겠는가.

만일 도를 배우는 사람들이 먼저 역경에서 견디어 내지 못한다면 장애가 부닥칠 때 능히 이겨내지 못해서 법왕의 큰 보배를 잃어버리게 될 것이니 어찌 슬프지 아니하겠나?

이상은 여러 경전 가운데서 부처님이 말씀하신 것을 보살이 간추려 지은 것으로서, 이것이야말로 영원히 빛나는 생활철학의 좌우명이라 하겠다.

□ 해탈(解脫)의 이모저모

분별을 여의면 무분별지(無分別智)를 얻어서 모든 고뇌에서 해탈할 수 있다. 실제 생활에 있어서 이러한 경지에 이르지 못하면 인간생활의 묘미를 얻을 수 없다.

다시 분별과 무분별의 실제 생활의 차이를 검토해 볼까 한다.

분별 가운데 사로잡혀 있는 자를 범부의 경계로 하고, 무분별지를 얻어서 8면 영롱 광풍제월(光風霽月)의 자세로 수처작주(隨處作主)로 진리가 아닌 것이 없는 처세를 하는 이를 깨달은 이의 경계라고 하겠다.

일본 덕천시대에 임제종의 선승(禪僧)인 백은(白隱)대사라는 이가 있었다. 그는 일본 불교의 선장(禪將)으로서 임제종의 중흥조라고도 불리는 분이다. 따라서 그를 숭배하고 존경하는 무사의 성주(城主)도 많아서 그의 도예(道譽)가 국내에 널리 전파되어 모르는 사람이 없었다.

그가 시골 절에서 정진하고 있을 때, 그 절 밑에 있던 제법 큰 부락에 사는 총각과 처녀가 결혼도 하지 않고 자기네들끼리 정이 들어서 선을 넘게 되어 여자가 잉태하여 배가 불러 갔다.

어느 날 그녀의 부모가 딸의 몸이 수상하여 그 이유를 묻게 되었다. 그 처녀는 겨우 사춘기에 이른 16, 7세의 순진한 여자였으며 엉겁결에 대답하기를,

"지난 봄에 산약을 캐러 산에 갔다가 목이 말라 물을 얻어 마시려고 절 안으로 들어갔습니다. 마침 백은 노장이 할 말이 있다고 방안으로 들어오라고 하기에 들어갔더니 노장님이 이런 욕을 보였습니다. 누가 알까 두려워서 소리도 지르지 못하고 꼼짝없이 그 욕을 당한 후 이렇게 배가 부르게 되었습니다."

고 거짓말을 해버렸다. 그녀의 부모는 딸의 말을 곧이듣고 노기가 등등하여 어찌할 바를 몰랐다.

"백은이라면 국내에 다시없는 도승이라고 하더니 행세가 개차반이로구나. 그까짓 것을 도승이라고 존경하고 있으니 세상

사람들의 눈이 멀었단 말이야."
하고 탄식하기를 마지 아니했다. 생각대로 분풀이를 하자면 당장 산사로 올라가서 사생결단을 하고 싶었으나 지방 성주가 생불같이 숭배하는 사람이라 섣불리 하다가는 도리어 벌을 받을 것 같아서 두고 보자 하고 단단히 벼르고 있었다. 그러다가 만삭이 되어서 이목이 청수한 남자 아기를 순산했다. 아이는 내 세울 수 없는 불륜의 아이이고 보니 밉기만 했다.

 겨우 37일이 지나자 외조부 되는 촌부는 아기를 강보에 싸들고 선사를 찾아갔더니 선사는 자안(慈眼)으로 영접했다. 촌부는 어린 아기를 선사에게 주면서 '스님의 죄의 씨를 가지고 왔으니 받으시오' 했다. 선사에게는 어떤 영문인지도 모르는 청천벽력과도 같은 소리였다. 선사가 아니고 다른 사람이라면 옥신각신하며 내용도 물어 보고 이유도 캐어 보겠지만 무분별지를 얻은 백은선사는 조금도 이상한 얼굴빛을 짓지 아니하고 미소로 대하며, '아, 그런가. 받아서 키우지' 하고 어린 것을 두 손으로 덥석 받아 안더니 아기의 뺨을 비비며 귀여워 했다.
 촌부는 틀림없이 자기 죄를 아는구나 싶어 다시 확인이나 한 듯이 두말도 아니하고 내려 갔다. 그리고 선사의 악행을 온 동리에 퍼뜨렸다. 선사는 이 아기를 받기는 받았지만 젖을 얻어 먹여 키울 일이 큰일이었다. 지금 세상 같으면 우유를 사서 먹여 키울 수도 있겠지만 그때는 그런 것을 구할 수가 없었다.
 선사는 아기를 장삼 소매에 싸서 안고 절 밑에 있는 수백 호의 부락을 누비고 돌아다니며 젖먹이 있는 집마다 찾아가서,
"백은이 비록 도통한 중이라고는 하나, 역시 인신을 가진 사

람인 까닭으로 무시무명(無始無明)의 번뇌애욕을 이기지 못하여 이런 씨가 생겼는데, 이 중이야 죄가 크지만 어린 것이야 무슨 죄가 있소. 그런즉 불쌍하게 생각하고 젖 한 모금만 보시해 주시오."

하면서 구걸하여 젖을 얻어 먹였다. 마을 사람들은 후안무치한 중이라고 비방과 욕설을 퍼붓는 사람이 적지 않았지만 선사는 조금도 개의치 않았다. 오직 어린 것을 기르는 데만 열중했다. 낮에는 젖을 얻어 먹이고, 밤에는 암죽을 쑤어서 먹이고, 기저귀를 빨아서 갈아 채우고 대소변을 치웠고, 어린 것을 안고 어르며 서성거리는 것이 일과였다.

어린 아이는 점점 건강하게 자라났고, 여러 달이 지나자 선사에 대한 악평과 잡음도 차츰 가라앉기 시작했다. 그 다음부터, "그도 그럴 거야. 중도 사람인데 어찌 여자를 모를 리가 있겠는가. 천지 음양의 조화인데 어찌 그 중만 나무랄 수가 있나." 마을 사람들은 이 같은 말을 하며 동정하고 용서하는 자가 늘어났다. 그리고 젖먹이 아이를 가진 젊은 여자들은 일부러 절에까지 올라와서 젖을 먹이고 돌아가는 사람이 많았다. 반대로 성주 무사들은 선사를 파계승이라고 상대해 주지 않았고 선사의 도예는 여지없이 추락되었다. 그러나 선사는 오로지 어린 아기를 키우기에 여념이 없었다.

세월이 흘러 어린 아기의 돌이 가까워졌을 무렵 날마다 이 광경을 보고만 있던 총각과 처녀는 양심에 못을 박는 가책이 들었다. 마침내 그들은 부모에게 사실을 고백하고 정식으로 결혼하여 아기를 찾아서 기르자는데 합의를 보았다.

총각은 총각대로 자기 부모에게 울면서 사실을 고백했고, 처녀는 처녀대로 자기 부모에게 고백했다. 실은 부모님의 걱정이 두려워서 백은선사에게 덮어씌우게 된 것을 고백하고, 울면서 그 총각과의 결혼을 허락해 주기를 애원했다.

 그들의 부모는 자식들이 저지른 죄를 용서하고 양가가 사돈이 되는 수밖에 없었다. 사돈간의 두 사람은 백은선사에게 사실을 고백하고 저두곡궁(低頭曲躬)하여 사죄한 뒤 아기를 돌려 달라고 했다. 명경지수(明鏡止水)와 같은 무분별지를 가진 스님은 역시 아무 말없이,

 "아, 그런가. 그러면 데리고 가지."

하고 아기를 돌려주었다. 얼마나 거룩한 일인가. 이 세상에서는 자기가 낳은 자식이라도 목을 졸라 죽이고 약을 먹여 죽이거늘 자기와는 아무 관계도 없는 남의 자식을 두말도 않고 받아서 1년 동안이나 갖은 고생과 모욕을 겪으며 길러 왔다는 것은 참으로 도를 깨달은 선사가 아니고는 할 수 없는 일이다.

 그 뒤에 스님의 누명은 운권청천처럼 벗겨지고 과연 생불이라고 존중하는 신자가 더욱 늘어서 국내에 높은 이름을 떨치고 성주와 무사, 장군들도 전보다 더욱 더 존경했다. 그러나 선사는 이 일에 대하여 잘했느니 못했느니 하는 한 마디도 없이, 처음 욕을 먹을 때에도 싫어한 일이 없었고, 뒤에 칭찬을 받을 때에도 기뻐할 생각이 없었다.

 처음 마음이나 뒤의 마음이나 하등 변화가 없는 고요한 바다와도 같은 백은선사의 심정은 해탈도인의 심경대로였다.

우리나라에는 옛날에 금강산에 율봉(栗峰)선사라는 유명한 스님이 계셨다. 그 스님이 볼 일이 있어서 서울로 오게 되었다. 동대문 밖에 이르렀을 때 어느 양반집 아이들이 큰 길가에 앉아서 무슨 이야기를 하는 것을 봤다. 율봉선사는 멀리서부터 그들에게 허리를 굽히고 슬슬 기어가다시피하며 '소승 문안드립니다' 하고 공손히 인사를 했다. 그때만 해도 승려를 천시하는 때였다.
 때마침 심술궂은 한 양반집 소년이 무슨 인사가 그 모양이냐고 하며 발길로 스님을 찼다. 스님은 미나리강으로 뒹굴어 떨어졌고, 소년의 신도 발길질하는 바람에 미나리강에 빠졌다. 스님은 손자같은 그들에게 모욕을 당했다는 마음은 추호도 없이 발길질한 소년의 가죽신을 얼른 건져서 자기 옷으로 물을 닦아 그 아이 앞으로 가서 말했다.
 "이 노승이야 다 죽게 된 목숨이니 아무리 한들 무슨 상관이 있겠습니까? 서방님의 발이나 다치지 아니하셨습니까?"
하며 신을 신겨 주었다.
 그 한 말에 소년은 감화가 되었다. 세력이 혼천동지하던 김대감이란 사람이 바로 이 소년이었는데, 그는 그 뒤에 스님을 찾아 사과하고 각별한 대접으로 존중하였으며 금강산의 절일을 많이 돌봐 주었다고 한다.
 또 옛날 우리나라에 학산(鶴山)스님이라는 고승이 계셨다. 그 스님을 신봉하는 신자가 염불양식이나 하라고 십여 두락의 논을 사드렸다. 그 뒤에 소작을 주어 도지를 가져 오면 갖다 주는 대로 받을 뿐 많고 적은 데 대해서는 생각조차 하는 일이 없었다. 소작인은 그 스님이 무욕담박한 도인스님으로 알기 때문에 갖다 주고 싶은대로 가지고 갈 뿐이었다.

마음이 내키면 얼마를 더 가지고 가기도 하고 그렇지 않을 때에는 3분의 1도 가지고 가지 아니했다. 그렇지만 그는 그 스님의 상좌들이 보니까 너무 하는 것 같아서 타작하는 마장에서 반씩 갈라 오기로 했다. 그러나 소작인들이 벼 7, 8말을 헤여담고도 한 섬이라고 속이기가 일쑤였다.

어느 해는 상좌들이 큰스님이 보시는데 말로 되어 담게 하면 나을까 싶어 억지로 스님을 모시고 갔다. 벼 타작을 다하고 섬 속에 말로 되어 담는데 보통 다섯 말 정도를 빼고 담는다. 그러나 스님은 주장자 지팡이를 짚고 서서 먼 산만 바라보고 선정에 들어 있다. 상좌들이 이 꼴을 볼 수가 없어서,

"스님, 저 소작인들이 말을 건너뛰어 불러서 한 섬이란 게 여덟 말도 담지 않는데 스님은 어찌 현장에 오셔서도 모르는 체 하십니까?"

하고 화를 내며 원망을 했다. 그러나 스님은,

"이놈이 먹으나 네놈이 먹으나 그놈이 먹으나 마찬가지 아니냐?"

고 하시는 것이 아닌가.

또 강원도 금강산 신계사 보광암에 나음(懶鷹)스님이라는 대덕(大德)이 계셨다.

신자들이 그 스님을 위하여 논 몇 섬지기를 염불 양식으로 사드렸다. 그러나 스님은 소작인에게 3분의 1의 추수를 못하고

있었는데 봄이 되면 다른 동리 사람들이 와서 처자식을 데리고 농사가 없이 살 수가 없으니 그 논을 떼어 달라고 애원했다. 그 말을 들은 노장님은 즉석에서 허락을 했다.

또 다른 사람이 와서 역시 살기가 어려우니 소작을 떼어달라고 하면 즉석에서 그렇게 하라고 허락을 한다. 이렇게 몇 사람이나 와서 애원하면 또 그렇게 하라고 주어 버리곤 했다. 그래서 정작 농사철이 되어서 일을 하려고 할 때 서로 노장님께서 논을 얻었다고 하는 소작인이 몇인지를 셀 수가 없게 되었다.

그들은 싸우다 못하여 관가에 소송을 하기도 했다. 군수가 노장님을 불러서 문초한즉, 누가 하든지 소작료를 갖다 주지 않기는 마찬가지니까 누가 와서 달라고 하면 없는 사람들끼리 서로 지어 먹으라고 그와 같이 허락했다는 것이었다.

군수가 껄껄 웃고, '과연 도인스님이군' 하고 먼저 하던 사람이 다시 맡아 하라고 판가름을 한후 열 섬을 추수하면 한두 섬의 쌀이라도 갖다 드리고 먹으라고 했다고 한다.

이상에 든 이야기들은 물욕에 해탈한 사람이 아니면 될 수가 없는 일이고, 무심도인(無心道人)이 아니면 들어 볼 수도 없는 일이다.

불교 경전을 보면 '반야개공(般若皆空) 일체개공(一切皆空)'이란 말이 있다. 이는 마음 가운데에 집착이 없는 해탈의 경지를 가리킨다. 이것이 경전 전체를 통해 흘러 내려오는 불교사상의 본질이다. 마치 바람이 부는 대로 흘러가는 구름과 같이 정체함이 없고, 말하자면 자기를 내던져서 어디에나 사로잡히지 않는 자유스러운 생활을 가리킨 것이다. 이런 생활에 들어가면 무리가 없어서 겨울은 춥고 여름은 더울 뿐이다. 목이 마르면 물을 마시고, 배가고프면 밥을 먹고, 고단하면 잠잘 뿐이니 근심을 잊어버린 해탈의 경계라 하겠다.

 인사 문제에 대해서도 가는 자를 붙들 것이 없고, 오는 자를 막을 것이 없는, 분별을 여원 경계일 따름이다. 이 원리를 깨달으면 심오한 인생의 생활철학을 얻을 것이다. 그러나 인간 세상의 생활을 보면 어떤 물건에든지 얽매여 고뇌의 종자를 만들고 있다. 밭이 있으면 밭을 근심하고, 밭이 없으면 없는 것을 근심하며, 집이 없어도 근심이고 집이 있어도 근심이다. 재산이 있어도 근심이고 없어도 근심이며, 명예와 지위가 있어도 근심이요, 없어도 근심이다.

 우리는 항상 없으면 얻으려는 근심이고, 있으면 잃어버릴까 근심이다. 그러므로 사람이 생활을 해나가는 데는 오직 해탈을 얻어야만 근심을 면할 수 있다. 어찌해야 해탈을 얻을 것인가? 모든 사물에 대하여 꿈·환상·물거품·그림자·이슬·번개로 달관해야 할 것이다.

 일체 법이 꿈과 같고 환(幻)과 같고, 물거품·그림자·이슬·번개와 같으니, 깨달아야 비로소 괴로움을 면할 수가 있다.

□ **대승사상(大勝思想)과 보살도(菩薩道)**

위에서 역설한 바와 같이 생활철학상의 진리를 깨달아 해탈을 얻는 일은 인간에게 있어서 무엇보다도 중요하다. 해탈을 얻은 사람만이 보람 있는 진정한 생활을 얻게 되기 때문이다. 그러나 해탈에도 소극적인 입장과 적극적인 입장이 있는데 소극적 해탈은 위험천만한 일면이 있다.

물론 진정한 해탈이 아닌, 잘못된 풋내기 해탈을 일컫는 말이다. 구할 것도 없고 탐할 것도 없어 모든 것을 다 포기하고 은둔생활만을 한다면, 자기 일신만은 청정하고 결백하여 무사안일하여 이것보다 더 좋은 일이 있을지 모르지만, 이것은 사회활동이 전혀 결여된 너무나 소극적 태도라고 하지 않을 수 없다. 그야말로 독선기신(獨善其身)이 되고, 겸선천하(兼善天下)가 되지 못하는 것이다.

이웃을 몰라 볼 정도로 고사(高士)의 생활이 되어 훌륭한 학식과 포부를 갖고도 사회에 기여가 없다면 이것을 불교에서는 소승(小乘)이라 하여 크게 배격한다. 차라리 민중 속에 뛰어들어 서로 도와주고 사랑하며 희비애락을 같이 나누는 범부우인(凡夫愚人)만도 못한 것이다. 왜냐하면 어리석은 사람은 가르쳐서 훌륭한 사람을 만들 수가 있으니 소극적인 해탈에 떨어진 사람만은 부처님이 출생하고 천 성인이 출현하더라도 구제할 수가 없는 까닭이다.

그런데 불교 역사상 나타나 있는 사리불·목련·가섭·아난 등 10대 제자들을 후세에 이르러서는 성문이니 나한이니 하여, 소극적이고 인간미 없는 말라붙은 사람들로 묘사하여 소승으로 간주하고 있지만, 이것은 나중에 발전된 대승불교의 일부 학자들의 편견과 오해에서 나온 것에 불과하다. 왜냐하면 불타와 그 제자들의 전기를 볼 때 그네들이 그렇게 자기 일신의 해탈만을 주장하고 도탄에 빠진 인간사회를 몰라보는 분들이 아니었기 때문이다.

그들은 오히려 훌륭한 대승이었다. 말하자면 소승 중의 대승이라고나 할까. 그것도 어폐가 있는 말이다. 솔직히 말하면 불교에는 소승, 대승이 없다. 흔히 말하기를 남방불교는 소승불교고, 북방불교는 대승불교라고 하지만 태국이나 인도, 스리랑카의 불교 승려들은 자기네가 소승불교라고 자인한 말이 없다고 한다. 그도 그럴 것이 요사이 우리나라에서 소위 비구승이란 분들이 정화운동을 일으키면서부터 사판승(事判僧)을 대처승(帶妻僧)이라고 규정했지만 마치 사판승 자신이 스스로 대처승이라고 표방한 일이 없는 것과 같다.

대승과 소승도 그러하여 후세에 대승불교가 일어나서 원시불교(始佛敎), 부파불교(派佛敎)의 승려들을 가리켜 소승불교라고 규정짓고 대·소승의 구분을 하였기 때문에 소승은 대승이 불교가 아니라 하고, 대승은 소승이 불교가 아니라고 하여 서로 싸워 온 것에 불과하며, 소승불교와 대승불교가 따로 있을 이치가 없다.

불교의 이념으로서는 독선주의는 소승이고, 겸선주의는 대승이니까 소승불교라고 자칭하는 승려 가운데도 사회 교화에 적극성을 띤 이는 소승 중의 대승이고, 대승불교라고 자칭하는 승려 가운데도 염세 독선주의로 소극성을 띤 이는 대승 중의 소승이라고 하겠다.

그러니까 후세의 대승 불교학자가 세존 당시의 제자까지도 일괄하여 소승이라고 한 것이다. 그러면 부처님까지도 소승불이라고 해야 할 것인가? 그러나 세존을 깎아 말하면 도리어 자기 얼굴에 침을 뱉는 격이 되므로 감히 그렇게 말하지는 못할 것이다.

 하여간 불교의 이념으로 봐서 자기 혼자만 해탈하여 4성제를 깨치고 독선기신(獨善其身)으로 침공체적(沈空滯寂)한 이는 소승이고, 자기는 비록 깨닫지 못하였더라도 6도만행의 보살도를 닦아서 미래세가 다하도록 중생을 먼저 건지고 맨 나중에 성불하겠다고 발심한 이는 대승불교라고 하는 것이다.

〈화엄경〉을 보면,

發心畢竟二無別
如是二心初心難
自未得度先度他
是故禮敬初發心

발심과 성불의 두 가지가 다르지 아니한데
이 두 마음에 첫 발심이 더욱 어려우니
나는 성불을 못하더라도 남부터 먼저 성불시키려는 그 마음인 것이다.
그래서 첫 발심한 그를 예경하노라.

 그러므로 자기 혼자만 불도를 깨달아서 도를 얻었다고 도사리고 앉아서 호사가 불여무사(好事不如無事)라 외치며 의복의 먼지나 홱홱 불고 손가락을 톡톡 튕기고 있기만 한다면 이러한 해탈은 위험하다 하지 않을 수 없다.

인간이란 모여서 함께 서로 대화하는 광장이 없으면 쓸쓸한 것이다. 그러므로 세존께서도 항상 1천 2백 대중을 거느리고 다니신 것이다. 일지반지(一知半知)의 깨달음을 얻었다 하더라도 중생 교화의 자비심과 실천이 없다면 소승불교임에 틀림없다. 설사 무학·무식하더라도 남을 위해 희생하고 일을 하고 공덕을 깨쳐 주면 대승불교인 것이다.

빈민을 위해 병원을 짓고 무료로 의술을 베풀며 일생을 봉사한 슈바이처라든지, 세계 인류의 구제를 위한 적십자병원을 창설한 나이팅게일 여사와 같은 이는 현대판 지장보살이요, 부하들의 생명을 구제하기 위해 잘못 터진 수류탄에 엎어져서 희생한 강재구 소령 같은 이는 현대판 관세음보살이다.

땅을 여의고는 큰 집을 건축할 수 없듯이 중생을 버리고는 불국토를 건설할 수가 없는 것이다. 그러므로 〈유마경〉에도 이르되,

'높은 언덕과 육지에는 연화가 날 수 없고, 낮고 얕아서 물이 질퍽질퍽한 땅에라야 이 꽃이 나느니라(高原陸地 不生蓮花 卑濕汚泥 乃生此花)' 했다. 마치 바다 밑에 들어가지 아니하면 진주를 구할 수가 없는 것과 같아서 중생이 들끓는 번뇌 대해에 들어가지 아니하면 일체지(一切智)의 보배를 얻어 낼 수가 없는 것이다. 사홍서원(四弘誓願) 가운데 있는 중생무변 서원도가 대승불교의 정신을 대표했다고 해도 좋다.

경전에 보면 이러한 이야기가 있다.

옛날에 소승 비구가 상좌에게 복통 같은 바랑을 지워 앞세우고 길을 가는데, 마침 장마 때라 무수한 개미떼가 피난 땅을 찾아서 장사진을 치고 이동해 가고 있었다. 사미는 그 개미떼를 보고 이렇게 염원했다.
 '저 많은 땅 벌레라도 다 불성이 담겨 있는 중생이니까 내가 장차 수도하여 저것들을 다 건져주고서 성불하리라.'
 타심통(他心通)으로 사미의 마음을 알아차린 비구는 그 상좌의 바랑을 달라고 하여 자기가 지고 갔다. 그런데 조금 더 가다가 그 사미가 또 많은 개미떼를 보고 생각하기를,
 '아이고 많기도 하여라. 저 많은 것들을 내가 다 어떻게 건져 줄 것이냐? 나부터 먼저 성불을 하고 저것들을 제도하여 주리라.'
 하고 재차 마음을 고쳐 먹었다. 타심통을 가진 비구는 상좌의 이러한 마음을 환히 들여다보고 생각하기를,
 '그러면 그렇지. 네가 무슨 대승심과 보살심을 오래 지닐 수가 있겠느냐?'
 하고는 바랑을 상좌에게 되돌려 지우고 갔다는 얘기다. 재미있는 설화라 하겠다.

 또 옛날 중국에 조주대사(趙州大師)라는 대선지식(大善知識)이 계셨는데 어느 날 노파 한 사람이 와서,
 "스님께 묻겠습니다. 이 노파는 오장삼종(五障三從)의 죄가 깊은 여인신(女人身)이라 구제받을 방도가 없을까 합니다. 그런즉 어찌하면 좋겠습니까?"
 하고 물었다. 이때 대사는 곧 대답하기를,

"그렇다면 너 혼자만 사바세계에 남아 있고, 다른 사람은 다 극락세계로 보내면 좋지 않겠느냐?"

했다. 그 노파는 이 말을 듣고 무엇을 알아 깨쳤는지 그대로 돌아갔다. 조주스님의 법문 뜻은, '네가 남의 구제를 바라지 말고 대승보살심을 일으켜서 모든 중생을 먼저 제도하여 극락세계로 보내 주면 네 의문이 풀릴 것이라'고 하신 말씀이다. 의미가 심중한 대답이라 하겠다.

대승심을 말한 사람에게 두 가지 요체가 있다. 하나는 자기 해탈이니 집착을 여의어 아무 데도 걸리지 않는 자유의 경지를 얻는 일이고, 또 하나는 활동인 것이니 자기의 해탈을 얻는 동시에 대자대비한 마음으로 적극 활동하여 남을 위해 일하고 사회에 대한 자기 책임을 다하는 일이다.

이 두 가지를 융합교차(融合交叉)하는 일이 생활철학을 이해하는 이의 태도라 하겠다.

제5장 각자(覺者)가 되는 길

□ 부처와 선(禪)

　제2장에서 이미 설명한 바와 같이 불교도 종교임에 틀림없으나 다른 종교와는 매우 다른 바가 있다. 다른 종교는 신을 숭상하고 신을 의지하고 신에 귀의하는 것으로 정의가 되어 있다. 신과 인간의 관계가 종교라고 하여 인간이 초인간적 신인 절대자에게 굴복하는 것이 종교라고 했다.
　말하자면, 인간의 모든 것을 신의 섭리에 맡기고 당신의 뜻대로 하여 주소서 하고 믿는 것이 종교의 본령이라고 했다. 이것을 인신현격교(人神懸隔敎)라 하게 되는데, 예를 들면, 예수교·천주교·이슬람교·바라문교와 같은 종교가 그것이다. 그러나 불교는 이들과 달라서 심즉시불(心卽是佛)·불즉시심(佛卽是心)의 인신동격교(人神同格敎)라 하겠다.
　신앙의 대상을 객관적인 신에게 두지 않고, 자기 마음 부처에 귀의하고, 자기 마음법을 파헤쳐 깨닫는 데 두는 자기 신앙적 종교이기 때문이다. 그러므로 불교는 인간 생명의 불가사의한 수수께끼를 직접 탐구 해명하는데 있다.
　이 수수께끼로부터 나온 여러 가지의 생활 문제를 해결하자면, 미혹했던 마음을 굴려서 깨달음을 얻어야 하고, 마음 바탕을 깨끗이 하여 무명갈애(無明渴愛)의 어두움을 떨어내고 광명으로 가득찬 예지(叡智), 즉 무분별지(無分別智)·무루지(無漏智)를 발견해야 하며, 자아개조(自我改造)를 해야 한다. 간단히 말하자면, 깨달음에 의해 우주와 인간을 해결하자는 것이 불교다.

불교라는 두 자는 글자 그대로 불타가 가르친 종교라는 의미인데 쉽게 말하면, 억만겁이 지나가더라도 풀이할 수 없는 불가사의한 수수께끼를 부처님께서 깨달으시고 사람에게 설시(說示)한 교(敎)라고 하겠다.

첫째, 불타 곧 깨달은 이의 교는, 인간들로 하여금 자기와 같이 깨달음을 얻도록 가르친 종교라고 할 수 있다.

둘째, 불교란 말은 성불(成佛)의 교라는 뜻을 지닌다고 볼 수도 있다. 첫째의 해석이나 둘째의 해석이 다 같이 인간으로 하여금 부처가 되도록 가르친 교인데, 우리 인간도 성불할 수가 있다는 것을 말한 종교라고 하겠다.

그러면 부처란 무엇인가? 이것이 문제의 초점이다. 부처란 말은 인도의 고대어인 범어의 붓다라는 말을 원음 그대로 옮겨 쓴 데 불과하다. 번역하면 깨달은 이(覺者)라는 뜻이 된다.

석가세존은 제1장에서도 말한 바와 같이, 인간에게 주어진 모든 문제, 특히 생사 문제를 해결하기 위해 출가 수도하신 분이고, 그리하여 각자가 되신 분이다. 그러나 그 각(覺)의 내용은 각자(覺者)가 아니고는 알 수 없는 것이어서 설명을 한다고 하더라도 장님이 코끼리 더듬는 격밖에 안된다.

경전에 의하면, 잠이 들어서 악몽에 사로잡혔다가 잠이 깬 것과 같고(如睡夢覺), 연꽃 봉오리가 활짝 핀 것과 같다(如蓮開花)고 했는데, 이에 대해 교가(敎家)에서 풀이하는 태도와 선가(禪家)에서 풀이하는 태도에 차이가 있다. 이념은 같으나 형식은 조금씩 다르기 때문이다.

먼저 선가의 태도를 설명하겠다. 마음 자체가 불생불멸(不生不滅)하고 부대부소(不大不小)하고 불구부정(不垢不淨)하고 불유불무(不有不無)하고 부증불감(不增不減)한, 청정한 우주 전체의 생명인 원리를 깨치셨다는 것이다. 그러므로 선문(禪文)에 보면 '空源이 湛寂하여 無古無今이라 妙體가 圓明하니 何生何死리요' 하였고, 또 '生本無生이요 滅本無滅이라 生滅이 本虛하여 實相이 常住니라'고 했다. 그리고 '本有一物하니 從本以來로 昭昭靈靈하여 不曾生하고 不曾滅하고 名不得狀不得이니'라고 했다.

예를 들면 세존께서 영산회상에서 설법하실 때 범천왕이 꽃 한 송이를 부처님께 올렸는데, 세존께서 그 한 송이 꽃을 받아서 높이 들고 백만 대중에게 말없이 보이셨다. 그런데 백만 대중이 다 같이 그것을 쳐다보기는 했으나 무슨 뜻인지를 몰라서 어리둥절 귀먹은 것 같고, 눈먼 것 같아서 아무 말도 못하고 의아심으로 바라보고만 있었는데, 오직 마하가섭 한 사람만은 보고 빙그레 웃었다는 것이다.

세존은 이것을 보시고, '내가 간직한 열반묘심 정법안장을 가섭에게 전하노라' 하시고 그 표신(表信)으로 금란가사 한 벌과 바리 한 벌을 전하셨다고 한다. 그래서 교(敎)는 아난에게 전하고 선(禪)은 가섭에게 전했다고 하며, 선시불심(禪是佛心)이라 하여 마음으로 마음을 전한 것이고(以心傳心), 교시불어(敎是佛語)라 하여 말로써 교를 전한다고 했다.

요컨대 세존이 깨치신 진리는 무형무언(無形無言)의 심성인데, 이 법이 달마대사에 의해 더욱 구체적으로 표현되었고, 중국에 와서 대성하여 설법 계통이 뚜렷하게 전하여 5종가풍(五宗家風)을 이루기에 이르렀다.

어느 때 선종의 육조 혜능대사가 대중에게 이런 법문을 하신 일이 있다.

'나에게 일물이 있으니 위로는 하늘, 아래로는 땅의 괴고 밝기는 일월과 같고 검기는 옻칠과 같도. 항상 동용(動用)하는 가운데 있으되 거두어 얻지 못하는 이 물건은 대체 무엇인가? (吾有一物 上柱天下柱地 明知日月 黑似漆 常在動用 收不得者 是甚麼.)'

그때 대중 가운데 13세에 불과한 하택신회(荷澤神會)가 자리로부터 나와서 대답하기를,

"뭇 부처의 본바탕이요, 신회의 불성(佛性)입니다."

했다. 그랬더니 혜능대사는,

"내가 한 물건이라 한 것도 군더더기의 말인데, 너는 거기에다 본바탕이고 불성이란 말까지 붙였으니 되겠느냐?"

하고 인가(印可)하지 아니하고,

"너는 크면 지해(知解)종사밖에 되지 못할 것이다."

라고 하셨다. 탄연(坦然)대사와 회양(懷讓)대사가 숭산에 있는

혜안(慧安)국사를 찾아가서 물었다.
"조사가 서쪽 나라에서 온 뜻(祖師 西來意)이 무엇입니까?"
"너는 자기의 뜻은 묻지 않고 남의 서래의를 묻느냐? 마땅히 비밀한 작용(秘密作用)을 관하라."
했다. 탄연이,
"어떠한 것이 비밀한 작용입니까?"
하니, 혜안국사가 눈썹을 추켜 올리고 껌벅껌벅해 보였다. 탄연은 그것을 보고 즉시 깨달았다. 그러나 회양은 그 일장의 광경이 벙어리 굿과 같아서 귀먹고 눈먼 것처럼 알 수가 없어 깨닫지 못했다. 그래서 다시 혜능대사를 찾아갔더니,
"어디로부터 왔느냐? 무슨 물건이 이렇게 왔느냐?"
회양은 대답을 못하고 8년을 시봉하면서,
"그 물건이 무슨 물건인고?"
하고 참구했다. 그러던 어느 날 활연히 깨치게 되어 빙그레 웃었다. 그리고 육조에게,
"소승이 8년 전에 스님께서 무슨 물건이 왔느냐고 하셨을 때에 대답하지 못한 것을 이제야 깨달았습니다."
"어떻게 깨달았느냐?"
"스님의 물건이란 말도 맞지 않는 것을 깨달았습니다."
"그렇다. 옳게 깨달았다."
하며 인가하시시고,
"다시 수증(修證)을 할 필요가 없겠느냐?"
"수증은 없지 않겠지만, 그 자리를 물들게 하지는 않겠습니다."
"그 물들일 수 없는 그것이 부처님의 깨달은 바요, 나도 그것

을 깨달은 것이니 너도 그것을 지킬지니라."
 이것이 선가에서 깨달음이란 내용을 설명한 것이라 하겠는데, 이 깨달음이란 사람이 물을 마실 때 차고 뜨거운 것을 먹는 자신만이 아는 것과 같아서 언제든지 자기 자신이 애를 써서 깨닫게 되는 것이지, 누가 깨쳐 줄 수도 없고 가르쳐 줄 수도 없는 것이라고 한다.
 필경은 제 마음의 불가사의한 수수께끼를 제 자신이 깨닫고, 일소(一笑)하여 마치는 것이다. 과연 오묘한 깨달음이라 하겠다. 교에서 말한 것은 부처님이 인과인연의 도리를 깨달은 내용을 말하는데 그것은 뒤에서 별도로 설명하기로 한다.

□ 인자(因子)의 도리

 교가(敎家)에서는 불타성도(佛陀成道)의 내용을 우주의 원칙인 인과의 도리를 깨치신 것으로 설명한다. 우주 만물은 인과법칙에 의해서 생멸·변천하는 것인데, 이러한 유전(流轉)의 진리를 있는 그대로 보고 깨달으신 것이 성도의 내용이다.
 다시 말하면, 태어난 자는 반드시 죽고, 만나면 반드시 이별하고 높은 자는 반드시 떨어지고, 항상한 것은 반드시 다하는 때가 있다든가, '일체 현상은 다 무상한 것이니 생멸이 다하면 고요한 참 낙이 오리라(諸行無常 生滅滅己 寂滅爲樂)'든가, 모든 존재는 다 허망하다(凡所有相 皆是虛妄)는 등은 다 인과의 법칙 가운데 극칙이라 하겠다.

벼를 심으면 벼가 나고, 팥을 심으면 팥이 난다. 벼를 심고 팥 나기를 바란다든지, 팥을 심고 벼가 나기를 기다린다면 이것은 일종의 넌센스인 것이다. 왜냐하면 콩을 심으면 콩이 나고 팥을 심으면 팥이 나고 벼를 심으면 벼가 나는 것이 인과의 법칙이고 그대로가 진여(眞如)요 실상(實相)인데, 만약 벼를 심은 데서 콩이 난다거나 팥이 난다면 당위성을 잃어버리는 것이 되고 만다.

나쁜 일을 하면 반드시 나쁜 결과가 나타나는 법인데 만일 악업을 짓고 선과(善果)를 바라거나 악과(惡果)가 나타났을 때 당황하는 것은 있는 사실을 그대로 보는 눈이 없는 까닭이다. 그러므로 인과 필연의 도리를 여실히 깨닫는 것이 불타 성도의 내용이다.

나쁜 일을 하면 반드시 나쁜 결과가 나타나는 법인데 만일 악업(惡業)을 짓고 선과(善果)를 바라거나 악과(惡果)가 나타났을 때 당황하는 것은 있는 사실을 그대로 보는 눈이 없는 까닭이다. 그러므로 인과 필연의 도리를 여실히 깨닫는 것이 불타 성도의 내용이다.

이 인과의 도리는 12인연을 주로 한 3세인과로서 미인미과(迷因迷果)는 고(苦)와 집(集)으로 설명하고, 오인오과(悟因悟果)는 멸(滅)과 도(道)의 2제(諦)로 설명한다. 이것을 4성제(四聖諦)라 하는데, 고·집 2제는 세간의 인과이고, 멸·도 2제는 출세간의 인과를 가리킨 것이라 하겠다.

〈아함경〉을 보면, '고·집·멸·도의 4성제는 불타 외에는 알 수 없는 진리다. 불타만이 이것을 깨달으시고 무명각(無明殼)

에 덮여 있는 중생에게 이것을 설명하여 가르쳐 주셨느니라'
했다.

이 말대로 본다면, 불타의 깨달음의 중심점은 이 4성제의 도리로 봐야 한다. 고(苦)의 원인은 우리 인간의 번뇌, 즉 무명(無明)과 탐욕이다. 이 무명과 탐욕을 제거해 버릴 수 있는 정도를 닦아서 밝은 지혜를 얻고 자애한 마음을 일으켜서 깨달음의 세계를 개척해야 할 것이다.

이 깨달음을 얻게 되면 어떤 일에 대해서도 헛된 기대를 하지 않고, 분별을 하지 않고 집착을 하지 않고, 일체 경계에 사로잡히지 않게 된다. 그야말로 자유자재를 얻어 가는 곳마다 주인이 되고, 서는 곳마다 다 참이 되는 것이다(隨處作主 入處皆眞). 이렇기 때문에 어디를 가든지 옳지 않음이 없고 무슨 일이나 성사되지 않음이 없다. 따라서 대활동을 얻고 이것으로 말미암아 자애심이 마구 솟구치는 것이다. 마치 높은 산봉우리에 올라 좌우 세상을 내려다보듯이, 진리의 높은 집에 올라 미해(迷海)에 빠져 허덕이는 사람들을 보면 연민의 정을 금할 수가 없게 된다.

부처님께서는 일체 사물의 진리를 깨달으시고, 정법고루(正法高樓)에 올라 뭇 중생들의 괴로움에 허덕이는 모습을 보시고 대자비심으로 그들을 건져 주겠다고 한 것이다. 그 예를 몇 가지 들어 본다.

"나는 너희 모든 중생들을 불쌍히 여기고 간곡하게 가르쳐서 모두가 감동하여 도를 닦지 않는 자가 없다. 내가 가는 곳에는 나의 가르침을 받지 않는 자가 없었다. 그렇기 때문에 천하가

태평하여 재앙이 끊어지고 국태민안하여 전쟁이 없으므로 군기를 만들 필요도 없게 되었다. 내가 너희들을 불쌍하게 여기는 것은 부모가 자식을 생각하는 것보다 더하다. 그러므로 나는 너희들에게 한없는 죄를 없애고, 무위의 세계에 들게 하노라."
하였고,
"거짓 없이 있는 그대로 보는 것이 불안(佛眼)이니라."
하셨다. 불(佛)이라는 것은 사물을 바로 보는 지혜를 얻고, 분별과 집착을 여위고 무위의 생활에 드는 동시에 그 적멸계(寂滅界)에 머무르지 않고, 다시 일어나서 고해에 빠진 우리 인류를 건져 주시는 것이니, 중생의 고뇌를 자신의 고뇌로 하고, 중생의 기쁨을 자신의 기쁨으로 하여 일체중생으로 하여금 대도(大道)에 들도록 하는 것이다.

다시 말하면 각자(覺者)란 인간 최고의 신(信)에 달한 성자라 참으로 숭앙(崇仰)하지 않을 수 없는 이상적 인격자라 하겠다. 인간과 진리는 둘이 아니니, 이 진리로써 몸을 삼는 사람이 곧 부처인 것이다.

"발가리(跋伽梨)야, 이 썩어질 몸을 부처로 보아서는 아니 된다. 법을 보는 자가 나를 볼 것이요, 나를 보는 자가 법을 보리라. 왜냐하면 법이 나요, 내가 곧 법인 때문이니라."
하셨고, 다른 경전에는 세존께서 도리천에 가셔서 3개월간을 돌아가신 부모를 위해 설법하고 오실 때에 연화색이라는 여승이 있어서 생각하기를 나는 여자의 몸이라 언제나 비구들의 뒷전에서만 부처님을 환영하게 되니, 이번만은 내 신통력으로써 누구보다도 먼저 부처님을 환영하여 모시고 돌아오리라 생각

하고, 공중으로 날아가서 부처님을 맞았다. 부처님께서는 이 비구니의 마음을 아시고,

"네가 제일 먼저 나를 맞은 줄 알지만 실은 수보리 존자가 멀리 떨어진 영추산 아래 굴속에서 떨어진 옷을 깁고 있다가 일어서서 나를 영접하였노라. 그리고 그는 생각하기를 '내가 부처님을 환영하는 불신(佛身)은 무엇이냐? 역시 유형(有形)한 화신(化身)이 아니겠느냐? 이러한 육신은 공한 것이다. 참다운 부처님을 영접하는 것은 5온(五蘊)과 4대(四大)가 무상한 이치를 숭배하는 것이다. 부처님을 영접하는 것이 제법의 공한 이치를 숭배하는 것이며, 일체유상(一切有相)이 무아(無我)하여 아(我)도 없고 인(人)도 없고 지을 자도 없고, 지음을 받을 자도 없어 일체가 다 공함을 숭배하는 것이다. 그러므로 나는 지금 진실한 법신(法身)과 실상(實相)에 귀의하리라' 하고 도로 앉아서 하던 바느질을 계속하였느니라."
하며 연화색 비구니를 나무라셨다.

부처를 보는 것이 불의 육신을 보는 것이 아니요, 법을 보는 것이 참된 부처를 보는 것이다. 법신은 무형무상(無形無相)한 것이니, 불의 화신인 육신이 사멸되더라도 그 법신은 영원히 불멸의 빛을 비추고 있다.

"무릇 모든 상이 다 허망한 것이다. 만일 모든 상이 상 아닌 줄로 보면 곧 여래를 보리라(凡所有相 皆是虛妄 若見諸相非相 卽見如來). 만약 모양으로써 나를 보려 하거나 나의 음성으로써 나를 찾는 자는 사도를 행하는 사람이라, 곧 나를 보지 못하리라(若以色見我 以音聲求我 是人行邪道 不能見如來). 모든

유위법은 꿈과 같고, 몽환이나 물거품이나 그림자 같고, 이슬과 번개와 같으니 마땅히 이렇게 볼지어다(一切有爲法 如夢幻泡影 如露亦如電 應作如是觀)."

하셨으니, 불신은 유상(有相)으로는 볼 수 없다.

"만약 어떤 사람이 나의 수명이 한없다는 말을 듣고 깊이 마음속으로 믿는다면 그 사람은 언제든지 부처가 영추산에 있어서 많은 대중에게 둘러싸여 설법함을 보게 되리라."

하였고, 또 〈화엄경〉의 수량품에,

"나의 수명이 무량하여 성불한 이래 백천만억 아승지겁을 지내오도록 많은 중생을 설법 교화하여 불도에 들게 하여 그 수가 헤아릴 수 없느니라. 지금 내가 중생을 제도하기 위해 방편으로 열반을 보이나 실제로는 변멸하지 않고 항상 이곳에 머물러서 법을 설하고 있노라. 내가 입적을 보이는 것은 아주 멸함이 아니라 다른 나라 중생을 제도하기 위하여 출타한 것에 불과하다. 왜냐하면 화신이라도 오래 머무르면 너희들이 나를 믿고 게으름을 피우기 때문에 너희들의 발심 수도를 위하여 일부러 열반상을 짓는 것이다. 내가 출현한 것도 중생을 위함이요, 거짓 입멸하는 것도 너희 중생을 위한 것이니라. 그러므로 너희들이 나의 법을 듣고자 갈망하면 내가 언제든지 대중을 거느리고 나타나서 너희들에게 법을 설해 주리라. 나는 언제든지 기원정사의 영추산을 떠나지 않고 있노라."

하셨다. 또한 옛 사람이 말하기를, '누가 왕사성의 달이 만고에 빛남을 알겠는가(誰知王舍一輪萬古光明長不滅)'한 것 등은 다 그 이치를 보여 준 말이다.

□ 영원한 부처

 우리는 역사상의 석가세존이라는 각자(覺者)를 통해 영원한 불격(佛格)을 숭배하지 않을 수 없다. 영원한 불격이란, 구원겁래(劫來)로 고뇌의 인류를 애련(愛憐)·애민(哀愍)하며, 자비의 눈물로 거두어 주신 대자비심이요, 또 모든 진선미의 근원인 각체(覺體)이며, 법계에 가득찬 진여실상(眞如實相)을 체로 삼으신 불타이다.
 자비와 지혜와 대원이 구속하신 영원한 불격이 법계에 가득차서 시방세계에 걸림이 없는 광명을 내놓으시어 중생구제에 손을 잠시도 늦추지 않고 계신 것이다.
 이렇게 볼 때 우리는 이 여래의 자비로 육성되어 그 광명 속에서 걸음을 걷고, 그 섭수(攝收) 중에서 서식한다는 확신을 갖게 된다. 이 확신으로 인생을 다시 보면, 오온법계의 실상은 그대로 우리의 마음을 따뜻하게 길러 주신 불타의 자애인 것을 알 수 있다.
 하늘은 우리를 덮어 주고 생명을 밝혀 주며, 땅은 우리를 실어 주고 몸을 길러 준다. 천지복재(天地覆載)의 은혜는 그대로 우리의 온법계의 실상관(實相觀)이 된다. 불교 사상과 불교 정신에 의하면 우주의 일체 소유가 나 때문에 있게 되는 것이다. 이 우주 안의 소유물은 모두가 다 나에게 예속된 것이다.
 나라고 하는 가운데 무아(無我)와 대아(大我)와 진아(眞我)가 내포되어 있어서 어떤 것이든지 나를 위해 가치가 있게 마련이다. 그러므로 일초일목(一草一木)과 일진일애(一塵一埃)라도 무가치한 것은 하나도 없고 버릴 것이라곤 없게 마련이다. 깨달으신 석가세존께서는 모든 경계에 움직이지 않으셨고, 온 우주가 무한한 가치를 가지고 나를 향해 주기 때문에 독화살도 몸을 해치지 못할 뿐 아니라 설사 몸에 꽂히더라도 다 꽃송이로 변하고만 것이다.

  노병사(老病死)가 인생에 대해서는 견딜 수 없는 고통이지만, 세존께서는 불생불멸의 도를 성취하셨고, 부처가 되는 교를 펴신 것이다. 이러한 의미로 세존께서는 노병사를 나의 스승이라고 까지 하셨다. 세존께서는 아무리 어려운 일을 당하시더라도 그것을 고통으로 삼지 아니하셨다.

  세존의 종제인 제바달다가 출가하기 전에도 세존을 적으로 삼고 온갖 방해와 욕설을 퍼부었으나 마음을 움직이지 아니하셨고, 출가 후에는 그가 뒤따라 출가하여 세존의 제자가 되어 불위(佛位)를 물려달라고 덤벼들었으나 '불위는 깨달은 사람으로서 스스로 얻게 되는 것이지 함부로 주고 받고 전하는 것이 아니니라. 지금으로서는 너보다 훨씬 수승한 가섭과 아난과 사리불과 목건련과 수보리가 있어도 이 교단의 통솔권을 맡길 수가 없는데, 하물며 모든 것이 부족한 너에게 맡기겠느냐' 하고 조용히 타이르셨다.

  그 뒤 제바는 이에 원한을 품고 세존을 세 번이나 죽이려 하였으나 모두 실패로 돌아갔으며, 세존은 그를 용서하고 다만 가엾게 여기실 뿐이었다. 그리고 제바의 꾐에 빠져서 세존을 살해하려던 아사세왕까지도 불교를 외호하는 제자로 삼으셨다.

  세존께서는 안수인(安受忍)과 관찰인(觀察忍)과 무생법인(無

生法忍)을 말씀하셨는데, 안수인이란 보살이 초발심 때부터 성불에 이르기까지 비록 어떤 악한이 욕하고 매질을 하더라도 한 가닥의 분한 생각이나 복수심을 내지 말고 오직 불쌍하게만 여기는 것이다.

관찰인이란 모든 현상은 환과 같아서 실답지 못하며 허공과 같아서 아(我)가 없는 허망한 존재로 보는 것을 말한다. 그러므로 누가 나를 헐뜯고 욕하고 해칠 때 분한 생각을 내는 것은 아직 망상을 여의지 못하고 깨달음을 얻지 못한 때문이다.

무생법인이란 번뇌를 일으키지 않는 것을 관찰하여 미묘한 지혜가 항상 끊임없는 깨달음의 경지를 말한다.

세존께서는 이 3인을 쓰셨기 때문에 누구에게도 가깝고 먼 것이 없으시고 적이 없으셨으니 과연 인자(仁者)는 무적(無敵)이라고 하겠다. 세존께서 성도하신 후에는 무량한 중생을 제도하고자 언제나 행각을 하셨다. 그리고 또 낯선 곳을 어디든 가게 되었다.

불교는 신흥교(新興教) 외에 아무것도 아니라는 이교도(바라문교 등)의 반대가 일어났고, 세존을 광인시(狂人視) 하는 무리조차 생겨서 가는 곳마다 비난의 욕설이 빗발치듯 했으며, 심지어는 폭행까지 하려는 불량배가 있어서 보통 사람 같으면 위험을 느낄 때가 많았다. 이것을 보다 못한 시자 아난은,

"세존님, 다른 곳으로 가십시다. 여기서 어찌 하루인들 견디겠습니까. 눈으로 볼 수 없고, 귀로 들을 수가 없습니다."

이 말을 들으신 세존은 다음과 같이 말씀하셨다.

"안될 말이다. 우리가 어디를 간들 알지 못하는 사람으로써

누가 환영해 주겠느냐? 만약 여기서 못견디고 떠난다면 잡음이 잇달아 일어나서 우리의 설 땅이 없고 앉을 곳이 없으리라."
"그렇다면 어찌해야 좋겠습니까?"
"7일만 지나면 모든 풍설이 가라앉고 교화를 받을 자가 늘어가리니, 7일만 더 참아보자."

세존께서는 이런 방법으로 교를 전하시고 감화를 주셨다. 세존의 말씀과 같이, 어디서든지 7일만 지나면 법을 듣는 자 가운데 찬성하고 귀의하는 자가 많아졌다.

부처님께서는 남의 소원을 꺾지 않고 다 들으셨다. 그러나 그 소원이 그릇된 것이면 바른 길로 인도해 주셨다. 그는 자기가 손해를 보고 남을 이롭게 하되 시간을 가리지 아니하셨다.

〈보적경(寶積經)〉을 보면, 부처님께서 다음과 같은 전생이야기를 하신 일이 있다. 부처님께서 아난에게 말하기를,

"과거 세상에 범지(梵志 : 淨行을 닦는 사람)한 사람이 있으니 이름이 수제(樹提)였다. 그는 42억세 큰 수풀 속에 있으면서 깨끗한 행을 닦았다. 그때에 극락성이란 곳에 들어갔더니 거기 있던 한 여인이 수제의 다리를 끌어안고 땅에 쓰러지는 것이었다. 수제가 묻기를,

"네가 나에게 무엇을 구할 것이 있어서 이러느냐?"
하니,
"저는 당신의 몸을 갖고 싶어요."
라고 말했다. 이에 수제는,
"나는 청정행을 닦기 때문에 여자를 멀리하는 사람이니 그러한 부정심(不淨心)을 내지 마시오."

하고 조용히 타일렀다.

"당신이 나의 말을 들어주지 않으면 나는 지금 자살을 하겠나이다."

수제가 생각하되,

"내가 42겁이나 청정행을 닦아 온 사람인데 어찌 저 여자에게 몸을 허락하리요."

하고 완강히 거절했다.

그녀는 곧 쇼크를 받아 입에 거품을 물며 쓰러지는 것이었다. 수제는 일곱 발작을 내딛다가 다시 애민심을 내어서 생각하되, "보살은 열 중생을 살리려고 한 중생을 죽이지 말라고 하였는데 내가 어찌 이 여자를 죽게 내버려두겠는가? 내가 비록 범계를 하여 약도에 떨어져 지옥고를 받을지라도 이 여자의 죽는 것을 차마 볼 수 있겠는가?"

하고, 다시 돌아와 그녀를 일으키며 말했다.

"내가 너의 요구를 무엇이든지 들어 줄 테니 정신을 차려라."

이렇게 위안을 주어 그녀로 하여금 깨어나게 했다. 그 뒤 12년간 부부가 되었다가 다시 출가하여 자비희사의 4무량심을 행하고 죽어서 범천에 수생했다. 그 때의 수제는 나요, 그녀는 내가 출가하기 전에 둘째 처였던 구이夷)니라."

하셨다. 이것은 음행이 도에 방해가 됨을 아시고도 자비로써 그녀를 구해 주신 한 예의 말씀이라 하겠다.

"또 연등불 때 5백 상인이 바다에 들어가 보물을 발견하여 큰 횡재를 하게 되었는데, 이 5백 상인 가운데 악인이 한 사람 있었다. 그 악인은 모든 사람을 독살하고 저 혼자 보물을 가지고 육지에 나가서 부자가 되려는 계획을 품고 있었다. 그때 자선사업을 자기 일로 아는 대비(大悲)라는 사람이 있었다. 그는 5백 사람에게 다 같이 자선사업을 하기 위해 해보(海寶)를 채취하도록 권했던 사람이다. 대비의 꿈 가운데 신인이 나타나서 말하기를 '이 배 가운데 악인이 있어서 5백 사람을 몰살하고 많은 재물을 가지고 가려 하니, 네가 방편을 베풀어서 그 사람을 죽이지 못하도록 하라'고 했다. 대비는 이 일을 5백인에게 알리면 모두 다 노하여 악인을 죽이려 할 것이니, 죄를 지어도 나 혼자 지어야지 여러 사람에게까지 짓게 할 것이 없다고 생각했다. 그래서 그는 악인만 죽여 없애면 그만이라 생각하고 곧 창검으로 악인을 죽여 수장한 뒤에 5백인에게 이 일을 알렸다. 그때의 도사(道師)는 나요, 그때의 5백인은 현겁중에 5백 보살이니라.”

고 하셨다. 이것을 보면 석가세존께서 구원의 불자로서 때로는 보살로 화현하기도 하며, 때로는 여러 가지 인간의 모습으로 나타나서 중생들을 제도하여 주신 것이라고 하겠다. 그러므로 석가세존은 전생 설화가 수없이 많은 바, 이것은 그저 설화라든가 전설로만 보아 넘길 수가 없다고 본다.

  부처님께서 이와 같이 난인(難忍)을 능히 참고 어려운 길을 능히 행하신 인욕사상(忍辱思想)과 자비사상이 후세에까지 흘러서 순교자(殉敎者)가 나게 된 것이다.

〈전등록〉에 있는 예를 들면,
  천축(天竺)의 사자존자(師子尊者)란 스님이 엄빈국왕의 두터운 신임을 받고 있었는데 외도 가운데 환술(幻術)하는 나쁜 사람들이 둔갑, 왕궁에 침입하여 궁녀들을 간범(姦犯)하고 향락을 마음껏 누리고 있었다. 그들은 만일 잡혀서 저희들의 허물이 드러나면 도당에게도 화가 미칠 것을 두려워하여 승복을 입고 있었다.

왕이 이 사실을 듣고 군사를 풀어서 잡았는데 범인이 승복을 입고 있으므로 왕은 승려들이 나쁜 짓을 한 것으로 잘못 알고 당시에 고승으로 수많은 제자를 데리고 있던 사자존자에게 달려가서 장검을 빼들고,

"사(師)는 온공(蘊空 : 육신이 空한 것)을 얻었는가?"
하고 서슬이 등등하여 물었다. 사에게는 청천벽력과 같은 말이었지만 악순환의 인연이 닥쳐온 것을 알고,
"이미 온공을 얻었나이다."
"이미 온공을 얻었다면 생사를 여의겠구나."
"예, 생사를 이미 여의었나이다."
"이미 생사를 여의었으면 사를 베어볼까 하는데 허락하겠는가?"
"육신이 본래 내 것이 아니거늘 어찌 머리를 아끼리까?"
사의 말이 떨어지자마자, 왕은 칼을 빼들고 사의 목을 내리치니 흰젖(白乳)이 높이 수척이나 솟아오르고 왕의 팔이 저절로 땅에 떨어졌다고 한다.

우리나라에서도 신라 법흥왕때 이차돈이 순교를 하였는데, 흰젖이 열 길이나 솟았다고 한다. 이러한 것이 모두 부처님의 정신이라고 하겠다.

□ 세 사람의 천사(天使)

 각자의 근본이념을 말할 것 같으면, 구원의 불(佛)이라 희비 증애와 생사고락이 있을 수 없다. 그러나 중생을 제도코자 하는 응화불(應化佛)로 출현해서는 입태(入胎)·출태(出胎)와 출가 입산과 항마 성도(降魔成道)와 설법 입멸이 없을 수 없기 때문에 4문에서 구경할 때 노인·병자·죽은 이를 보고 무척 비감했고, 출가 수도자를 보고는 부러워하여 출가를 택하신 것이다.
 그러니까 늙고 병들고 죽는 것은 인생에 있어서 견딜 수 없는 고통이지만 출가하기 전의 세존에게는 구도의 자극이 되어서 부처를 이루게 된 것이다. 이러한 의미로 보면 늙고 병들고 죽는 것은 부처님의 스승이라고도 하겠다. 그러나 세존의 일대 전기가 극적으로 꾸며진 것은 후세 중생을 교화·구제하기 위한 각본에 불과한 것이지 부처님의 경계로 본다면 그런 일이 없었다고 보아도 마땅하다.
 사람은 우비고뇌를 완전히 여윌 수가 없는 것이다. 세상 사람들은 누구나 재물을 좋아하지만 그 재물도 없어질 때가 있는 것이며, 재물이 모일 때는 좋지만 없어질 때는 괴로운 것이다.

人生恰似採花蜂
朝暮東西也大惚
採將百花成蜜後
到頭辛苦一場空

인생은 마치 꽃의 꿀을 따는 벌과 같아
조석으로 분주하게 돌아다닌다
그러나 꿀을 만든 뒤엔
누가 가지고 가는지 신고한 것이 보람이 없네.

百不二三知己友 十常八九, 吾人
擧盃當面皆兄弗 臨事論心總越奏

친한 사람은 백이나 되어도 지기는 두셋도 안되고 10에 8, 9는 나를 망치는 사람뿐이니
술잔을 들고 대면할 때는 모두가 형제라 하나
큰일에 다다라 동정해 보면 모두가 월나라 진나라 사람일세.

또 부모 처자가 한 집에 사는 것이 기쁜 일이나 생리사별(生離死別)이 따르게 마련이니 이러한 애별리고도 역시 괴로운 것이다. 또 세상 사람들은 언제나 아름다운 여인을 구하여 향락하는 것을 좋아하지만 〈우전왕경(優塡王經)〉을 보면,

女人最爲惡 難與爲因緣
恩愛一縛着 牽人入罪門

여자란건 가장 나쁜 것이니
인연을 짓기가 무서우니라
은애에 한번 걸리고 보면

사나이를 이끌어 죄를 짓게 하느니라.

이것은 아무 여자나 나쁘다고 한 것이 아니라, 음부·요부·매춘부를 가리킨 것이다. 또〈정법염경(正法念經)〉에 보면,

天中大係縛　無過於女色
女人縛諸天　將至三惡途

천하에 큰 올가미가 무엇인가
여자보다 더한 올가미가 없으니
여자라는 것은 신선이라도 잡아 낚아서
삼악도에 떨어지게 하느니라.

〈지도론(智度論)〉에는 다음과 같이 말했다.

含笑作姿　以惑於人
淫羅彌網　人皆投身
坐臥行立　回面巧媚
縛智愚人　爲之心醉
執劍向賊　是猶可勝
女賊害人　是不可禁
毒蛇害毒　猶可手足
女情惑人　是不可觸

미소로 사람을 유혹하는 모습이여
음욕으로 그물을 쳐 사람을 다 낚네
행주좌와에 재롱을 부리니
철없는 사나이 취하게 되네.
칼을 들고 도둑을 이길 수 있으나
여적이 웃으며 침해해 오는 것은 막을 수 없네
독기 뿜는 뱀은 가히 잡을 수 있으나
여인이 유혹함은 떨쳐버리기 어렵네.

 이 세상에는 보살같이 어진 여자도 있지만 나찰같이 악독한 여자도 많다. 3각 4각 관계가 되어 애욕·갈등의 지옥상을 속출하는 것이라든지 작부·음부에 빠져서 죄를 저지르는 사나이가 많은 것은 대부분 여자 때문이라고 하겠다. 여자도 방탕한 남자에게 변을 당하는 수가 많다. 그러나 남녀의 애욕은 여자가 더 심하며, 남녀 애욕의 갈등은 인생살이에 가장 위험한 것이다. 우리는 서로 속았다고 죽이고 죽고 하는 비극이 남녀 관계때문에 많이 일어나는 것을 신문지상에서 흔히 본다.
 또,〈태자서응경(太子瑞應經)〉을 보면,

假使恩愛　久共處
時至命經　有離別
見此無常　須叟間
是故我今　求解脫

비록 애정을 이겨 오래도록 살아도
때가 오면 갈리고 마네
이러한 무상을 보는 순간에
나는 지금 해탈을 구하였네.

이것은 세존께서 출가하실 때에 말씀하신 술회담이다.

衆鳥同林宿　天明各自飛
人生亦如是　何必淚沾巾

뭇 새가 한 나무에 자다가 해만 뜨면 뿔뿔이 날아가네
인생도 이와 같거늘 어찌 눈물 흘려 수건 적시랴.

이것도 고인의 애별리고에 대한 노래였다. 또 세상 사람들은 자기 육신을 가장 아끼고 사랑하나, 필경은 소용없더라는 것을 말한 법문이 있다.

我從久來　持此身　臭穢膿血不可愛
雖常供養　懷怨害　終歸棄我不知思

내 오랜 적부터 이 몸을 가졌으나
냄새나고 더러운 피 주머니라 사랑할 게 없네
아무리 잘 먹여서 길러 주어도 원망을 품고
마지막엔 날 버리고 가는 배은자일세.

그러므로 부처님께서 4고, 8고를 말씀하셨다. 생리적 고통으로는 생로병사의 4고가 있고, 정신적 고통으로는 사랑하는 이를 버리고 떠나가는 애별리고에, 의사불통의 보기 싫은 미운 사람을 만나서 살게 되는 원증회고(怨憎會苦)와 구해도 얻을 수 없는 구부득고(求不得苦) 및 이 육신 전체가 부자유스러운 오음성고(五陰盛苦)의 4고가 있어서 이것을 합하여 8고라고 이르는 것이다. 그러나 이 가운데도 죽는 괴로움이 가장 크니, 사람은 누구나 한번 나면 한번 죽음을 면치 못할 줄 알면서도 생의 애착이 깊기 때문에 죽기를 싫어한다.

사람의 생명은 유한생명과 무한생명의 두 가지로 볼 수 있는데 육체는 유한생명이오, 정신은 무한생명이다. 무한생명의 영원한 진리를 깨닫기 위해서는 유한생명이 늙어 가고 병들어 가고 죽어 가는 것을 보고 크게 깨달아서 내생을 위해 금생에 염불 참선도 하고 보시작복도 해야 할 것이다.

옛날 중국에 있는 향엄지한(香嚴智閑)선사는,

百計千方 只爲身 不知身是 塵中塵
莫言白髮 無言語 此是黃泉 傳語人

백 가지 천 가지가 오직 몸을 위한 것이나
이 몸이 티끌 가운데도 티끌임을 알지 못하네.
늙은 백발이 말 못한다고 하지 마라
이것이 곧 황천에 전갈하는 사람일세.

라고 시를 지어 읊은 일이 있다. 그러기에 노·병·사(老病死)를 3인 천사에 비유하여 말씀하신 데가 있다.

"비구들이여, 이 세상에는 3인의 천사가 말없이 사람에게 가르쳐 주려 오고 있다. 이제 그 천사의 이야기를 들어 보자. 비구들이여, 어떤 사람이 이 세상에서 악한 일을 많이 하고 저승으로 들어갔다. 옥졸들이 보자마자 손목을 끌고 가서 염라대왕 앞에 꿇리고, '대왕이시여, 이 사나이는 인간으로 있을 때 부모에게 불효하고, 사문과 바라문과 사장을 불경하고, 처자에게 각박하고 사람을 모해하고, 남에게 인색하여 선근을 하나도 짓지 못하고, 탐심을 부려서 죄악만 짓고 이곳에 들어왔사오니 적당하게 벌을 내리셔야 하겠습니다.'

이때에 염라대왕은 그 사나이에게 물었다.

"너는 인간에서 제1천사를 만나 본 일이 있느냐?"

"대왕님, 본 일이 없습니다."

"그러면 나이가 많고 몸이 늙어서 허리가 구부정해서 지팡이에 의지하여 걸어 다니는 노인을 본 일이 없느냐?"

"대왕이시여, 그러한 노인은 수없이 만나 보았습니다."

"너는 그것을 보고 네가 늙을 것을 알고서도 급히 몸과 입과 뜻으로 선행을 닦으려고 생각을 하지 아니하였느냐?"

"대왕이시여, 저는 거기까지 생각을 못하고 그저 방일하고 있었습니다."

"사나이여, 네가 방일하였기 때문에 볼 것을 보고 있으면서도 할 일을 하지 아니하고 게을리 하였으니 너는 그 방일한 죄를 받지 않으면 아니 되겠다. 너는 부모에게도 불효하고 형제자매를 위하여 돌보아 준 일도 없고, 벗과 남을 보살펴 준 일도 없고, 네 몸만 위하다가 온 사람이니, 너는 그에 상당한 죄보를 받아야 될 것이다. 다음에 또 너는 제 2의 천사를 만나본 일이 있느냐?"

"대왕이시여, 만나 본 일이 없습니다."

"그렇다면 너는 병든 사람이 혼자 모진 고통을 참지 못하여 신음하는 불쌍한 사람을 보지 못하였느냐?"

"대왕이시여, 그러한 병자는 많이 보았습니다."

"너는 그것을 보고 네 자신도 병이 들것이니까 병이 들기 전에 건강한 몸으로 몸과 입과 뜻으로 선행을 닦으려고 생각을 하지 아니하였느냐?"

"대왕이시여, 저는 미련해서 거기까지 생각을 못하고 놀고만 있었습니다."

"그것은 그렇다 하고, 너는 다음에 제3천사를 만나 본 일이 있느냐?"

"대왕이시여, 만나 본 일이 없습니다."

"너는 죽은 사람이 하루 이틀 사흘을 지나면 시체가 부풀어 더러운 물이 흐르는 것을 본 일이 없느냐?"

"대왕이시여, 그러한 죽은 사람은 본 일이 있습니다."

"그러면 너는 그것을 보고, 네가 그렇게 죽을 것을 생각하지 못하고 놀고만 있었느냐? 너는 그런 것을 보고도 모른 체하고 선행을 짓지 아니하였기 때문에 벌을 받지 않으면 안되겠다. 이런 것은 너의 부모 형제와 자매나 벗과 친척이 시킨 것이 아니요, 네 자신이 만들어 받은 것이니 내가 주는 벌을 달게 받지 않으면 안되리라."

　염라대왕이 이렇게 말을 끝내자, 옥졸들은 그 사나이를 끌고 가서 유황불이 타오르는 화탕 지옥에 처넣고 말았다.

　"비구들이여, 늙고 병들고 죽는 것은 염라대왕이 이 세상에 보내신 3인의 천사이니라. 인간으로서 천사를 보고 스스로 각성하여 방일을 버리고 선행을 지은 사람은 행복한 사람이지만, 이러한 천사를 보고도 깨닫지 못한 사람은 불행한 사람이다. 장야(長夜)에 슬프지 아니하랴."

　같은 총검이라도 무인이 가지면 무기가 되고, 도둑이 가지면 흉기가 되는 거와 같이 재물과 여색과 지위와 명예와 권리 등도 마음가짐에 따라 좋게도 볼 수 있고 나쁘게도 볼 수 있다.

　육안(肉眼)만 가진 범부에게는 이것 때문에 아귀도 되고 축생도 되고 지옥도 되지만, 도를 구하는 사람에게는 재물·여색·지위·명예·권리가 큰 자극을 주기 때문에 고통을 두려워하여 발심하며 명심수도(明心修道)의 생활을 하므로 도리어 그것을 감사하게 보지 않을 수 없다.

　요컨대 모든 것이 인연에 의하여 나고, 상의상존의 관계가 되기 때문에 악이 오직 악만이 아니며, 선이 오직 선만이 아니라 악이 선으로 바꿔질 때가 많은 것이다. 그러므로 독이 약이 될 수도 있다.

　심안(心眼)이 열린 자에게는 모든 것이 선으로만 승화될 수가 있는 것이다. 검은 구름이 있기 때문에 밝은 달의 가치가 있는 것이요, 비바람이 사납기 때문에 꽃송이가 귀한 것이다. 선은 말할 나위도 없지만 악도 그대로 가치가 있는 것이다.

불교에는 공(空)이란 말을 많이 쓴다. 이 공이란 것은 아무것도 없다는 것이 아니다. 또 물질의 존재를 부인한 것도 아니다. 그러면 무엇인가? 인간들의 기성관념이 잘못 매듭지어진 것이므로 이것을 부정하자는 것뿐이다. 곧 우주만유가 본래 상이 없고, 원래 이름이 없는 것인데, 가지각색으로 이름을 짓고, 좋고 나쁜 것을 가리고, 가치의 고하를 정해 놓은 것이 잘못됐다고 부정한 술어가 공이다.

이름이 공(空)할 때는 유(有)도 공하고, 무(無)도 공하고, 모습이 공할 때에는 방원장단(方圓長短)과 청·황·적·백이 다 공한 것이다. 왜냐하면 물질은 본성(本性)이 공한 것이므로 공을 물질이라고 이름을지은 까닭이니 원래 물질의 성품은 공한 것이다. 그런 까닭으로 불교의 불이법문(不二法門)이 나오게 마련이다. 곧 불즉시중생(佛卽是衆生)이라든지 중생즉시불(衆生卽是佛)이라든지 번뇌즉시보리요, 보리즉시 번뇌라는 것이 그것이니, 지혜의 눈으로 보면 당연히 선악이 다 공한 것이다. 죄복이 다 공했고, 남녀의 상이 다 공(空)했다.

이렇게 보는 것을 평등성지(平等性智)라고 하는데, 이런 평등성의 원리로 보면 불심의 본성으로 보아서, 개개장부(個個丈夫)라 수고수하(誰高誰下)가 없는 것이다. 그러나 차별성으로 보면, 엄연히 남녀상도 있고, 노유상(老幼相)도 있고, 귀천도 있고, 빈부도 있다. 그러나 구도자는 될 수 있는 대로 차별성에 걸리지 않고 평등성으로 보아서 인인개불(人人皆佛)로 보고 존경하는 동시에 부처는 부처지만 깨닫지 못한 부처를 위해 자비심을 베풀어 가르치고 신뢰하면서 제휴해야 되는 것이다.

깨닫지 못한 중생이라 할지라도 그들 나름대로 제각기 특기가 있게 마련이니 그런 것은 아무리 신불자(信佛者)요, 구도자라 하지만 그 점을 선지식(善知識)으로 삼고 무릎을 꿇고 배우지 않으면 안된다.

〈화엄경〉을 보면, 성불계단을 53 위에 배부하기 위하여 53 선지식이 있는 것으로 되었으나 이들은 가설된 인물이고, 실제적 역사적인 인물은 아니다. 있다면 마야부인 한 분이 끼었을 따름이다. 그런데 그 53 선지식 가운데는 각계 각층의 인물이 다 망라되어 있다. 비구·동남·동녀·음녀·상인·바라문·신선·거사·청신녀·장자·천신·지신·야신들이 나오고 있다.

먼저도 말한 바와 같이 옛 사람은 이 53 선지식을 실제 인물로 보았지만 실은 가공적 인물이다. 이 세상의 사람은 누구든지 다 선지식이라는 뜻을 표현하기 위한 가상 인물임을 알아야 한다. 그러니까 우리는 누구든지 선지식으로 존중하고 내가 가르쳐 주는 동시에 내가 모르는 것은 때때로 그 선지식에게 배워야 된다는 것이 대승불교의 이념이다.

□ 본래 하나도 없는 것

불교의 공사상(空思想)은 단공(單空)·완공(頑空)이 아니다. 진공묘유(眞空妙有)로 해석하여 공이라도 유(有)를 포함한 공이요, 유라도 공을 내포한 묘유(妙有)라고 이른다.

본래 무일물(無一物)이란 것도 일체가 모두 한없이 내포되어 있다는 말이다. 그러므로 선가에서는 무일물중 무진장(無盡藏)이란 말을 쓴다. 사람의 마음은 허공과 같이 형상이 없기 때문에 본래부터 공적하여 아무것도 없지만 생각을 일으키는 대로 모든 것이 나오게 마련이다. 마치 백지에 달을 그리면 달이 나타나고, 꽃을 그리면 꽃이 나타나는 것과 같다.

백지의 자성(自性)에는 아무것도 없지만 없는 것이 아니라 달도 있고 꽃도 있다. 산수(山水)를 그리면 산수도 있고, 집을 그리면 집도 있다. 모든 것이 백지 위에 나타나 있는 것이다.

이와 같이 부처님의 깨달은 눈으로 보면 불법 문중에 한 물건도 버릴 것이 없고, 쓰지 못할 물건이 하나도 없어서 모두가 귀중할 뿐이다. 그야말로 낱낱이 티끌마다 무량한 부처가 있으니, 이른바 조사(祖師)의 '명명백초두(明明百草頭)에 명명조사의(明明祖師意)'라는 말이 이것을 가리킨 것이라 하겠다.

실은 불교의 경제사상도 이런 데서 발달했다고도 볼 수 있으니, 물이라도 부처의 젖이 아닌 것이 없고, 한 알의 쌀이라도 부처의 쌀 아닌 것이 없으며, 한 장의 종이라도 까닭없이 버려서는 안되도록 되어 있다.

백장(百丈)선사가 하루 일하지 않으면 하루 먹지 말라고 한 말도 소유물을 극진하게 아끼고 상주(常住)의 물건이라 하여 남용하지 말라는 뜻이었다. 그러나 요사이 사원에서는 이것을 모르기 때문에 불교 재산으로 유익한 사업을 하지 못하고 한부로 남용되어서 불교 발전에 큰 지장을 주고 있는 것으로 본다.

경전을 보면, 우전왕의 왕비 사마바제(沙摩婆帝)가 5백 벌의 가사를 만들어 불제자 아난에게 바쳤는데, 아난이 그 많은 가사를 하나도 남기지 않고 모두 가져 가려고 했다.

 우전왕은 이것을 보고 출가한 몸으로서 5백 벌의 가사를 받아 가지고 가는 것은 너무도 욕심이 많지 않은가 생각하고 아난에게 물었다.

 "대덕은 이 많은 가사를 어떻게 처리하려고 하는가?"

 "대왕이시여, 나는 가사가 떨어진 비구에게 골고루 나누어 주고자 합니다."

 "그러면 그 낡은 가사는 어떻게 처리하는가?"

 "낡은 가사는 깔고 자는 침상 보자기를 만듭니다."

 "그 침상 보자기가 다 헤지면 어디에 쓰는가?"

 "베개 주머니를 만듭니다."

 "베게 주머니가 다 헤지면 어디에 쓰는가?"

 "깔고 앉는 방석을 만듭니다."

 "그 헤진 방석은 어디다 쓰는가?"

 "그것은 발 닦는 마른 걸레를 만듭니다."

 "그 발닦개가 헐면 어디다 쓰는가?"

 "물걸레를 만듭니다."

 "그 물걸레가 헐면 어디에 쓰는가?"

 "대왕이시여, 그것은 잘게 썰어 진흙에 섞어서 벽을 바르는데 씁니다."

 "장하도다. 대덕이여, 불제자들은 능히 물건의 이용을 잘 하고 있도다."

 하고 왕은 감탄하며 칭찬했다.

옛날 중국 담주 석상산에 경제(慶諸)선사라는 이가 있었다. 그가 위산(潙山)선사 회상에 있을 때 반두(飯頭)를 맡아 본 일이 있었다. 이 직책은 대중의 조석 공양미를 맡아서 내주는 직책인데, 언제나 쌀을 절구에 찧고 키에 까불어서 공양주, 즉 취사승에게 넘겨주는 일이다.

어느 날 위산선사가 나오셔서 훈계를 했다.

"반두여, 쌀 한 알이라도 시주의 것이니 땅에 버리지 말게."

"그러지 않아도 전부터 조심해서 흘리지 아니합니다."

위산선사는 전후 좌우를 살펴보더니 땅에서 쌀 한 알을 주워 가지고 와서,

"이 쌀 한 알은 어디서 나왔는가? 나를 속이지 말게. 쌀 백천 알이 모두 이 한 알로부터 나온 것이니 아껴야 하지 않겠는가?"

"스님 말씀 잘 들었습니다. 차후로 더욱 조심하겠습니다. 그런데 여쭈어 볼 말씀이 있습니다."

"무슨 말인가? 어서 해보게."

"아까 스님께서 말씀하시기를 쌀 백천 알이 이 한 알로부터 나왔다고 하시지 아니하셨습니까?"

"암, 그랬지."

"그렇다면 이 한 알이 있기 전에는 쌀이 없었을 텐데 그 한 알은 어디로부터 나왔습니까?"

이것은 곧 '만법(萬法)이 귀일(歸一)하면 일귀하처(一歸何處)오' 하는 법담이 되고 말았다. 위산선사는 빙그레 웃으며 자기 방으로 돌아갔다.

선사는 그 이튿날 상당법문(上堂法門)시에 이르기를, "대중이여, 우리 회상에 쌀 가운데 벌레가 있으니 살펴보라." 이것은 우리 회상에는 공부를 하지 않고 밥만 먹는 식충들만 있는 줄 알았는데, 쌀을 먹는 밥벌레가 있으니 심상치 않은 일이라고 칭찬한 말이다.

법문의 취지야 어찌 되었든 사실상 위산선사나 경제선사가 쌀을 극진히 아낀 것만은 사실이다. 불교 사원 안에서는 대중이 공양을 받을 때 〈대심경(大心經)〉이니 〈소심경(小心經)〉이니 하는 염불을 외고서 식사를 한다. 대개 다음과 같은 염불들이다.

若見滿鉢 當賴衆生
具足成滿 一切善法
得香味食 當願衆生
知節小慾 情無所着

만약 바리에 밥이 가득함을 보거든 마땅히 발원하라
중생과 함께 일체 선법을 구족계로 이루겠노라고
향기롭고 맛있는 음식을 얻으면 마땅히 발원하라
중생과 함께 절개를 지키고 욕심을 적게 하여 마음에 탐착함이 없게 하겠다고.

若見食時 當願衆生
禪悅爲食 法喜充滿

若見空鉢 當願衆生
其心淸淨 空無煩惱

만약 밥을 볼 때에는 마땅히 발원하라 중생과 같이
선열로 밥을 삼아서 법희가 충만해지이다라고
만약 빈 그릇을 볼 때라도 마땅히 발원하라 중생과 같이
그 마음이 청정하여 번뇌가 없게 하겠나이다라고.

討功多少 量彼來處
忖己德行 全缺應供
防心離過 貪等爲宗
正思良落 爲療形枯
爲成道業 應受此食

밥을 받을 때 나의 공이 얼마나 되는가를 헤아리고
저 식량이 만들어져 오기까지의 공을
자기의 덕행이 온전한가 아닌가를 헤아려서 받아라
마음을 막고 허물을 여의는 데는 탐을 끊는 것으로 종을 삼고
음식을 약과 같이 생각하여 몸이 마르지 않을 정도로 하며
오직 도업을 이루기 위해 이 밥을 받아라.

이것을 보면 불가(佛家)에서 식물에 대하여 얼마나 절용, 절식하는가를 알 수 있다. 옛날의 스님들은 의복에 대해서도 어떤 분은 사시절을 통하여 베옷만 입는 이도 있었다.

제6장 해탈의 경지

□ 팔정도(八正道)

첫째는 더러운 애욕에 떨어져서 몸과 이목을 기쁘게 하는 성적 쾌락과 음식·의복의 사치를 구하는 감관 향락에 빠지는 생활이요, 둘째는 부질없이 자기 몸을 들볶아서 견딜 수 없는 기아·단식·화상·도해(刀害) 등을 가하는 자학(自虐)의 생활이다. 전자를 순세외도(順世外道), 후자를 고행외도(苦行外道)라고 한다.

"비구들이여, 이 두 가지 편협된 도를 여의고 마음의 정안(正眼)을 열어서 적정(寂靜)과 성지(聖知)와 정각(正覺)과 열반으로 나아가는 중도가 여래에 의하여 증명되었으니, 이 중도를 닦아야 한다.

비구들이여, 이 중도란 무엇인가? 팔정도가 그것이니, 정견(正見)·정사유(正思惟)·정어(正語)·정업(正業)·정명(正命)·정정진(正精進)·정념(正念)·정정(正定)이다.

수도자의 생활은 중도생활이라야 한다. 쾌락주의자와 같이 인생이 죽으면 아무것도 없는 것이니 살아서 잘 먹고 잘 입고 애욕의 향락을 취하여 육체만 기쁘게 하면 그만이라는 자멸의 도는 피해야 한다. 또 그 반면에 해탈의 도라 하여 영(靈)과 육(肉)을 갈라놓고 육체를 학대하여 갖은 고통을 취하는 고행도 하지 말아야 하느니라.

오직 불타를 신앙하고 깨달음의 이상(理想) 등불을 받들고 바른 지견과 바른 생각으로 바른 말과 바른 생활을 하며, 올바르게 신구의(身口意)를 밝혀, 바른 노력을 하고 바른 기억을 하여 신심을 적정(寂靜)에 안식시켜 바른 선정을 닦아야 하느니라.

물론 내심을 살펴보면, 오염(汚染)의 마음이 없는 것도 아니요, 더러운 욕심이 없는 것도 아니다. 그러나 이러한 진심(塵心)과 욕정을 참회의 눈물로 씻으면 그대로 정심정념이 되고 선행 정도(正道)가 되느니라."

하셨다. 그러므로 인간의 죄악상은 고행으로 없어지는 것이 아니라 오직 참회·개심(改心)으로 없어지는 것이니 번뇌가 곧 보리각(覺)이 된다는 뜻이다. 다시 말하면 구도자, 즉 수도자가 불타의 광휘를 입는 것과 불타를 신앙함으로써 인생에 대한 사고방식이 달라지는 것을 이른 것이다.

인생에 대한 관찰이 달라진다는 것은 일체를 믿는다는 것이다. 사람을 믿고 자연을 믿고 다른 일체를 믿는 것이다. 모든 것을 믿으면 기쁜 마음이 생긴다.

사람을 보면 사기꾼이나 도둑이 아닌가 의심하고 두려워하지만 말고, 이 세상에는 악인이 없다고 감사하고 도와주려는 마음을 내라는 것이다. 설사 소매치기에게 주머니를 털리고, 날치기에게 보따리를 빼앗기고, 깡패에게 까닭없이 얻어 맞았더라도 그 사람의 본성은 착하건만 나쁜 환경에서 자라났기 때문에 그런 짓을 하는 것이라고 용서하여 불쌍하게 생각할 수 있다.
 구도자라면 분하고 원통하고 억울하고 야속하고 밉고 죽이고 싶은 마음을 갖지 않아야 한다. 이해를 다투고 경우를 따지고, 선악을 가려서 떡을 준 자에겐 떡으로 갚고, 빈부귀천을 가리고 시비를 가리고, 매로 친 놈은 매로 갚고, 돌로 친 놈은 돌로 쳐 갚는다는 마음을 가져서는 보통 사람과 다를 것이 없다.
 구도자에게는 앙갚음을 하겠다는 복수심 같은 것이 있어서는 안된다. 설령 어떠한 경우에 싸우는 일이 있더라도 뒤가 없어야 한다. 부처님께서 자기를 살해하려는 제바달다를 용서하고, 아사세왕을 용서한 것은 모두 이런 까닭이다. 옛글에,

曾聞千古牟尼佛
先度當年害己人

일찍이 들으니, 천고의 석가모니 부처님은
성도를 하신 당년에 자기를 해롭게 한 사람부터 먼저 제도하였느니라.

고 했듯이 이것이 곧 불심(佛心)을 가리킨 말이라 하겠다.
 '사람은 본래 극악한 사람이 없으므로 교화하면 모두 정도(正道)를 좇느니라'고 한 것도 의미가 깊은 말로서, 이 세상에는 극악한 사람의 종자가 따로 없다는 것이다. 그러므로 구도자·수도자는 감사함을 가지고 착한 사람은 착하니까 감사하고, 악한 사람은 나에게 악이 나쁘다는 것을 보여준 사람이니까 감사

하란 뜻이다.

　사람은 무식하다는 경멸과 모욕을 받아야 분발하여 글을 배우고, 돈이 없고 가난하다고 냉대를 받아 봐야 근검절약하고 악착같이 벌어서 부자가 되게 마련이며, 딴 여자에게 버림을 받아 보아야 본처의 고마움을 알고 한 아내만으로 만족하게 된다.

　나를 깔보고 해롭게 한 이가 당시는 원수 같지만 나중에 생각하면 은인인 것이다. 그런즉 어찌 감사하지 않겠는가? 따라서 상하 귀천과 원친증애(怨親憎愛)를 보지 않는 것이 불법이다. 〈보요경(普曜經)〉을 보면 부처님의 이복동생인 난타가 부처님께,

"인신은 얻기 어려움이요, 불법을 만나기 어려움이라. 여러 존귀한 자가 세상의 영화를 버리고 출가하여 중이 되었는데, 저인들 부귀영화에 사로잡혀서 출가를 못하오리까. 부처님께서는 자비로 받아주셔서 중이 되게 하여 주옵소서."

라고 하자,

"장하도다. 네가 참으로 중이 되어라."

하시고, 머리를 깎아 승의(僧衣)를 입혀서 중을 만들었다. 난타는 계를 받고 중이 되어서 먼저 중이 된 선배 비구에게 차례로 예배하다가 우바리 비구 앞에 와서는 절을 하지 않고 버티고 서 있었다. 부처님께서 말씀하시기를,

"네가 어찌하여 우바리에게는 절을 하기 싫어하느냐?"

하였더니,

"우바리는 전날에 나의 머리를 깎아 주던 종이었는데. 지금 나보다 먼저 출가했기로 종에게 어찌 예배를 한단 말씀입니까?"

"난타야, 불법은 바다와 같아서 백천 냇물이 흘러 들어와도 모

두 짠 맛으로 변해 버린다. 이와 같이 4성이 출가하면 석가의 성을 따르게 마련인데 네가 어찌 교만심을 가지고 예배하기를 꺼리느냐? 나의 법 안에는 귀천이 없으니 어서 절을 하여라."
 부처님의 말씀이 떨어지자, 교만하던 왕자인 난타도 마음을 고쳐 절을 하고 말았다. 이것이 곧 부처님의 평등사상이다.
 또 〈아육왕경(阿育王經)〉에 보면, 아서가왕이 스님들만 보면 대소노유(大小老幼)를 불문하고 예배를 했다. 이것을 야사란 대신이 못마땅하게 여기고 왕에게 간했다.
 "대왕이여, 왕은 염부제의 지존지귀하신 몸이거늘 어찌 가볍게 중을 보고 예배를 하십니까? 창피 막심하오니, 이후로는 그런 일을 하시지 않는 것이 옳은가 합니다."
 이 말을 들은 왕은 여러 신하를 모아 놓고 이르기를,
 "새로 살생은 하지 말고, 각기 소 대가리나 말 대가리며 돼지 대가리와 염소 대가리를 하나씩 가지고 오고, 그대만은 죽은 사람의 머리 하나를 구해 와서 시장에 나가 팔아 오도록 하라." 고 일렀다. 대신들은 무슨 영문인지도 모르고 왕의 분부대로 시행했다. 그런데 짐승의 대가리는 사가는 사람이 있어서 팔렸으나 사람의 머리는 사가는 사람이 없었다.
 사신이 사실대로 왕에게 아뢰었더니, 왕은 다시 물었다.
 "모든 물건 가운데 어떤 것이 가장 귀하냐?"
 "오직 사람인가 합니다."
 "사람이 귀하면 사람의 머리도 값이 많을 것인데, 왜 사가는 사람이 없었느냐?"
 "사람이 비록 귀하나 죽으면 천한 것입니다. 또한 죽은 머리는 더욱 보기 싫은 것인데 누가 사가겠습니까?"
 "모든 사람의 머리가 천하다면 지금 팔지 못한 머리도 천하겠구나?"
"그렇습니다."
 "모든 사람의 머리가 천하다면 지금 나의 머리도 천하겠구나."
 야사 대신이 벌벌 떨며 감히 대답을 못하자, 왕이 되물었다.
 "바른대로 말하여라. 다른 사람의 머리가 천할 것 같으면, 왕도 사람인데 왕의 머리라고 천하지 않을 수가 있겠느냐?"
"내왕의 말씀과 같은 줄 아뢰오."
 "나의 머리가 이 죽은 머리와 다르지 않거늘, 네가 어찌 이 더러운 머리로 깨끗한 수도성승(修道聖僧)에게 예배하는 것을 막고자 하느냐? 어디든지 선지식이 있다면 네가 오히려 나에게 절하기를 권해야 될 것이어늘, 무슨 까닭으로 내가 스스로 가서 절하는 것을 냉소하느냐? 나의 머리를 값이 있게 하려면, 나로 하여금 모든 선지식에게 절을 시켜서 장래에 값있는 성현의 머리로 바뀌게 할지니라."
 했다. 이것을 보면 짐승의 머리라고 천한 것이 아니요, 사람의 머리라고 반드시 귀한 것이 아니다. 오히려 짐승이라도 부처님의 화현으로 보고, 위할 줄 알아야 하겠다.

□ **보살의 도(道)**

 보살이란 말은 구도자, 즉 수도자로 부귀빈천·선악친소의 차별없이 모든 사람을 평등심과 자애심으로 이롭게 해주는 수도자를 가리킨다. 여기서 수도자라고 하는 것은 두말할 것도 없이 불교 수행자를 말하며, 깨달음을 구하여 정진하는 자이다.

 보살이란 말은 원래 보제살타(菩提薩埵)의 준말인데, 위로는 깨달음을 구하고 아래로는 중생을 교화하는 자를 가리킨다. 지금까지의 일반적인 보살의 개념은 인간을 여읜 위대한 능력을 가진 성자(聖者)로만 생각해 왔다.

〈화엄경(華嚴經)〉을 보면, 10주(住)·10행(行)·10회향(廻向)의 3현(賢)보살을 10성(聖)·10지(地) 보살이라 하는데, 이것은 어디까지나 추상적·정신적 과정의 개념을 묘사한 것이지, 대승불교의 참된 의미의 사상이 우리 중생을 여의고 다른 곳에 따로 있다는 것은 아니다. 불타도 깨달은 사람의 별명이고, 보살도 중생을 떠나서 있을 수 없기 때문이다.

 경전 가운데 나오는 보살행도 우리 구도자가 정진하는 모범으로 삼았을 때 그 뜻이 빛나고, 보살의 정신도 우리가 실행하는데 가치가 있는 것이다.

〈화엄경〉을 보면, 보살은 법을 구할 때에 선지식이 있어서, '만약 네가 몸을 일곱 길이나 되는 불구덩이에 던진다면 법을 일러주리라' 한다면 생각하기를, '내가 법을 위하는 일이라면 아비지옥의 고통이라도 받을 것이어늘, 하물며 인간의 작은 불구덩이에 들어가는 것쯤은 그곳에서 법을 듣게만 된다면 그것은 참으로 기쁜 일이다 하는 생각을 가져야 하느니라' 했다.

 이것은 불교도에게 진리와 이상의 실현을 위해서 불덩이 같은 열을 가지고 사신봉행(捨身奉行)하라고 가르친 것이라 하겠다. 또 다른 경전을 보면, '보살은 몸을 바쳐서 남의 일을 할 때에 교만심을 버리고 겸손한 마음과 유순한 마음과 대지(大地)와 같은 마음과 일체의 고통을 참는 마음과 일체인을 섬기되, 싫어하지 않는 마음과 게으름이 없는 마음과 탐심이 많은 모든 사람에게 선근(善根)을 주는 마음과 부귀와 빈천, 남녀노소를 평등하게 공경하는 마음과 성교(聖敎)를 듣고 환희하는 선근을 내는 마음을 가질지니라' 했다.

이것은 다 불교의 구도자로서 모든 사람의 앞에서 자기를 낮추고 일체를 공경하는 마음을 가지도록 가르친 것이다.

또 〈화엄경〉에, '보살은 다시 모든 사람으로 하여금 법위를 얻게 하며, 번뇌의 원칙을 항복받고 위없는 법륜을 자재하게 널리 펴며, 공교한 방편으로 법의 자재를 얻어 불법을 길이 끊어지게 하지 말지니라' 하였고, 또 보살은 생각하기를 '나는 모든 사람에게 무량한 환희를 주며 청정한 법문을 설하며 3계에서 초탈케 하며 보리를 주어서 모든 원을 만족케 하리라' 하며, 또 모든 사람의 자부(慈父)가 되어서 지혜로써 모든 세계를 보며, 모든 사람의 자모가 되어서 선근을 내도록 하게 하리라 하고 원을 세울지니, 또 사람을 자식과 같이 생각하여 누가 와서 무엇을 구하거든 '이 사람은 나의 선지식이로다 하고 기쁜 마음으로 대하고 무엇이든지 아끼지 말고 줄지니라. 그리하여 가져 가는 그로 하여금 대비심과 환희심과 불괴심(不壞心)과 보시심(普施心)을 내도록 하라' 했다.

이것은 불교도가 광대한 마음을 가지고 일체를 포용하여 자애불심을 실천 체험하는 것을 보인 것이다.

같은 경전에 이르되, '보살은 안으로도 집착하지 말고 밖으로도 집착하지 말아서, 일체법에 속박되지 말아야 하느니라. 왜냐하면 일체의 법이 본래부터 자성이 없는 까닭이다. 그래서 일체법은 환(幻)과 같은 것이다. 그러나 일체법은 인과법칙, 인연업보의 이치를 어기는 일이 없다. 이와 같이 심오한 업리(業理)에 들어가서 법의 진실을 깨달으면 행할 것도 없고 지을 것도 없지만 그러나 없는 가운데 있기도 하니까 잠간이라도 정업정행(淨業淨行)을 폐하여서는 아니 되느니라' 했다.

이것은 불교도가 진리 그대로의 생활 속에 들어가서 파묻히지도 말고 얽히지도 말고 자유자재한 것이니, 성용(性用)에 의하여 활동하되 그치지 않을 것을 보인 것이다.

어떤 경전을 보더라도 보살행과 보살의 정신을 설하고 있다. 그런데 이 보살은 우리 인간들과 관계가 없는, 멀고 먼 세계에 있는 초인적인 성자를 말한 것으로 생각해서는 안된다. 우리 주위에 가깝게 있는 선각자인 불교도를 말한 것으로 보아야 실감이 난다. 과거 고승이나 현재 고승들의 미담(美譚) 일화가 얼마나 많은가? 이들의 행동이 곧 보살행이다.

또 현 사회에서도 남을 위하여 희생정신을 가진 분이 얼마나 많은가? 불법의 이치야 알든 모르든 이들이 모두 현대판의 보살이다. 화재시 인명과 가재도구를 건져 주는 소방대원이라든가, 물에 빠져 죽게 된 사람을 건져 주는 구조대원이라든가, 수천 수만의 이재민을 위해 신속하게 양곡을 나눠주는 담당 공무원이 모두 현대판의 보살행인 것이다.

그러나 이와 반대로 사람을 치어 놓고도 뺑소니를 치는 악질 운전사나 밤을 틈타서 남의 집에 침입하여 돈과 물건을 훔쳐내는 절도와 칼로 위협하고 남의 재물을 뺏어가는 강도와 시골서 모처럼 서울 구경을 오게 된 학생들의 주머니를 털어가는 소매치기나 시골서 올라온 사람을 으슥한 곳으로 데리고 가서 때리고 금품을 빼앗아 가는 깡패와 전례 없는 폭리로 몇갑절의 물건 값을 받는 악덕 상인과 정부미의 보관을 기화로 불을 지르고 그것을 핑계로 몇백, 몇천 가마의 쌀을 빼어내는 몰염치한 자들은 모두 현대판 나찰이며, 아귀인 것이다. 하물며 동족을 살해하고 나라를 파괴하려고 쥐새끼같이 숨어 들어오는 무장공비를 논하겠는가?

그들은 만보살이 출현하더라도 구제를 받을 수 없는 무간 아비지옥으로 들어가야만 될 족속들이다. 아니, 죽어서 지옥으로 갈 것이 아니라 현재 살아서 지옥행 열차를 태워야만 될 지옥 지꺼기들이다.

인도의 대승불교학자로 유명한 용수(龍樹)대사는 보살도를 다음과 같이 9종으로 나누어 말씀했다. 9보살도라는 것은 보시·지계·인욕·정진·선정·지혜의 6바라밀에 방편여행(方便如行)과 성취중생(成就衆生)·정불국토(淨佛國土) 등 3가지를 더하여 9종으로 나눈 것이다.

일체 내외에 보시하여 그 공덕을 모두 중생과 같이 보리에 회향하는 보시바라밀, 스스로 10선(不殺·不盜·不邪淫·不妄言·不綺語·不兩舌·不惡口·不貪慾·不瞋恚·不邪見)을 실행하고 타인과 같이 행함은 지계바라밀, 스스로 일체의 박해를 참으며 타인에게도 참게 함은 인욕바라밀, 일체 선행을 정진하여 게으르지 않으며 타인에게도 권하여 정진케 함은 정진바라밀, 선정삼매에 들어서 일체 산란심을 끊고 타인에게도 선정에 들게 함은 선정바라밀, 일체법을 요달하여 집착하지 않고 타인에게도 잘 알고 잘 분별하여 집착을 여의게 함은 반야바라밀이라 했다.

이상은 〈잡아함경〉에 있는 말인데, 용수보살이 보살도에 대한 설명으로 인용한 것이다. 이 밖의 3바라밀은 뒤에 풀이하겠다.

바라밀은 범어인데, 도피안(到彼岸)이라 번역한다. 극도극한(極度極限)이란 뜻도 된다. 가령, 보시를 하더라도 철저하게 해야 도피안을 할 수 있다는 것이다. 보시를 했다는 생각조차 잊어버리도 무주상(無住相)에 머물러 시자(施者)와 수자(受者)와 시물(施物)을 보지 않는 것이 극도의 보시라는 말이다. 다시 말하면 공리적인 사상을 떠나서 보수를 구하지 않고 오직 장애심의 발로로 보시하는 것을 일컫는다.

지계(持戒)는 도덕을 지키는 것이요, 인욕은 불요불굴(不撓不屈)의 의지를 갖는 것이며, 정진은 부단근면(不斷勤勉)하는 일이요, 선정은 신심을 안정시키는 것이다. 지혜는 인생에 대하여 참된 눈(眞眼)을 열게 함이니, 이 참된 눈은 영리하다든가 학식이 풍부하다든가 그런 것을 가리키지 않는다.

옛사람이 이르기를,

"재지(才智)가 특수하여 8만 법장을 모두 왼다 하더라도 불법의 참된 진리를 깨치지 못한 자는 우자(愚者)에 불과한 것이요, 설사 한푼어치 아는 것 없는 사람이라도 불법의 참된 진리인

선지를 깨친 자는 지자(智者)라 이르느니라."
했다. 이 참다운 지혜란 산란한 마음이나 침착하지 못한 초조한 마음속에서 나오는 것은 아니다. 인생이 무엇인가를 확실하게 깨달은 진지(眞智)를 말한 것이다. 청정한 도덕을 지키고 불굴의 의지로 광명의 예지를 가진 자라야 자애심을 나타낼 수 있다. 또 방편바라밀이란, 교화의 수단이 좋은 이를 말한 것이다. 이러한 사람이라야 중생 교화에 큰 수확을 거둘 수 있다.

중국의 담란(曇鸞)대사는 방편의 뜻을 해석하기를, 정직을 방(方)이라 하고 자기를 젖혀 놓는 것을 편(便)이라 일렀다. 그러므로 남의 위하여 나를 잊어버리고 진심으로 교화에 힘쓰는 것을 방편이라고 한다. 단순히 자기만을 위하는 일이라면 방편이 필요없겠다.

자애가 밖으로 향하여 활동하는 것을 성취중생(成就衆生)이라고도 하며, 정불국토(淨佛國土)라고도 한다. 성취중생이란 모든 사람으로 하여금 온전히 신심을 내어 자기의 진에를 알게 하는 것이요, 정불국토란 불국토(佛國土)를 장엄한다는 말이다.

우리 인간은 겉으로 보기에는 체구가 당당하여 위인같이 보이지만, 모두가 삶이란 수수께끼에 시달리며 여러 가지 어려운 문제에 얽매어 있다. 그러나 이것을 해결하지 못하고 의심을 품은 채로 어딘지도 모르는 곳으로 사라져 가고 있으니 이야말로 취생몽사(醉生夢死)가 아니겠느냐? 모처럼 훌륭한 문제를 잡아 가지고 풀어보려 하나 지도자가 없어 뜻을 이루지 못하고 사도에 빠지는 사람이 적지 않다. 그러니까 이렇게 취생몽사하는 자와 사도에 빠지는 자를 자극하여 지도하고 심안(心眼)을 열도록 하며, 안으로는 진실한 대원(大願)을 세우도록 하여 완전한 행복의 생활로 이끌어 올리는 것이 성취중생이다.

 이 지혜와 덕을 성취한 중생이 많고, 이 땅에 어질고 착한 사람이 많아진다면 이것이 정불국토가 아니고 무엇이겠는가? 이 세계를 나쁜 오탁악세(五濁惡世)라고 하지만, 실은 자비로 가득찬 석가여래의 국토이다.

 부처님의 교화력이 한꺼번에 퍼지지는 못할지라도 세구연심(歲久年深)으로 그 교화가 퍼지는 대로 정불국토가 이루어질 줄 믿는다. 이 정불국토를 속히 건설하자는 것이 불교도인 구도자, 수도자의 임무라 하겠다.

제7장 불교의 평등사상

□ 불교와 이데올로기

외도(外道)에 입을 열지 않는 불교

문 : 이데올로기의 문제에 관해선 불교는 일체 입을 열지 않는 것 같은데 그 이유가 무엇입니까?
답 : 언급할 필요가 없습니다. 한마디로 이데올로기 하면 공산주의 얘기까지 들어가는데, 공산주의는 유물론에서 나오지 않았어요? 그러니까 애초부터 일체유심을 말하는 불교에서 얘기할 필요까지 느끼지 않는 것이지요. 불교는 마음을 닦는 종교인데 마음을 믿지 않는 그들과 무슨 얘기를 하겠어요? 공산주의 유물론은 하나의 극단을 주장하는 외도(불교 이외의 종교)이거든요. 불교는 어느 쪽의 극단도 주장하지 않아요. 오직 이것도 저것도 아닌 불이법문(不二法門)을 주장해요. 유물이라는 한 극단에 대해서 이러쿵저러쿵 얘기하고 반론을 펴면 그것은 또 다른 극단의 주장이 됩니다. 유물(唯物)이다, 또는 유심(唯心)이다, 그것이다, 그것이 아니고 이것이다는 등의 사고방식은 일체개공이고, 또 그 공(空)은 불이의 공(空)이라는 불교의

근본사상에 그릇된 논리이기 때문입니다.

문 : '둘이면서 불이(二而不二, 笞卽是色' — 이것이 불교의 공사상(空思想)이 아닌지요?

답 : 불교의 이 불이(不二)에 대해서 〈유마경〉 제8장 '불이(不二)의 법문에 들어감(不二法門品)은 〈유마경〉의 정수로서 유명하지요. 즉 여러 보살들(32명)이 모든 법이 둘 아닌 뜻을 설명하고 나중에 문수보살이, '그대들의 설은 모두 좋으나 그러나 그대들이 설한 것, 그것도 또한 모두 둘인 것이다. 아무런 말도 설하지 않고 무어(無語)・무언(無言)・무설(無說)・무표시(無表示)이고 설하지 않는다는 것까지도 말하지 않는 것, 이것이 불이에 들어가는 것이다'라고 불이법문에 들어가는 뜻을 설명하고 나서 유마거사에게 입불이법문(入不二法門)에 대해 말해 주기를 청했으나 유마거사는 입을 다물고 한마디도 말하지 않았어요. 어때요? 불이에 대한 유마거사의 그 묵연(默然)한 밀화(密化)의 뜻을 이해하실 수 있을 것 같아요? 유마거사의 이 '우뢰와 같은 일묵(一黙)을 일묵여뢰(一黙如雷)라고 부르지만, 이것이 바로 대승불교의 공관(空觀)으로서 진공묘유(眞空妙有)의 세계입니다.

세인(世人)의 사고방식은 대립 상대적

세존 당시 유물론적 일원론(一元論)과 이원론(二元論) 등은 물론이며, 특히 영혼과 육체에 관한 이론 등이 논쟁의 문제가 되고 있었는데, 이 논쟁에 석가도 참여하기를 권고 받았으나 석가는 처음부터 그런 질문에 대답하려 하지 않았다.

왜 세존이 대답하지 않았을까? 이것 역시도 앞에서 말한 바대로 그들의 사고방식은 이것이다, 저것이다, 있다, 없다는 등의 자기 위주의 극단적인 견해로 인한 것들이어서 그러한 사고방식 자체가 시정되지 않는 한 석가의 어떠한 대답도 그들의 그런 그릇된 자기 위주의 극단적인 사고의 틀에 갇혀 버리게 되기 때문에 대답을 피했던 것이다.

문 : 그렇지만 스님, 정법(政法)을 지키기 위해서는 무기를 써서라도 절복(折伏)할 것은 절복하고 섭수(攝受)할 것은 섭수해야 하잖아요? 그런데 그러한 절복행이 대자비심에서 나오는 것이라면 결국 극악한 사람을 절복하는 것은 그를 구제하고 교화시키기 위해서라는 뜻인데요.

공산주의와의 관계에 있어서 공산주의가 극악한 외도이고 진리가 아니어서 공산주의를 받아들일 수 없다고 한다면 불교에서는 어떤 입장에서 받아들일 수 있는지, 그렇지 않으면 불교는 반공적인 입장을 취하는 것이 아닌지……이런 것들을 연관지어서 말을 할 수 있어야 하잖아요?

답 : 물론 그런 문제도 다뤄야 하겠지만, 불교의 생리랄까 하는 것이 외견이나 외도에 대해서 언급하기를 꺼려왔기 때문에 좀처럼 입을 열기가 힘들지요.

공산주의의 근본철학인 유물론이나 계급투쟁론 같은 것은 젖혀 두고라도 지금 저들이 하고 있는 지금의 사회체제, 인권유린, 개인재산 부정, 공산주의 역사의 변천 등을 생각해 볼 때 우리의 입장과는 너무나 차이가 있어요.

물론 종교는 전체주의다, 민주주의다 하는 이념에 초월적인 것이니까 종교가 봉건주의 시대에도 살았고, 군주체제에서도 살고 민주체제에서도 살게 되는 것이지만, 지금 현재는 민주주의 사회를 최선의 것으로 인정해 주고 있는 것 아니겠어요? 그러니까 불교에서도 저들이 얘기하는 평등이라든지 계급투쟁이라든지 하는 것들에 대해서 얘기함으로써 공산주의보다는 민주주의 사회가 바람직한 사회라고 말할 수 있게 돼야 하지만, 논쟁에 끼어들지 않는 것이 불교의 태도라서……

절대의 평등은 자유와의 중도(中道)에서

문: 공산주의라면 우선 겉으로는 민주정치를 표방하면서도 안으로는 인간의 자유를 송두리째 파괴시키고 있는 정치제도라고 할 수 있겠는데…. 실상 저들은 노동자 계층 운동에서 주된 이념으로 등장했던 평등화만을 강조한 나머지 인간의 자유는 아예 송두리째 말살하고 말았는데요. 그들이 부르짖는 평등이라고 하는 것도 진실한 의미에선 평등이 아닌데요?

답 : 불교에서의 평등의 개념은 그들과 판이하게 달라요. 저들은 첫째 차별상을 무시하고 일체의 평등을 부르짖거든요. 그

러니까 하나의 전체만을 고려할 뿐이죠. 일테면 육상(六相)에서 별상(別相)이나 이상(異相)은 인정하지 않고 총상(總相)과 동상(同相)만을 강조해요. 그러니까 평등의 개념이 일시적이고 상대적이 되지요. 절대적 평등이란 개개의 개성과 차별상을 살리면서 동시에 보편적인 평등과 원융(圓融)의 입장에서 상존하게 되는 것인데 저들은 그렇지 않지요.

인간의 문제도 마찬가지예요. 인간은 스스로의 힘에 의해 부처가 됨으로써 절대자유 경지를 얻게 돼 있어요. 그러니까 본래 인간은 자유를 보장받을 권리를 태어나면서부터 안고 나오지요. 모든 인간에게 불성의 씨앗인 여래장이 있다는 것은 자유의 씨앗이 있다는 말이거든요. 모든 인간에게 부처의 씨앗, 즉 자유의 씨앗이 들어 있기 때문에 인간은 평등한 존재이거든요.

자유와 평등과의 관계는 불교에서의 특수, 차별상과 보편·평등상으로 생각할 수 있기 때문에 특수성과 보편성이 어느 편에도 치우침이 없이 또한 융통무애하게 중도의 도리로서 공존하게 되는 것처럼 자유와 평등 역시도 상호 보완하는 조화적인 것으로 상존할 때 둘이 살아나는 것입니다. 그러나 대신 어느 한편으로 치우치거나 할 때는 상호 침해하는 상충적인 면도 없지 않은 것이죠. 그럴 때는 어느 편도 제대로 산 것이라고 볼 수 없거든요. 왜냐하면 자유와 평등은 상대적인 것으로서 관계하면서 서로 보완하는 중도의 도리를 지켜 줄 때마이 오전하게 살아나는 것이기 때문이죠.

불교는 투쟁아닌 자비행을

문 : 자유와 평등이 극단으로 나오지 않고 서로 중도의 도리로서 조화를 이룰 때 그 의미가 살려진다는 말인데요. 이것은 물론 불교의 기본적인 이념이기도 하지만 우리의 현실에서의 자유의 의미를 새롭게 인식시켜 주는 것 같습니다. 그러면 계급투쟁은 어떻습니까?

답 : 불교용어 중에서 투쟁이란 말은 없어요. 불교에서의 해원·해탈하는 것은 어떤 원결이 걸려 있는 것도 풀어버리는데 목적을 두고 있는데, 이것은 투쟁하고 다릅니다.
 투쟁한다는 것은 자기 이외의 것을 인정하지 않는데 있지만 불교에서는 그런 업을 짓는 것까지도 해탈하려고 노력하는 것이기 때문에 그들과는 정반대적인 입장입니다.
 보살이 정법(正法)을 수호하기 위해 무기 쓰기를 두려워하지 않는 것에서도 상대를 위해서, 곧 극악인과 아픔을 같이 하고 그를 구제하겠다는 대자대비의 원에서 비롯되는 것이지, 그들의 투쟁처럼 상대를 무너뜨리고 파괴시키기 위해서인 것은 절대 아니지요.

문 : 이데올로기라고 하면 무심해질 수 없는 것인데요. 물질을 하느님처럼 받들면 그것은 필연적으로 공산주의가 될 것 같아요?

답 : 유물론하고 공산주의는 뗄래야 뗄 수 없어요. 물질이 유일한 가치의 기준이 되고 따라서 모든 현상을 물질로 설명해요. 단지 헤겔의 변증법적인 이론을 물질에 적용시킨 것뿐이죠. 하나의 극단, 여기에 문제가 있어요. 그래서 불교 경전은 늘 이것과 저것의 극을 버리고 중(中)에 의함을 강조하지요. 문제는 여기에 있어요. 불교는 자비행을 강조하고, 너와 내가, 나와 사회가 이것과 저것이 모두 대립관계에 있어 투쟁을 하게 되는 것이 아니고, 서로가 투쟁관계에서 결국 한쪽만 살아남게 되는 것이 아니고 중도를 취해서 원만하게 융통무애함으로써 둘이 살아가는 것입니다.

물질이 절대적으로 우위에 서는 게 아니고, 색심불이(色心不二) 아(我)나 개아(個我)를 부정하고 상호 의존적인 연기(緣起)에 기초하고 있습니다.

선(禪)과 이데올로기

〈화엄경〉을 펼쳐보면, 보는 곳마다 사물과 사물이 서로 대립, 투쟁하는 것이 아니라 원융하고 사사무애(事事無碍)하는 도리를 설명하고 있어요.

'일체의 국토가 하나의 국토에 들어가고, 하나의 국토가 일체의 국토에 들어간다(一切國土入一國土一國土入一切國土). 일체의 세계가 한 터럭(一毛) 속에 들어가고 한 터럭이 일체의 세계에 들어가며, 일체 중생의 몸이 한 몸에 들어가고 한 몸이 일체중생에 들어가며....(一切世界入一毛入一切世界....)'

한마디로 걸림이 없는 것, 일체의 만물이 서로 서로 걸림이 없이 상통하여 나의 네가 되고, 너의 나가 되고, 나 즉 세계, 세계 즉 나, 일즉다(一卽多) 다즉일(多卽一)로써 조화를 이루는 이른바 사사무애로 존재하는 것이 세계라고 보는 것이 불교의 입장인데, 왜 투쟁하고 차이가 있겠어요?

문 : 선(禪)에서는 이데올로기를 어떻게 봅니까? 선에서는 이데올로기에 대해 불교의 교리적인 입장과 다를 것 같은데요. 선의 포괄적인 의미로 이데올로기에 대해서 말씀해 주셨으면 합니다.

답 : 인간에게 하나의 이데올로기가 수립되면 그것이 절대 우위적 존재가 됩니다. 이를테면 주의·주장을 내세워 집단적 이익을 추구하고자 일당의 주장만을 강조하여 한 발도 물러서지 않기 위한 무기로서 이데올로기가 필요하게 된 것이 아니겠어요? 그러기 때문에 선에서는 이데올로기를 조금치도 허용치 않지요. 하나의 극단이기 때문이죠. 선이란 인간에게 대립의 원흉 구실을 하는 이데올로기를 전부 내쫓는 훈련과정이라고 볼 수 있거든요.

문 : 주의도, 합심(合心)까지도, 슬로건도 용납되지 않는다. 선인들의 흉내도 내면 아니 된다. 부처님도 상관없다. 내가 부처고, 내 마음이 부처고.....

답 : 그렇죠. 그런 것들은 모두 우상이죠. 그런 것들이 붙어 있는 한 30방(棒)을 맞든가, 호통을 받고 퇴참(退參)할 수 밖에 없습니다. 이데올로기의 부착물 같은 것을 떼어 버렸을 때 순수한 자기를 발견합니다. 이데올로기에 젖어 있는 사람은 절대로 외칠 수가 없습니다. 그들은 결국 이데올로기란 주인에 묶여 혹사당하는 노예와 같은 존재입니다. 자주적 판단을 할 수 없기 때문에 반사적으로 틀에 박힌 행동을 하게 됩니다.

문 : 이데올로기를 하나의 우상으로 본다면, 우리 주위에는 이것 때문에 청춘을 희생시킨 사람이 많은 것 같습니다. 나아가서는 인류 중엔 많은 이가 우상의 노예가 되고 진실한 자기를 포기하는 삶을 살았을 것 같고요?

답 : 우리는 자기를 구원받겠다고 신앙하는 사람들에게서조차 대부분이 그 신앙 속에서 이데올로기를 내세우고 있음을 볼 수 있어요. 신앙을 통해 진실한 자기를 찾고 자유인을 발견하는 게 아니고 인간됨을 포기하는 종교 이념의 노예가 되는 것을 볼 수 있어요.
 우리가 이제까지 이데올로기에 대해서 얘기했지만 좌익, 우익 같은 허울 따위를 단번에 거부해 버릴 수 있는 힘은 오로지 극을 무화(無化)시킬 수 있는 중도의 원리이며, 따라서 현실 속에서 활현되는 이상, 곧 선(善)의 역량뿐입니다. 극과 극을 포용하고 원융케 하는 불이(不二)의 공(空)에서 비롯되는 절대평등의 원리는 차별된 현실 속에서 활현되어야 하거든요.

다시 말해서 짚신 신고 들길을 터벅터벅 거니는 시대를 동경하는 것이 선사의 농사가 아니지요. 이데올로기로 벌써 깊이 불치의 병으로 돼가는 현대의 난병을 치유하기 위해서는 불교인, 선사들이 우선 자기들의 이데올로기에서 벗어나야 해요. 이데올로기에 대해 언급하려 하지 않으면서도 그 자신들이 이데올로기 속에 빠져 들고 있는 것을 보지 못해요.

□ 종교(宗敎)와 윤리(倫理)

신(神)을 중심으로 한 윤리와 인간 중심의 윤리

문 : 흔히 요즘 시대를 일러 윤리·도덕의 가치관이 붕괴되어 버린 시대라고 말합니다. 그런데 윤리가 인간들 행위를 평가하는 가치 기준이 되고 동시에 인간성을 완성해 가는데 그 목적을 둔다면 윤리는 종교와 밀접한 관계에 있다고 볼 수 있습니다. 그렇다고 '종교인이 곧 윤리인이다'라는 것은 곤란하지만, 아무튼 윤리·도덕이 현실생활에 기준을 둔 가치관이라고 한다면 종교는 초현실적인 가치관이 되겠어요. 이를테면 인간관계를 얘기하는데 있어 윤리는 용기라든지 정의라든지 절제라든지 하는 것들을 제시하지만 종교는 사랑(愛)이다, 자비다, 인(仁)이다 하는 보다 근원적이고 초월적인 것을 제시하는데요?

답 : 윤리를 종교적 차원에서 볼 때 신을 중심으로 한 윤리와

인간을 중심으로 한 윤리로 구분해요. 왕양명(王陽明)같은 이는 인간을 중심으로 한 윤리를 제시하였는데, 곧 '양지(良知)가 곧 너의 선생이다'고 말입니다. 그러나 유교의 삼강사상(三綱思想)처럼 지나친 종속 윤리로 강요될 때는 인권이나 자유의 개념이 무시되는 폐단을 낳지요. 그렇다고 해서 종교가 지나치게 신을 중심으로 초현실적이 될 때는 인간의 현실 속에 바르게 살려질 수 없을 것임에는 자명한 일입니다.

문 : 그러니까 종교가 현실 속에서 바르게 살려져야 하듯이 종교와 윤리가 어떻게 하모니를 이루느냐가 중요한 것 같아요. 이를테면 공자님 말씀에 '자기 원수를 갚으려면 잘 적에도 칼을 품고 자는 것이 효다'는 말이 있는데, 이것은 윤리적인 면에서는 온당한 일입니다. 그러나 종교에서는 원수도 사랑하게 되는 경지가 나옵니다. 물론 공자님 말씀에도 측은지심(惻隱之心)같은 말도 있지만 이것 역시 종교적 사랑입니다.

그러니까 윤리는 인간 완성을 목표로 하는 것이나 종교는 자연적인 인간 완성을 넘어서 초자연적으로, 종교 용어로 말하면 하나님 본성에 참여한다거나 성불한다거나 하는 것이 되는 게 아니겠어요? 그러나 종교는 현실 속에서의 그 존재의 의미가 부여되기 때문에 신을 중심으로 한 것과 인간을 중심으로 하는 것이 어떻게 적절하게 하모니를 이루느냐가 문제가 될 것 같은데요?

답 : 그러니까 한 마디로 표현한다면 윤리의 차원을 보편적이라면, 종교적 차원은 특수성일 수 있어요. 가령 예를 들어서 살

인하지 말라 하면 살인하지 않는 것이 보편적인 윤리성으로서 모든 사람이 복종해야 하는 것입니다. 그런데 하느님이 아브라함더러 '네 아들을 제물로 바쳐 달라'고 했을 때 윤리적인 면에서는 이것이 비도덕적이지만 종교적인 면에서는 아들을 죽여서 제단에 바치는 것은 종교적인 복종입니다. 그래서 키에르케골 같은 이는 도덕적인 차원과 종교적인 차원을 분리시켰어요. 그런데 여기서 그는 종교적 차원을 도덕적 차원보다 우위에 두고 있지요.

특수성과 보편성의 윤리

문 : 종교와 윤리를 특수적인 차원으로 생각해 본다고 해도 결국 연관이 있는 상호관련이 있는 문제가 되겠습니다. 문제는 오늘날의 윤리가 파괴되었다고 할 때 윤리뿐만 아니라 그 위에 자리하는 종교 역시도 본령의 사명을 다하고 있지 못하다는 얘기가 되겠습니다. 쉽게 얘기하면 기독교의 오늘의 과제는 무엇이냐 하면 인간성 회복이 아니겠어요? 그런데 서구의 신학이 개인을 중심으로 발전돼 왔기 때문에 개인의 문제로 해결돼야 하는데 해결하고 있지 못하고 있습니다. 그래서 결국은 정신적인 무질서와 가정의 파괴가 서구의 기독교사상이 몰고 온 결과가 아니겠어요. 그러니까 참다운 가정이 부재한 시대라고 오늘의 문명사회를 진단한다면, 이것은 서구사회에서만 적용되는 것이 아니라 우리나라의 절실한 현실과도 통합니다. 우선 효(孝)의 문제도 그렇고, 새롭게 정비돼야 할 가례 풍속도 그렇고....

그런데 이런 것들이 윤리적 차원에서 해결되어야 하는 것보다 종교적인 차원에서 해결되어야 한다고 생각됩니다. 왜냐하면 윤리 자체가 파괴되어 버렸으니까요. 우선 스님께서 우리가 당면하고 있는 이런 문제들을 한번 살펴보아 주십시오.

답 : 유교에서 주장하는 가례(家禮)가 문제입니다. 새롭게 현실화 되고, 정비되어야 해요. 가례는 가정적이고 그래서 무슨 언급이 필요하겠느냐고 반문할지 모르지만 5례(禮)나 6례(禮)로 본다면 국가적인 기능으로서의 개념 파악이 되거든요. 그런데 오늘날의 가례를 살펴보면 지나치게 형식적이면서도 고대의 것인지 현대의 것인지 종잡을 수 없을 만큼 어수선하고 그리고 아직도 지나치게 낭비적입니다.

효(孝)는 윤리 이전의 것

문 : 일전에 모 일간지에 대학교수가 '충효는 시대착오'라는 제목으로 글을 기고했는데, 그 교수는 편에 얽힌 인간만을 중시하는 가족주의적 윤리규범인 효를 부르짖기보다는 가장 가까운 이웃으로서의 부모에 대한 사랑과 존경을 말하고 있어요. 이를테면 그 교수는 충효의 도리를 버려야 할 유산으로 보고 있는데 스님은 어떻게 보십니까?

답 : 부모와 자녀 사이를 이웃으로서의 관계로 볼 수 없어요. 그렇게 본다면 상식 이하의 문제가 돼요. 부자간의 관계는 윤

리 이전의 관계지요. 동물에게 있어서 어미와 새끼와의 관계가 이웃으로서의 관계로 되지는 않지요. 까마귀는 새끼에게 3년 동안 먹이를 먹이고, 또 그 새끼는 어미를 3년 동안 먹여요. 하물며 인간사회에서의 효의 도리를 인간의 약속이나 규범으로 봐야 한다면 어떻게 되겠어요.

  유교에서는 효(孝)를 제일 강조하면서, 효가 본성에서 바로 나온다고 생각하는 사람도 있지만 정이천(程伊川)같은 이는 효를 인(仁)의 일부로 보는데 여기에 문제가 있는 것 같아요. 효가 유교에서 말하는 인의 일부로 볼 때 단순히 윤리적인 차원에서 머물기 때문에 윤리가 시대적 상황에 따라 달라질 때는 효 자체도 변모될 가능성이 있어요. 그러니까 효가 시대에 따라 착색을 하고 벙법론에서 변모될 수 있으나 그 근본은 인간의 본성으로서 영구히 무너질 수 없는 가치로 파악해야만 합니다. 그럴 때만이 효가 현실에 어울리게 살려질 수 있는 것입니다. 효가 인위적인 것일 때는 현실을 초월한 것이 되지 못하기 때문에 어느 땐가는 파국을 예견해야 하는 것이거든요.

  또 우리가 효도를 강조하지만, 인위적인 것이나 어떤 강요적인 것과 자연스럽게 본질적인 문제의 것으로 요청될 때는 차이가 있어요. 예를 들면 십계명에도 효의 도리가 적혀 있는데, 십계명을 통해서 하나님이 그렇게 명령하니까 효도를 해야 한다는 것하고 인간의 본질이 그렇기 때문에 효도를 해야 한다는 것과는 차이가 있는 것 아니겠어요?

불교의 윤리는 자비(慈悲)

효에 관해서는 〈은중경(恩重經)〉에 나오는데, 여기에는 어머니가 임신해서 고생하시는 상태, 자식을 낳고 기르는데 고생을 많이 하신다(여덟 섬 너말의 피와 정력이 소모된다), 똥걸레를 빠는 데도 조금도 더럽다고 하지 않는다. 또 자기는 진자리에 누우면서도 자식은 마른자리에 갖다 누인다는 등의 어머니의 노고가 잘 설명되어 있습니다. 그래서 신명을 바치고 효성을 다해야 한다고 말하고 있지요.

〈유마경〉에 보면, '중생이 병이 들었을 때 보살이 같이 병들고, 중생이 병에서 나았을 때 보살이 병에서 낫는다'는 말이 있는데, 이런 뜻과 비교될 수 있는 뜻은 어머님의 사랑이겠지요. 〈열반경〉에 보면, 영원한 생명을 얻고자 하면 대자대비를 베풀라고 했는데, 그 자비의 정도를 일자상(一子想)의 자비에 견주었어요. 외아들을 생각함 같이 자비를 베풀라는 것이지요. 바로 이러한 자비에서 중생의 고통을 함께 하고, '부모가 자식의 죽음을 슬퍼해서 죽음을 같이 하려는 것과 같이 보살도 또 그리하여 극악인(極惡人)이 지옥에 떨어지는 것을 보면 역시 지옥에 함께 태어나고자 원한다'는 입장에까지 갑니다.

불교에서의 윤리는 자비가 표준인데 그러니까 불교에서 말하는 윤리는 쉽게 말한다면 효를 강요한다기보다는 자비가 보다 본질적인 차원에서 요청되듯이 효 또한 본질적인 것으로 이해되어야 합니다.

새 가치관으로 정립되어야 할 충효

문 : 충(忠)은 국가에 대한 윤리로 생각할 수 있겠는데 가정을 떠나서 사회 또는 국가적인 차원으로 나오면 윤리가 어느 한편만으로 강요되어서는 아니 되지 않느냐 생각하는데요?

답 : 그렇죠. 자비의 정신과 지기의 희생정신 등을 가르치는데 배우는 사람이나 피지배자 측에만 강요되어서는 안되죠. 그렇게 되면 종교가 지배자의 종교가 되어버리고 말지요. 그러니까 밑에 있는 사람이 윗사람에게 화목을 하고 희생하도록 강요하는 것이 아니라 먼저 윗쪽에서 베풀어야 해요. 국가가 국민으로부터 충성을 바라기 전에 애민(愛民)해야 해요. 회사 사장이 사원들에게만 희생과 충성을 요구하기 전에 사장과 윗사람들이 부하 직원들에게 사랑과 희생을 베풀어야 해요.

위에서부터 어떤 특수성을 띠고 강요되는 것이 아니라 또 종속적이고 일방적으로 요청되는 것이 아니라 밑에서 부터 보편적이고 타당한 인식의 범위에서 요청되는 윤리라야 합니다. 그러기 위해서는 곧 보편적인 윤리가 살기 위해서는 종교성을 띤 특수성이 더불어 방향을 제시해 줌으로써 가능합니다.

새로운 가치관의 확립, 이것은 절실하게 요청되는 문제인데, 종교와 학교, 그리고 사회와 국가가 공동보조를 위함으로써 새로운 충효의 윤리를 확립해야 돼요. 거기에는 불교의 자비가, 기독교의 사랑이, 유교의 인(仁)이 보다 현실 속에서 구체화 되고 새롭게 정립되어야 하는 과정이 필요하겠지요.

□ 종교의 분열과 연합운동

종파분열의 원인

문 : 종파 분쟁의 원인을 보면, 대개가 극단의 주장에서 비롯되는 것 같습니다. 물론 화합하고 융화할 수 없으니 분파가 되고 분열이 되겠지마는..... 특히 기독교 같은 곳은 좀 심한 것 같습니다. 그런 점에서 동양 종교와 서양 종교의 차이점이 있는지 모르지만....

답 : 글쎄요. 교파 발생의 원인이랄까 하는 것은 유교나 불교, 또는 기독교나 할 것 없이 큰 차이가 없을 것 같습니다. 보는 관점이 달라지고, 또 그런 것이 어떤 외부적인 요인에 의해서나 환경에 의해서 다른 삶의 모습을 취하고 나타나게 되고, 그러다 보면 교파도 생기고 그 과정에서 조직과 힘의 작용이 일어날 것이고, 옛것을 고수하려는 기성 측과 새 것을 시도하려는 신생 측과의 묘한 역학관계가 성립할 테고 그래서 분쟁이 일어나고....

문 : 종교는 하나의 참된 진리를 추구하지만 역사란 발전하는 것이고, 시대에 따라 인간의 의식구조가 변천해 가기 때문에 종교 역시도 그와 비례해서 인간의 심성에 맞는 진리를 보여줘야 한다면 종교라는 것은 어느 시대를 막론하고 교파 분쟁의 불씨를 안고 있다고 말할 수 있을 것 같습니다.

답 : 예 그렇게 말할 수 있어요. 기독교 같은 곳에선 성경의 많은 부분이 비유와 상징으로 돼 있어 그것을 어떻게 해석하고 주장하느냐에 따라 교파가 분열되고 있는 것 같고, 불교에서도 부처님이 대기설법(對機說法) 곧 방편적으로 설법한 말씀을 담고 있어서 나름대로의 관점과 다른 주장을 하다 보니 분파가 되고, 그러니까 교파 분열의 제1 원인은 인간에게 있는 것이 아니라 경전 자체에 있는 것 같아요. 그러니 교파 분열은 당연할 수밖에 없지요.

불교의 교파 분열의 역사를 살펴보면, 그 최초는 교리상의 계율에 관한 해석의 차이였어요. 이것을 시발로 해서 20여과로 갈라졌는데, 거기에다 새로운 종교 학설의 주장, 또는 지역에 따라 또는 어떤 인물 중심으로 해서 불교에 여러 가지 종파가 갈라지게 된 것이죠.

종교연합운동의 필요성

문 : 불교는 부처님 밑에 공동보조를 취하면서 분담된 사명을 하고 있다는 것으로도 이해할 수 있겠는데, 그러나 사실 현실적인 입장에서 보면 그렇지 않은 것 같아요. 그리고 다른 종교에서도 종파 싸움은 현실적인 것 같은데요?

답 : 그런데 문제는 근원적으로 보면 평화를 애호하고, 인간의 자유와 권익을 옹호하고, 전쟁같은 비극을 방지하는 등의 근본적인 태도에는 어떤 종교이든 같은 입장을 취하기 때문에

종교의 연합운동이 바람직하지요. 일테면 공통적인 유대가 필요하다는 말입니다. 그런데 사실은 그렇지 못한 것이 현실입니다. 자기 민족이나 국가의 이익에 종교가 영향을 주게 되는 것 같은 경우인데, 예를 들면 미국에서 과거 베트남전은 전쟁인 만큼 찬성할 수 없다는 종교적인 고백을 취하면서도 중동전쟁 같은 곳에선 무조건 이스라엘의 승리를 기원하고 싸움은 전쟁에서 승리할 때까지 계속되어야 한다고 주장하는 신앙인들의 신앙 태도 같은 것입니다.

문 : 종교의 연합운동은 가능할까요? 그런데 종교의 연합운동은 종교를 하나로 통일하자는 것이 아니고 횡적으로 공동전선을 구축하자는 의미가 아닙니까?

답 : 그렇죠. 그러니까 다른 말로 표현하면 교파를 초월하는 운동은 가능하지만 하나의 단일종교로 통일하겠다는 것은 불가능하지요. 교파를 초월하는 것, 이것은 가능합니다. 결코 교파를 부인하는 것이 아니고 각 교파에 속해 있으면서 그 교파에 예속된 존재가 아니라 교파를 초월함으로써 종교가 공동으로 추구하는 인류의 이상을 실현시키도록 하는 것입니다.

□ 불교와 기독교

세계적 종교로서의 불교와 기독교
문 : 세계적인 3대 종교로서는 기독교와 불교, 회교의 셋을 들

지만, 동서양의 양대 종교로 꼽을 때는 불교와 기독교를 들잖 습니까?

답 : 그렇죠. 동양의 대표적인 종교로서는 불교를 들 수 있겠고, 서구의 대표적 종교로서는 기독교를 들 수가 있지요.

문 : 그들을 우선 비교한다면 어떤 입장에서 비교할 수 있을까요? 이를테면 양대 종교가 비슷한 점이 있겠고, 또 다른 점이 있을 텐데요?

답 : 기독교가 유태적 사상에 기본하여 생명의 의의와 미래의 신앙에 의해 서양의 철학적 사상과 또는 사회문화의 정신면에 기초를 두고 서구문명의 핵이 되었다면, 불교는 인도적 사상에 기본하여 동양 문화의 공공적 복지에 대하여 정신적으로 위대한 공훈을 끼쳐 주었다고 할 수 있겠습니다.

문 : 양대 종교는 가장 뚜렷한 진리를 표방함으로써 동서양의 문화에 지대한 공헌을 끼치지 않았습니까?

답 : 그렇습니다. 우선 불교는 중국에 들어와서 고유한 유교 사상에도 세련을 더해 주었고, 도교사상에도 그 광휘를 더하게 하고, 기타 도덕적 사상과 정치·교육·공예·미술 등의 문화에 많은 영향을 끼쳤습니다. 그리고 한국에 들어와서는 한국의 문화와 사상에 원천적인 기저를 만들어 주고, 일본에 가서도

일본 문화의 정수를 형성해 주었습니다. 그리고 기독교는 바로 근대 서구 문물의 기본, 바로 뼈대가 되었습니다.

종교와 문화·문명의 발전과의 상관관계를 생각할 때 종교를 말하지 않고 그것들을 얘기할 수 없지요. 오늘날의 정신문명은 바로 종교를 등에 업고 발전해 왔으니까요.

문 : 세계 문화사를 돌이켜 보면 많은 종교가 발생했으나 또 반면에 그 역사의 뒷장에 묻히기도 하고 말았지 않나요? 그런데 기독교와 불교만큼 역사 속에 묻히는 게 아니라 역사 그 자체를 혁명하고 고등의 역사로 발전·변천시켜 왔다고 얘기할 수 있을 것 같은데요?

답 : 그렇죠. 싯다르타와 예수는 다 같이 그분들이 소속한 민족적인 종교로서 일약 세계적 종교가 되어 종교상의 위엄과 존칭을 스스로에게 인증한, 일테면 유일하게 승리한 성자의 호를 받은 셈이죠.

각자(覺者)·승자(勝者 : jina)·바가범(婆伽梵)·여래(如來) 등은 싯다르타가 성도한 후의 칭호이지요. 여래는 진리와 같이 진여묘리(眞如妙理)를 타고 석가라는 육신에 그림자와 같이 왔다해서 불리어진 것 같아요. 마치 하늘의 달이 물속에 그림자를 비춘 거와 같은 것이겠는데, 물속에 비치는 달의 그림자는 하늘의 달과 큰 차이가 없으나 하늘의 달은 아니요, 수적(垂跡)으로 비치는 영월(影月)이지요. 그러니까 화신여래는 생멸(生滅)·거래(去來)·입적(入寂) 등의 열반이 있되, 법신여래는 생멸거래가 없습니다.

또 다른 표현으로는 여래를 세존(世尊)이라고 하는데 이 세상에서 가장 높은 진리의 왕국을 건설한 각자라는 뜻입니다.

예수도 스스로를 메시아(Messiah)라고 했지요. 그러니까 그리스도는 곧 구세주라는 말이지요. 이 말을 그의 제자가 공언했지만 또 예수 스스로가 대제사(大祭司)의 면전에서 증언했지요. 그래서 결국 이것으로 예수 생명에까지 관계가 되었지만.... 그러니까 예수도 이 세상을 구원하기 위해 오셨던 성인이었던 것이죠. 그래서 싯다르타가 진리의 왕국의 법왕인 것처럼 인류는 예수를 그리스도라고 부르게 되었으니, 그리스도는 곧 구세주(救世主)라는 뜻이지요. 그리고 이 두 성인이 주창해서 그 종지가 된 박애와 자비도 근본적으로 같은 의미가 아니겠어요.

불교와 기독교의 다른 점

문 : 불교와 기독교가 유사한 점을 말씀하였는데 그렇다면 두 종교가 다른 점은 무엇입니까?

답 : 불교는 외면적으로는 신불숭배(神佛崇拜)의 교와 같으나 그 내용은 어디까지나 인본주의(人本主義)와 심본주의(心本主義)를 기본으로 하였기 때문에 심(心)과 불(佛), 인(人)을 동일시하지요. 그러므로 '심불(心佛) 및 중생이 시삼(是三無差別)'이라고 합니다. 이것은 '신인동격교(神人同格敎)'인 까닭입니다. 그러니까 여기서는 신은 자주 인간의 형상을 취하여 나타

나고, 또 인간도 곧 신이 되어서 신위(神位)에 올라갈 수 있다고 생각합니다. 그래서 '심즉불(心卽佛) 불즉심(佛卽心)' 곧 마음이 곧 부처요, 부처가 곧 마음이라고 말하며, '직심인심(直心人心), 견성성불(見性成佛)'이라고 설하니 곧 바로 사람의 마음을 가리켜서 성품을 보고 부처를 이루게 한다는 뜻입니다. 이것은 불교에서도 선종의 주장이지만 더 나아가면 진언종(眞言宗)같은 곳에선 즉심성불(卽心成佛), 곧 유형인 육체가 부처라고 말하기는 합니다. 이것이 불교의 인간을 중심으로한 교리입니다.

그러나 기독교에서는 인간과 신의 차이가 현격하여 인간은 신의 종으로 되어 있기 때문에 신이 될 수 없습니다. 또한 하나님(神)을 아버지라고 하지만 아버지의 자리인 신의 자리엔 동렬(同列)로 앉아 있을 수가 없게 돼 있습니다. 예수가 신의 독생자라고 한 것은 유대교의 매우 진보된 이념이요, 사상이라고 하겠으나 기독교가 이것 때문에 유태교와 이슬람교에게 많이 배척과 박해를 받았다고도 할 수 있습니다.

마지막으로 두 종교가 상이한 점으로는 불교가 자력적으로 자기를 중심으로 하여 해탈을 구하고, 예수교는 아버지되는 신(神)에 의해 타력적인 기도로써 구제를 구하는 점이라고 볼 수 있지요.

불타는 말하기를, '자기로써 스승을 삼고 타(他)로써 스승을 삼지 말라. 자기의 마음으로써 스승을 삼는 자라야 진지인(眞智人) 즉 불타의 법을 얻을 것이요'라고 했어요. 또 불교에서는 '자귀의불(自歸依佛) 자귀의법(自歸依法)'을 주장하지요. 이것은 석가세존께서 입멸하실 때 자귀의와 법귀의를 설하신 까닭이죠. 법귀의는 진여와 진리를 믿으라는 것입니다. 또 자기의 불성을 개방하고 이 자신불에 귀의하지 않으면 아니됨을 강조하고 망령되게 부질없이 타(他)에 귀의하지 말라고 자귀의를 설하신 것입니다.

그런데 기독교에서는 예수를 통해서 구원이 가능하다고 말합니다. 그리고 절대자 아버지를 믿어야 구원받는다고 합니다. 그래서 예수는, '아버지를 아는 자는 자식이요, 아버지가 자식을 의지하여 믿어야 천당에 간다'고 강조했어요. 그래서 언제든지 주(主) 예수를 믿어라……

문 : 불교 중에서도 종토종 같은 것이라든지 관세음보살을 부르고 그에게 구제를 요청하는 경우에선 타력교가 아닙니까?

답 : 그것은 예외인데, 객관적인 본존을 세워 놓고 그의 구제를 의뢰하는 종파가 곧 정토종이지요. 그러니까 정토종이나 관음기도 같은 것도 인간이 성불할 수 있다는, 불교의 근본정신에서 그 실제적인 방법론으로서 나온 하나의 방편적인 것이라고 볼 수 있는 것입니다.

성서에서도 인간의 신적 가치 밝혀

문 : 기독교의 교리를 덮어두고 성서를 새롭게 읽어보면 신약 중에 예수님을 인자(人子 : 사람의 아들)로나, 또는 사람이신 그

리스도라고 표기한 곳이 많이 나옵니다. 그리고 그와 동시에 예수 그 자신이 하나님이라고 말하고 있어요. 이를테면 그의 제자 빌립이 하나님을 보여 달라고 하니까, 자기를 본 자는 하나님을 보았다고 말합니다.

또 다른 구절에는 세상은 예수로 말미암아 창조되었다고 표기하고, 예수는 그의 선조 아브라함이 나기 전부터 있었다는 곧 예수 그 자신이 신이라고 표기해요. 그러니까 어떤 형식적인 기독교의 교리를 덮어두고 이러한 사실을 상기해 본다면, 예수는 하나님의 창조의 이상을 완성한 인간이며, 그러한 인간은 곧 하나님이 된다는 말이 됩니다. 그래서 또 다른 성경 구절을 보면 인간은 하나님의 성전이라고 하기도 하고 하나님처럼 온전할 수 있다고 표기하거든요. 이러한 입장에서 기독교를 살펴보면, 기독교가 예수라는 중보적 매체를 내세워 하나님 앞으로 갈 수 있다는 논리를 긍정하고라도 인간은 신이 될 수 있다는 가치론적인 상황에 있어서는 기독교나 불교나 같은 입장인 것 같은데요?

답 : 글쎄요. 내가 기독교인이 아니어서 구체적으로 확인하거나 어떻게 확실한 말을 덧붙일 수 없습니다. 그러나 기독교가 인간 이외에 중보자로서 예수와 또 하나님을 절대적 존재로 신앙하고 있다는 것과 불교가 인간이 성도해서 신적인 존재가 된 부처님을 내세우면서 인간이 스스로의 수행에 의해서 바로 부처가 될 수 있다는 입장에서는 현저하게 다르다고 볼 수 있지요. 그러니까 기독교가 유일신적인 종교라고 한다면, 불교 특히

불교의 선종 같은 곳에선 만유신적인 종교가 되죠. 그래서 선종에서는 '초목(草木)·국토(國土)가 개성불(皆成佛)이라고 하잖아요.

□ 불교와 국가

  이상적인 정법국가(正法國歌)

 문 : 옛날에는 정치와 종교는 일치가 되어 국가 위에 군림하기까지 했는데 이제와서는 종교가 정치의 배려 여하에 따라서 크게 영향을 받게 되는 시기가 된 것 같습니다. 옛날처럼 광범위한 지위와 영향력은 물론 호국(護國)이란 이념조차도 사라지고만 듯한 느낌입니다. 불교의 입장에서는 불교와 정치 또는 국가와의 관계에서 어떠한 입장을 주장하고 있습니까? 이를테면 불교에서 보는 이상적인 국가라고 할까요?

 답 : 그것은 정법국가이지요. 진리 그대로가 현실의 인간 질서가 되고, 진리 그대로가 국가 질서가 되는 국가, 곧 정불국토(淨佛國土)가 불교에서 추구하는 이상적인 국가입니다.
  〈열반경〉을 보면, 정불국토에 대한 보살의 서원이 나옵니다만, 정불국토란 부처님의 국토를 정화한다는 뜻입니다. 세계는 영원한 견지에서 보면 부처님의 나라이거니와 그 부처님의 나라를 현실 위에 구현하는 것, 불교 용어를 빌리면 장엄(莊嚴)하

는 것이 불자·보살의 사명입니다. 그래서 일찍이 대승불교에서는 개인의 깨달음에 그치지 않고 사회의 정법화, 정법의 사회화를 강조했던 것입니다. 그래서 그 정법을 지키기 위한 절복(折伏)의 예로써 무기를 써도 좋다. 정법을 지키기 위해 무기를 들고, 심지어는 목을 베기까지 함이 절복의 뜻이라고 말하고 있어요. 그러나 그런 격렬한 절복행이 증오감에서 나온 것이 아닌 순수한 자비심이 중심이 되어야 하고 대비의 고통으로써 나타내야 한다고 하셨어요.

문 : 그러면 어떤 내용을 가진 사회가 정법사회, 정법국가입니까?

답 : 그것은 바로 정불국토에 관한 보살의 서원에서 나타나고 있는데, 대개 자유·평등·박애·평화가 구가되고, 그리고 물질적으로 풍요한 세계가 소망되고 있지요.

문 : 정법의 확립과 그것에 의해 중생을 구제키 위해서는 무력행사도 가하다. 그러나 익찬티카를 절복하는 경우가 그를 깨달음으로 이끌기 위한 대비행이었듯이 무력으로 정법을 수호하는 경우라도 증오감에서 나오는 것이어서는 안된다는 점에서 볼 때 여기서 중요한 것은 현실의 특수성에 대한 인식이겠습니다. 스님이 말씀하신 정법사회가 결코 현실을 떠난 이상 속에 있는 것만이 아닌 것 같은데요?

답 : 그렇게도 볼 수 있지요. 즉 진정한 해탈이나 열반의 경지는 바로 그런 이원(二元)의 대립을 초월한 곳에 있다고 말하고 있으니까요. 이같이 이원의 대립, 상대관계를 초월한 곳이 영원한 세계라는 말은 바꾸어 말하면 정법국가, 정법사회는 세법사회에 즉하여, 현실세계의 바로 여기에 있다는 말이 되겠죠.

그래서 〈유마경〉에서는 마음이 청정해지면 영원한 세계가 파악된다고 했고, 천태종에서는 그런 절대적 세계를 '상적광토(常寂光土), 본지(本地)의 사바'라고 불렀으니까요. 그러나 '사바(娑婆) 즉 적광(寂光)' 혹은 '차토(此土) 곧 정토(淨土)'라고 설했다고 해서 이 사바세계가 그대로 정토이며, 그밖에 따로 정토가 없다면 이것 또한 잘못이라고 아니할 수 없습니다. 왜냐하면 이 사바세계는 무상하고, 괴로움과 더러움에 가득 차 있으니까요.

문 : 그렇다면 사바세계가 그대로 정토라는 말은 어떻게 이해해야 할까요?

답 : 진정한 정토는 이 세계에 대립하여 저쪽에 있다든지, 미래의 어디에 있는 것이 아니고 또한 그렇다고 현실이 사바 그대로가 정토인 것도 아니라는 말입니다. 바꾸어 말한다면 정법의 사회, 곧 정토는 우리들 앞에 존재하는 이 세계인 동시에 죽음으로 갈 수도 있고, 이상으로 있는 저쪽 세계이기도 하다는 말입니다. 시공(時空)의 한정을 넘어선 불이(不二)·공(空)의 것으로 존재하는 것이죠. 불이·공의 입장에서는 미래란 언제

나 영원의 현재이며 편안은 영원의 차안(此岸)이죠.

문 : 그러니까 정법사회, 정법국가는 현실 속에서 이루어지는 것이고, 그렇기 때문에 정법국가의 실현을 위해 인간의 노력이 필요하다는 뜻 아닙니까?

답 : 그렇습니다. 그러니까 불교가 현실을 초월한 입장이면서도 인간과 현실을 중심으로 한 불교라는 뜻이 될 수 있지요.

문 : 그렇다면 국가종교라는 것이 있어야 바람직한 것입니까? 아니면 종교는 국가를 초월해야 하는 것입니까?

답 : 국가종교, 국가불교가 되는 것은 바람직한 일일 수 있어요. 그런데 문제는 국가는 현실이고, 종교는 하나의 이상이잖아요? 그러니까 현실 속에서 이상이 구현되고, 현실이 이상으로 승화되는 것, 이것은 정토 실현과 중생 구제의 불교적 입장에서는 가장 바람직한 것이지만, 이상과 현실은 결코 일치될 수 없다는데 문제가 있겠지요. 이를테면 이상의 진리는 그 자체가 절대적이기 위해서는 현실을 초월해 있어야 하는 것이지만 지나치게 현실과 야합하거나 현실 속에 깊이 빠져 버릴 때는 속신(俗信)이 되거나 이미 종교적 기능을 포기한 것이 되어 버린다는 것입니다. 국가종교, 국가불교는 바람직하다. 그러나 종교는 항상 국가적 차원을 초월해 있음으로써 종교의 기능을 다할 수 있다는 것입니다.

중국에서는 호국불교가 없었어요. 이것이 우리나라의 불교와 차이가 있는 것인데 예를 들면 양나라 때 무제는 철저한 불교 신자였지만 그는 철저하게 자기가 불제자임을 강조했어요. 그러니까 불교는 모든 정치 권력의 우위에 있었던 것입니다. 그런데 우리나라의 경우를 보면 불교가 국가지상주의 밑에 들어가고 말아요. 그러니까 불교는 국가의 정책 구현을 위한 도구로써 그 실천방편으로써 나오게 되었던 것입니다.

카이사의 것은 카이사에게

문 : 카이사의 것은 카이사에게, 하나님의 것은 하나님에게라는 성구의 말은 종교가 세속의 가치에 종속될 수 없다는 면이 강조되고 있는 것 같습니다.
　종교가 영원한 가치를 추구하는 것이기 때문에 질서가 세워지고 평화로운 사회에서나 모든 비판이 금지된 사회에서도 종교만이 현실을 거부할 수가 있게 되는 것 같아요. 그러기 때문에 현실을 부정하는 것이 그 현실을 구제하는 것이라면 자기를 부정하고 순교하면서까지 현실을 이상 속에서 긍정시키려고 노력하는 것이 종교의 참다운 실상인 것이라고 볼 수 있을 것 같습니다.
　불교는 현실국가보다 정법국가의 구현을 위해 존재하고 있는 것인지요?

답 : 물론 국가와의 관계에서 볼 때 현실의 국가보다 정법국

가 실현을 위해 그 사명을 다하려는 게 불교이지요. 그런데 그 정법국가를 다른 데에서 찾는 것이 아니라 현실 속에서 찾아야 된다는 말입니다. 요는 '현실의 정토화'라는 것이지요. 그러니까 불토의 개발, 정토의 구현을 위해서 불교는 이상적인 가치와 이념으로써 현실에 머물러서는 안된다는 것입니다.

 항상 정진하고...개발하고... 그렇다고 하늘로 현실을 끌어올리는 것이 아니고 하늘을, 이상을, 현실 속으로 끌어내리는 것인데, 현실 속에서 현실과 함께 승화해야 된다., 이를테면 현실을 이끌어야 한다는 말입니다. 그러니까 현실사회에서 실현되는 정법국가, 정토는 인간의 노력에 의해서 이루어지는 정토가 되겠죠.

제8장 결 론

　인간의 시야는 백지 한 장만 가려도 앞을 내다보지 못하는, 아주 미약한 것에 불과하다. 그러므로 자유 의지를 상실하고 모든 것을 남에게 물어서 처리하려는 것이 사람의 마음이다. 그러나 우리 인생에게 주어진 여러 가지 어려운 문제를 가르쳐 준다는 사람도 역시 인간이다.

　고인의 조박(糟粕)인 오행술수(五行術數)에 의하거나 신들린 사람이 횡설수설하는 것을 맹신함으로써 마치 한 장님이 여러 장님을 이끌고 가는 셈이 된다.

　끌려가는 사람이 갈팡질팡하다가 미신에 빠지게 되거나 사도에 미끄러져서 인간의 정로(正路)를 잃고 마는 수가 많다. 누구나 자녀의 혼취를 할 때에 사주와 궁합을 보고 길일을 택하여 성혼을 하지만, 그렇다고 그 사람들이 반드시 행복하게 사는 것도 아니며, 부모가 사망하면 재산이 있는 사람은 풍수를 불러 명당이란 곳에 매장하지만, 그렇다고 하여 그들이 금시 발복(發福)의 음덕(陰德)을 입는 사람도 없다.

　이사를 할 때에 방위를 가려서 길방(吉方)을 찾아 옮기지만, 그래서 재물 손해와 우환질고를 면하는 것도 아니다. 결국 따져 보면 인간은 오리무중에서 헤매다가 어디로 가는지 모르게 사라지고 마는 것이다. 이와 같이 인간 문제가 따분하기 때문에 이런 문제를 해탈하기 위해 철학이 발달되어 명철한 이론을 제시하고 과학이 발달되어 그것을 실증, 실험하게 되었다.

 과학은 가지가지 미신의 껍질을 벗기고 순수한 사실만 입증케 하여, 많은 신비설이 잠재한 월세계도 정복하고 보니, 화구(火口)와 화석과 재 같은 흙만 남아있는 것을 발견하기에 이르렀다. 그러나 철학은 철학대로 사변(思辨)에만 흘러서 순수이성론이니 순수이성비판론이니 하여 학자들의 사색 유희에서만 맴돌게 되었다. 그러므로 인간생활에 있어서 미혹된 사상을 분쇄하고 생활의 정체를 폭로하여 서재의 철학을 떠나서 실제 생활에 이익을 주는 가두의 철학이니 생활의 철학이니 하는 것을 제시하는 자까지 있게 되었다.

 그래서 필자는 본서의 제목을 선택하여 이상과 같이 7장으로 나누어 설명하고 인간의 정로(正路)는 불교와 같은 종교에 의하여 밝히지 않으면 아니 될 것을 역설하여 왔다. 그러나 이것이 어느 정도의 계몽 역할이 될지는 미지수에 속한다. 왜냐하면 우리의 선배들이 수십년 전부터 불교의 무아(無我)·평등사상과 무욕담박의 이욕생활(離慾生活)을 내걸고 사실과 기대가 부합되지 않는 우비고뇌를 여의자면 무명갈애의 탐욕을 제거해야 된다고 부르짖어 왔다. 그러나 그들의 생활 이면을 보면, 역시 여자와 물질에 사로잡혀 유야무야하게 사라진 이가 많은 것은 통탄하지 않을 수 없는 일이 많기 때문이다.

 옛날 얘기를 하나 들어보기로 한다.

 옛날 어떤 곳에 원숭이 한 마리가 바닷가에서 놀다가 실족하여 나무 조각 하나를 주워 타고 표류하여 한없이 흘러갔다. 얼마를 갔는지 방향도 모르고 떠내려가다가 어떤 섬에 상륙하게 되었는데, 그곳은 사람이 살지 않는 무인도였다. 거기에는 수만 마리의 원숭이가 살고 있었다. 육지에서 들어간 원숭이가 생각하기를, '같은 원숭이니까 같이 살면 되겠다'고 안심을 하였는데, 수백 마리의 원숭이가 몰려들어 둘러싸더니, 병신 원숭이가 왔다고 흉을 보았다.

　그것은 다름이 아니라 그곳의 원숭이는 모두가 한 쪽을 보지 못하는 병신 원숭이뿐이었기 때문에 육지에서 들어간 원숭이를 보고 불구자라고 흉을 본다. 육지의 원숭이가 말하기를 '눈을 두 개 가진 것이 정상인 것이며, 눈 하나 없는 것이 병신이다' 했다.

　그들은 '천만에 천하만사가 다수로 결정되는데, 우리 족속은 외눈이거늘 너는 어디서 눈 하나를 더 박아 가지고 왔느냐?' 하며 네가 병신이요, 우리가 정상적이라고 공격을 하고 물고 잡고 할퀴고 했다.

　육지의 원숭이는 어떻게 할 수가 없어서 나뭇가지에 한 눈을 일부러 찔러서 보이지 않게 하고 이것이 정상이란 말이냐 하니까 '예스, 예스' 하며 이제야 바로 되었다고 하여, 두 눈이 옳다던 원숭이가 지고 말았다는 이야기가 있다.

　이것은 아무리 바른 지견을 가졌더라도 옳지 못한 지견을 가진 대중 앞에서는 바른 주장이 꺾이고 만다는 것을 비유한 말이다. 우리 인간도 이와 같아서 한두 사람의 지혜 있는 이가 나더라도 중우(衆愚)가 들어주지 않으면 하는 수 없이 중우와 같이 되고 마는 셈이 된다.

 선배들도 처음에는 인간의 무지를 규탄하고 부정과 탐욕을 제거하려고 애써 왔지만 많은 무리들이 반대하고 들어주지 않아서 할 수 없이 어리석은 대중에게 지고 마는 것이다.

 〈팔대인각경(八大人覺經)〉을 보면 소욕(所欲)·지족(知足)·적정(寂靜)·정진·정념(正念)·정정(正定)·정혜(正慧)·무희론(無戲論)의 8가지를 간직하는 이가 8대인각(八大人覺)이라고 했다.

 인간이 이 육신을 가지고 있는 이상 무욕무탐이란 말과 무욕정행(無慾淨行)이라는 것은 있을 수 없는 일이다. 그러나 비인(非仁)이면 불처(不處)하고, 비의(非義)면 불취(不取)하고, 비례(非禮)면 부동(不動)하고, 비지(非智)면 부종(不從)하고, 비신(非信)이면 불언(不言)할 수는 있다. 이것이 곧 소욕의 생활이다. 그러므로,

知足第一富
無病第一利
善友第一親
涅槃第一樂

족한 줄 아는 것이 제일 큰 부자요
병 없는 것이 제일 이로운 것이며
착한 벗이 제일 좋은 친우요
적정 낙이 제일 큰 낙이리라.

하신 것이다. 지족(知足)은 주어진 생활에 만족을 느끼는 일이다. 우비고뇌상은 지족하지 못하는 데서 일어나는 것이다. 적정이란 선정을 말한 것인바 인간의 심신을 안정시키는 방법은 선정밖에는 없다. 정에 들면 만사를 잊어버리고 심신이 타락되어 무궁한 법희(法喜)와 선열(禪悅)을 느끼게 된다.

〈잡아함경(雜阿含經)〉에 보면, 어느 때에 부처님께서 여러 비구들에게 이르시되,

"비구들이여, 세간의 미녀들이 한 곳에 모여서 노래를 하고 춤을 추고 희소 잡담을 하는 놀이터가 있다고 하자. 이때 국왕이 한 신하에게 기름을 사발에 가득 담아 주며 장애가 많은 위험한 길을 걷게 하되 칼을 빼든 장사를 딸려 보냈다고 하자. 기름 한 방울만 땅에 떨어뜨리면 그 장사가 용서없이 신하의 목을 베게 된다는, 이때 신하가 그 기름을 조심조심 한 방울을 흘리지 않고 가는데 그때 미인들이 춤을 추고 노래하고 잡담하는 놀이처를 천천히 보고 갈 수가 있겠느냐?"

"목숨을 아끼는 사람이라면 돌아볼 수가 없을 것이라고 생각하옵나이다."

"그렇다면 나의 제자인 사문 비구도 그러하여 신념을 한데 모아서 긴장하고 소리와 색을 돌아보지 않고 공부를 잘 해야만 나의 가르침을 준수하는 자라고 할 것이다."

하셨다. 그러므로 불자는 주야로 긴장하고 정진을 해야만 과실을 범하지 않고 목적을 달성할 수가 있는 것이다. 이것은 불자뿐이 아니다. 일반 사람도 한 가정을 운전하는 운전사와 같은 것이다. 긴장이 풀려서 게을러지면 생활상에 큰 사고가 일어나

게 된다. 정렴·정정이 모두 긴장상태의 공부이다.

이와 같이 긴장하고 공부를 하면 정혜(定慧)를 얻어서 모든 고뇌로부터 해탈을 얻을 것이다. 곧 쓸데없는 고뇌를 하지 않아야 대인이 되는 것이다. 그러므로 이상의 8대인각만 얻으면 우리 인간의 모든 문제를 해결하고 신심의 안락을 얻고 사회정화를 이룰 수 있으리라고 믿는 바이다. 생활의 철학으로서 소루한 점이 없지 않으나 이것으로써 결론을 맺는 바이다.

(end)

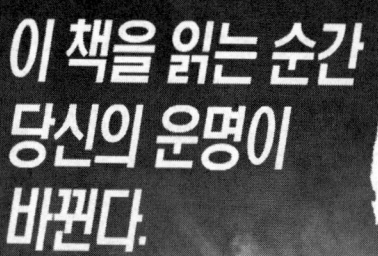

이 책을 펼치는 순간 당신의 운명은 바뀐다!!

세계적인 심령능력가 안동민/저

업장소멸
(전6권)

전생과 이승에서의 업장을 어떻게 풀것인가?
이런 사람들은 지금 운명을 바꿔라

왜 돈많은 집에 태어나는 사람도 있는데, 그렇게 노력해도 가난에서 헤어나지 못하는가?

왜 세상에는 성공하는 사람, 실패하는 사람이 따로 있는가?

왜 평생 병이라는 것을 모르는 사람이 있는데 왜 나는 온갖 병을 짊어지고 살아야 하는가?

왜 남들은 결혼하여 행복을 누리는데 왜 나는 출산을 못하는가?

왜 남들은 일류대학이나 직장을 가는데 왜 나는 낙방만 하는가?

⇒ 이책은 당신은 누구인가? 또 사후에는 저승에서 무엇으로 환생할 것인가에 대한 끝없는 의문을 명쾌하게 풀어준다.
⇒ 최초로 공개되는 저승에서 보내온 S그룹 회장의 메시지!
⇒ 심령학자가 본 '화성연쇄살인사건'과 '미국판 화성연쇄살인사건'의 진상과 그 범인은 누구인가?

사업을 성공시키는 비법, 라이벌이나 원수를 주술로서 제거시키는 비법공개!

〈전 6 권〉
① 심령문답편
② 업장소멸편
③ 악령의 세계편
④ 원혼의 세계편
⑤ 비전의 주술편
⑥ 업장완결편

완간

전국 유명서점에 있습니다

서음출판사

저자약력

1914년	제주도 남군 중문면 도순리에서 출생
1932년(19세)	제주도 산방굴사(현 광명사)에서 수계득도
1933년(20세)	지리산 화엄사로 진진응대강백을 찾아 제주를 떠남
1935년(22세)	전북 위봉사에서 유춘담스님으로부터 '일붕'이란 법호를 받음
1936년(39세)	서울 개운사 대원암에서 박한영대강백의 수제자가 되어 사교과와 대교과를 마침
1946~1950년	일본 임제전문대학, 동국대학교 졸업
1953~1963년	동국대, 원광대, 전북대, 해인대, 부산대, 동아대 교수 역임
1960~1966년	미얀마 상가대학, 독일 함부르크대학, 미국 콜롬비아대학, 워싱톤대학, 캘리포니아대학, 하와이대학, 템플대학 교환교수
1992년	세계불교법왕청 초대법왕 추대
1996년	생전에 친필휘호 50만장, 시비 800여개, 책자 1,400종, 박사학위 126개 수여받음
1996년	6월 25일 오전 11시 40분 열반 83세 법랍 64세 사리 83과 남김

2011년 6월 10일 |개정판 발행
발행처 | 서음미디어(출판)
등 록 | 2009. 3. 15 No 7-0851
서울시 동대문구 신설동 94-60
Tel (02) 2253-5292
Fax (02) 2253-5295

저 자 | 서 경 보
기획·편집 | 이 광 희
발 행 | 이 관 희
본문편집 | 은종기획
표지일러스트 | 주야기획
편 집 | 박정수·권영대·유승재
송 순·이다예

홈페이지 www.seoeumbook.com

* 이 책은 저작권법에 의해 보호를 받는 저작물이므로 무단전제나 복제를 금합니다.